本教材部分内容为
国家自然科学基金项目（71702049）
河南省哲学社会科学规划项目（2017BJJ020）
阶段性成果

高等院校物流管理与航空运输专业教材
（本科、研究生、MBA、EMBA）

航空运输管理

苑春林◎编著

Airline Transportation Management A Coursebook

中国经济出版社
CHINA ECONOMIC PUBLISHING HOUSE
北京

图书在版编目（CIP）数据

航空运输管理/苑春林编著.
北京：中国经济出版社，2018.3
ISBN 978-7-5136-5103-5
Ⅰ.①航… Ⅱ.①苑… Ⅲ.①航空运输管理—教材 Ⅳ.①F560.8
中国版本图书馆 CIP 数据核字（2018）第 033330 号

策划编辑　崔姜薇
责任编辑　郭国玺
责任印制　马小宾
封面设计　久品轩工作室

出版发行　中国经济出版社
印 刷 者　北京柏力行彩印有限公司
经 销 者　各地新华书店
开　　本　787mm×1092mm　1/16
印　　张　19
字　　数　394 千字
版　　次　2018 年 3 月第 1 版
印　　次　2018 年 3 月第 1 次
定　　价　48.00 元
广告经营许可证　京西工商广字第 8179 号

中国经济出版社　**网址** www.economyph.com **社址** 北京市西城区百万庄北街 3 号 **邮编** 100037
本版图书如存在印装质量问题，请与本社发行中心联系调换（联系电话：010-68330607）

编委名单

主　编　苑春林

副主编　杨洁辉　闫娅男　黄嘉鑫

喻晓蕾　徐东洋　王　舒

Contents
目 录

第一章

>>> 概　论

本章要点

1. 航空运输技术的发展；
2. 世界民航运输业的发展；
3. 中国国内民航运输业的发展；
4. 民航运输业的社会特性以及经济特性。

学习目的

要求学生通过本章的学习，了解航空工业和民航运输业的发展历程及其特征，明白两者之间相互促进发展的互动关系，掌握民航运输业相关的基本概念，并会分析其社会特性及经济特性。

导入案例

日新月异的郑州航空港

随着《郑州航空港经济综合实验区发展规划（2013—2025）》被国务院批复，新郑机场 T2 航站楼启用，郑机城铁已经通车，航空港区进入新的发展阶段。

迎宾大道是郑州航空港经济综合实验区（以下简称“郑州航空港实验区”）的一条主干道，一端连着京港澳高速公路，一端连着新郑国际机场。5 年前，迎宾大道的两侧只零星地散布着一些建筑，用当地人的话说“那时只有这一条路”。而如今，迎宾大道两侧已是楼宇林立，商贸气息浓厚。同时，以新郑国际机场为中心、由西向东扇形扩散，郑州航空港实验区北部的公共文化航空金融中心、东部的航空会展交易中心、南部的产业中心等初具规模，加之贯穿其中的城市绿带及水系，一座宜居宜业的航空都市雏形展现眼前。目前，郑州航空港实验区人口 70 余万人，与济源市人口相当，去年港区生产总值突破 400 亿元，基本与济源市同期生产总值持平。

“郑州航空港的发展令人惊艳。”2015 年 9 月 22 日，第 13 届“网上看河南”采风团一行来到郑州航空港经济综合实验区，不少记者发出这样的感慨。在郑州机场二期工程现场，即将于 2015 年底建成投入使用的 T2 航站楼和郑州机场综合交通枢纽给采风团成员留下了深刻的印象。

“T2 航站楼建成后，将使郑州机场的客运能力达到年 4000 万人次，货物吞吐量达到年 70 万吨，而郑州机场综合交通枢纽集高铁、航空、公路、城际铁路于一体，是目前国内仅次于上海虹桥综合交通枢纽的第二个城市综合交通枢纽。”郑州机场二期工程工作人员现场讲解道。

“这里和我记忆中的新郑机场完全不同了。”上海手机报主编助理邹丽娅说，自己曾在 7 年前乘飞机来过郑州，此次旧地重游，郑州机场发生的巨大变化令她感到既熟悉又陌生：“相信机场二期建成后，郑州航空港将真正发展成为一座闻名全球的航空新城。”

郑州航空港的发展日新月异，机场工程的兴建对整个港区经济的发展和人民生活水平息息相关。而作为众多机场缩影的一个，让我们一起来了解一下民航运输业的发展历程以及相关特点。

第一节　轻于空气的飞行器——气球与飞艇

人类最早飞行开创与仿鸟飞行。根据阿基米德定律，空气中的物体会受到向上的浮力，浮力的大小等于它所排开的空气的重量（重力）。人们给气球中冲入密度比空气小的热空气制造出了热气球。1783 年，法国的蒙哥尔费兄弟研制的热气球由两名法国人罗奇埃和达尔朗德乘坐升空，在巴黎上空飘行 25 分钟，平安降落在距起飞地约 890 米的地方，这是人类第一次成功地飞上天空。同年，法国人 J. A. C. 查理又制造成氢气球，并升空成功，由于氢气易燃易爆，后来又出现了氦气球。

人类乘坐气球，可以飞上天空，但是不能掌握航向作定向飞行，只能顺风飘流。于是人们在飞上天上的愿望实现以后，开始尝试掌握飞行方向，实现有动力的定向飞行。

1852 年法国人 H. 吉法尔制成了装有蒸汽机和螺旋桨、方向可以操控的具有实用价值的飞艇。19 世纪末，飞艇已进入工程实用阶段，由于轻金属的问世，于是出现了硬式飞艇。第一次世界大战期间，德国建成齐柏林飞艇队用于军事目的，大战结束后，德国制造了大型、豪华的飞艇“兴登堡”号用于商业飞行。由于飞艇内冲氢气，多次发生类似的爆炸失火事件，飞机出现后逐步将其代替。

一、对飞机的探索和实验

轻于空气的航空器具有升力小、阻力大、飞行速度慢、不灵活、不安全等缺点，人类在利用轻于空气的飞行器——气球、飞艇进行成功飞行的时同时，许多人也在对重于空气的飞行器——飞机进行研究。18 世纪产业革命后，对汽车内燃机和船用螺旋桨的研究，为重于空气的航空器提供了动力基础；英国航空科学家 G. 凯利、德国工程师 O. 李林达尔等世界航空先驱者对滑翔机和重于空气的航空器的飞行原理的初步研究结果，为重于空气的航空器提供了理论基础。

最早成功进行动力飞行的是美国人莱特兄弟，他们是自行车技师，1902 年他们用自制的滑翔机进行了近千次的滑翔飞行，全部成功。1903 年，他们设计并制造了“飞行者”1 号飞机，这架飞机采用较轻的内燃机、升力大的羽翼和高效率的螺旋桨。1903 年 12 月 17 日，位于美国北卡罗来纳州基地霍克小镇的海滨阳光明媚，在一座小沙丘上，他们利用这架飞机成功地进行了四次飞行，最后一次飞得最远，上午 10 时 35 分左右，在 59 秒内飞行了 260 米。世界上第一架飞机诞生了，它开启了人类航空历史的新纪元。

二、喷气式飞机的出现和发展

喷气式发动机是利用反作用原理产生推动力的一种发动机。当空气（或氧化剂）和煤油（或燃烧剂）在发动机燃烧室内混合燃烧后膨胀而获得加速度，从发动机后尾口高速喷出，根据牛顿第三定律，飞机受到一个相反方向的作用力，即推力。这就是喷气式发动机飞机的基本原理，可见适当选择氧化剂和燃烧剂，就可以增加飞机所获得的推力，从而提高速度，所以，喷气式发动机功率大，适合作高速飞行。

（一）新设备的使用

电子计算机以及各种电子设备在飞机上的广泛使用，从各个方面提高了技术性能和方便使用程度。目前，大型飞机上普遍装有自动驾驶系统和全天候自动着陆系统，提高了着陆的安全性，同时，一些航空公司为吸引旅客在飞机上安装了直拨世界各地的空中电话、空中传真，等等。20 世纪 50 年代，电子设备在飞机上的总成本的比例是 1%～10%，70～80 年代已经上升为 30%～60%。

（二）新材料的大量使用

大量新型复合材料，耐高温、密度小的合金材料在飞机上的使用，一方面减少了飞机的自身重量，降低了飞机的成本，改善了飞机的性能；另一方面也提高了飞机的耐热程度，以进一步提高飞机的速度。1980 年美国研制的“太阳挑战者”号飞机，使用了大量新型的材料，全机重量仅为 90 公斤。

（三）新能源的开发和利用

目前，涡轮发动机采用煤油作为能源，在世界面临能源危机的今天，必须开发新的能源，防患于未然，这是近年来航空运输业所面临的一个重要课题。1980 年美国研制的“太阳挑战者”号飞机，采用太阳能作为能源，在机翼和尾翼上装有 16128 只太阳能电池，1981 年 7 月 7 日，这架飞机成功地飞越了英吉利海峡，历时 5 小时 23 分。1994 年，我国首架无人驾驶勘测飞机试飞成功，成为继美国、日本之后第三个实验成功太阳能飞机的国家。另外，核动力飞艇也在研制之中。

可以预见，随着微电子技术、计算机技术、新材料、新能源、新工艺的发展在民用工业中的应用，航空器将进一步向一体化、综合化、信息化发展，飞机的机载能力、机动性能、适应性和经济性都会进一步提高，必将出现更大的飞跃。

第二节　世界民用航空运输业的发展

一、世界民用航空的发展

1911 年 2 月 8 日，是一个航空史上划时代的日子。英国飞行员亨利·佩开驾驶一架法国生产的“索默”式飞机，携带6500 封信函，从印度的阿拉哈巴德起飞，飞往 8000 米外的奈尼，从而完成了历史上最早的空中邮政飞行，当然也是最早的民用航空飞行。

1911 年 7 月，也就是在人类首次邮政飞行之后的 5 个月，最早的客运和货运飞机也开始出现。

1914 年美国实验性地在佛罗里达州建立了世界上第一条定期飞行的客运航线。由于航空技术尚不发达，飞机的速度、载客量和航程都十分有限，很难与地面交通工具竞争，在得不到政府补贴的情况下，这条航线很快就夭折了。

1919 年 1 月，德国建立了第一条国内的商业航空线，即从汉堡到阿莫瑞卡。同年 2 月 5 日又开通了从柏林到魏玛的航线，航程 192 千米，飞行时间 2 个小时。德国在整个 1919 年期间共开辟了 9 条商业航线，运送旅客达 1574 人次。

1921 年，英国政府做出决定向经营伦敦至巴黎航线的英国公司汉德利·佩季公司提供 25000 英镑的资助。

1924 年，其他一些英国航空公司合并成立了帝国航空公司，成为第一家由政府支持、在全国占据垄断地位的航空公司，从而使得英国航空运输业在国际竞争中占有较大优势。

除了德国、法国和英国外，其他欧洲国家也纷纷发展起自己的民航事业，特别是意大利的航空事业发展很快。不过现如今，美国是世界上航空客运最发达的国家。1918 年 5 月 15 日是美国航空邮政和美国商业航空的诞生日。

从 1918 年 5 月到 1927 年 8 月，在将近 9 年的时间里，美国邮政部共花费了 1768 万美元，建立了横贯美国大陆的航空邮政干线，运送了近 3 亿封邮件，创造了美国民用航空史、也是世界民用航空史上第一个成功的范例。它所创建的灯光机场、导航设备和通信系统是现代民用航空的基石。

1927 年 10 月，泛美航空公司建立了美国第一条国际航空邮政航路，即美国至哈瓦那的航线，它预示着一张触角伸向全球的航空网即将铺开。

1937 年泛美建立了世界上最大的航线网，它不仅囊括了加比勒地区和南美太平洋沿岸，而且把触角延伸到欧洲。可以毫不夸张地说，泛美的飞机飞遍了世界各个地区，没有一家航空公司可以与之匹敌。

波音 247（B247）是一架真正现代意义的客机。它问世于 1933 年 2 月 8 日。这一天，波音公司一架全灰色的 B247 原型机载着 10 名乘客，在华盛顿的西雅图进行了首次试飞。它具有全金属结构和流线型外形，装有单垂尾和方向舵，起落架可收放。机上装有 2 台功率为 410 千瓦的发动机。巡航速度为 248 千米/小时，航程 776 千米，载客 10 人，并可装载 181 公斤邮件。机上座位舒服，没有洗手间，波音公司还别出心裁地设了一名空中小姐，开创了空中服务的先河。

1968 年 9 月 30 日，第一架波音 747 出厂，第二年 2 月 9 日成功地进行了首次试飞。今天，波音 747 的总产量已经突破了 1000 架，而单机价格已经达到 1 亿美元以上。包括美国总统的“空军一号”都相继换成了波音 747。波音 747 已经成为现代航空的象征，宽体飞机逐步成为当代航空运输的主力。

从当年年轻的波音投身航空制造业开始，经过 70 多年的风雨坎坷，今天的波音公司在全球范围内雇用的员工已有 12 万多名；全世界所制造的 12000 余架喷气客机中，有 7000 多架出自波音公司之手，尤其是波音公司的巨型宽体客机，更是享誉全球。

二、世界航空工业的发展

莱特兄弟发明的人类历史上第一架动力推进载人飞机试飞成功，点燃了人类飞向天空的希望之火。在当时相对世界其他国家比较发达的经济、先进的科学技术和成熟的工业基础上，欧美许多国家出于国防需要，首先开展研制和规模化生产实用型运输飞机。随着西方经济的增长和科学技术的进步，特别是第二次世界大战期间，战争的需求强烈刺激了西方航空工业的迅速发展，成为欧美经济发展的重要支柱产业。从那时起，航空工业不仅服务于军事，而且成为发展民航运输业和国家经济的重要基础。

图 1-1 莱特兄弟发明的第一架飞机

1934 年，美国道格拉斯公司生产出能够真正适用于航空运输的 14 座 DC－1 型飞机，时速为 304 千米/小时。2007 年，欧洲空中客车飞机公司生产的 A380 大型远程运输飞机，其最大容量可承载 850 名乘客，巡航速度达到 850 千米/小时，可持续飞行 14800 千米，打破了美国在民用飞机制造领域的霸主地位。超音速民用客机也早已翱翔蓝天，英国生产的协和超音速飞机飞行在 19000 米以上的高空时，时速可达 2150 千米/小时。在现代社会和经济发展中，航空工业的作用显得越来越重要。2002 年，美国航空航天产业未来委员会向时任美国总统布什和国会提交的《美国航空航天产业未来委员会最终报告》中指出，“航空航天工业是美国经济领域内的一支强大力量，是在全球市场中最具竞争力的领域之一”。“航空航天技术是构成美国军事能力的战略战术骨干技术过去是，现在是，将来仍然是（美国）国家安全战略的重点。”欧盟认为，航空航天工业在确保欧洲安全和繁荣方面起着关键的战略作用，是提升欧洲民用和国防产品竞争力的基础，也是欧洲安全的重要保证。显而易见，航空工业已经成为一个国家科技水平综合国力和国际地位的重要象征。

航空工业的发展，为民航运输业的发展提供了运载工具、技术力量和维修力量。在航空工业的促进和影响下，社会和经济的发展为民航运输业不断提供客货运输市场。另一方面，民航运输业的发展，促进了民航运力增长，为航空工业提供了重要市场。美国、欧洲及中国的航空工业与民航运输业发展历史已经充分证明，航空工业与民航运输业之间相互促进的唇齿关系。

第三节　中国民用航空运输业的发展

中国民用航空运输业的发展，已有 80 多年的历史。1918 年，第一次世界大战结束后，西方国家急于摆脱军事化工业生产带来的萧条困境，竞相输出资本与技术。为了寻求国际市场，在世界范围内掀起了发展商业航空运输的热潮。当时的中国正处于军阀混战之中。为了政治和军事的需要，1919 年 3 月，中国北洋政府交通部成立了“筹办航空事宜处”（1921 年 2 月改为航空署，隶属于军政部），并陆续购买美国的飞机。1920 年 5 月 8 日开通了北京—天津的中国第一条民用航线，1921 年 7 月 1 日北京—济南民用航线又投入运营，航空署还举办过北京—北戴河的暑期临时航班以及参观海滨和长城风景区的游览飞行。从那时起，中国开始了她的民用航空史。在 1919～1949 年的 30 年中，中国民用航空业的发展十分缓慢，从有文字记录的统计资料（1936～1949 年）来看，到 1949 年，中国定期航班运输年周转量还不到 1 亿吨公里。

新中国民航的发展历程，结合中国民航管理体制改革来看，总体上经历了四个重要阶段。

第一阶段是从 1949 年 10 月 1 日新中国成立到 70 年代末，主要是军队管民航，经营上采集高度集中的计划经济体制，航空运输规模较小且发展缓慢。新中国成立之初，我国民行规模很小基础十分薄弱，仅有12架小型飞机、12条短程航线和40多个小型机场。1950年航空运输总周转量157万吨公里，旅客运输量1万人。从新中国成立初期到70年代初期，航空运量长较低，每年增长绝对量很小。由于管理模式的限制，生产发展受到约束，且票价相对较高，人民生活水平低以及自然灾害等，再加上飞机小运力不足，使得航空运输不能取得较大发展。从1973年开始，随着波音707和伊尔62等大型喷气式飞机的引进以及航线的增加，特别是中欧、中美长途国际航线和香港地区航线的开辟，促使我国航空运输有了一个较快的增长。

第二阶段是从1978到1992年。20世纪70年代末期国家实施对外开放政策，经济、外贸、旅游得到发展，加速了航空运输增长。整个80年代是我国航空运输持续快速发展的时期，国家深入实施改革开放政策，国民经济和社会发展加快，对外贸易和旅游都以较快速度增长。同时，民航实行管理体制改革，国家改变民航隶属关系，成立了新的地区管理局、国家骨干航空公司和一些区域性的航空公司，先后成立了七大民用航空地区管理局和七大国家骨干航空公司。民航开始实行企业化经营，运量较大的机场也独立出来，为各航空公司提供服务。同时，建设机场以及空中交通管理和机务维修等设施，加强专业技术人才培训，为航空运输提供了更大的保障能力。特别是引进波音747和一大批中型飞机，更使得航空运输突飞猛进。但是航空运输市场是卖方市场，运力仍呈短缺状态，旅客买票难的问题普遍存在，供需矛盾相当尖锐。

第三阶段是从1992到1998年。“八五”期间，在1992年邓小平南方谈话的鼓舞下，全国经济发展和对外发展和对外开放出现新高潮。在此期间，经国家批准组建了以中国国际、中国东方和中国南方航空公司为核心的企业集团，涌现出一批地方性的航空运输企业。部分航空公司进行了股份制改造并在国内外上市。这一阶段，沿海经济特区特别是开发海南热潮，国内航空旅游兴起，极大地带动航空运输业发展，航空运输平均增长23.4%，但这一时期航空运输事故频发，在一定程度上影响了航空运输的增长。“九五”期间是航空运输在民航发展史上呈现起伏波动、形式多变而且也是存在较多争议的时期。尽管航空运输仍保持增长，但幅度有所减缓。航空运输总周转量年均增长11.4%。民航发展经历了前所未有的复杂局面，航空运输完全从卖方市场转向买方市场，供需关系发生变化；航空运输市场有效需求不足，处于低迷状态；各种交通运输方式竞争激烈，铁路提速和高速公路建设，对航空客运特别是中短程客运影响甚大；亚洲金融危机，对航空旅客和货物运输带来重大不利影响，尤其是国际和香港航线由于航空运输市场状况不好，航空公司削价竞争，大打“价格战”，加之缺乏有效的市场规范和监管机制，市场竞争无序，航空运输生产和经济效益降低，引发颇多社会异议。

第四阶段是从1998年至今，民航按照社会主义市场经济要求，实施新一轮的管理体制改革，重点是政企彻底分开、民航总局与所属企业彻底“脱钩”，使企业真正走上市场，成为市场主体。实施大公司、大集团战略，进行重大的行业结构调整，组建航空运输集团；机场实施属地化管理，以充分调动和发挥地方建设民航的积极性。目前，这一阶段的改革正在实施当中。

1978—2001 年，我国民航运输增长速度是我国经济增长速度的 2 倍，是交通运输增长速度的 3 倍，是世界航空运输增长速度的 4 倍。在国际民航组织各缔约国排名中，运输总周转量由 1978 年的第 37 位上升到 2001 年的第 9 位。中国已发展为世界航空运输大国。

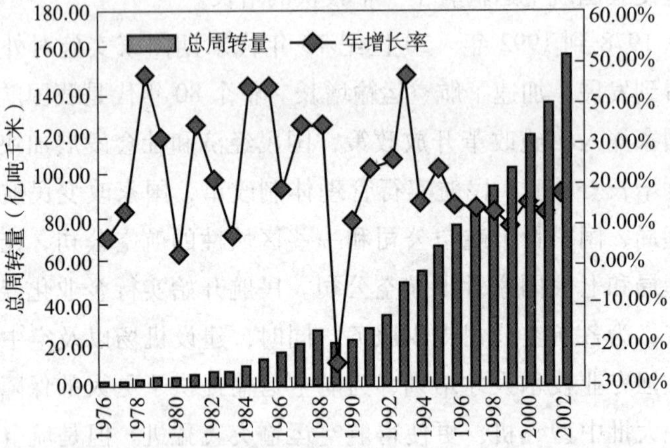

图 1－2　1976—2001 年中国民航定期航班运输总周转量

第四节　民航运输业的社会特性和经济特性

一、民航运输业的社会特性

现代民航运输业已经成为社会和经济活动的一个重要组成部分。它的发展缩短了人类交往的空间距离，加快了全球范围的人际交流和物资流通速度，促进了国家和区域之间的经济、科技、文化和教育的交流与发展，增进了社会成员之间的相互了解，推动了人类社会文明的进步。由于航空运输能够跨越地理障碍，速度快，舒适安全，因此，民航运输已经成为现在国家或地区之间社会经济发展中与外界进行快捷交流的重要途径和远距离出行的首选交通方式，成为带动和促进社会经济跨越式发展的桥梁。

现代民航运输业的发展，标志着一个国家或地区政治稳定、对外开放、经济繁荣和社会文明的程度。它是一个资金、技术和风险极其密集并具有高度国际化的行业，它涉及国家政治、国家安全、外交和国际贸易等多个领域，是一个极具有政治敏感性的公共服务业。

相比之下，民航运输业具有极高的准军事性。航空公司、机场和空域管理，随时都在为国家安全、国防建设和维护社会稳定等需要服务。美国在海湾战争、我国在汶川和玉树地震救灾等紧急事件中，充分显示了航空运输在极端形势下的快捷性和机动性。由于航空运输飞行涉及领空主权和国防事务等国际性问题，因此，一个国家的空域包括民用航空空域通常由国家或者军方统一管理，但是各国空域的具体管理政策和方法因国而异。2000 年 7 月 24 日，国务院和中央军委颁布的第 288 号令《中华人民共和国飞行基本规则》明确指出了空域属于国家资源，必须接受国家统一管理。

民航运输业是一种公共服务业，它为社会大众出行提供交通运输服务，具有社会公益服务的特点。但是，航空运输是一种具有成本的有偿服务行为，航空公司和机场采用企业方式进行经营，因此，民航运输业又是一种具有市场行为的营利性行业。

二、民航运输业的经济特性

（一）区域性

我国民航运输市场主要分布在经济发达的东部沿海地区（如北京、上海、广东）和旅游资源丰富的西南地区（如昆明、成都、西安）。在 2008 年 158 个统计机场中，前 10 名机场的旅客吞吐量占当年全国机场旅客吞吐量总量的 59.18%，货邮占 78.82%，这些地区的 GDP 总和占全国 GDP 的 19.2%。区域社会经济为民航运输业提供了客货运输市场，民航运输业为区域社会经济发展的对外开放架设了便捷通道，形成一种相互促进的互动发展关系。

民航运输业不仅带动区域经济的发展，而且能够带动区域就业市场的发展。2004 年，ATAG 对美国机场在区域和国家经济中的影响程度进行了研究，研究结果表示，美国机场当年的经济活动收入接近 5070 亿美元，约占当年全国 GDP 的 4.3%，共产生了 670 万个工作岗位，其中包括 190 万个直接与机场相关的工作岗位和 480 万个间接工作岗位。2007 年，航空承担了全球 40% 的国际旅游运输，全球 2900 万个工作岗位与民航运输业直接或间接有关，全球 GDP 的 8% 来自民航运输业。根据我国学者研究，我国机场每 100 万航空旅客吞吐量，可以产生经济效益 18.1 亿元人民币，产生就业岗位 5300 多个。尤其在偏远地区，民航运输不仅还少了与外界的联系，促进了社会经济发展，扩大就业，而且促进了民族之间的交流和社会稳定。

（二）经济同步增长性

国民经济的增长将会促进民航运输业的发展。1978 年以来，我国民航定期航班运输总周转量一直伴随着国内生产总值和进出口贸易同步增长。换言之，国民经济的发展，增加了各行各业对航空运输的需求，提高了国民的消费能力，从而为航空运输提供了市场需求和发展机遇。

（三）季节性

航空运输具有比较明显的季节特征。其原因是，航空旅客中相当一部分来自旅游业，全球有 40% 的国际游客通过航空运输旅行，而旅游受季节性影响比较明显，我国民航的统计数据也反映了这一明显特征，特别是我国的北方和西部地区。

（四）规模经济性

虽然国际航油价格长期以来一直处于上涨态势，但是随着民航市场规模的扩大、科学与技术的进步以及民航企业管理水平的不断提高，民航运输成本上涨幅度得到了有效控制，特别是进入 20 世纪 80 年代后期，尽管因为世界金融危机利润率在下降，但是民航运输企业利润总体出租上升水平。尤为显著的是我国民航运输市场规模稳步增长，分摊了在不断上涨的航油等价格成本，航空公司和机场经营利润获得稳步增加，中国民航在 2009 年全行业盈利 113 亿元（人民币）基础上 2010 年盈利 434 亿元。这种企业利润随着市场规模和运量规模扩大而增加充分反映了民航运输业的规模经济特征。

（五）密度经济性

民航运输市场具有密度经济特性。当市场规模一定时，通过提高航班乘坐率、增加航班频率或者采用收入管理技术调整销售价格和策略等方法，不仅能够增加航班收入，而且能够有效地降低成本，提高航线整体收入和利润水平，这是典型的密度经济特征。

案例分析

中国南方航空股份有限公司改革发展历程

南航的改革发展历史是20世纪90年代以来民航系统实行体制改革的缩影。在南航的发展历程中，党中央、国务院、民航局不断给予关怀和鼓励，南航历届领导集体带领全体员工，审时度势，抓住机遇，迎接挑战，不断发展，致力于提升安全、服务水平，拓展市场空间，公司发展速度、市场营销能力和企业管理水平等方面均有较大提高，呈现出良好的发展态势。自独立经营以来，南航大致经历了快速扩张、调整发展、重组合并运行、战略转型四个相对明显的发展阶段。

一、快速扩张阶段（1991—1997 年）

南航的前身是中国民航总局原六个区域管理局之一的广州民航管理局。1991 年，南方航空公司成立。1992 年 12 月 20 日，广州民航管理局执行国务院、民航局关于政府、行政及监管职能与航空公司、机场运营活动分开的改革方案，实施体制改革，实行政企分开，组建了中国南方航空公司。中国南方航空公司自此成为自主经营、自负盈亏、自我发展的独立经济实体。1992 年，经原国家计委、国家体改委、国务院经贸委办公室联合发文《关于同意成立中国南方航空集团的复函》（计规划【1992】2584 号），同意中国南方航空公司更名为中国南方航空（集团）公司。

1991—1997 年，南航旅客运输量和运输总周转量分别由570 万人次、5 亿吨公里增长到1500 万人次、17.9 亿吨公里，运输飞机架数由68 架（含运7 以下16 架）增加到96 架（含安12、运7 以下7 架）。通用航空机队由32 架减少到18 架。这一时期，民航刚刚开始实行体制改革，航空运输市场还处于卖方市场，中南地区部分地方政府对于南航合资成立本地航空公司的积极性非常高，纷纷与南航联络、商议，南航采取了“合资控股、建立基地、控制市场”的发展思路，在汕头、珠海、桂林与地方政府相继成立了控股子公司，在深圳机场成立了分公司，在郑州、武汉、长沙等既有基地公司引进737 机队取代运7 机队，大幅增加运力投放并控制市场。在取得基地建设成就的同时，1995 年开始引进波音777 取代波音767，并于1997 年开辟了美国航线。在体改分家的基础上，中国南方航空（集团）公司在当年即增加了汕头航空有限公司、广西航空有限公司、上海航空服务公司、广告公司、北海飞行基地筹备办公室等8 个下属单位。在体制改革后独立运营的第一年，南航在生产经营和发展扩张上都取得了令人瞩目的成就。

1993 年，是南航独立运营的第一年。公司以航空运输为主，相关服务和产业为配套体系，实行多元化经营。1993 年末，职工总数达 8484 人，拥有各种民用飞机 102 架，其中主力机型是波音飞机，主要有 B767 - 300、757、737 - 300、737 - 500、737 - 200 等飞机共 54 架，另外还有运七、肖特、萨伯、运五、S - 76、海岛人、海豚、贝尔 - 214 等九种机型，早期的机型总体上小而杂，部分机型老旧，不能很好地适应市场急剧增长的需要。当年，公司共经营国际、国内及地区航线 161 条，航线覆盖了国内外 60 多个大中城市。全年完成了运输总周转量 8 亿吨公里，运输旅客 839.6 万人，完成货邮运输量 14.45 万吨，实现营业收入 39.8 亿元，同比增长 21.83%，全年创利税和上交基金 9.55 亿元。

为进一步转变经营机制，建立现代企业制度，经中国民航总局和国家体改委批准，中国南方航空（集团）公司于 1994 年底正式进行重组。中国南方航空集团的核心企业使用“南航（集团）公司”名称，同意由中国南方航空（集团）公司作为唯一发起人，以发起方式设立“中国南方航空股份有限公司”作为在境外上市公司，股份公司继承其航空运输及相关业务、资产及负债。这一年，南航（集团）公司增加了进出口贸易公司、成都航空服务公司、财务公司、综合服务公司等下属单位。

1995 至 1996 年，南航业务继续保持了较快增长速度，为规范管理，南航股份公司和集团公司分别设立财务部。1997 年末，南航拥有员工 12787 人，较 1993 年增长 50.71%。拥有各种民用飞机 85 架，其中主力机型是波音飞机，主要有 B - 777、B - 767 - 300、B - 757、B - 737 - 300、B - 737 - 500 等飞机共 50 架，另外增加了 10 架 A - 320型，还有 YN - 5 型、YN - 7 型、AN、S - 76、CIT、CAR 等多种型号的飞机。

公司经营的国际、国内及地区航线达到206条，航线覆盖了国内外90多个大中城市和地区。相对于1993年，公司在飞机数量上没有明显的改变，但是性能、质量和运载力上都有了很大的提高，增加了大型b777飞机和空客飞机，淘汰了部分老旧飞机，公司运载能力大大增强。经过几年高速发展，1997年，南航完成运输总周转量15亿吨公里，运输旅客1208万人，货邮行运输量达25.36万吨，分别比1993年提高87.5%、43.9%、75.5%。这些数据反映南航在这一时期全面快速发展的特征。

1997年是南航发展史上不平凡的一年。南航在香港和纽约两地上市，实现了跨越式发展，但同时也经历了亚洲金融风暴的严峻考验。早在1995年3月25日，经国家体改委体改委批准，南航集团独家发起成立中国南方航空股份有限公司（南方航空），股本总额为22亿股，南航股份公司承接了与航空运输有关的核心业务及相关资产、负债。南航集团不再直接或间接从事或参与经营与南航航空运输业务存在利益竞争或可能竞争的业务及实体投资等。1997年7月，南航在国际资本市场上成功发行H股，并于当地时间1997年7月30日和31日分别在纽约证券交易所和香港联交所成功挂牌上市（美国存托凭证ADR代码：ZNH，H股股票代码：1055）；1997年8月23日，南航超额配售H股144178000股后，募集资金总额为54.59亿元人民币（按当时的汇率折算），成为当时在境外融资最多的中国企业。但是，1997年夏季爆发了东南亚金融风暴，中国虽然没有卷入这场危机，但不得不对经济结构进行调整，使得中国民航业的增长趋缓，航空运输市场需求疲软，国内航线运量增幅降至十几年来的最低水平，因传统的东南亚盈利航线受到严重影响，虽然总体上1997年各项生产指标比1996年仍有上升，但没有完成民航总局及公司下达的生产指标，客运只完成年计划的94.8%；货邮行运输量也只完成97.5%，旅客运输量同比减少0.98%，为年计划的92.5%。主要数据显示，南航超常规、高速发展期结束。

随后两年，南航稳步发展。2000年，为进一步理顺集团、股份公司关系，南航集团加快了改革步伐，两个公司按照“血肉相连，唇齿相依，各负其责，协调运转”的指导思想运作。按照现代企业制度的要求，（集团）公司和股份公司与2000年11月正式分设。到2001年底，公司职工人数达到了23564人，经营航线达到了385条，其中国内航线320条，国际航线43条及地区航线22条，通航城市88个，共有111架飞机。空防安全达到了93个月，夺得了航空安全“金鹏杯”。主营业务收入连续大幅增长，在2001年达到了126.24亿元，比2000年增收14.72亿元，连续两年盈利分别达到1.07亿元和8705万元。同时，与北方航空公司、新疆航空公司的改革重组也已经展开。

二、重组合并运行阶段（2002—2004年）

2002年底，南航机队规模达122架，经营349条国际国内航线，通航64个城市。经营上，公司专注于航空运输主业，运输收入占经营收入的97.5%，其中91.5%为客运收入，8.5%则为货运及邮运收入。同时，在运输总周转量、旅客运输量、货邮运输量等主要指标上均有较大幅度增长，分别达到17.4%、12.2%、17.1%。当年实现利润总额5.08亿元，安全上连续保持了103个月空防安全，实现了飞行安全年。2002年，南航被全球知名的旅游传媒TTG杂志评为“中国最佳航空公司”。

2003年春夏之交，因受非典疫情影响，民航市场受到较大冲击，南航全年各项生产指标同比急剧下滑。全民航有50%以上的航班取消，正常的航班中客座率也只有30%~50%。南航认真贯彻党中央、国务院关于防治非典的一系列重要指示，落实民航总局及各地政府的要求，坚持一手抓安全生产，一手抓防治非典。及时出台了控制成本十项措施，严格控制各项非生产性开支；二级副以上管理人员停发奖金，其他人员奖金减半；广大一线员工临危不惧，坚守岗位，体现了良好的职业道德，保障了运输生产正常进行。特别是“非典”过后，南航成功实施“蓝天振兴—阳光计划”，在疫情结束后迅速恢复运力，抢抓市场，经过全员共同努力，年底最终实现了盈利。2003年7月，南航还抓住机遇，在上海证券市场成功发行A股，募集资金达27亿元，为公司持续发展打下了良好基础。

2004年，南航得到了进一步发展。全年共完成运输总周转量46.6亿吨公里，旅客运输量2820万人次，货邮运输量54.3万吨。与首都机场合作经营1号航站楼，9月，首都机场1号航站楼正式启用。公司第四次获得航空安全“金鹏杯”，全年完成主营业务收入240.42亿元，并实现了主业盈利。2002—2004，旅客运输量和运输总周转量分别由2149万人次、36.1亿吨公里增长到2820万人次、46.6亿吨公里，运输飞机架数由122架增加到153架，通用航空机队减少到8架。这一时期，虽然受到非典疫情的冲击，国民经济保持了两位数的增长，对民航运输飞行的拉动非常明显，但公司的赢利水平未见明显提升。

2002年10月11日，为适应国家做大做强航空主业的战略调整需要，以中国南航航空（集团）公司为主体，联合北方航空公司、新疆航空公司组建成立的新的中国南方航空集团公司宣告成立，“蓝天大三角”正式确立。新集团公司成立伊始，根据新南航集团内部三家成员企业的实际情况，南航采取“有统有分，循序渐进”的方针，在集团内部大力推行文化融合，各项业务实施渐进式稳步推进。从运行标准上，南航首先统一了运行标准和航班代码，从业务上也是实行渐进式的逐一整合，从人员薪酬待遇、职务序列，干部晋升体系等方面进行了统一。新南航的联合重组是根据南航实际情况，对三家不同地域、不同文化背景的企业实施了有效整合。这一年8月29日，南航参股川航，占39%的股份，在西南市场建立了桥头堡。

这一时期，南航高层及早采纳了来自财务、规划等各方面有关人民币对美元即将升值的建议，及时对飞机融资结构进行了有计划的全盘调整，使南航在之后几年的人民币升值过程中获得较大汇兑收益。

在运行控制上，统一划归公司SOC运行控制中心调配，南航股份公司对原北方航、新疆航统一实施安全监管。在生产经营上，则暂时按照原有制度实行各自独立运行的原则，渐进式地推进变革。2003年初，南航开始整合国内营业部和海外办事处，原北方航、原新疆航的营业部与南航的营业部进行整合，即一个地方只设一个营业部，如营业部所在地有分（子）公司的，则纳入分（子）公司管理。到2003年末，基本统一了新南航国内国际航班代码，整合营业部、办事处，顺利进入合并运行过渡期，统一运行标准，为进入一体化运作打下了良好的基础。同时，完成了空中警察改制工作。2004年，原北方航进行了一次内部精简机构运动，对照南航股份公司的机构设置模式进行机构精简改革。公司内部积极做好主辅剥离和产权明晰工作，旅游酒店、客货服务、建筑开发等五个辅业公司顺利剥离；初步完成北方公司、新疆公司主业资产注入股份公司的前期准备工作；2004年末，完成了原北方航、新疆航主业资产成功注入股份公司，标志着南航主业一体化运行步入新阶段。

三、战略转型期（2005至今）

2005年1月1日，原北方航和新疆航主业资产正式注入南航股份公司，运输主业完成了法律形式上的全面整合。新南航资产规模达到631.55亿元，机队规模达231架，经营国际国内524条航线，通航143个城市，成为中国国内规模最大、航线网络最丰富、旅客运输量最多的航空公司。2005年开始，南航旅客运输量和运输总周转量分别由4411万人次、72.8亿吨公里增长到2007年的5690万人次、91.87亿吨公里，运输飞机架数由231架增加到332架，通用航空机队减少到12架。这一时期，南航开始进入战略转型期。在北京基地初见成效后，根据国际国内民航发展新形势以及国内高速铁路、高速公路迅猛的发展态势，南航有预见性地展开了新一轮干部培训和业务重组，及时提出了实施推进“三网建设”“双枢纽建设”，明确了建设国际化规模网络型航空公司的战略转型目标。

2005年是南航股份公司主业一体化运行的第一年，也是承前启后的关键一年。通过南航全员的努力拼搏，各项工作都取得了可喜成绩，公司呈现出良好的发展态势。这一年，在册员工增长到34417名，机队急剧增加到261架，经营航线达559条，通航143个城市。但是，随着公司规模的急剧扩大，分子公司、营业部分散分布的格局越来越不能适应公司管理和发展的要求，特别是新南航内部企业文化、管理模式以及运行机制等仍处于磨合期，“大企业病”又一次开始显现，直接降低了公司规模协同优势的发挥，影响了公司的整体效益。为此，南航及时提出了“加强企业管理，深化内部改革，转变增长方式，确保安全稳定，提高南航可持续发展能力”的年度工作目标，并要求全公司更快更深入地加快系统整合，全力以赴推进10个统一：统一机队规划、统一运力调配和航线布局、统一财务预算和经营考核、统一人力资源管理和培训、统一投资规划和基建管理、统一机务维修及航材管理、统一运行标准和运行控制、统一营销策略和服务标准、统一企业文化和VI标识、统一信息化系统建设。通过一年的努力，南航基本实现了从“三国三制”到“一国一制”的转变。特别是在2005年底，为增强总部的营销指挥控制能力，公司对营销系统进行整合，成立市场营销管理委员会，统辖全公司运力网络编排、市场营销管理、客户关系维护并及时进行收入结算，在经营指挥能力上，具备了相当的基础，取得了明显的进步。运行方面，各分子公司的机组人员纳入公司统一排班系统管理，确保公司日常生产运行中运控指挥执行的力度，全公司“一盘棋”运行。

在2005年打好基础的前提下，2006年初，公司提出要加大“运力航线网络建设，市场营销网络建设，服务保障网络建设”的“三网”建设，为全力推进广州、北京“双枢纽建设”，公司于2005年12月成立北京分公司，实施“北京战略”。同时，明确提出了实施“由线型网络航空公司向国际化规模网络型航空公司”战略转型。南航的管理模式也相应地开始由典型的“条块结合、以块为主的直线职能制”管理模式向“条块结合、系统管理的混合制”管理模式转变，逐步淡化了分子公司执管飞机的概念，明确提出了“集中控制，有效管理”的具有南航特色的管控模式。这一年，南航还对机务维修系统进行了初步整合，规划了各区域维修职能划分，并将沈阳维修基地划归机务工程部直管，积累了垂直管理的经验，为公司机务维修保障合理布局和向产业化方向发展奠定了基础。

2007年，公司继续推进“双枢纽”网络运行战略的实施，不断加大广州、北京航线网络的建设，本年度南航新开辟多条国内和国际航线，仅仅从广州始发就有10条国际航线；通过增大航班密度和调整航班时刻等充分发挥南航的航线规模网络优势，大力发展中转业务。2007年，南航成立上海基地，加强在华东地区的航班运行保障和市场营销力量。2007年6月16日，南航与重庆市共同投资的重庆航空公司正式挂牌成立，南航占60%股权，并于当年7月实现了首航，为南航在中西部航空市场的开拓嵌入了新的支撑点。这一年，南航还积极推动与法荷航货运公司合资项目，努力拓展货运市场。为推进南航的国际化，南航于2007年11月15日正式加入国际航空联盟之一的天合联盟，南航的国际化进程迈出了重要而坚实的步伐。2007年，南航共完成运输总周转量92.50亿吨公里，实现旅客运输人数5690.27万人次，客运量跃居亚洲第一、世界第四。

2008年，南航在积极投身到抗震救灾的同时，又面临市场需求严重萎缩、航油价格持续上涨、成本压力空前巨大的严峻形势。南航坚持既定国际化战略，于8月底成立了纽约、伦敦、迪拜、温哥华、布里斯班等国外办事处和台北营业部，为即将引进的A－380、B－787等大型客机运营提前谋划布局，抢占市场先机做好准备。

三年来，南航在实施推进战略转型的同时，还加速国际化步伐，南航借助蓝天大三角的区域优势，通过重新调配市场资源配置，加强了日韩市场，巩固了中亚、西亚市场，开拓了西欧、非洲、南亚、北美市场，在国际国内的市场影响力迅速增强，初步具备了参与国际市场竞争的能力，特别是2007年底率先加入天合联盟后，南航积极参与联盟事务，加快了国际化步伐，国际影响力和知名度迅速提升，持续发展能力和抗风险能力明显增强。

目前，南航已基本具备了落实战略转型进而进行全面组织转型的组织形态，形成了总部机关、驻白云机场大单位（类事业部）、分（子）公司（营业部、办事处）的组织体系，现有13个分公司、5个运输子公司、53个国外办事处、21个国内营业部、18个机关部室、12个驻场单位。

案例思考题

1. 南航是如何实现战略转型的？
2. 南航的组织结构进行了什么样的重组？
3. 南航的四个发展阶段分别做了哪些重大调整？

思考题

1. 阐述莱特兄弟成功发明飞机的意义。
2. 阐述航空工业与民航运输业之间的发展关系。
3. 民航运输业的经济特性包括哪些内容？
4. 简述喷气式飞机发展的三个阶段。

第二章

>>> 民航运输管理体系

本章要点

1. 航空运输系统的两大构成要素
2. 国际民航运输管理机构及组织
3. 中国民航管理体系
4. 航空公司
5. 机场

学习目的

要求学生通过对本章的学习，了解国际和国外民航运输管理组织的基本结构、服务宗旨及其主要职责，重点掌握航空公司和民用机场的作用、分类、组织体系，并分析两者在社会经济发展进程中的作用及相互关系。

导入案例

欧美启动变革，引领世界民航发展

一、以美欧为首建立新航空运输系统

以美欧为代表的航空大国认为，现有的航空运输系统已经不能满足21世纪的发展需要，不能处理突发性的安全事务及国土安全事宜，不能满足不断增长的航空运输需求，需要建设一个具经济价值、国家安全性、机动性、通达性、环保价值和超级运输量的航空运输系统，从根本上改变现有系统的结构。美国联邦航空局（FAA）在1997年就开始致力于"新一代航空运输系统"的研究，2003年美国国会通过了美国总统签署的FAA第100号令，旨在支持新一代航空运输系统完整计划的发展和执行，启动下一代航空运输系统的建设，对航空运输运行系统实行技术变革，巩固美国航空业的全球领导地位，继续建立行业制度和标准。欧盟国家也于2001年提出建立安全高效、与环境和谐发展的新的航空运输系统。欧美引领世界民航系统变革已是大势所趋。

二、航空运输在空管、信息、安检等方面都将面临重大技术变革，航空安全水平和便捷程度将全面提高

空管技术从陆基导航向星基导航转化，空中容量显著提高，自由飞行成为可能。美国在“新一代航空运输系统”和欧盟提出“单一欧洲天空”计划中提出：2025 年要实现基于卫星的导航技术，将现在的“陆基”导航发展为“星基”导航，全球无导航盲区；通信手段从话音向数据链路过渡，使航路上飞机之间的数字通信更加方便可靠；在航路上将允许使用自由飞行功能，空中交通管理系统自动化程度得到极大提高；空中交通管理的程序和方法将从目前的由管制员为主导过渡到由飞行用户主导，从对飞行目标的管理过渡到交通流的管理，空中交通管制和空中交通流量管理的界限将被打破，这两者将融为一个系统，提供统一的空中交通管理服务。新技术的采用使得飞行间隔得以缩小，飞机的超密度运行成为可能，并且可以自由飞行。

民航信息将实现可视化、智能化，交互共享式发展。世界各国民航业都把加快信息化建设作为民航发展的重要战略。在民航信息的可视化、智能化、信息交互和共享等方面的大幅创新将成为重要的发展趋势。在新一代航空运输系统中，美国计划建设行业综合性公共信息网络平台，使旅客、货主、运输和通用航空运营人、机场等用户可以方便地获取各自所需的信息，掌握自身以及所处环境的动态变化，得到实时的、个性化的情景意识服务，以便及时做出决策。同时，美欧航空强国的航空公司还与机场、铁路等实现了业务信息的交换和共享服务。

民航安检将更加趋于全过程、非干扰式的安全检查，在最大限度上改善目前对旅客和货主带来的不便。美国新一代航空运输系统将探索改进先进的传感器、信息系统、精确的身份识别技术等，实施从值机、交运行李，到海关、移民、检疫直至最后经过廊桥登机全过程非干扰式的安全检查；将对流动中的旅客、行李、货物实施安全检查，并建设贯穿全过程的旅客和物流空防安全的保安系统，最终在确保安全的基础上，大大改善目前给旅客和货主带来的不便。

第一节　航空运输系统

随着民航运输市场运输规模的不断扩大，民航运输已经由当年“飞机 + 跑道”就可以进行飞行运输的简单生产方式，发展成为当今具有严格规范的行业管理体系和生产管理体系的航空运输系统——拥有专业化机队的航空公司、先进跑道与设施设备配套齐全的机场系统和基于卫星通信导航的空中交通管理系统（见图 2 - 1）。通过三大基本系统的合理分工、紧密合作和协调运行，形成了全球性的现代航空运输系统。

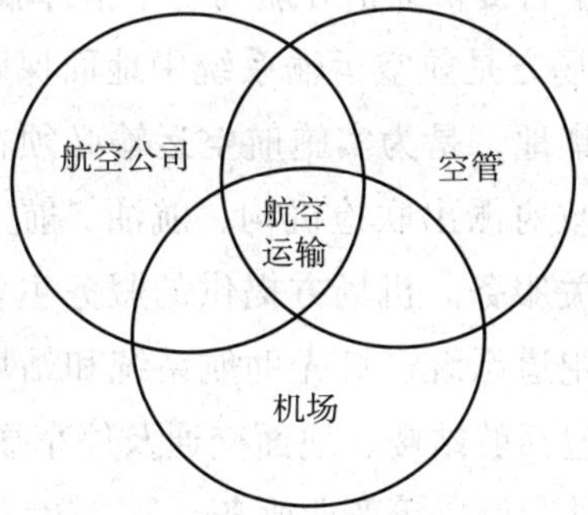

图 2－1　航空运输系统的三大基本要素

根据民航运输活动的组织和实施过程所涉及的功能与范围，航空运输系统可以认为是由“服务需求”与“服务供给”两大部分组成。

一、服务需求

航空运输系统的初始需求来自于旅客旅行和货主的货物运送，由此而产生了三类基本服务需求：

（1）运输服务需求。运输服务需求包括两大部分，一部分是来自于民航业外的旅客旅行和货主的货物运输需求，另一部分是来自实施运输需求过程中产生的业内服务需求，主要是地面保障服务、地面交通、空中交通指挥、机务维修、信息处理、权益保护等服务。

（2）服务设施需求。在实施运输服务过程中产生的运输服务需求，如装载和运送旅客与货物的机队；为安全飞行提供的安检、维修、地面保障服务等设备设施；为飞行服务的通讯导航设备设施；为旅客和货物运输服务提供的机场和地面交通设施等。

（3）信息服务需求。在航空运输和地面保障服务的过程中，无论是服务需求方还是服务供给方都需要信息服务，并且信息服务的需求量在快速增长，无论是飞行和空中交通指挥、地面保障，还是旅客和货主、市场销售等方面，都需要及时而可靠的信息。

（一）服务供给

为了满足上述服务需求，必然产生相应的航空运输服务供给。航空运输服务供给主要包括：

（1）销售服务。航空运输系统通过它的销售渠道向社会消费者出售旅客和货邮航班运输服务，并形成覆盖全球的销售网络，主要是航空公司的直销网络和销售代理人网络，特别是基于互联网的网上销售服务。

（2）航空运输服务。航空公司承担航空客货运输的主体，也是航空客货运输市场的销售主体。航空公司的主要生产工具视为满足多种航空运输需求的机队和航班运行管理信息系统。另一方面，航空公司也是机场服务和空管服务的需求者，它需要机场方提供地面保障服务，需要空管提供通信导航与空中指挥服务。

（3）地面保障服务。机场方是航空运输系统中地面保障服务的主要提供者。机场是地面运输和空中运输的汇集地，是为实施航空运输必须在地面完成保障服务的主要场所，为航空公司、空管、政府派出联检机构、航油、航空维修以及为旅客和货主等客户提供服务设施设备及相关服务。机场方提供的服务主要包括两大方面，空侧服务和地面服务。空侧服务包括跑道系统、灯光助航系统和站坪等设施及其设备以及机场运行信息服务等。地面服务包括航站楼、地面交通及停车场等设施，特种车辆、值机、安检等设备及其服务以及餐饮、商店等商业服务。

（4）空中交通管理服务。空中交通管理服务为航空公司执行航空运输飞行提供通信导航设施、航行情报和空中交通指挥服务，是航空公司飞行服务的供给者。

（5）信息服务。信息服务是现代服务航空服务的重要组成部分，可以分为两大部分：信息处理和信息发布。信息有音频信息（航班信息广播及通知发布）、视频信息（航班信息、航班图）、字符信息（旅客计算机订座、离港等各类报表）等。信息处理包括信息生成、信息收集、信息加工与信息传输等过程以及用于处理信息的各类信息处理系统。信息发布是通过一定的设施设备，向客户提供航班信息。如航班公司发布航班计划信息，机场通过航显系统广播和显示航班进出港动态信息，空管通过内部通信系统向航空公司和机场发布航行情报和航班飞机的空中飞行状态信息等。在航空运输系统中，航空公司、机场和空管既是信息服务提供者，也是信息需求者。

（6）法规服务。在现代航空运输系统中，不仅有保障该系统能够安全高效运行的标准、规则、规程、规范等各类规章，还有能够保障航空运输系统健康有序发展的相关政策法规，以保障航空运输系统中服务需求者及服务供给者等各方面的权利和利益。

随着全球民航运输业的发展，航空运输系统的内涵将会不断丰富。

第二节　国际民航运输管理机构

民航运输业具有很强的国际性，自1910年19个欧洲国家开始起草《巴黎国际航空公约（草案）》起，有关民航运输活动的组织、协调与管理就开始引起世界各国的关注和重视，并于1944年成立了“国际民航组织”（ICAO）。随着国际民航运输业的发展，世界上不少地区先后成立了区域性国际民航运输管理机构，特别是航空公司联盟这一跨国家跨地区的国际性航空运输组织出现以后，民航运输活动涉及的国际事务更加广泛、更为复杂，国际航空运输事务更需要有组织地周密协调。

一、国际民航组织

国际民用航空组织（International Civil Aviation Organization，ICAO）是联合国的一个专门机构（图 2 -2），1944 年为促进全世界民用航空安全、有序的发展而成立。

图 2 -2　“国际民航组织”徽标

国际民航组织（International Civil Aviation Organization）前身为根据 1919 年《巴黎公约》成立的空中航行国际委员会（ICAO）。由于第二次世界大战对航空器技术发展起到了巨大的推动作用，使得世界上已经形成了一个包括客货运输在内的航线网络，但随之也引起了一系列亟须国际社会协商解决的政治上和技术上的问题。因此，在美国政府的邀请下，52 个国家于 1944 年 11 月 1 日至 12 月 7 日参加了在芝加哥召开的国际会议，签订了《国际民用航空公约》（通称《芝加哥公约》），按照公约规定成立了临时国际民航组织（PICAO）。

1947 年 4 月 4 日，《芝加哥公约》正式生效，国际民航组织也正式成立，并于 5 月 6 日召开了第一次大会。同年 5 月 13 日，国际民航组织正式成为联合国的一个专门机构，成为世界上协调和管理国际民航事务的永久性最高权力机构。1947 年 12 月 31 日，“空中航行国际委员会”终止，并将其资产转移给“国际民用航空组织”。民航组织总部设在加拿大蒙特利尔，制订国际空运标准和条例，是 191 个缔约国（截至 2011 年）在民航领域中开展合作的媒介。

1944 年 11 月 9 日，中国政府参加了在美国芝加哥举行的国际民航会议，并签署了《国际民用航空公约》，成为 ICAO 的创始成员国之一。1971 年 11 月，ICAO 通过决议，承认中华人们共和国为中国唯一合法政府。1974 年 2 月 25 日，中国政府决定承认《国际民用航空公约》和有关修正协议书，并加入 ICAO，参与其一切活动，行使其在 ICAO 的代表权。同年 9 月，中国在“国际民航组织大会”上当选为理事国。1977 年，ICAO 第 22 届大会决定将中文作为该组织的工作语言之一。2013 年 9 月 28 日，中国在加拿大蒙特利尔召开的国际民航组织第 38 届大会上再次当选为一类理事国。

（一）“国际民航组织”的宗旨和目的

国际民航组织（ICAO）的宗旨和目的在于发展国际航行的原则和技术，促进国际航空运输的规划和发展，以便实现下列各项目标：

（1）确保全世界国际民用航空安全而有秩序地发展；

（2）鼓励为和平用途的航空器的设计和操作技术；

（3）鼓励发展国际民用航空应用的航路、机场和航行设施；

（4）满足世界人民对安全、正常、有效和经济的航空运输的需要；

（5）防止因不合理的竞争而造成经济上的浪费；

（6）保证缔约各国的权利充分受到尊重，每一缔约国均有经营国际空运企业的公平的机会；

（7）避免缔约各国之间的差别待遇；

（8）促进国际航行的飞行安全；

（9）普遍促进国际民用航空在各方面的发展。

以上九条共涉及国际航行和国际航空运输两个方面问题。前者为技术问题，主要是安全；后者为经济和法律问题，主要是公平合理，尊重主权。两者的共同目的是保证国际民航安全、正常、有效和有序地发展。

（二）“国际民航组织”的组织机构

国际民航组织由大会、理事会和秘书处三级框架组成。

1. 大会

国际民航组织的最高权力机构，由全体成员国组成。大会由理事会召集，一般情况下每三年举行一次，遇有特别情况时或经五分之一以上成员国向秘书长提出要求，可以召开特别会议。大会决议一般以超过半数通过。参加大会的每一个成员国只有一票表决权。但在某些情况下，如《芝加哥公约》的任何修正案，则需三分之二多数票通过。

大会的主要职能为：选举理事会成员国，审查理事会各项报告，提出未来三年的工作计划，表决年度财政预算，授权理事会必要的权力以履行职责，并可随时撤回或改变这种权力，审议关于修改《芝加哥公约》的提案，审议提交大会的其他提案，执行与国际组织签订的协议，处理其他事项等。

大会召开期间，一般分为大会、行政、技术、法律、经济五个委员会对各项事宜进行讨论和决定，然后交大会审议。

2. 理事会

理事会是向大会负责的常设机构，由大会选出的33个缔约国组成。理事会下设财务、技术合作、非法干扰、航行、新航行系统、运输、联营导航、爱德华奖八个委员会。每次理事会开会前，各委员会先分别开会，以便将文件、报告或问题提交理事会。理事会有权就条约和公约的解释问题，请求海牙国际法庭发表咨询意见，如成员国卷入争端而不能协商解决时，可要求理事会做出裁决。

理事会的主要职责包括：执行大会授予并向大会报告本组织及各国执行公约的情况；管理本组织财务；领导属下各机构工作；通过公约附件；向缔约各国通报有关情况，以及设立运输委员会，研究、参与国际航空运输发展和经营有关的问题并通报成员国，对争端和违反《芝加哥公约》的行为进行裁决等。

3. 秘书会

秘书处是国际民航组织的常设行政机构，由秘书长负责保证国际民航组织各项工作的顺利进行。秘书长由理事会任命，现任秘书长为来自巴西的柯斯塔·佩雷拉将军。秘书处下设航行局、航空运输局、法律局、技术合作局、行政局五个局以及财务处、外事处、此外，秘书处有一个地区事务处和七个地区办事处，分设在曼谷、开罗、达喀尔、利马、墨西哥城、内罗华和巴黎。地区办事处直接由秘书长领导，主要任务是建立和帮助缔约各国实行国际民航组织制定的国际标准和建设措施以及地区规划。

二、国际航空运输协会

“国际航空运输协会”（International Air Transport Association，IATA），是从事国际民航定期航班的航空公司之间的一个国际性行业组织（图 2 - 3），其前身是 1919 年在海牙成立并在二战时解体的国际航空业务协会。1945 年 4 月 16 日在哈瓦那会议上修改并通过了草案章程后，国际航空运输协会成立。同年 10 月，新组织正式成立，定名为国际航空运输协会，总部设在加拿大的蒙特利尔。第一届年会在加拿大蒙特利尔召开。在全世界近 100 个国家设有办事处，280 家会员航空公司遍及全世界 180 多个国家。在中国有 13 家会员航空公司（除香港、澳门和台湾）。我国的国际航空公司、东方航空公司等多家航空公司近年来也陆续加入了国际航协。

图 2 - 3　“国际航空运输协会”徽标

IATA 的宗旨是：促进安全、正常和经济的航空运输以造福世界各国人民，培植航空商业并研究与其有关的问题；为直接或间接从事国际航空运输服务的各航空运输企业提供协作的途径；与国际民航组织及其他国际组织合作。

IATA 从组织形式上是一个航空企业的行业联盟，属非官方性质组织，但是由于世界上的大多数国家的航空公司是国家所有，即使非国有的航空公司也受到所属国政府的强力参与或控制，因此航协实际上是一个半官方组织。它制定运价的活动，也必须在各国政府授权下进行，它的清算所对全世界联运票价的结算是一项有助于世界空运发展的公益事业，因而国际航协发挥着通过航空运输企业来协调和沟通政府间政策，解决实际运作困难的重要作用。

（一）“国际航空运输协会”的作用

IATA 的基本职能包括：国际航空运输规则的统一，业务代理，空运企业间的财务结算，技术上合作，参与机场活动，协调国际航空客货运价，航空法律工作，帮助发展中国家航空公司培训高级和专门人员。

（二）“国际航空运输协会”的组织机构

国际民航运输协会由全体会议、执行委员会、专门委员会、分支机构司机框架组成。

1. 全体会议

全体会议是国际航空运输协会的最高权力机构，每年举行一次会议，经执行委员会召集，也可随时召开特别会议。所有正式会员在决议中都拥有平等的一票表决权，如果不能参加，也可授权另一正式会员代表其出席会议并表决。全体会议的决定以多数票通过。在全体会议上，审议的问题只限于涉及国际航空运输协会本身的重大问题，如选举协会的主席和执行委员会委员、成立有关的委员会以及审议本组织的财政问题等。

2. 执行委员会

执行委员会是全会的代表机构，对外全权代表国际航空运输协会。执委会成员必须是正式会员的代表，任期分别为一年、二年和三年。执委会的职责，包括管理协会的财产、设置分支机构、制定协会的政策等等。执委会的理事长是协会的最高行政和执行官员，在执委会的监督和授权下行使职责并对执委会负责。在一般情况下，执委会应在年会即全体会议之前召开，其他会议时间由执委会规定。执委会下设秘书长、专门委员会和内部办事机构，维持协会的日常工作。目前，执委会有 30 名成员。

3. 专门委员会

国际航空运输协会分为运输、财务、法律和技术委员会。各委员会由专家、区域代表及其他人员组成并报执委会和大会批准。目前，运输委员会有 30 名成员，财务委员会有 25 名成员，技术委员会有 30 名成员，法律委员会有 30 名成员。

4. 分支机构

国际航空运输协会总部设在加拿大蒙特利尔，但主要机构还设在日内瓦、伦敦和新加坡。国际航空运输协会还在安曼、雅典、曼谷、达卡、香港、雅加达、吉达、吉隆坡、迈阿密、内罗毕、纽约、波多黎各、里约热内卢、圣地亚哥、华沙和华盛顿设有地区办事处。

（1）“国际航空运输协会”的主要活动：

①协商制定国际航空客货运价；

②统一国际航空运输规章标准；

③通过清算所，对各会员航空公司之间的联运业务账目进行统一清算；

④开展业务代理；

⑤进行技术合作与人员培训；

⑥协助各会员航空公司改善机场地面服务流程和标准，以提高机场运营效率；

⑦指导和协助成员航空公司建设“民航安全管理体系”，并对成员航空公司进行安全审计。

三、国际机场理事会

国际机场理事会（Airports Council International，ACI），原名为国际机场联合协会（Airports Association Council International）是一个全世界民用机场的非营利性国际性行业组织（如图2－4），于1991年成立，总部设在瑞士的日内瓦。“国际机场理事会”（ACI）代表所有成员机场的共同利益，为机场与机场之间、机场与政府、机场与航空公司及其他民航组织之间的合作，提供一个国际合作与交流平台，以促进全球民用机场的快速发展。

图2－4　国际机场理事会徽标

“国际机场理事会”成立以前，世界机场行业有三个国际性组织：国际机场经营者协会（AOCI）、国际民航机场协会（ICAA）和西欧机场协会（WEAA）。为协调三个机场协会之间的关系，建立与各政府机构、航空公司、生产商和其他有关方面的正式联系，1970 年，机场协会协调委员会（AACC）成立。1985 年，西欧机场协会解散。1991 年 1 月，机场协会协调委员会与国际机场经营者协会和国际民用机场协会合并为国际机场联合协会，1993 年 1 月正式更名为国际机场理事会（ACI）。“国际机场理事会”与其他国际性组织保持密切的往来，包括国际民航组织、国际航空运输协会、驾驶员协会国际联合会、国际空中交通管制员联合协会、国际商会国际航空工业联合协会等。国际机场理事会在国际民航组织内享有观察员身份；在联合国经济理事会担任顾问。它代表并体现了全体成员的共同立场，反映了机场的共同利益。

（一）国际机场理事会”的宗旨与作用

ACI 的宗旨是“加强各成员与全世界民航业各个组织和机构的合作，包括政府部门、航空公司和飞机制造商等，并通过这种合作，促进建立一个安全、有效、与环境和谐的航空运输体系”。

ACI 的主要职责是：

1. 为发展一个安全、环保和高效的航空运输系统，市机场为航空运输做出最大贡献；

2. 建立与民航运输业、股东、政府及国际机构之间的合作；

3. 代表机场的权益，协调国际组织和机场所属国政府的法律、政策和标准；

4. 提高公众对机场在社会和经济发展中重要性的认识，推进机场在航空运输系统中的发展；

5. 促进机场之间的最大化合作。为成员机场提供先进的行业知识、建议和支持，帮助机场培育管理与运行方面的杰出人才；

6. 发挥 ACI 的全球组织能力和广泛资源作用，为所有成员提供切实可行而有效的服务。

价格要素包括定价目标、测算服务成本、分析竞争者成本、选择定价方法、价格水平、折扣、佣金及付款方式等。由于服务的无形性、差异性等特性，使服务产品的定价有了更大的困难和不确定性，企业难以计算出精确的成本，顾客难以对购买的利益进行有效的评估，由此影响企业的定价策略。

（二）“国际机场理事会”的机构组织

国际机场理事会目前有 5 个常务委员会，就其各自范围内的专业制定有关规定和政策。

1. 技术和安全委员会

主要涉及：缓解空域和机场拥挤状况、未来航空航行系统、跑道物流特征、滑行道和停机坪、目视助航设备、机场设备、站坪安全和场内车辆运行、机场应急计划、消防救援、破损飞机拖移等。

2. 环境委员会

主要涉及：喷气式飞机、螺旋桨飞机和直升机的噪声检测，与噪声有关的运行限制、发动机排放物及空气污染、机场附近土地地使用规划、发动机地面测试、跑道化学物质除冰、燃油储存及泼溅、除雾、鸟类控制等。

3. 经济委员会

主要涉及：机场收费系统、安全、噪声和旅客服务收费、用户咨询、商业用地收入及发展、高峰小时收费、硬软货币、财务统计、机场融资及所有权、纳税、各种影响经济的因素：航空公司政策变动、合并事项，航空运输协议的签署，航空业与其他高速交通方式的竞争、计算机订座系统。

4. 安全委员会

主要涉及：空陆侧安全、隔离区管理措施、航空安全技术、安全与设备之间的内在关系。

5. 简化手续和便利旅客流程委员会

主要涉及：客、货、邮处理设备，旅客及货物的自动化设备、对付危险物品、走私毒品的措施，设备与安全之间和内在关系等。

ACI 在世界几大区域还设有分会，分别负责协调该地区的相关事务。目前的六个地区分包括：非洲地区分会、亚洲地区分会、欧洲地区分会、拉丁美洲/加勒比海地区分会、北美地区分会和太平洋地区分会。

截至 2008 年 9 月 30 日，国际机场理事会拥有 177 个国家和地区的 597 名正式会员，运行 1679 个机场。在亚洲、太平洋地区约有 42 国家和地区的 57 名正式会员，包括我国台湾省的机场。北京首都国际机场于 1996 年 11 月 17 日被国际机场理事会正式批准成为该组织的会员。2008 年，国际机场理事会正式成员交通量增长到 4. 8 亿旅客、88. 5 万吨货物，占世界航空客运量的比例超过 96%。

四、国际货运代理协会联合会

国际货运代理协会联合会（International Federation of Freight Forwarders Association）简称“FIATA”（如图 2 – 5），它是 1926 年 5 月 31 日成立的国际货运代理人的行业组织，总部设在瑞士的苏黎世。创立的目的是为了解决由于日益发展的国际货运代理业务所产生的问题，保障和提高国际货运代理在全球的利益，提高货运代理服务的质量。

图 2－5　国际货运代理人协会徽标

FIATA 的最高机构是每年一次的世界代表大会，代表大会下设主席团。主席团对外代表 FIATA，对内负责协会的管理。协会下设多个委员会，如海运、铁路运输、公路运输、航空运输、海关、职业培训等，其中航空运输委员会是唯一的永久性机构。

协会的一般会员由国家货运代理协会或有关行业组织或在这个国家中独立注册登记的且有唯一的国际货运代理公司组成，另有为数众多的国际货运代理公司或其他私营企业作为其联系会员。FIATA 的成员主要来自世界各国家的国际货运代理协会，包括 40000 个国家货运代理公司，800 万～1000 万雇员代表。现在，86 个国家和地区内有 96 个一般会员，2150 个联系会员，遍布 141 个国家和地区，是公认的国际货运代理代表，也是世界范围内运输领域中最大的非政府和非营利性组织。

1985 年，我国对外贸易运输总公司以国际级会员的身份加入了该组织。2000 年 9 月，中国国际货运代理协会成立，次年也以国际级会员的身份成为 FIATA 的会员。我国台湾与香港是地区性会员，其他还有大陆 20 多个、香港 105 个和台湾 48 个个体会员。

1996 年 10 月，FIATA 正式推出了标准文件，对国际货运代理人的定义及责任风险作了法律界定，并对货运代理人及托运人之间的委托关系制订了合约文本。由 FIATA 制定的包括联运提单在内的 8 套标准格式单证，为世界各国货运代理所广泛使用。

如果说 ICAO、IATA 是国际承运人组织的话，FIATA 则是国际货运代理人的组织。

五、国际航空电信协会（SITA）

SITA 是一个专门承担国际航空公司通信和信息服务的合资性组织，1949 年 12 月 23 日，由 11 家欧洲航空公司的代表在比利时布鲁塞尔创立。SITA 的发展目标是带动全球航空业信息技术的发展，并提高全球航空公司的竞争能力。SITA 不仅为航空公司提供网络通信服务，还可为其提供共享系统，如机场调度、行李查询系统、货运系统、国际票价系统等。

图 2-6　国际航空电信协会徽标

SITA 货运系统开通后，与外地营业部、驻外办事处联网，货运工作人员可及时地将航班信息、运单信息、入库信息、装载信息、货物到达信息及中转信息等数据输进网络，系统在航班关闭后自动给本站拍发仓库、运单等货运电报。只要打开网络，就能全程追踪货物的情况，从而为货主查询联程货物和进口货物提供极大方便。

SITA 从 20 世纪 80 年代初在中国成立办事处，中国会员已经达到 11 家。SITA 货运系统已经在中国国际航空公司、中国货运航空有限公司投入使用。

六、其他国际性民航组织

除了上述三大国际性民航管理组织之外，还有许多非政府性的地区或跨地区性的民航组织（表 2-1），负责协调本地区的民航事务，以保护本地区的航空运输管理事务。虽然这些组织不属于任何一个国家的政府，但是它们在许多方面直接或间接地影响着本地区各国政府对国际航空运输业的管理和政策。在欧洲、拉丁美洲、非洲及加勒比地区，都已经有这样的地区性组织存在。

表 2-1　部分国际性民用航空管理组织

组织名称	总部所在地	主要成员	成立年份
国际航空承运人协会（IACA）	比利时布鲁塞尔	从事不定期航空运输服务的航空承运人	1971
国际航空公司协会（ATAF）	法国巴黎		1950
欧洲航空公司协会（AEA）	比利时布鲁塞尔	欧洲从事定期航空运输的航空公司	1954
非洲航空公司协会（AFRAA）	肯尼亚内罗毕	非统组织成员国家或组织的航空承运人	1968
阿拉伯航空承运人组织（AACO）	黎巴嫩贝鲁特	联盟成员国的航空公司	1965
国际机场理事会（ACI）	瑞士日内瓦	110 多个国家的 400 多个国际机场和机场协会	1991
航空公司驾驶员协会国际联盟（IFLPA）	英国	70 多个国家航空公司驾驶员协会	1948
航空运输研究所（ITA）	法国巴黎	70 多个国家的航空运输研究团体和组织	1954

第三节　中国民航管理体系

随着世界民航运输业的发展和我国不同历史时期建设任务与发展方针的调整，我国民航运输业的管理体系也在随着不断地变革与调整，以适应国家社会和经济发展的需要。

一、中国民航行业管理体系结构

自 1949 年以来发展至今，我国民航经历过多次体制调整和改革。特别是在 2002 年民航重大体制改革以后，我国民航的行业管理更加专门化，其显著特点是，加强行业管理和监督，重点突出民航运输安全和市场秩序管理，不再兼管航空运输企业的资产和经营。调整后的中国民航行业管理体系结构如图 2－7 所示。

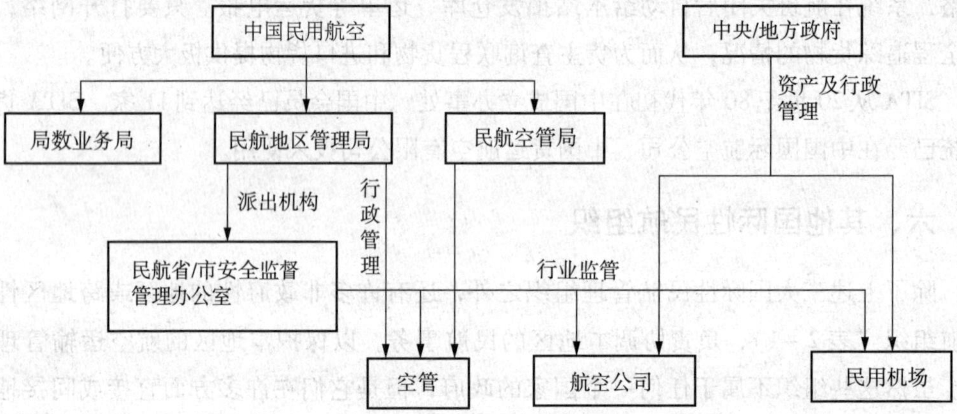

图 2－7　中国民航行业管理体系结构示意图

二、中国民用航空局组织与职能

"中国民用航空局"是中国政府管理和协调中国民航运输业发展的主管职能部门，2008 年 3 月之后隶属于"交通管理部"管理。根据《航空法》，"国务院民用航空主管部门对全国民用航空活动实施统一监督管理；根据法律和国务院的决定，在本部门的权限内发布有关民用航空活动有关的规定、决定"。根据中央政府对民用航空局的职能定位，民用航空局在我国经济改革开放深入发展新阶段的主要职责是：

（1）提出民航行业发展战略和中长期规划、与综合运输体系相关的专项规划建议，按规定拟订民航有关规划和年度计划并组织实施和监督检查。起草相关法律法规草案、规章草案、政策和标准，推进民航行业体制改革工作。

（2）承担民航飞行安全和地面安全监管责任。负责民用航空器运营人、航空人员训练机构、民用航空产品及维修单位的审定和监督检查，负责危险品航空运输监管、民用航空器国籍登记和运行评审工作，负责机场飞行程序和运行最低标准监督管理工作，承担民航航空人员资格和民用航空卫生监督管理工作。

（3）负责民航空中交通管理工作。编制民航空域规划，负责民航航路的建设和管理，负责民航通信导航监视、航行情报、航空气象的监督管理。

（4）承担民航空防安全监管责任。负责民航安全保卫的监督管理，承担处置劫机、炸机及其他非法干扰民航事件相关工作，负责民航安全检查、机场公安及消防救援的监督管理。

（5）拟订民用航空器事故及事故征候标准，按规定调查处理民用航空器事故。组织协调民航突发事件应急处置，组织协调重大航空运输和通用航空任务，承担国防动员有关工作。

（6）负责民航机场建设和安全运行的监督管理。负责民用机场的场址、总体规划、工程设计审批和使用许可管理工作，承担民用机场的环境保护、土地使用、净空保护有关管理工作，负责民航专业工程质量的监督管理。

（7）承担航空运输和通用航空市场监管责任。监督检查民航运输服务标准及质量，维护航空消费者权益，负责航空运输和通用航空活动有关许可管理工作。

（8）拟订民航行业价格、收费政策并监督实施，提出民航行业财税等政策建议。按规定权限负责民航建设项目的投资和管理，审核（审批）购租民用航空器的申请。监测民航行业经济效益和运行情况，负责民航行业统计工作。

（9）组织民航重大科技项目开发与应用，推进信息化建设。指导民航行业人力资源开发、科技、教育培训和节能减排工作。

（10）负责民航国际合作与外事工作，维护国家航空权益，开展与港澳台的交流与合作。

（11）管理民航地区行政机构、直属公安机构和空中警察队伍。

（12）承办国务院及交通运输部交办的其他事项。

如表2－2所示，我国民航局通过下设的业务司和民航局地区管理局履行中央政府赋予商务各项职责。

中国民航局现设的主要业务司局有：

（1）发展计划司，其主要职责是编制行业发展规划，监测行业运行情况，审批民航重大项目，进行行业价格与收费管理与监审，负责行业统计与信息分析和发布，承担行业节能减排综合管理和应对气候变化等工作。

（2）航空安全办公室，其主要职责是起草民航安全管理及民用航空器事故调查等的法规及规划，组织协调行业系统安全管理，监督检查行业安全，综合管理行业航空安全信息，组织或参与民航事故调查等工作。

（3）运输司，其主要职责是起草和监督执行民航运输、通用航空及市场管理等的相关法规和政策，负责民航运输市场及服务质量监督管理，指导和监督航空运输业组织的国内业务，负责公共航空运输经营许可、航线经营许可、机场地面服务代理许可、国际航空运输合作等的审核和监督，负责危险品运输监督管理等工作。

（4）机场司，其主要职责是起草和监督执行民用机场建设和安全运营管理的相关法规和标准，审核和监督执行新机场选址和总体规划，审批民用机场使用许可和机场专用设备使用许可，对民航基础设施建设项目进行审查和组织工程行业验收，负责民用机场应急救援、净空保护等有关工作。

（5）空管行业管理办公室，其主要职责是起草和监督执行民航空管相关法规、标准和规范，编制和监督执行民航空管发展与建设规划，负责民航空管单位的安全审计和运行安全监督检查，拟定航班时刻和空域容量等资源分配政策，负责民航空管设施设备的使用许可、开放运行许可、航空器无线电台及频率许可、气象探测环境许可等管理工作。

（6）航空器适航审定司，其主要职责是起草和监督执行民用航空器国籍登记和注册，民用航空产品及相关配件等的适航审定管理法规和标准，负责民用航空产品及相关配件的生产许可审定、合格审定、型号认可审定和适航审定，负责民用航空器国际等级和注册管理、飞行手册的审查和准批、民航标准化，参与民用航空器事故调查工作。

（7）各民航地区管理局。根据《航空法》，“国务院民用航空主管部门设立的地区民用航空管理机构依照国务院民用航空主管部门的授权，监督管理该地区的民用航空活动”。其主要职责是执行民航局指定的法规、政策、标准和规范，负责管理和处理辖区民航事务，对辖区民航企事业单位进行行业管理监督。

2014 年各地区管理局管辖的监管局如下：

地区管理局	安全监督管理局									
华北地区管理局	北京	天津	河北	山西	内蒙古					
东北地区管理局	黑龙江	吉林	辽宁	大连						
华东地区管理局	上海	江苏	浙江	山东	安徽	福建	江西	厦门	青岛	温州
华南地区管理局	河南	湖北	湖南	广西	海南	广东	深圳	桂林	三亚	
西南地区管理局	四川	重庆	贵州	云南	丽江	西藏自治区管理局（代管）				
西北地区管理局	陕西	甘肃	宁夏	青海						
新疆管理局	乌鲁木齐	喀什（前身为阿克苏运行办）								

三、中国航空运输协会

目前，我国除政府对民航运输业进行管理之外，还有两大社会组织协助民航管理当局进行行业管理。

“中国航空运输协会”（CHINA AIR TRANSPORT ASSOCIATION，缩写为CATA）是由国航、东航、南航等九家航空公司发起、经中国民航总局和国家民政部批准于2005年成立的一个全国性民航组织（图2－8），总部设在北京。“中国航空运输协会”以航空公司为主体，由民航企事业单位法人和团体法人自愿参加的行业性组织。

图2－8　中国航空协会徽标

CATA的主要职责是：

（1）根据民航局授权和政府部门委托，组织对航空公司及有关专业人员进行岗位技能培训，进行专业岗位或代理人等的资质和资格认证；

（2）组织与推进国际与海峡两岸业界的联系与交流；

（3）协助政府对民航运输企业的市场行为进行监督，反对不正当竞争，维护航空运输企业的合法权益。

CATA设理事长、副理事长、秘书长等领导职务，如图2－9所示。秘书处下设综合人事部、财务部、研究部、市场部、培训部、交流部6个部门。分支机构有航空安全工作委员会、通用航空分会、航空运输销售代理分会、航空油料分会、飞行乘务员委员会、航空食品分会、法律委员会、收入会计工作委员会、海峡两岸航空运输交流委员会和航空货运发展专项基金管理委员会。在华北、华东、中南、西南、西北、东北和新疆分别设有代表处。

四、中国民用机场协会

中国民用机场协会（China Civil Airports Association，CCAA）是经中国民用航空局、民政部批准于2006年成立的中国民用机场行业性（不含香港、澳门和台湾）组织，总部设在北京，目前现有96个会员机场，会员机场旅客吞吐量、货运量和航班起降架达到全国总量的99%以上。

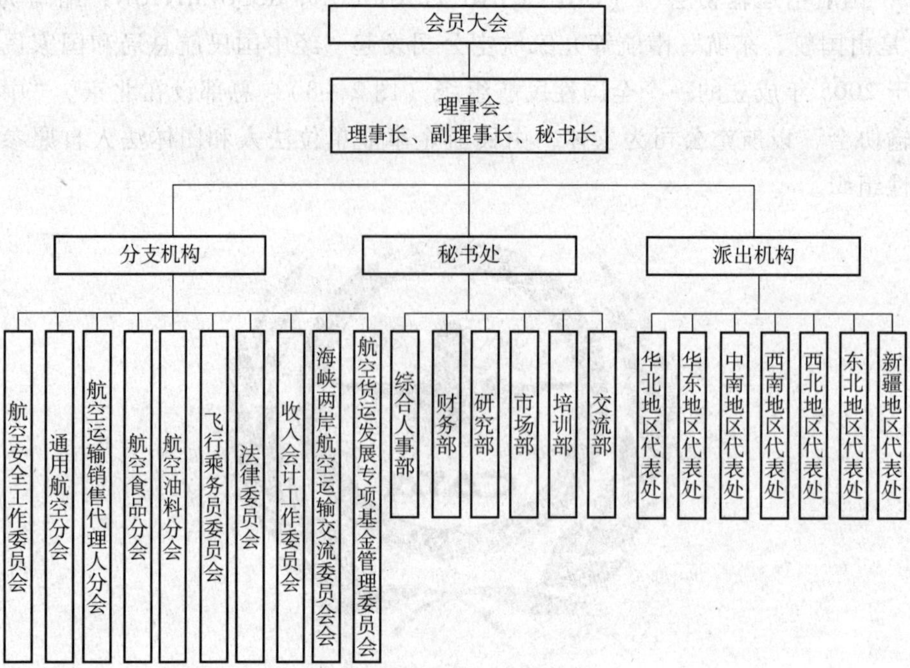

图 2－9　CATA 组织结构图

CCAA
中国民用机场协会
China Civil Airports Association

图 2－10　中国民用机场协会徽标

CCAA 的主要职责是：

（1）举办与机场业务相关的交流活动；

（2）开展与机场业务相关的信息收集、分析咨询和评比服务；

（3）受政府委托，起草机场行业标准，推动新技术的运用；

（4）根据机场行业发展需要和趋势，向政府有关部门提出政策或立法建议；

（5）组织开展与机场业务相关的国际交流与合作。

“中国民用机场协会”的最高权力机构是“会员代表大会”，至少每一年举行一次。“理事会”是“会员代表大会”的执行机构，在大会闭会期间行使“会员代表大会”赋予的权力，领导协会开展日常工作，每年至少召开两次会议。“理事长”的主要职责有：执行会员代表大会的决议；选举和罢免理事会理事长、副理事长和秘书长；

制定会费收取标准；筹备召开会员代表大会，审定大会议事日程，决定大会举行的日期和地点等；决定会员的吸收；决定设立办事机构、分支机构、代表机构；决定副秘书长、各机构主要负责人的聘任；领导协会各机构开展工作；制定协会内部管理制度和协会发展计划；决定其他重大事项等。

第四节　航空公司

根据《航空法》第九十一条和2004年民航局颁布的《公共航空运输企业经营许可规定》中的界定，航空公司是一种“公共航空运输的企业法人”，是“以营利为目的使用民航空器从事旅客、行李、货物、邮件运输的企业法人”。航空公司的业务主要分为两个部分：一是航空器的使用（飞行）维修和管理，二是公司的经营和销售。

航空公司首先是企业，它具有一般企业的特点和属性，是自负盈亏、具有独立经济利益的市场主体，航空公司通过经营荷航服务获得利润。但是，航空公司又不是一般的企业，它具有自身鲜明的特点。航空公司作为特殊企业，是以提供服务为主要内容，并有很高技术要求的企业。其特殊包括的范围广泛，从航空器到客货运输，从机场服务到空中交通管理，都是技术高度密集的企业，必须通过安全飞行和占有市场才能获得利润。由于安全、技术以及对各类设施独特的操作技能的硬性要求，加上国际化和跨地域经营的特点，航空公司的用人标准和经营管理相对其他行业更加严格。具体表现为：

1. 专业化技能要求高

航空公司集中体现高端科学技术的要求，企业使用的飞机等航空器是最先进的生产工具，具有很高的科技含量，员工必须具备能够操作各类专业设施的技能，具有较高的素质和专业水平。

2. 航空公司的国际化程度高

国际化和跨地域经营是各国民航固有的特点，因此，对不同国家和地区的文化、习俗等知识的理解，是对企业员工尤其是服务人员的基本要求。

3. 服务标准要求高

航空公司从业人员需要具有很强的服务意识、服务技巧和专业水准。

4. 安全性要求高

民航需要很高的安全要求，规范化、标准化是它的灵魂，因此需要很高的管理水平。

5. 政府干预程度高

与陆地和航海方式不同，空中运输方式消除了传统国界的概念，因此，对国家安全和宏观经济运行都会产生较大影响。

航空公司的以上特点迫切要求从业人员具有较高的素质和专业水平。

一、航空公司分类

航空公司向旅客、货主提供旅客、货物和邮件运输服务，同时按照国家有关规定收取费用。随着社会经济和科学技术的发展，航空公司的战略定位、市场规模、经营模式、营销能力在不断发展和调整，因而航空公司在民航运输市场中的地位和作用也随之产生差异。

（一）按资产结构分类

随着我国经济体制的改革，我国航空公司的资产出现多元化结构，目前主要有以下几类：

（1）国有航空公司。国有航空公司的资产主要来源于中央政府的投资，由国家控股和中央政府管理，如中国国际航空股份有限公司、东方航空股份有限公司和南方航空股份有限公司。三大国有航空公司主要经营国内干线和国际航线的航空运输，是我国航空运输的主体力量，其中，中国国际航空公司是我国的“旗舰”航空公司。

（2）地方航空公司。1980 年我国民航体制改革后，为了鼓励地方政府参与建设民航的积极性以加快我国民航的建设，我国开始出现“地方航空公司”，主要是指由省级政府参与投资和管理的航空公司。如厦门航空公司、重庆航空公司、合肥航空公司等。随着我国民航体制改革的深入，地方航空公司的资产结构也逐步出现多元化，地方政府的投资主体地位出现了变化，因此，当前意义下的地方航空公司通常是指一个省的“旗舰”航空公司，有别于隶属于中央政府管理的三大航空公司。大多数地方航空公司的特点是，主要由省市政府出资控股，以省会政府为基础布局航线网络，以服务地方经济的国内航空运输为主。

（3）民营航空公司。民营航空公司主要是指民间资本（而非国有资本）控股的航空公司。“民营航空公司”这一概念在 20 世纪 90 年代初期伴随我国大力推进“枢纽－支线”发展战略而逐步形成。特别是 2004 年我国首家完全民间资金筹建的鹰联航空公司成立后以及 2004 年底民航局《公共航空运输企业经营许可规定》的出台，极大地激发了我国民间资本投资民航运输业的热情。民营航空公司的主要特点是，公司资本主要来自于民间经济实体，以经营支线民航客货运输业务为主。

目前，我国民航运输力量主要是由以三大航空公司为主体的国有、地方与民营三大类航空运输企业组成。

1. 按经营航线类别分类

航空公司根据其自身的企业发展战略定位，确定自身经营规模和经营模式，随之将确定其市场范围和航线网络结构。根据我国航空公司的市场规模和航线网络结构，航空公司可以分为三类：

（1）国际航空公司。国际航空公司主要是指经国家授权，在经营国内民航运输业务的同时经营跨越本国边境的航线运输业务的航空公司。目前，我国的国际航空公司主要是国航、东方和南方航空公司，而一些地方航空公司也开始经营短程国际航线，如山东航空公司经营日本航线，厦门航空公司经营韩国航线，海南航空公司经营欧洲和美洲部分航线。

（2）干线航空公司。干线航空公司主要是指以经营首都至各省会城市、直辖市或自治区首府以及省会至各省会城市之间航线为主的航空公司。

（3）支线航空公司。支线航空公司是指以经营一个省或自治区之内的各城市之间的航线为主的航空公司，通常都是小型航空公司。目前在我国，一些地方航空公司或民营航空公司在注册成立时都会声称经营支线，但由于目前我国的大多数支线航班亏损严重，因此，这些航空公司实际上都在经营干线业务。

2. 按经营业务分类

根据所从事的业务范围，航空公司的分类如下：

（1）运输航空公司。大众概念中的航空公司通常是以旅客运输为主、客货运输业务兼营的航空公司。对于一个航空公司的具体航班而言，如果配飞的航班飞机腹舱较小，则运载的全是旅客。通常情况下，航班飞机在装载旅客的同时配载货物或者邮件，以充分发挥航班飞机的载运能力增加航班收入。但是这些经营旅客运输的航空公司可能会有专门经营货运的航班，如国航和南航，都有以 747 货机为主的航班专门经营国际货运。

（2）货运航空公司。顾名思义，专业货运航空公司只经营航空货物或航空邮件运输业务，包括航空快递业务。如中国货运航空有限公司主要经营航空货物运输，中国货物邮政航空公司（EMS）经营的业务则以航空邮件和航空快递为主。美国的联邦快递和 UPS、德国的 DHL、荷兰的 TNT 等国际著名快递公司，在发展初期以经营国际快递业务为主，现今已经发展成为以国际物流为特色的专业货运航空公司。

（3）通用航空公司。根据《航空法》第一百四十五条，“通用航空，是指使用民用航空器从事公共航空运输以外的民用航空活动，包括从事工业、农业、林业、渔业和建筑业的作业飞行以及医疗卫生、抢险救灾、气象探测、海洋监测、科学实验、教育训练、文化体育等方面的飞行活动。”《国际民用航空公约》附件 6 中将“通用航空”界定为，为获取酬金或收费而从事的旅客、货邮运输等商业运输或航空作业以外的航空器运行活动。通用航空应用范围十分广泛，其经营通用航空经营许可管理规定

（交通运输部令2016年第31号），共四大类31项：

图2－11 通用航空空中施肥业务

甲类：通用航包机飞行、石油服务、直升机引航、医疗救护、商用驾驶员执照培训；乙类：空中游览、直升机机外载荷飞行、人工降水、航空探矿、航空摄影、海洋监测、渔业飞行、城市消防、空中巡查、电力作业、航空器代管、跳伞飞行服务；丙类：私用驾驶员执照培训、航空护林、航空喷洒（撒）、空中拍照、空中广告、科学实验、气象探测等；丁类：使用具有标准适航证的载人自由气球、飞艇开展空中游览；使用具有特殊适航证的航空器开展航空表演飞行、个人娱乐飞行、运动驾驶员执照培训、航空喷洒、电力作业等经营项目。其他需经许可的经营项目则由民航局确定。

近年来，我国通用航空业发展迅速，截至2015年底，通用机场超过300个，通用航空企业281家，在册通用航空器1874架，2015年飞行量达73.2万小时。但从总体上来看，我国通用航空业规模仍然较小，基础设施建设相对滞后，低空空域管理改革进展缓慢，航空器自主研发制造能力不足，通用航空运营服务薄弱，与经济社会发展和新兴航空消费需求仍有较大差距。但未来十年中国通用航空飞机需求量复合增长率超过20%。截至2008年年底，我国通用航空飞机数量为898架。中美航空合作项目的研究结果表明，到2015年，我国需要通用航空作业飞机1997架、培训及私人飞机1415架，复合增长率21%；而根据民航总局的估测，到2020年，预计通用航空飞机的数量将超过10000架，复合增长率22%。

（4）低成本航空公司

低成本航空公司，又称为廉价航空公司或低价航空公司，指的是通过取消了一些传统的航空乘客服务，将营运成本控制得比一般航空公司更低，从而可以长期大量提供便宜票价的航空公司。美国西南航空公司是世界航空运输业“廉价航空”模式的鼻祖，30多年的连续赢利使《财富》杂志将西南航空誉为“有史以来最成功的航空公司”。如今，“廉价航空”在欧美取得成功后，正逐渐走向亚洲，走进中国。2005年，美国整个航空公司行业共亏损100亿美元，运力过剩和史无前例的燃油价格让许多苦苦挣扎的航空公司被卷入生存之战，进行大规模精简和重组。比如，达美航空和美西北航空都是同年申请破产法保护。而相比之下，美西南航空公司则已连续33年保持了赢利——这在航空历史上也是前无古人的记录。这是美西南航空的员工创造了这骄人的记录。为实现低成本运行的低廉票价策略，美国西南航空公司采取的主要措施有：

①提高飞行频率和航班密度，如有些公司的飞机一天内可以在某条航线上往返10次，大大提高了飞机利用率。

②统一机型，因为这可以减少培训和维修的费用，减少人力，简化许多环节，从而大大降低航空公司的运营成本。同时，大规模购买还可以享受到价格上的优惠和管理上的方便。

③提供二级机场，由于这些地处偏僻的机场渴望得到业务，所以，低价航空公司公司不用负担在航空枢纽机场降落的高额费用。同时，二级机场极少有交通堵塞，这使低价航空公司与使用大机场的竞争对手相比，每架飞机每天可多飞一到两个航班。

④简化服务，彻底改变机上无偿提供餐食的历史，同时，减少机上服务人员。

⑤网上销售，减少人工销售成本和代理人销售费用，降低市场费用。通过上述措施，美国西南航空公司在激烈的竞争中取得了长足的发展。我国20世纪90年代以来创建的民营航空公司都试图效仿美国西南航空公司走低成本运营之道，但是由于航油价格不断飙升、机队成本无法降低、航线竞争缺乏优势、运行管理成本难以降低等诸多因素，唯有春秋航空公司通过薄利多销的高客座率获得经营成功外，大多数民营航空公司都未能实现低票价优质服务的竞争策略。

二、航空公司的成立和审批

改革开放以后，面对民航运输市场的巨大需求和航空运输业发展的新机遇，地方、部门纷纷要求开办航空公司。由于航空运输业是资本密集型、科技密集型的行业，利润率不高，又面临较大的安全风险，为保证航空安全，提高服务质量，避免随意申办公共航空运输企业，必须对民航运输企业的成立和创立采用审批制并提出较高的要求。为此，政府部门相继制定了一系列的法律法规，为规范公共航空运输企业经营许可提供了基本依据，有力地促进了我国民航事业的发展。

国务院于1985年5月发布了《国务院关于开办民用航空运输企业审批权限的暂行规定》，明确了设立公共航空运输企业的基本条件、审批权限和程序。1985年10月，民航总局与国家工商行政管理局联合发布了《关于开办民用航空运输企业审批程序的通知》，使设立公共航空运输企业的审批程序具体化。1993年1月，民航总局又发布了《开办航空运输企业审批基本条件和承办程序细则》，对开办公共航空运输企业审批的基本原则、应具备的条件、公共航空运输企业筹建、经营许可证颁发和管理等做出了更为明确的规定。

但是随着社会主义市场经济的发展、我国加入WTO以及国内航空运输的长足进步，民航发展面临的内外环境发生了深刻变化：航空运输市场由卖方市场转变为买方市场；大多数航空公司进行了公司制、股份制改造，多家航空公司股票在境内外上市，投资主体由单一走向多元；三大航空运输集团组建完成，航空公司间实施了多种形式的联合重组；《公司法》《民航法》《行政许可法》以及有关行政法律法规相继颁布施行。此外，按照《民航法》第九十二条规定："设立公共航空运输企业，应当向国务院民用航空主管部门申请领取经营许可证"；《民航法》第九十三条对设立公共航空运输企业应当具备的条件也做出了规定。

鉴于此，中国民航总局在2005年制定了新的《公共航空运输企业经营许可规定》，进一步规范了公共航空运输企业经营许可制度。

按照其规定，公共航空运输企业设立条件包括注册资本最低限额和航空器数量要求等内容，即：

（1）不少于3架购买或者租赁并且符合相关要求的民用航空器；

（2）负责企业全面经营管理的主要负责人应当具备公共航空运输企业管理能力，主管飞行、航空器维修和其他专业技术工作的负责人应当符合民用航空规章的相应要求，企业法定代表人为中国籍公民；

（3）具有符合民用航空规章要求的专业技术人员；

（4）不少于国务院规定的注册资本的最低限额（8000万元）；

（5）具有运营所需要的基地机场和其他固定经营场所及设备；

（6）民航总局规定的其他必要条件。

《公共航空运输企业经营许可规定》明确指出，成立和创办民航运输企业必须在筹建阶段就递交筹建申请，且在规定期限内完成筹建工作才可以进入向所在地民航地区管理局申请经营许可的初步审查的阶段。如果在筹建期（或延长筹建期）内仍未取得经营许可证，则将丧失筹建的资格且今后两年内民航总局不再重新受理该申请人的筹建申请。该规定还明确了公共航空运输企业在取得经营许可证后，按规定必须完成运行合格审定，经审定合格后方可投入航线航班的运营。

关于航空公司设立分公司，2009年2月民航总局正式下发《民航局关于航空公司设立分公司的管理意见》，国内航空公司设立分公司实行审批制，分公司享有航线航班始发优先权益。申请设立分公司的航空公司必须具备6个条件：航空公司设立分公司，飞机应达到10架以上；在10～50架之间，原则上每增加10架飞机可增设一个分公司；在50～100架之间，每增加8架方可增设一个分公司；100架以上可视飞机增加情况增设分公司。每个分公司飞机不少于3架，并具有相应的基地机场保障条件。

设立分公司还要求航空公司具有三年以上的运营经验，安全、服务、经营状况良好。此外，航空公司还需具备飞行、机务、签派、安保、商务等组织机构以及与投放运力相适应、符合相关规章要求的经营管理、飞行、机务、签派、安保和商务人员等。

对于旅客运输量超过1000万人次的繁忙机场设立航空公司、分公司，原则上不得超过 5 个；对设立全货运（或支线）公司或分公司的，可酌情再增加 1 ~ 2 个；已达到 5 个公司或分公司的，不得再设立运营基地，此前已设运营基地 3 年以上、市场份额超过 10% 的，可允许其改为分公司。

第五节　民用机场

机场，亦称空港，较正式的名称是航空站，指供飞机起飞、降落、滑行、停放以及进行其他活动使用的划定区域，包括附属的建筑物、装置和设施等。除了跑道之外，机场通常还设有塔台、停机坪、航空客运站、维修厂等设施，并提供机场管制服务、空中交通管制等其他服务。而根据《航空法》，民用机场是指“专供民用航空器起飞、降落、滑行、停放以及进行其他活动使用的划定区域，包括附属的建筑物、装置和设施。”

一、民用机场的分类

机场一般分为民用和军用两大类，用于商业性航空运输的机场也称为航空港，我国把大型民用机场称为空港，小型机场称为航站。实际上，由于机场所在区域社会经济发达程度不同，机场所在城市的政治经济和国际地位不同，因而各机场的设施规模、经营规模及在航线网络中的角色与地位差异很大。民用机场具有更为详细的分类。

（一）按机场规模和旅客流量不同分类

1. 枢纽国际机场：是指在国家航空运输中占据核心地位的机场。这种机场无论是旅客的接送人数还是货物吞吐量，在整个国家航空运输中都占有举足轻重的地位，其所在城市在国家经济社会中居于特别重要的地位，是国家的政治经济中心或特大城市省会，如北京首都国际机场、上海浦东国际机场、广州白云国际机场、香港国际机场、重庆江北国际机场等。

2. 区域干线机场：其所在城市是省会（自治区首府）、重要开放城市、旅游城市或其他经济较为发达的城市、人口密集的城市，旅客的接送人数和货物的吞吐量相对较大，如宜宾宗场区域国际机场、无锡硕放国际机场等。

3. 支线机场，除上面两种类型以外的民航运输机场。虽然它们的运输量不大，但对沟通全国航路或对某个城市地区的经济发展起着重要作用，如泸州蓝田机场、泉州晋江机场、西藏机场等。

（二）按照机场在民航运输网络中的作用大小不同分类

机场收费所采用的机场分类是我国现阶段在实际应用中较为明确的分类方式。《民用机场收费改革实施方案》将我国现有民用运输机场分为 3 类：

一类1级机场包括：北京首都、上海浦东两个机场。

一类2级机场包括：广州、上海虹桥、深圳、成都、昆明5个机场。

二类机场包括：杭州、西安、重庆、厦门、青岛、海口、长沙、大连、南京、武汉、沈阳、乌鲁木齐、桂林、三亚、郑州、福州、贵阳、济南、哈尔滨19个机场。

三类机场为一类、二类以外的所有民用运输机场。

从以上各个机场的归类情况来看，现行机场收费所采用的机场分类主要是依据机场基础设施情况，也可以说是按照机场资产规模来进行划分的。

（三）按照作用不同分类

1. 运输机场：指主要为定期航班运输业务服务的机场。按航线类别分为国内航线定期航班机场和国际航班定期机场。按飞行区等级分类，技术标准采用飞行区等级指标Ⅰ（数字代号）和等级指标Ⅱ（字母代号）的方式。

2. 通用航空机场：指专用于通用航空飞行活动及专门从事为工农生产服务的作业飞行以及文化体育运动、教学校验、游览等作业飞行的机场。

3. 直升机机场：全部或部分用于直升机的起降和地面活动的机场。

4. 停航保管机场：由于各方面原因，暂时营运（使用）但尚未报废的机场。

（四）按照飞行区等级不同分类

飞行区等级技术标准采用飞行区等级指标Ⅰ（数字代号）和等级指标Ⅱ（字母代号）的方式。

飞行区等级指标Ⅰ：根据机场飞行区使用的最大飞机的基准飞行场地长度，分为1、2、3、4四个等级。

飞行区等级指标Ⅱ：根据机场飞行区使用的最大飞机的翼展和主起落架外轮外侧间的距离，从小到大分为A、B、C、D、E、F六个等级。

1. 4F级机场，指在标准条件下，可用跑道长度大于等于3600米，可用最大飞机的翼展65≤80米，主起落架外轮外侧间距14≤16米的机场。

2. 4E级机场，指在标准条件下，可用跑道长度大于等于3000米小于3600米，可用最大飞机的翼展52≤65米和主起落架外轮外侧间距9≤14米。

3. 4D级机场，指在标准条件下，可用跑道长度大于等于2400米小于3000米，可用最大飞机的翼展36≤52米和主起落架外轮外侧间距9≤14米。

4. 4C级机场，指在标准条件下，可用跑道长度大于等于1800米小于2400米，可用最大飞机的翼展24≤36米和主起落架外轮外侧间距6≤9米。

5. 3C级机场，指在标准条件下，可用跑道长度大于等于1200米小于1800米，可用最大飞机同4C级机场。

（五）机场群（多机场系统）

虽然枢纽航线机场网络中的枢纽机场与周边机场之间存在着航线联系，但是这种关系主要依赖于航空公司所经营的航线网络战略，而在机场之间并不存在除了市场之外的任何其他直接关联性。在这些同一区域的机场之间，有的不仅没有合作关系或航线联系，甚至还存在市场竞争现象，如现在的“长三角”地区、环渤海地区和“珠三角”地区。20 世纪 70 年代，随着经济的发展，美国和欧洲的一些大型都市经济圈逐渐形成，为应对迅速发展的民航客货运输市场需求，周边分布密集的机场之间开始出现资源整合，形成跨越行政区域的多机场合作运行模式，称为多机场系统，也有称之为机场群，共同服务于同一个大都市区域，如英国的伦敦都市圈、美国的纽约都市圈和德国的法兰克福都市圈。从管理层面看，区域机场群（或多机场系统）实际上是一个大型机场集团，对成员机场实行集中经营管理，统一管理机场发展规划、机场建设与机场资产、协调统一各成员机场的市场和利益等。从日常运营层面看，机场群（或多机场系统）被看成是一个规模很大其跑道分布在不同地方的超级大机场，特别是地面交通十分便捷的今天，机场群是一个大型虚拟机场，同一航线布局、统一协调空域利用、统一调配机场设备和技术、共享机场资源。根据欧美机场群（或多机场系统）三十年的运行经验，主要有以下特点：

1. 机场成员机场的资产管理呈现多元管理模式，有涉及资产重组和产权转移的，也有自然进入联合体。例如，英国 BBA，它由英国的七大机场组成，资产则由“英国机场管理局机场股份有限公司”统一管理。而美国东北部地区的纽约机场群，包括肯尼迪国际机场（JFK）、纽瓦克自由国际机场（EWR）、拉瓜迪亚机场（LGA）和几个小型机场，由纽约新泽西港务局统一负责运营管理，但其不拥有对个机场资产的所有权。这两种机场群（或多机场系统）管理模式具有共同的特点：机场群对成员机场统一规划、统一市场营销、统一市场协调、实现协调发展，经常经营管理则由专业化管理公司负责日常运营。

2. 机场群的成员机场在跨行政区域的民航运输市场中合理战略定位和市场合理分工。

3. 政府在对机场群发展和管理中，处于授权管理和行业监督角色。

4. 我国的西部机场集团、广东省机场集团等的先行运行和管理模式在某种意义上类似于机场群管理模式。

5. 实践和研究表明，机场群（或多机场系统）的优越性在于，成于机场之间通过统一管理和分工协作，能够充分发挥区域内每个机场的资源效用，功能互补，减少相邻机场之间的消耗性竞争，促进区域民航运输业的协调发展，能够有效缓解大型机场因规模过大、业务繁忙而带来的运行安全和运行效率低下的问题。从国家大局利益出发，以枢纽机场为中心的机场群，能够有效减少机场规模不断扩大对土地资源和城市相关资源的过度需求，有利于促进区域社会经济的协调发展。

6. 根据 ICAO 对全球机场运营状况和管理模式的调查研究，无论机场的管理模式如何，单个机场运行模式下呈现出一种两极分化的趋势：一些小型机场因客货流量小而设施设备闲置，处于举步维艰的经营状态，而另一些大型机场的都市效应则过度发展规模不断扩大，致使机场运行成本和社会配套成本（如土地和地面交通设施）不断上升，两种情形都会给区域发展带来一种不经济的社会结果。纵观世界各国机场发展现状，必须从有限的社会资源得到最优利用的全局观点出发，应该通过政府的政策或措施进行适度调控和干预，促进机场之间形成某种程度的合作，形成区域性机场网络、机场联盟、机场集团或其他合作经营管理模式，使得服务于同一区域或都市的机场之间形成均衡性协调发展。

二、机场的社会和经济特性

民用机场是社会公共交通运输体系中的一个重要组成部分，在区域社会经济发展进程中，已经成为跨越地理空间对外交流的重要门户，对促进地方产业结构调整、拉动地方经济发展发挥着越来越重要的作用，在经济发达地区已经形成了以机场为中心、以民航运输业为基础的临空经济圈，成为带动地方社会经济快速发展的助推器。与航空公司不同的是，机场占用较大规模的土地空间，机场、驻场企业、环绕机场四周兴建的经济实体，使机场地区成为当地经济社会不可分割的一个部分。机场作为民航运输业的一个重要组成部分，具有以下社会特性和经济特性：

（一）机场的经济特征

机场作为一种营利性实体，具有以下主要经济特征：

1. 区域垄断性。机场的自然垄断性的产生是由于机场建设投资规模巨大，同时，在一定区域内不存在重复建设的经济可行性。由于机场覆盖的地理空间范围大，机场密集地区通常覆盖 1 至 1.5 小时的车程范围，大中型国际机场的覆盖范围会更大。因此，在这一区域内通常只有一个机场的存在，这就形成了机场在这一区域内对民航运输市场的自然垄断现象。

2. 营利性。大多数机场按照企业模式进行经营，因此机场具有营利性，通过发展主营和非主营业务，为机场创造收益，为地方财政创造税收。由于机场还具有企业的性质，因此，在区域性航空运输市场中具有竞争性，以获得更多的市场份额。

（二）机场的社会特性

机场作为一种公共产品基础设施，具有以下主要社会特征：

1. 准公共产品属性强。机场的准公共产品特性是指在具有消费的非竞争性与受益的非排他性的同时，机场又可以通过对特定消费者的收费来弥补投资，获得一定的经济补偿，即兼有公共消费与私人消费的特点。航空运输是一种公共交通运输方式，与其他交通运输方式一样，建设机场的首要目的在于提供航空运输服务，加强对区域外的客货流动，以拉动和促进地方乃至一个区域的社会经济发展，是一种为全社会公众服务、投资规模大、直接经济回报周期长、社会效益高、“自己栽树，果落他家”的准公共性产品。因此，世界上大多数国家的政府将机场定性为公共基础设施，并纳入政府的城市发展规划和投资建设范围。自然地，机场资产甚至于有些机场的日常运行被纳入政府管理。

2. 社会关联度高。由于机场区位空间坐落一方，并且占地规模大，不仅是区域性公共交通基础设施，而且在机场周边形成了与之配套以及衍生的产业片区。不同于航空公司航线效益不佳可改飞其他城市，机场则永远扎根并服务于一方，与所在地的地面交通系统、社会公共保障性基础设施（水、电、气、油、通信等）、地方政府、社会就业与配套生活服务等社会实体，形成了一个密不可分且具有一定规模的机场社区，成为地方社会和经济结构中紧密关联的一个重要组成部分。

3. 社会功能多。机场作为公共交通基础设施的一部分，为社会大众提供航空运输服务，这是它的基本功能。由于机场作为一个城市乃至一个地区对外交流的空中门户，以及机场所既有的快速集散优势，机场对地方社会和经济发展具有重要的促进作用。由于航空运输的快捷、高度机动性和通达性等优势，机场又是重要的国防基础设施。

三、机场的设立

根据 2004 年 12 月 1 日起开始施行的《民用机场建设管理规定》，国家民航局负责全国民用机场规划与建设的监督管理，要求运输机场的规划、建设和运行必须符合全国民用航空运输机场布局的有关规定，民用机场从筹建到投入运行，通常需要经历四大阶段的准备工作：

（一）机场布局规划阶段

机场布局是国家经济、社会和国防发展战略规划的一个重要组成部分。根据 2009 年 7 月 1 日起开始实施行的《民用机场管理条例》规定，我国民用机场布局规划由国家民航局统一组织编制并上报国务院审批。因此，新建一座民用机场，首先要被列入全国民用机场布局与规划建设。

1. 机场筹备建设阶段

新机场筹建阶段的工作主要是为正式施行机场工程建设进行前期各项准备，包括：新机场的选址、编写机场建设项目建议书、机场建设可行性研究、机场总体规划、机场初步设计、机场建设施工图设计等。

2. 机场实施建设阶段

根据《民用机场建设管理规定》，机场工程的建设实施应当执行国家规定的招标投标、市场准入、监理、质量监督等制度，选择具有相应资质的单位承担工程设计和工程质量监理。机场工程竣工后，机场建设单位根据机场规划和工程设计，组织设计、施工、监理等有关单位，按照验收程序，确保整个机场工程质量符合设计目标和安全运行要求。

3. 机场使用许可认证阶段

根据《民用机场使用许可规定》，申请民用机场使用许可证的机场，应当具备下列各项基本条件：

（1）机场管理机构具有中华人民共和国法人资格。

（2）机场高级管理人员具备相应的资格和条件。

（3）机场的资本构成比例符合国家有关规定。

（4）机场运行管理机构和管理体系完备。

（5）与其运营业务相适应的飞行区、航站区、工作区，以及服务设施和人员符合相关规定和标准。

（6）必要的空中交通服务、航行情报服务、通信导航监视、航空气象等设施和人员，符合民航局空管部门的规定，并具备相关的运行管理程序。

（7）飞行程序和运行最低标准获批准。

（8）符合国家规定的安全保卫设施和人员；具备处理特殊情况的应急预案以及相应的设施和人员；满足机场运行要求的安全管理系统。

（9）民航局认为有必要具备的其他基本条件。

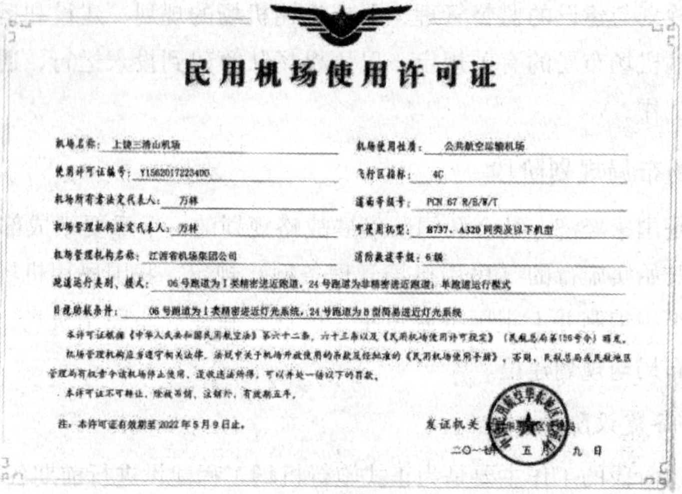

民用机场使用许可证

机场名称：上饶三清山机场　　机场使用性质：公共航空运输机场

使用许可证编号：Y1562017223400　　飞行区指标：4C

机场所有者法定代表人：万林　　道面等级号：PCN 67 R/B/W/T

机场管理机构法定代表人：万林　　可使用机型：B737、A320同类及以下机型

机场管理机构名称：江西省机场集团公司　　消防救援等级：6级

跑道运行类别、模式：06号跑道为I类精密进近跑道，24号跑道为非精密进近跑道；单跑道运行模式

目视助航条件：06号跑道为I类精密进近灯光系统，24号跑道为B型简易进近灯光系统

本许可证根据《中华人民共和国民用航空法》第六十二条、六十三条以及《民用机场使用许可规定》（民航总局第156号令）颁发。

机场管理机构应当遵守相关法律、法规中关于机场开放使用的条款及经批准的《民用机场使用手册》，否则，民航总局或民航地区管理局有权责令该机场停止使用，没收违法所得，可以并处一倍以下的罚款。

本许可证不可转让，除被吊销、注销外，有效期五年。

注：本许可证有效期至2022年5月9日止。

发证机关 华东地区管理局

二〇一七年 五月 九日

图2-12　民用机场使用许可证

四、机场与航空公司的协调发展关系

机场和航空公司在航空运输系统中扮演着不同的角色，航空公司承担具体的空中运输飞行服务，机场提供地面保障服务。但是在一些大型机场，除了跑道及助航灯光系统等直接服务于航班的设施设备属于机场的垄断性资源之外，机场的其他地面保障服务及非航空业务，在机场与基地航空公司之间存在着许多共同方面的利益与市场竞争。一方面，机场拥有“地主”优势，对机场资源具有一定的垄断性；另一方面，机场需要依靠基地航空公司“繁荣”。因此，在机场与航空公司之间存在着一种“唇齿相依”的协调发展关系。

在机场与航空公司之间，存在多种合作方式，主要有以下几种形式：

1. 协议关系

航空公司根据航班、客货运载量、使用机型等情况，与机场当局就机场的旅客候机或货物仓储场所的使用与租赁、飞机起降与停放、车辆使用、安全检查、登机门、入口、柜台等一系列有关设施设备使用、服务和费用等事项进行商谈，达成协议，签订合同。机场将协议内容提供相应服务，航空公司将按协议支付费用。

这种代理合作方式，主要用于小型航空公司或者经由该机场航班量较小的情况下。例如，海南航空公司在南京禄口机场的委托代理服务。有些航空公司与机场之间征订“一揽子协议”，向机场支付一笔笼统的费用，机场当局提供保障航空公司航班正常飞行所需的服务和设施。

在国际上，航空公司与机场之间的长期服务协议期限有的可达20～30年。

2. 第三方专业代理

在一些中大型机场，机场当局采取专业化管理模式，如首都机场和上海机场等，将机场的所有地面保障服务，不包括跑道和灯光系统，有一家或多家专业化的地面保障服务公司经营和管理，负责各航空公司在该机场的地面服务代理或合作事项。

3. 租赁关系

一些大型航空公司由于在该机场的航班量较大，在该机场设有设施，因此，承租不包括跑道及助航灯光设施之外的机场设施设备，如航站楼的某一区域，包括值机、安检、登机口、停机坪在内的整个服务设施，并有本航空公司派遣服务人员。这种方式对于航空公司而言相对经济，对于机场而言管理简单，因此承租时间较长。如首都机场的T2航站楼、东方航空和南方航空就采用这种合作方式与受到机场公司进行合作。

4. 股份关系

一些机场希望与航空公司签订长期协议，保持长期合作关系，以保障机场经济收入的稳定性。但是，有的航空公司由于经营亏损，难以及时支付机场使用费用，严重影响了机场的经济收入与发展。因此，在新建或改扩建机场的过程中，有的机场要求大型航空公司出资参股建设，以分担机场投资风险。另一方面，有的机场由于经济性好，建设和经营机场本身就有投资收益，一些航空公司也愿意参与机场投资。在这样的情况下，航空公司与机场存在股份合作关系，航空公司参与机场的建设、经营或管理，并根据双方协议，航空公司从机场投资收益中支付机场的使用费，用于偿还投资机场的借贷与利息。另一方面，航空公司可以优先和优惠获得机场某些资源的使用权。

例如，首都机场与国航合作的T3航站楼，近年来海南航空收购量一些小型机场，也属于此类合作关系。

如上所述，机场提供服务能力直接影响着航空公司在机场所在航线的市场。航空公司支付机场的费用与客货运量、起降频率、机型等因素直接相关。虽然机场没有航空公司所面临的高风险，但是航空公司的经营状况直接影响到机场的直接收益。因为机场为航空公司服务好了，旅客多了，航空公司才愿意飞那个机场；否则，没有航空公司来飞航线，机场就没有收入，因为航空公司要支付费用给机场。因此，机场和航空公司之间没有归属关系，是相互合作的关系。机场是为航空公司服务的，而航空公司则是为旅客服务的。从资产来说，航空公司有国有的、地方的、股份制的、民营的；机场现在基本上都是由地方管理，也有股份制的。不管两者采用何种方式合作，它们都是相互依存、相互影响、相互促进发展的。

案例分析

美兰机场：2016/17年冬春季航空市场推介会举行

每年10月底将迎来民航冬春航班换季，同时，海南传统的旅游旺季也即将拉开序幕。为推动海南航空旅游市场发展，2016年8月18日下午，由海南省民航办、海口市旅游委、海口美兰国际机场（以下简称“美兰机场”）联合举办的“2016/17年海南冬春航季航空市场推介会”在海口隆重举行。此次会议共有38家航空公司、26家旅行社(包机商)、7家外地机场等相关单位150余人参加。

会议传达了海南省政府最新出台的航空奖励政策及国际旅游岛未来发展潜力，介绍了海口及琼北旅游近年来发展现状，详细推介了琼北地区的乡村、自驾、休闲游等一系列旅游新产品、新线路及海口周边地区的美食之旅，引起了与会人员的极大关注，进一步提高了海南的“世界能见度”。

据介绍，美兰机场自2011年客流量突破1000万大关以来，年均增速超过10%，发展速度明显加快。2016年上半年，美兰机场客流量同比增长14.96%，自7月暑运至今增长率更达到22%，全年旅客吞吐量将有望超越1800万人次。

在海南省、海口市两级政府的高度重视和大力支持下，美兰机场国内外通航范围不断扩大，航线网络得以进一步完善。今年以来，美兰机场国际客流量增长高达20%以上，新开了海口—重庆—罗马、海口—暹粒、海口—金边等国际航线，下半年，海口至河内、雅加达、吉隆坡、仰光、莫斯科等国际航线也在紧锣密鼓筹划中，国际航空市场呈现加速发展的良好势头，成为海南航空运输市场的一大亮点。

会上，省市政府与相关航空旅游企业举行了国际航线开发合作签约仪式。本次签约仪式上共有11家航空公司、包机单位恢复境外航线2条，新开通境外航线13条，意向开通境外航线10条，将加大海南国际航空市场开拓力度，满足国际旅游岛的发展需求。

此次推介会得到各家航空公司和众多旅行社、包机商、机场等航空旅游企业的高度关注和热烈反响，有利于加强航空公司与旅游企业的沟通、合作，对促进海南航空运输市场的快速增长具有积极作用。

思考题

1. 美兰机场此次推介会的目的是什么？
2. 结合所学知识，试说明航空公司与机场关系维护的重要性。

思考题

1. 国际民航组织（ICAO）的作用是什么？
2. 国际航空运输协会（IATA）的作用是什么？
3. 国际机场理事会（ACI）的作用是什么？
4. 试说明航空公司在国民经济建设中的作用。
5. 试说明机场在国民经济建设中的作用。
6. 试说明航空公司与机场的发展关系。

第三章

>>> 民航运输生产组织与管理

本章要点

1. 民航运输生产相关概念
2. 航线结构与航线网络
3. 航班运行计划与管理控制
4. 不正常航班
5. 机场运行环境管理

学习目的

要求学生通过对本章的学习，掌握民航运输生产涉及的相关概念，了解民航运输生产计划以及其制定方法、航班时刻管理方法、飞机及机组排班技术、不正常航班处置与恢复管理、机场运行航经管理等知识。

导入案例

集体罢飞为哪般

乘坐东航MU5943航班前往思茅的杜先生很纳闷，“上午11点就该起飞的航班，拖到中午1点40分才飞，乘务员的解释是‘要等思茅那边的飞机起飞后，这边才能起飞’。”杜先生说。起飞时间比预定时间推迟了近两个小时，但接下来又发生了令杜先生更郁闷的事情。“飞机在思茅上空转了一圈，乘务员告诉我们‘因天气原因’飞机无法降落，要返回昆明。”下午3点15分左右，杜先生搭乘的航班又降落在昆明机场的停机坪上。

杜先生来到该航空公司设在候机大厅的值机柜台时吃了一惊。“柜台前面围满了人，我数了数大概有120多人。”杜先生说，“我一打听才知道，不只去思茅的航班是这样，到大理、丽江、芒市、临沧还有昭通的航班情况都和我们差不多。”

虽然东航官方解释是“天气原因”，但同一天飞往上述地区的其他航空公司航班则正常降落。一位消息人士告诉本报记者，集体返航事件的诱因是两天前在该公司飞行员宿舍流传的一封公开信，出于对现状的不满，这些飞行员集体玩起了“乌龙”，导致昆明机场大量旅客滞留。

在乘客方面，东航的上述解释也没有得到当日乘客的原谅。部分被延误的乘客正准备以“商业欺诈”为名对东航提起诉讼。

无独有偶，3 月份以来，民航业已发生多起类似事件：3 月 14 日下午，同样由于认为受到了不公正的待遇，上海航空公司 40 余位机长同时报请病假；3 月 28 日，东星航空 11 名机长因与公司发生劳资等纠纷，集体“告假”，导致多数武汉始发的航班停飞。

追根溯源，飞行员“罢飞”事件可以说是祸起快速放开的民航投资门槛。2004 年，民营资本可以进入民航业筹建航空公司，但当时各航空公司飞行员总数仅 1 万多人，刚好能满足国内 700 多架飞机的配备需要。据民航总局预测，到 2010 年，我国航空运输机将达 1250 架，需补充 6500 名飞行员，而我国目前每年培养飞行员的总数只有 600 名到 800 名。民营航空公司不得不出高薪向国有航空公司“挖”飞行员。

这种做法遭到国有航空公司的一致抵制。首先，飞行员与航空公司签署的都是长达 99 年的终身合同；其次，民航总局联合 5 部委发文要求“飞行员辞职必须征得原有单位的同意”，而且要赔偿原有单位“70 万～210 万元不等”。而在实际过程中，飞行员辞职在过去 2 年里引发了一个个“官司”，有些飞行员即使赢了官司，也因为难执行而难以到民营航空公司工作。

第一节　基本概念

为了方便理解和掌握民航运输生产组织过程的有关知识，首先介绍几个相关的基本概念。

一、领空

领空，是指主权国家领陆和领海上空的空气空间，国家领土的组成部分。根据《中华人们共和国民用航空法》，“中华人们共和国的领路和领水之上的空域为中华人们共和国领空。中华人们共和国对领空享有完全的、排他的主权”。根据《国际民用航空公约》，“每一个国家对其领土之上的空域具有完全的和排他的主权”。

领土有疆界，那么，领空的疆界如何确定呢？一个国家的领陆通常以陆地上的标志性边界或以自然障碍为界，领水领海则以国际公认的离岸距离为界，以此作为界定领陆或领水的疆界。由于地球是一个球体，包围在地球上的空气空间是一个比地球更大的球体。根据国际公认法则，领空是从地心向领陆和领水疆界所做射线与大气层所包围的球体锥型空气空间。大气层之上的外层空间目前属于自由空间。

二、空域

空域通常是指大气层以下的空气空间，是民航运输的活动范围。对于一个国家领空范围内的空域，“国家队空域实行统一管理”。由于“空域是国家资源”，因此，“应当得到合理、充分和有效的利用”。

空域如同国家的领土、海洋一样，也是国家的重要资源。民用航空运输、科学试验飞行、军队训练飞行、国土防空作战活动等，都需要使用一定的空域。空域是一种可以反复无限使用、不需要再生的自然资源，每个国家的领空就是每个国家的空域资源。比如，我国管辖的空域拥有 1080 万平方千米，比国土面积大，空域资源丰富。

关于空域的分类和使用，国务院、中央军委及民航局先后颁布了相应的规定和规划，以加强对空域的规范利用和科学管理。

根据航路结构、机场布局、飞行活动性质和空中交通管制需要，空域分为飞行情报区、管制区、限制区、危险区、禁区、航路、固定航线等类型。

据中国民用航空总局发布的《中国民用航空空中交通管理规则》（第三次修订），飞行情报区是指为提供飞航情报服务和告警服务而划定范围的区域及其空域。为了便于对在我国境内和经国际民航组织（ICAO）批准由中国管理的境外空域内飞行的航空器提供空中交通管制，全国共划分出 11 个飞行情报区：

东北地区：沈阳飞行情报区；

华北地区：北京飞行情报区；

华东地区：上海飞行情报区、台北飞行情报区；

中南地区：武汉飞行情报区、广州飞行情报区、香港飞行情报区、三亚飞行情报区；

西南地区：昆明飞行情报区；

西北地区：兰州飞行情报区、乌鲁木齐飞行情报区。

为了对航空器飞行提供有效的空中管制服务，根据空域内的航路结构、通信、民航、气象和监视能力等因素，我国将管制空域划分成 A、B、C、D 四类。A 类空域为高空管制空域，我国境内为 6600 米（含）以上空间，B 类空域为中低空管制空域，我国境内为 6600 米（不含）以下最低高度层以上的空间，C 类空域为中低空管制空域，其垂直范围通常在 6000 米（含）以下最低高度层以上；D 类空域为塔台管制空域，通常包括起落航线、第一等待高度层（含）及其以下地球表面以上的空间和机场区。危险区、限制区和禁区是指根据需要经过国家空域管理局批准划设的特殊空域。

三、航权

航权是“航空权”的简称，是指国际航空运输中的过境权利和运输业务权利，也称国际航空运输的业务或空中自由权。它是国家重要的航空权益，必须加以维护。在国际航空运输中交换这些权益时，一般采用对等原则，有时候某一方也会提出较高的交换条件或收取补偿费以适当保护本国航空企业的权益，如第一航线权，领空飞越权。

四、航路

任何一种载运工具的移动，都必须根据事先设定的路径运动。汽车运输需要公路，火车行驶需要铺设铁轨，轮船航行需要设定航道，飞机飞行则需要航路。航路是由国家统一划定、设有通信导航设施设备，以引导飞机沿着一定高度、宽度和方位进行安全飞行的空域。设定航路的目的，一是为民航飞行提供固定飞行路线，维护空中交通秩序，保证飞行安全；二是加强空中交通秩序管理，提高空间利用率。根据相关民航规定，“航路和固定航线地带应当设置必要的监视和导航设备，沿航路和固定航线应当有备降机场。备降机场应当有必备的设备和良好的通信、导航、气象保障”。

我国的航路宽度为20 千米，其中心线两侧各为10 千米。根据规定，当航路的某一段受到地理空间障碍或通讯导航等条件限制时，可以减少宽度，但不得小于 8 千米。在我国境内空域飞行的任何民航航班飞机，都必须遵照此规定飞行，不得偏离航路。按照我国空域管理规则，通过对高度层的动态调配，可以及时协调统一航路上航空器之间的上下空间飞行间隔，在保障飞行安全的前提下，提高空域和航路利用效率。

五、航线

在获得经营许可证之后，从事民航运输业务的航空公司可以在获准的一系列站点（即城市）之间提供航空客货邮运输服务。由这些站点形成的航空运输线路，称之为航线。换言之，航线是指飞机从地球表面一点（起点）到另一点（终点）的预定航行路线在地面上的投影，也称预计航迹，也称航空交通线，它确定了飞机飞行的具体方向、起点终点以及经停的地点。如“南京—兰州—乌鲁木齐”航线、“北京—纽约”航线等。

根据空域的使用要求，在机场与机场之间、机场与航路之间及航路与航路之间建立“航迹线”。航迹线的宽度由当地的军民航管制部门确定，可提供精确导航的航线宽度不得小于 8 公里或 10 公里，地方轨迹线由当地空军审批，跨地区的航迹线由军委空军审批并指派航迹线的代码，其代码为 J。

航线不同于航路，航线更多的是强调飞行路线，以及所连接的城市或飞行方向，虽然航线必然与航路有关，但航线并不关注实际飞行的具体空间位置。例如，开通

“北京—纽约”航线，向市场发出的信息是，北京与纽约之间可以提供客货航班服务，可以经营相关航空运输业务。至于如何从北京飞到纽约，经过哪一条航路进行具体的航空运输飞行，可能是沿北太平洋沿岸航路，也可能是经过北极上空的极地航路，这必须由空管和航空公司的飞行部门共同商定，这对市场销售部门和客户并不重要。飞机的航线不仅确定了飞机飞行的具体方向、起讫点和经停点，而且还根据空中管制的需要，规定航线的宽度和飞行高度，以维护空中交通秩序，保证飞行安全。

航空公司经营航线，必须经申请并得到民航管理局当局批准后才能提供具体的航班服务。因此，航线是航空公司获准授权经营航空运输业务的空间，是航空公司获准经营客货运输业务的市场范围，是航空公司赖以生存的必要条件。所以，对航空公司而言，经营的航线优劣与多少，对其发展至关重要。

航班航线按照行政区域空间分布，通常分为三大类：

1. 国际航线

国际航线，是指运输的始发地、经停地或目的地之间不在同一国领土主权行政管辖范围之内的航线。如“北京—莫斯科”航线。

2. 国内航线

国内航线，是指运输的始发地、经停地和目的地都在同一国领土主权行政管辖范围之内的航线。

根据航线通达城市政治、经济、文化地位及航线繁忙程度，国内航线又分为干线、支线和点对点航线。

（1）干线航线。一般是指中大型城市之间的航线，航线客货运量大、航班密度高。我国的骨干航线主要是指首都北京至全国各省会城市和各大城市之间，以及省会和大城市之间的航线，形成省际和大城市之间的空中交通干线。如，北京—上海、上海—南京、青岛—深圳航线等。

（2）支线航线。是相对于干线航线而言的一种概念，通常是指飞行距离在600千米以下的航线；也有人认为是通达支线机场的航线。如果按照民航局《民用机场收费改革实施方案》中根据机场旅客吞吐量规模划分，支线应当是开通至三类机场的航线。上述三种观点的共同特点是，通至省会以下城市的航线，航线客货流量相对较小，航班密度较低，通常采用100座以下的小型飞机。相当一部分支线连至枢纽机场，形成中枢辐射型航线网络，为大型机场的干线航班提供客货集散作用。例如，上海—黄山、昆明—丽江等。

（3）点对点航线。是指确定一个起飞点，然后在中途不停留，直达指定的降落地点的航线。例如，丽江—西双版纳，南京—连云港。

一般情况下，航线安排以大城市为中心，在大城市之间建立干线航线，同时辅以支线航线，由大城市辐射至周围小城市。

3. 地区航线

目前世界上还有一些地区，虽然一国政府对其拥有领土主权，但是由于历史原因，国家的中央政府对于这些地区目前还没有能够行使行政管辖权，如我国的台湾省。与这些地区通航的航线，通常成为地方航线。由于历史原因，目前，我国政府对香港、澳门和台湾这三个地区的民航运输业务采取一些不同于内地的特别管理政策，主要包括航线经营、航班管理、订座与销售、运费与结算、机场收费、出入境和海关等方面的业务。

4. 区间航线

按照我国目前民航管理体制下的行业管理区域划分，七大民航地区管理区之间的航线称为区间航线。区间航线又可以分为：

（1）区际航线。区间航线是指民航运输的始发地、经停地和目的地分别在两个或两个以上的民航地区管理局管辖之间的航线。对于这类跨民航地区管理局的区际航线的航班飞行，如南京—兰州，需经过地方管理局航班运行管理部门进行协调。

（2）区间航线。区间航线是指民航运输的始发地、经停地和目的地都在同一个民航地区管理局管辖区域的航线，如南京—厦门。

中国民用航空局七大地区管理局及其管辖省份如下：

华北地区管理局：北京、天津、山西、内蒙古、河北；

东北地区管理局：黑龙江、吉林、辽宁；

中南地区管理局：湖南、湖北、河南、广西、广东、海南；

华东地区管理局：上海、浙江、山东、江苏、江西、福建、安徽；

西南地区管理局：云南、四川、重庆、贵州；

西北地区管理局：陕西、宁夏、甘肃、青海；

新疆管理局：乌鲁木齐、喀什。

六、航段

一条航线至少有两个城市组成，有的航线在始发城市和终点城市之间还有经停点。一条航线上相邻两个城市之间的一段航程，成为一个航段。航段概念实际上又分为旅客航段（即通常所说的航段）和飞行航段（又称为航节）。

旅客航段通常是指构成旅客航程的航段。例如，在“上海—北京—旧金山”航线上，有三种可能的旅客航程：上海—北京、上海—旧金山和北京—旧金山。飞行航段则是指航班飞机实际飞经的航段。例如，在上海—北京—旧金山航线上，飞行航段为上海—北京和北京—旧金山两段。

图 3 - 1 所示为旅客航段的组合方法。假设由 n 个城市组成的航线，单向旅客航段

数 N 为这 n 个城市中任意选择两个的单向组合数量：

$$N = C_n^2$$

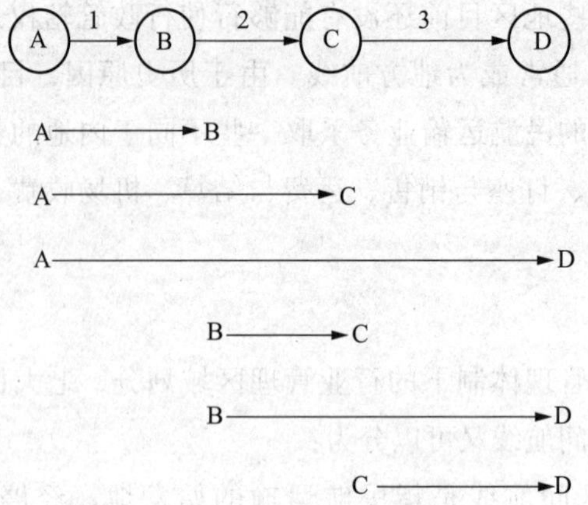

图 3-1　旅客航段示意图

七、航季

根据国际惯例，航班计划分为春秋航季和冬春航季两个。夏秋航季是指当年三月最后一个星期日开始执行，至当年十月最后一个星期六的最后一个航班；冬春航季是指当年十月最后一个星期日开始执行，至翌年三月最后一个星期六的最后一个航班。每个航季的航班计划执行半年，如需调整航班计划或新航线（不含增加或取消航班），则需提取申报，获准后通常在下一航季执行。

八、航班

航班，是指民航运输企业按照规定的航线、班期和起降时刻所提供的航空运输飞行业务。

（一）航班分类

航班有定期航班和不定期航班之分。凡是有固定航线、固定班期和航班时刻的航班服务，称为定期航班，否则为不定期航班。

在运输繁忙时刻，根据运输需要，在批准运营的定期航线上已确定的航班数目以外增加的临时航班，称之为加班航班。

按照运输飞行的去向，航班又可以分为去程航班和回程航班。

根据航班飞行的航线性质，航班可以分为国内航班、国际航班和地区航班。

（二）航班号组成规则

航班采用具有编排规则的航班号表示具体的飞行班次。航班号由两个字母的航空公司二字代码加最多四位数字组成，参见表 3-1。

航空公司二字码又称航空公司代码，是航空公司的唯一标识码，根据“国际航协”（IATA）762好决议统一编排，有两个英文字母或字母与阿拉伯数字组成，用于航空公司订座、航班时刻表、票据凭证和结算等过程。如CA、MU和CZ分别代表中国国际航空公司、中国东方航空公司和中国南方航空公司，8L代表我国的祥鹏航空公司。“国际民航组织”（ICAO）对航空公司采用三字码标识。航班号的后四位数字用于标识航班序号，国内飞行航班号基本组成规则参见表3－1。

表3－1　航班号组成规则

第一位	第二位	第三位	第四位	第五位	第六位
航空公司二字码		执飞航空公司 所在地区代码	执行航班终点站 所在地区代码	具体航班序号 去程航班用单数 回程航班用双数	

第二节　航线基本结构

民航运输活动发生在各城市之间，旅客出行或货物运输，在始发地与目的地之间产生O－D流，这种客货O－D流能够影响民航运输企业的航线结构。航线通常有以下几种基本构型：

一、城市对结构

城市对结构的航线为直达航线又被称为“点对点”结构，如图3－2所示。这种航线网络中的航线为直飞航线，旅客不需要经过第三个机场（或城市）进行中转。在旅客和货物运输量较大的城市对之间通常采用城市对结构航线。其特点是，在直达航班没有中间经停站，旅途时间相对较短，飞机周转快，机组资源调配简单，运行成本相对较低，特别深受商务旅客的欢迎。

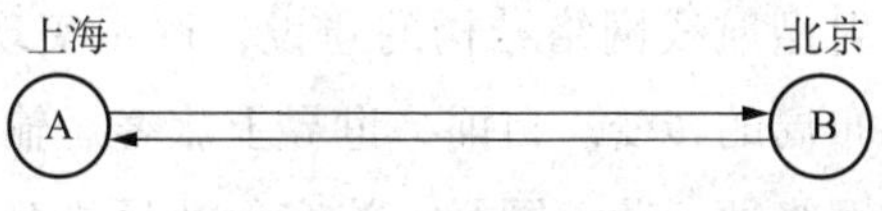

图3－2　城市对结构

二、线性结构

线形结构又被称为城市串式航线或甩辫子航线，如图3－3所示。是指飞机从始发地至目的地的途中，经一次或多次停留，回程按原路返回。采用这类结构航线的主要原因是直飞航线没有足够的客货运量，需要通过在中途机场经停以补充载运业务，以弥补起止机场间的客源不足，提高乘坐率或运载率来降低航班成本。

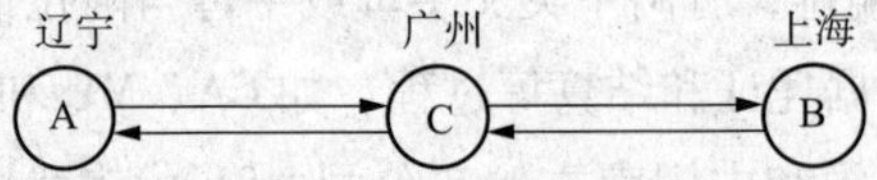

图 3-3　线性结构

三、环形结构

环形航线结构与线性航线结构类似，航线之间有经停点，但不同之处是环形航线结构来回程不是同一航线，如图 3-4 所示。

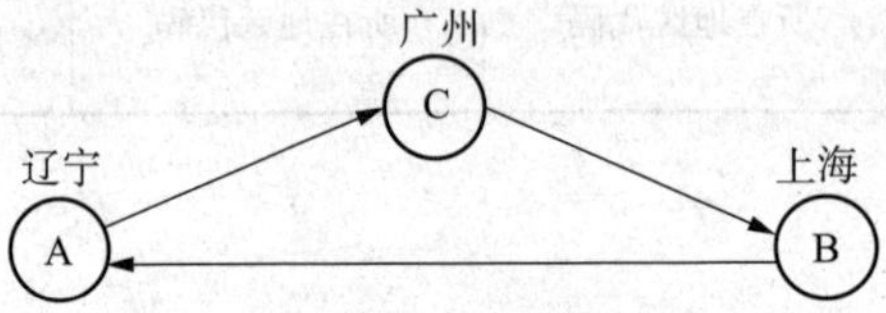

图 3-4　环形结构

与城市对直飞航线相比，无论是线性结构还是环形结构，由于增加了中间经停点，对于航空公司而言，能够增加航班乘坐率和航班收入，但是对旅客而言，则增加了旅途时间；另一方面，由于增加了中间经停点，便增加了飞机起飞、降落次数，因此会增加航班运行成本。

线性结构或环形结构航线，通常是在干线上缺少竞争力的航空公司采用较多，或用于远程航线。

第三节　中枢辐射型航线网络

中枢航线结构是全球航空经营发展的大趋势。近 20 年来，世界上大多数航空发达国家都先后进行了中枢辐射型航线网络结构的建设，逐步实现了由城市对为主的航线布局向中枢辐射式航线网布局的转变。目前，世界上旅客运输量排名前 20 位的航空公司基本上实现了中枢航线网络的运营。同样，旅客吞吐量排名前 20 位的机场无一例外都是航空枢纽港。

一、中枢辐射型航线基本结构

中枢航线结构是区别于“点对点”的一种航线布局模式，如图 3-5 所示。具体是指客流量较小的城市之间不直接通航，而是分别把旅客转送到枢纽机场，通过枢纽机场进行航班衔接、旅客中转，实现相互间的空中联结。中枢航线结构要求大型枢纽机场具有辐射周边的航线网络，干线航班密度大、机型大，到达航班优先降落，中转、衔接手续简化等。建立中枢航线结构，有利于提高航空公司飞机的利用率，有利于提高中枢机场的营运效率和经营效益，对于激发区域经济活力有着不可低估的作用。

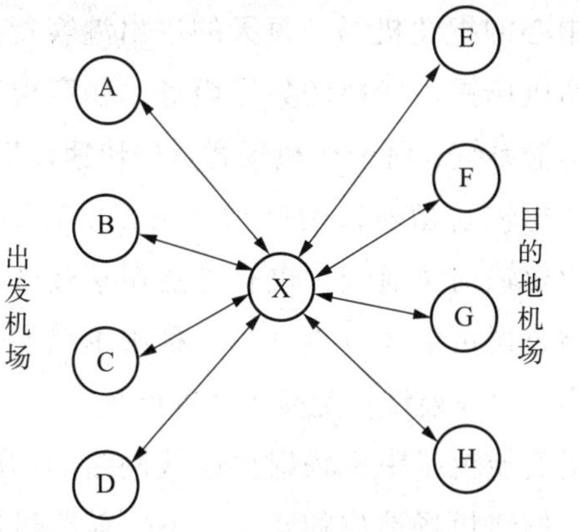

图 3－5　中枢辐射型结构

二、构建中枢辐射机场的基本要素

作为中枢辐射型航线结构中的枢纽机场，需要具备以下基本要素：

（一）突出的区位优势

枢纽机场在区域的政治、社会、经济和交通等领域具有突出的中心地位，处于中枢辐射型结构航线网络的中心节点，在区域性旅客和货物航空运输中具有突出的中转和集散优势。例如，北京首都国际机场、广东白云国际机场、上海浦东国际机场及新疆乌鲁木齐国际机场，作为我国连接国际的空中门户具有显著的区位优势。它们所在的城市都是区域性政治、经济和交通中心，其区域性中心地位十分明显。

（二）大型基地航空公司支持

枢纽机场必须依靠大型基地航空公司或航空公司联盟的航线支持，只有通过基地航空公司或航空公司联盟，才能构建以枢纽机场为中心的航线网络，才能构建便于有效衔接的中转航线和安排高频次的航班，才能构建合理的航班波，才能真正发挥枢纽机场的中枢辐射和大批量客货中转作用。

（三）便捷的地面保障服务

枢纽机场必须具备足够的地面保障能力，能够满足高峰小时内大量中转航班、旅客和行李的转运服务需求，包括先进的基础设施设备和一流的现场运行保障与服务保障体系。

（四）有效的政策与发展环境

稳定的社会政治和开放的市场环境，是构建和实施中枢辐射性航线网络战略的重要保障。宽松有序而稳定的航空运输市场，不仅有利于航空运输市场本身的发展，而且有利于航线网络的发展和枢纽机场的保障能力建设。

（五）配套的地面快捷运输系统

作为区域航空运输中心的枢纽机场，每天的进出港客货流量大，需要有配套的地面快捷运输系统，为枢纽机场提供便捷的集散服务，如穿梭于城市与机场之间的轻轨和地铁、城市道路交通运输系统，都便于机场客货的快速便捷汇集与疏散。

显而易见的是，在中枢辐射型航线网络中，由于中转而增加了旅途时间。因此，在某些区域，即使采用中枢辐射型航线，也有可能在某些城市之间由于运输量较大而开通直飞航班。有的航空公司可能通过直飞与这种中枢结构航线竞争，因为旅客特别是商务旅客总是青睐城市对直飞航线，免受中转的麻烦。

综上分析，枢纽机场实质上是中枢辐射型航线网络的运输与服务中心，具有最强的区域性中转服务能力。枢纽机场地位的建立，不仅需要机场具有完备的中转服务保障能力，更需要基地航空公司的航线网络支持。枢纽机场不仅是区域航空运输的枢纽中心，也是区域的经济中心和综合运输中心。因此，实施中枢辐射型航线网络战略不仅需要枢纽机场和基地航空公司的共同打造，更需要地方政府的支持和协调，共同构建“中枢辐射型航线网络服务体系”。

第四节　枢纽航线网络

枢纽航线网络构型与枢纽机场的区域地位、基地航空公司规模及其经营战略密切相关。

一、“单中心”枢纽航线网络

“单中心”中枢辐射性网络，是枢纽航线结构的最基本构型，其航线主要以单个枢纽机场为中心向周边区域辐射。在这种结构中，主要以基地航空公司为主体提供区域性中转航班服务，基地航空公司在该地区的航空运输市场中，具有一定的区域性优势地位。例如，乌鲁木齐机场在我国西北疆域地区具有明显的区位优势，周边阿勒泰、阿克苏、和田、且末、库车、喀什、库尔勒、克拉玛依、那拉提、塔城、伊宁等十几个机场构成了以乌鲁木齐机场为中转枢纽中心的辐射型航线网络，为我国广阔的西北地区提供区域性航空服务，同时，通过乌鲁木齐机场连接东部主要城市和西亚地区，形成跨区域的航线网络。云南和四川地区构成了以昆明机场和成都机场为区域性枢纽机场的“单中心”式中枢辐射型航线网络。由于区位优势，根据我国《全国民用机场布局规划（“十一五”及至2020年）》，乌鲁木齐机场是我国通往西亚和欧洲的重要门户机场之一。

二、“多中心”枢纽航线网络

2020年，我国民航进行体制改革，对原属民航总局管理的9家直属航空公司进行联合重组，分别组建了中国航空集团公司、中国东方航空集团公司和中国南方航空集团公司。根据这三大集团骨干成员公司的地理分布，这三大集团公司各自依靠自身的航线就完全能够构建以骨干成员公司基地机场为区域枢纽的多中心枢纽航线网络覆盖我国境内主要的经济发达城市和地区。例如，南方航空集团由广州—沈阳—乌鲁木齐三大基地构成的多中心枢纽航线网络，覆盖我国南方、东北和西北的广大地区。

三、复合型枢纽航线网络

北京、上海和广州地处我国政治、经济、贸易、金融和交通最发达的地区，是我国三大航空集团公司的基地机场所在地，航线网络遍布全球。三大机场不仅是区域枢纽中心，担负着我国33%和61%的航空旅客和行李货物运输，而且是我国同向国际的主要门户，通航国家和城市占我国通航国家和城市总数的87%和83%，是我国国内航线与国际航线衔接的重要枢纽和航空客货集散中心，构成一种典型的复合型枢纽航线网络。

四、航班波与优化

枢纽航线网络的一个重要特征，就是航空公司为枢纽机场的中转航班衔接而设计的航班波。航班波是机场在进出航班管理上的一个概念，是为了在时间上把进港和出港航班有效地衔接起来而有意识地把枢纽机场的进港航班与出港航班相对分开，在某个时段相对集中地安排进港航班，在另一个时段相对集中地安排出港航班。航班波可分为国际转国际、国际转国内（国内转国际）和国内转国内等3种类型。航班波优化，可以提高枢纽机场不同时段进出航班之间的衔接性，从而给旅客带来更多的中转选择。国际上，一些大型枢纽机场都经历了构建航班波并不断优化使之趋于合理的过程，如德国法兰克福国际机场、美国亚特兰大国际机场等。

航班波优化的效益是显而易见的，通过提高枢纽机场进出航班之间的衔接性可以提高旅客中转效率，减少中转等待时间；同时，也可以提高航空公司的运营效率和利润，可以减少航班延误。研究适用于我国枢纽机场的航班波优化方法，可以提升我国枢纽机场在国际航空运输系统中的地位，为提高航空运输效率、吸引国际商机、带动旅游等相关产业的发展发挥至关重要的作用。

航班波的优化往往要在枢纽机场现有航班时刻安排的基础上进行调整，优化时可以以一天为一个周期。航班波优化一般分3个步骤进行。

（一）计算航班波特征参数

枢纽机场跑道容量、航班起降架次、旅客处理能力及机场中转能力等是航班波优化需要重点考虑的因素，根据这些因素可以计算出航班波的特征参数：航班波的密度、航班波的幅度、航班波的波长和最短中转时间（MCT）。航班波的密度是指一天中航班波的数量，是由机场可利用航班时刻数量决定的，机场的可利用航班时刻数量越多，航班波的密度越大；但航班波密度同时也要受到机场中转能力的限制，机场中转能力以 MCT 为表征，机场的 MCT 越长，航班波的密度越小。航班波的幅度是指一个进港或出港航班波中的航班数量，航班波的波长是指一个进港或出港航班波的持续时间。掌握这些参数是设计航班波的基础，它直接影响到航班波的品质和技术参数。

（二）航班波分布时段优化

分析现有航班时刻中进出港集中时段的分布与特点，应着重考虑进港航班波与出港航班波的衔接状况。优化时可以先固定某一航班波的时间段，反推与之衔接的相应航班波的时间段，确保合适的 MCT，从而合理安排航班波内最后一个进港航班和最早一个出港航班。MCT 的缩短意味着枢纽机场旅客中转能力的提升，但要为旅客中转时可能的各种需要而留出一定的准备时间，以应对可能出现的各种状况；MCT 过长，则会导致部分旅客在机场等待转机的时间过长。在选择航班波分布时段时，要考虑航班波的密度、幅度、波长和 MCT 等因素的限制。

（三）航班时刻调整

航班时刻的调整主要依据航班波的分布，通过对时刻池内航班的调整来确定波内航班与波外航班以及这些航班在波内和波外的时刻分布。在对航班时刻进行调整前，应先确定时刻保持不变的航班类型，包括客座率较高已受到旅客认可的航班、航线另一端机场时刻资源极为紧张的航班等。航班波内的航班数量在调整后不应超过航班波的最大波幅。

（四）枢纽机场航班波优化案例分析

广州白云国际机场是按照枢纽机场理念设计和建设的航空港，2014 年旅客吞吐量达到 5478 万人·次，南方航空公司以此作为主基地，每日起降航班超过 500 架·次。因此，本书选取南航在广州白云机场国际转国内的航班波为例，对现状中存在的问题进行分析并提出优化方案。

1. 国际转国内航班波现状

以 20 分钟作为间隔划分时段，得到广州白云机场国际进港和国内出港航班的分布现状（如图 3－6 所示）。

从图 3－6 可以看出，广州白云国际机场国际进港航班出现较为明显的 4 个航班波，即航班波密度为 4，航班波波幅为 8 个航班。以 20 分钟内安排有 8 个航班的峰值作为依据，大致可以得到 5 个国内出港航班波，其中大致能与 4 个国际航班波有效衔接的有 4 个。各国际进港航班波与国内出港航班波的衔接详细情况见表 3－2 所列。上午

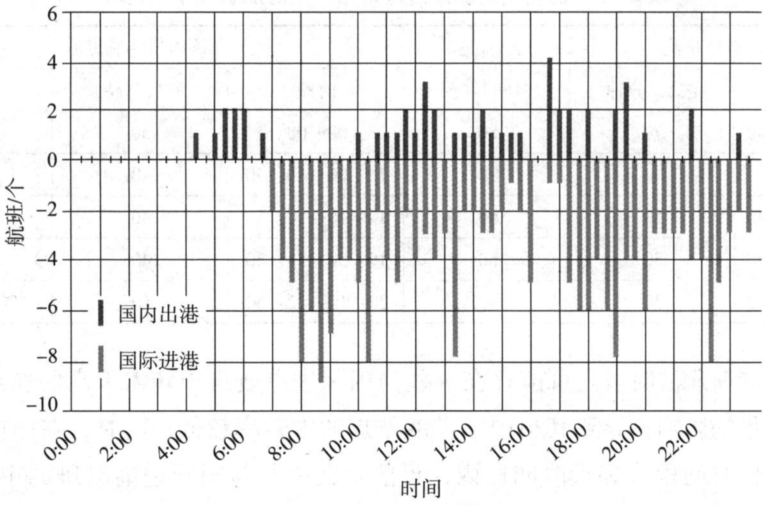

图 3－6　国际进港－国内出港航班分布图

08：00—09：00 和傍晚 18：00—19：00 的国内出港航班波高峰恰好能分别承接凌晨和下午的国际进港高峰。但中午 13：00—14：00 的国内出港高峰离国际进港高峰的时间间隔太近，无法充分承接相应的转乘旅客，而对于傍晚的国际进港高峰，旅客需要等待至 22：00—23：00 国内出港高峰才能继续旅行。

表 3－2　国际进港与国内出港航班波衔接情况

国际进港航班波		最短中转时间/分钟	国内出港航班波		
时段	波长/分钟		时段	波长/分钟	密度/个
05：00—06：40	70	80	08：00—08：50	50	18
			10：00—10：40	40	13
11：50—12：40	50	40	13：20—14：00	40	12
16：40—17：30	50	80	18：50—19：30	40	15
19：00—19：30	30	160	22：10—22：50	50	16

2. 航班波优化方案

在对航班波分布时段进行优化时，首先确定国际进港航班波不变，反推与之衔接的国内出港航班波。B 组航班波的衔接存在 MCT 太短的问题，现状的 MCT 仅 40 分钟。分析机场现有中转能力，结合民航局对旅客中转时间应小于 90 分钟的要求，可将 MCT 的优化值定为 90 分钟，相应第 2 组的国内出港航班波的理想时段应为 14：10 至 14：50。D 组航班波的衔接存在 MCT 太长的问题，现状的 MCT 长达 160 分钟。同样以 90 分钟作为 MCT 的优化值，将第 4 组的国内出港航班波时段优化为 21：00—21：50。优化后的中转衔接情况见表 3－3 所列。

表 3-3　优化后的国际进港与国内出港航班波衔接情况

国际进港航班波		最短中转时间/分钟	国内出港航班波		
时段	波长/分钟		时段	波长/分钟	密度/个
05：30—06：40	70	80	08：00—08：50	50	
			10：00—10：40	40	
11：50—12：40	50	90	14：10—14：50	40	
16：40—17：30	50	80	18：50—19：30	40	
19：00—19：30	30	90	22：10—22：50	50	

国内出港航班波时段内可能存在一些与国际进港航班中转需求高的航班，但受到中转时间不足的影响，导致其与国际进港航班的中转率较低；同时，在国内出港航班波优化的目标时间段或邻近时间段内，可能存在一些与国际进港航班的中转需求低、中转率低，甚至航班客座率低的航班。将这两种航班进行时刻交换，对 B、D 两时段的航班时刻进行调整，方案分别见表 3-4、表 3-5 所列。

表 3-4　B 时段南航航班时刻调整方案

分类	出发时间	航班现状		时刻呼唤航班	
		航班号	目的地	目的地	航班号
优化前的航班波时段	13：20	CZ3361	襄樊		
	13：23	CZ6322	大连	南阳	CZ3383
	13：26	CZ3821	南京	大同	CZ3705
			……		
	13：36	CZ6001	乌鲁木齐	合肥	CZ3873
	13：49	CZ3511	杭州	包头	CZ3972
	13：59	CZ3157	天津		
	14：01	CZ3972	包头	杭州	CZ3511
	14：06	CZ3873	合肥	乌鲁木齐	CZ6001
优化后的航班波时段	14：14	CZ379	上海浦东		
			……		
	14：36	CZ3705	大同	南京	CZ3821
	14：45	CZ3383	南阳	大连	CZ6322
	14：49	CZ6738	三亚		

3. 航班波优化结果分析

在进行了上述的航班波优化后，尽管在航班数量上并无变化，但国内出港航班与国际进港航班的中转衔接更为合理，MCT 在 80 ~ 90 分钟的范围内，符合民航局有关规定；衔接优化时段内一些广州飞往国内支线机场的航班将时刻让出，使航班波的中转衔接效率得到提升。调整优化后的航班波，还应对跑道利用率、进出港航班平均等待队列等各相关因素进行评估，判断延误水平能否控制在IATA规定的可接受范围以内。

表3－5　D时段南航航班时刻调整方案

分类	出发时间	航班现状		时刻呼唤航班	
		航班号	目的地	目的地	航班号
优化前的航班波时段	20：49	CZ3105	北京		
	20：56	CZ3311	宜昌	混明 CZ3419	
	21：12	CZ6750	三亚		
	21：14	CZ3627	黄山	西安 CZ3215	
	21：16	CZ3582	揭阳	杭州 CZ3819	
			……		
	21：49	CZ3260	桂林		
优化后的航班波时段	22：10	CZ6324	大连		
			……		
	22：26	CZ3419	昆明	宜昌 CZ3311	
	22：28	CZ3215	西安	黄山 CZ6001	
			……		
	22：44	CZ3819	杭州	揭阳 CZ3582	
	22：57	CZ3388	长沙		

第五节　蛛网式航线网络

一、蛛网式航线网络基本结构

蛛网式航线网络是指一种分布具有蛛网形态的航线网络模式（如图3－7所示）。在这种航线网络结构中，通常包含一个或多个中心节点机场包含若干个由机场和航线组成的外环，这些外环上的机场节点通过纵轴航线与中心节点机场相连接。

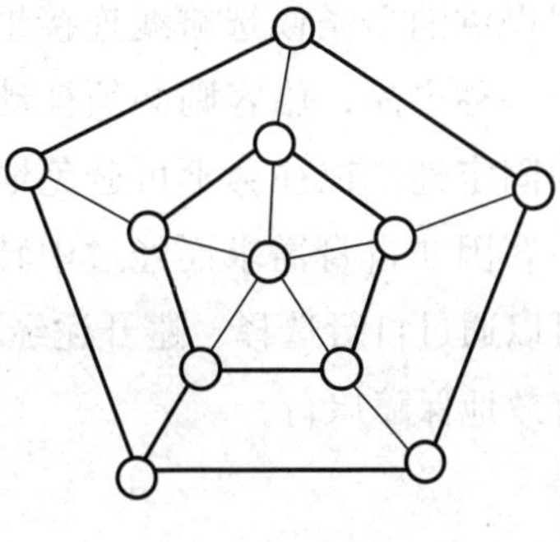

图3－7　蛛网式航线网络

二、蛛网式航线网络建设和运行的特点

航空公司的航线网络结构对航空公司业的竞争格局有决定性影响。美国西南航空公司作为一家知名的低成本航空公司，连续30余年的赢利历史创造了航空业的神话。与其他美国的知名航空公司所采用枢纽式航线网络结构所不同，美西南航的航线网络结构是蛛网式航线网络结构。这种蛛网式经济性已经被美西南航这么多年发展的实例所验证。

蛛网式航线网络结构与枢纽式航线网络结构不同，具有以下的几个鲜明的特点：

1. 保守稳健的航线确定和调整政策

美西南航的稳定的航线扩张政策正是形成蛛网式航线网络结构的重要成因之一。美西南航通过对新航线城市的周边100英里范围内的人口分布情况的分析，来规避繁忙机场，避开已被垄断的和过于激烈竞争的航线，有针对性地开通航线，增减航班频率。在随后的1~2年内，根据美西南航每年的收益前100/200航线排名对新航线进行经营策略的调整。正是由于这种保守稳健的航线政策，使得美西南航能保持不断的网络扩张和稳定的收益增长。

2. 维持整个网络的焦点城市和小于30%的互通率

枢纽网络包含枢纽机场城市和非枢纽机场城市，枢纽机场的作用和繁忙程度远远大于非枢纽机场。而在蛛网式航线网络中，美西南航把所有的服务城市都统称为焦点城市，所有的焦点城市在蛛网中享受相对平等的服务。即使是非常重要的焦点城市，其互通率一般也不超过30%。

3. 大量的中短途直达航线和多种航线连接的中转

美西南航目前大约80%的客源都是直达旅客，公司的主要目标客户是旅行时间敏感程度较高的中、短途旅客，公司主要竞争对象包括其他枢纽式航空公司和其他地面运输（汽车、火车等）公司。因此，大量的中、短途直达航线是蛛网的一大特点。美西南航的中转是利用这些中短途直达航线连接组合而成。与枢纽式航线网络固定的中转模式相比，蛛网式航线网络拥有更大的灵活性和自主性。在蛛网内部中转，旅客可以自行根据偏好和需要从蛛网提供的多条候选航线连接组合中选择。而在枢纽式航线网络的中转过程中，中转作为一种产品，旅客则必须被动地按照联程票所固定的线路飞行。枢纽的中转因其路线的固定性，往往会不可避免地出现较高的旅客额外中转延误。旅客额外中转延误是指旅客因非自身需求而经过中转所花费的中转衔接时间。而在蛛网内部进行中转，旅客可以通过自行选择，避开途经常常延误的繁忙机场的路线，降低旅客需求延误，从而更有效地保障旅行。

4. Bus式的准点航班

Bus式就是指航班具有像巴士一样的高频率、班次平均分布的特点，它是保障蛛网

式航线网络顺利运行的必要条件。高频率的航班所利用的是一种密度经济的概念。枢纽式航线网络结构顺利运行的必要条件是在枢纽机场的航班波。航班波时段是整个机场负荷的峰值时段，资源被高度使用，而在航班波间隙时段，机场又处于一个相对非常空闲的运转状态，大量资源被闲置。蛛网式航线网络中均衡的航班频率，可以大大减缓峰值时段对机场的压力，使资源的使用较为平均，运行的安全系数相对较高。

第六节 航班计划编制与管理

航班计划，看上去是一个航空公司的航线运输飞行计划（表）或航班时刻表，而实际上，它涉及国家关于民航运输市场准入和市场管理政策，涉及航空公司、民航管理当局、机场、空管、军方等多个部门的合作与协调，是航空公司综合实力运用和实施市场发展战略能力的全面表现，是航空公司准备投向航空运输市场的具体产品，是航空公司市场营销的重要内容之一。另一方面，航班计划也是民航管理当局与民航企业组织运输的提供保障服务的行为依据。

一、航线与航班管理

根据我国《航空法》规定，我国民航运输航线和航班实行政府统一管理。我国公共航空运输企业申请经营定期航班运输的航线，暂停或终止经营航线，应当报国务院民用航空主管部门批准。

2006 年 1 月 16 日，民航局颁布实施了《中国民用航空国内航线经营许可规定》。根据该规定，我国政府对公共航空运输企业（即持有民航局颁发的“公共航空运输企业经营许可证”的航空公司）从事国内旅客、行李、货物、邮件的民用航空运输实行航线经营许可制，民航局和民航地区管理局根据空运企业经营国内客、货航线的申请，分别采取核准和登记方式进行管理。民航局负责对区际航线实施经营许可的核准、登记管理，并对全国国内航线经营进行监督和管理。民航地区管理局则负责对其所辖区域内航线实施经营许可的核准、登记管理，并对涉及其辖区内所有航线经营进行监督和管理。民航局和民航地区管理局分别设立国内航线经营许可评审委员会，负责划分核准、登记的航线经营许可管理范围，制定每航季航线经营许可评审规则，负责每年度两次所辖范围内航线经营换季申请的集中评审工作，决定所辖范围内航线航班经营许可管理中的其他重大事项。根据该规定，申请国内航线经营许可，应当具备下列各项基本条件：

（1）根据中华人民共和国法律设立的公共航空运输企业；

（2）符合民航局安全管理有关规定；

（3）符合航班正常、服务质量管理的有关规定；

（4）符合国际航空运输发展的宏观调控政策；

（5）符合法律、行政法规和民航局规章规定的其他条件。

根据该规定，空运企业只有在取得航线经营许可后才能安排航班，并且必须在取得相应的起降时刻后方能从事商业性航班运营。

二、航班计划

从航空公司的角度来说，民用航空运输生产可以分成五大过程，按流程时间顺序排列依次是：

1. 航班计划：航空公司的产品主要就是航班计划。制定航班计划主要是确定航班起始/终点、时间、航班频率、机型。

2. 市场营销：即把已经编排好的航班计划通过订座系统进行销售。由于航班产品的“易腐”特点，应该在航班起飞前尽可能地把座位销售出去，航班起飞后，产品的边际效益即为零。

3. 旅客乘机：包括在机场办理登机安检等。在航班不正常时，这个过程非常复杂和困难，因为可能有大量的旅客要安排，要提供转机、退票等服务。

4. 飞行运输：这是航空产品的主要生产阶段。此阶段的工作非常多：飞机维护、气象、航行情报、飞行计划、签派、货物装载、加油、机供品和餐食等。

5. 旅客离港：旅客到达目的地，取出行李。航空公司完成旅客购买的航空产品的生产与交付。

（一）航班计划的概念

航班计划是航空公司在调查和研究的基础上，综合各方面因素，对于已飞行航线以及计划飞行的航线的做出的相关投入的系统计划和安排。航班计划的最终成果是以航班时刻表呈现的，即航班时刻表。

1. 航班计划对于航空公司而言，具有重要的战略意义：航班计划是航空公司业务开展的根本。航空公司的核心业务即是完成旅客的输送，从而实现自身的经济目标。但是当今的航空业迅速发展，航空公司的数量不断增加，因而竞争也在不断地加强。为了能保证自己公司的航空业务能够正常有序地开展，航空公司就不得不为自身获取更多的市场份额，而市场份额的获得就必须依靠旅客对航空公司的选择而取得，而航空公司的航班时刻表就是旅客选择的主要依据，所以说，航班计划是航空公司业务开展的根本。

2. 航班计划是航空公司长远发展战略决策的依据。航空公司想要在航空业取得长远的发展，就必须合理地安排自己的航班。如果航班安排不当，那么，对于企业的长远发展来说就是不利的，也容易使企业处于不稳定的状态，直接影响企业的经济效益，就更不用说盈利了。所以，航班计划是一个有关航空公司长远发展的一个战略性的决策。

3. 航班计划直接关系着航空公司经济效益的提高。航空公司经营的目标就是盈利，而航空公司的经济效益绝大部分就是来自于在完成旅客运输之后取得的票价收入，因此，航空公司想要取得更高的经济效益，就不得不想方设法吸引到更多的旅客选择自己公司的航班，而旅客选择航空公司的根据就是各个航空公司对外公布的航班时刻表，航班时刻表就是航班计划的最终产物，因此，航班计划方案的实施直接影响着航空公司经济效益的产生。

航班计划的基本内容主要包括：航空公司二字码（或三字码）、航班号、飞行航线及起降时刻、班期、机型，基本格式如表 3－6 所示。

表 3－6　航班计划基本组成结构

航班号	起飞站	到达站	起飞时间	到达时间	班期	机型
NH5103	南京	北京	0950	1120	1・3・5・7	733
NH5104	北京	南京	1200	1320	1・3・5・7	733
承运人	航线		航班时刻		航班日期	运输飞机

说明：由 NH 航空公司执飞的 5103 次航班，每周一、周三、周五和星期日的 9：50 从南京起飞，预计 11：20 到达北京；使用的飞机机型为 730－300。5104 为回程航班。

（二）航班计划的执行过程

由此可见，航班计划是航空公司运行的源头。广义的航班计划是包括了航空公司的机队规划、航线网络、中长期航班计划、短期计划、飞机计划（与飞机维修计划有关）、机组计划等内部资源计划。狭义的航班计划就是按照国际航协标准，航空公司以季为周期制定并公布的航班计划。一年分夏秋季（3—10 月）和冬春季（10 月至次年 3 月）二季。航空公司也制定连续几个季度的航班计划并在全球分销系统上销售。

以某一航空公司为例，来说明航班计划的制定和执行过程。

1. 首先航班计划制定部门依据市场需求、机队规模、飞机维修的要求、机组可飞行的时间、机场时刻资源、财务盈利要求等限制条件，在上一季计划的基础上，综合考虑上述条件，调整本公司航线网络结构，再编排出本季航班计划。此计划经过和机场协调及报经民航管理当局批准后对内外发布，作为航班生产依据。

2. 销售部门将此计划输入到全球分销系统（GDS）中，销售代理人就可销售机票了在销售过程中计划部门还会根据市场情况调整计划。

3. 航空公司内部根据航班计划，编排其他计划：如机组部门编排机组计划，合理安排机组资源及机组人员的飞行时间、休假时间、培训时间。地面保障部门编排后勤保障计划，包括车辆、物资、食品；维修部门编排飞机维修计划，以保障飞机适航并使飞机停场维修时间避开市场旺季时间；运行控制部门向空中交通管制部门申报计划，申请航路。

4. 这些准备上作完成后，当某一航班在某一天运行时，运行控制部门还要向机组提供气象信息、航行情报、航路信息；地面服务部门为旅客办理值机，引导旅客登机；地面保障部门（包括机场）为飞机加油、加水；货运部门装载行李和货物；机务维护部门为飞机做航前检查。当所有这些工作完成后，运行控制部门决定航班放行并在ATC的指令下飞行。

5. 上述过程从时间节点上看可分为年、季、周、日。年度是满足公司运行的财务要求，即公司发展速度。主要体现在飞机增长，人力资源、资金资源限制，即机队规模和盈利能力。机队规模和与之相适应的人力资源（主要是飞行人员），是编排航线网络和航班计划的基本。季度就是编排航班计划，航空业其他相关业务，如机场、ATC都以季度为时间单位，因此，在协调时刻资源时，时间长度单位全世界是统一的。每周有周计划，因为国内民航ATC要求航空公司每周报告周航班运行计划，航空公司是将季计划拆分成周计划报告ATC，并以此编排机组计划、飞机排班计划、地面保障计划。

日计划来源于周计划，每日也要报ATC。日计划是最稳定（非特殊因素不会再作调整）和最详细的航班计划。每日航班生产过程严格按照日计划完成。但日计划有一个特例，当航班不正常时，调整的时间跨度可能长达三天。这是因为国际航班运行时间长，再加上时差和调整要有一定的时间期，所以，一般运行控制部门对三天内的航班运行有最终决定权。

（三）航班计划产品的特点

1. 产品的不确定性

航班计划既是航空公司运行的基础，又是航空公司产品的实体。旅客购买的是乘坐航班计划表上某一确定日期和时刻的一个或几个座位，从起始地飞往目的地的权利。显然，旅客在购买的时候，产品只是在计划阶段，并未生产出来，或认为已生产了一部分：航空公司已经获得有关航空管理当局和单位的许可，可以在确定的时间完成产品的生产。在销售产品时，航空公司获取的销售收入还不是最终收入。待航班运行结束，实际登机的人数乘以票价才是最终收入。

2. 产品的时限性

在销售阶段，航空产品应被视作半成品，应尽量推销出去，一旦航班起飞，空位的收益为零。因此，航空产品也被认为是“易腐”产品，即一旦投入生产，未销售的产品不产生任何效益。所以市场需求对航空产品来说非常关键。根据中国民航2004年的统计数据，2003年正班客座率64.9%，意味着有35.1%的座位是空着的，没有任何收益，这部分的产品“腐烂”了，理论上收入损失了440亿元。

3. 产品的复杂性

航空运输受气象等很多外界条件影响，往往不能按计划完成生产。如航班不准时，调换飞机影响座位舒适性等等。2003 年全民航航班正常率为 79.8%，即有超过 20% 的产品是有缺陷的。引起缺陷的原因第一是公司计划，第二是天气，第三是流量控制。公司计划主要是因为市场需求不足，某个航班的旅客太少，航班边际贡献为负，航班收入不能弥补变动成本，因此将航班取消。航班取消之后，旅客只能安排到其他航班。因此对旅客来说，航空公司没有交付他预定的产品，构成违约。对航空公司来说，即使违约，赔偿很少的金额，可能也比不取消航班经济合算。那么为什么会造成这样的结果呢？这是由航空产品设计及生产过程的复杂性所决定的。航空产品设计时很难准确预测市场需求，一旦设计完成并获管理当局和相关单位（主要是机场）批准，就很难改变。而产品不好，销售不出去，从经济角度应该取消产品生产。但公司的商誉、旅客满意度也会损失，因此，对编排航班计划要求很高。

（四）航班计划流程

航班计划可以分为广义和狭义航班计划，广义航班计划指和航空生产活动相关的一系列生产计划，包括狭义航班计划、飞机指派、飞机维护计划、机组排班等计划。狭义航班计划指市场分析与预测、市场份额、航班频率、班期、航班时刻以及为定期航班优化配置机型等，是较长期的一种计划，通常所说的航班计划仅指狭义航班计划。

航空公司航班计划流程具体见图 3－8。

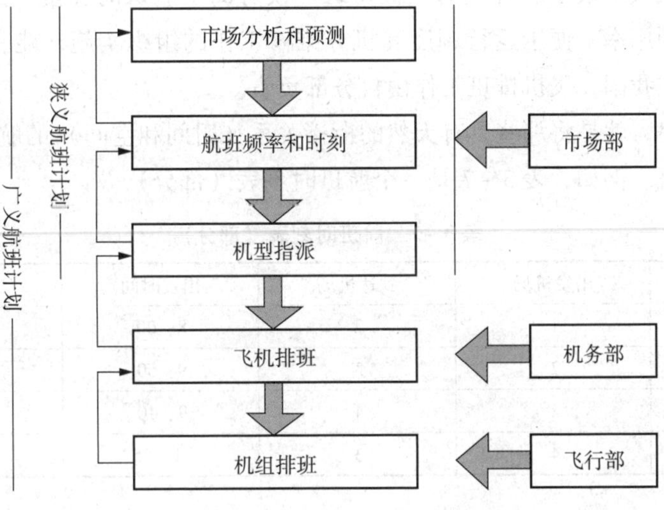

图 3－8　航空公司航班计划流程图

1. 市场分析和预测

通过市场分析，航空公司能够预测一段时期内每条航线市场总体旅客流量、航空公司市场份额等。

2. 航班频率和时刻

根据预测的航线市场旅客流量以及航线市场旅客在一个周期内的分布，结合航空公司拥有的机队资源，确定每条航线的航班频率，进一步结合机场时刻资源、民航总局政策等众多因素，编制出航班时刻表。

3. 机型指派

机型指派问题是指根据飞机舱位能力、运营成本、潜在收益及飞机可用性，将具有不同舱位容量的机型指派给各定期航班的问题。是以航班时刻表（定期航班）为依据，满足航班衔接等约束，为每一个定期航班指派一种且只有一种飞机机型（并未指定具体的某一架飞机），从而使收益最大或运营成本最小。

在我国大多数航空公司中，市场分析和预测、航班频率和时刻以及机型指派问题都由市场部（或商务部）负责制定计划。

4. 飞机排班

飞机排班指在机型指派的基础上，确定每架飞机的飞行任务。飞机排班包括飞机路径问题和飞机指派问题；飞机路径问题指根据航班段时空衔接（满足最小过站时间要求等）、维修等约束生成航班串或航班环，一个航班串或航班环对应于一架飞机相应周期的飞行任务，例如，一天航班串（环）为一架飞机一天的飞行任务，三天航班串（环）为一架飞机三天的飞行任务；飞机指派问题，也叫机尾号指派，其实质就是为每架飞机（标识为飞机机尾号）确定一个合适的航班串（环），要求覆盖所有的航班段，使得收益最大或成本最小。合理的飞机排班不仅有助于航班的安全、正点运行，而且还能提高飞机利用率，便于运行调度和机务维修工作的组织实施，能有效地降低运营及维护成本。在我国，飞机排班工作由机务部负责。

所谓航班串，就是将那些具有天然的衔接关系（时间和空间）的航班段连接起来，形成一个整航班。例如，表 3－7 是一个航班时刻表（部分）：

表 3－7　航班时刻表（部分）

航班号	出发机场	到达机场	出发时间	到达时间
1	1	2	8：00	9：00
2	2	3	9：50	10：30
3	2	4	9：10	10：20
4	4	3	11：05	12：15

上述航班时刻表中，可行的航班串就包括：1－2，3－4。航班 1 和航班 2，航班 3 和航班 4 就可以分别连接起来成为航班串，因为他们不仅满足时间上的衔接要求，同时，后者的出发机场和前者的到达机场保持一致。但是对于航班 3 和航班 1 而言，虽然这两个航班的出发机场是同一个机场，但是由于他们之间的时间间隔无法满足飞机的必要过站时间要求，因此，也不能成为一个航班串。

5. 机组排班

机组排班指对航班计划中的航班，根据其机型属性，为每个航班指派相应的飞行人员（包括正驾驶、副驾驶、领航员等）、乘务员和空中保安，以承担航班的飞行和机上作业。也可以说，机组排班指制定一定周期（如一个月）内，每个机组人员（包括驾驶舱、乘务舱等人员）编排一个活动安排计划，包括飞行人员的训练、休假等地面活动的安排。机组排班依次包括机组任务配对和机组任务指派。在航空运输生产中，机组成员（尤其是飞行人员）是一项非常重要而且昂贵的生产要素，在欧美国家，机组成本仅次于航油成本，是航空公司第二大直接运营成本，例如，美国的三角航空公司美国联合航空公司等大型航空公司，人员成本每年超过10亿美元。

在制定航班计划的过程中，以上5个子计划过程互相关联，环环相扣；并且在具体制定计划时，执行不同层次航班计划的工作人员需要反复沟通和交换意见，最终生成令人满意的航班计划。在此，我们将航班计划确定为狭义的航班计划，即指前3个步骤，如无特殊说明，后面提到的航班计划都是指狭义航班计划。

三、航班编制计划过程

在欧美国家，航班计划编制过程通常分为两个相互关联的阶段：

1. 航班计划构建阶段

根据预计的市场总体旅客流量、市场份额以及机场时槽等资源构建航班初始时刻表，在构建好初始航班时刻表后，进入第二阶段。

2. 航班计划评审阶段

根据运行可行性和经济性等指标来评审航班初始时刻表，可行性包括考虑机型是否合理、航班衔接、飞机维修路径等约束条件；经济性要求降低航空公司运营成本，尽可能增加收益；任何对航班初始时刻表的修正和改善必须反馈给第一阶段。

两阶段反复迭代，直到产生满意的航班时刻表。在国内，航班计划的编制通常包括以下几个步骤：

1. 调查研究和预测，掌握航空公司的外部条件

（1）市场需求情况：包括有关空运市场的客货流量和流向，本航空公司占有的市场份额等。

（2）有关地区的政治、经济和文化活动情况。

（3）竞争对手的情况：其他航空运输企业的生产经营情况及策略等。

（4）有关机场的情况：如跑道的长度和厚度，通讯导航设施的先进程度，气象条件，候机室及货运仓库高峰小时客货流量处理能力等。

（5）对这些影响航班计划编制的外部条件，都要进行认真细致的调查和预测，切实掌握它们的现状和发展变化趋势。

2. 明确航空公司自身条件，提出任务目标和市场

（1）本航空公司现有航线，机型的经济效益情况（如航班客座率、在册飞机平均

日利用率、座公里收益等)。

(2)航空公司现有人力、财力、物力情况。

(3)结合航空公司内外条件,提出未来一定时期内航空运输产量、市场份额等目标。

3. 草拟方案,比较选择

根据已掌握的内外条件和已定计划目标,提出航班计划的初步方案并对多种方案加以比较和选择。草拟航班计划方案时,对每条航线进行具体分析,提出对航线、机型、班次、班期、时刻的安排意见等。

4. 综合平衡,确定航班计划

航班计划初步方案确定以后,根据一系列平衡考虑,最终确定航班计划,这主要包括:

(1)飞机使用均衡:包括飞行小时、起落架次等均衡。

(2)航线班期密度平衡:指每条航线的班期力求均匀,例如某航线每周 7 班,则应尽可能每天安排一班,而应尽量避免一天几班,另一天没有航班。(同时要注意,对于几家航空公司共同运营的航线来说,单家航空公司的平衡是不够的,还需要把各航空公司的计划方案做进一步的平衡,这种全民航范围内的平衡是在每年两次的航班计划会上,在民航总局有关部门的协调下,由各航空公司代表会议商定)。

(3)航站工作量平衡:指航站每天进出港飞机架次力求均衡,包括每周各天的均衡和每天时间先后均衡两个方面;这样有利于充分利用机场设施(机坪、候机楼等),有利于保持好的工作秩序,有利于提供安全舒适的服务。

四、航班计划编排规则

航班计划编排是一个烦琐而复杂的工作,虽然现在一些大型航空公司采用先进的计算机软件系统进行自动编排,但是少不了人工手动调整。因此,有必要掌握航班计划的基本编排规则。

1. 航班计划表示规范性

首先,必须保证航班计划表示形式的正确性和规范性。

2. 航班号组成规范性

航班号(或航班代码)组成必须符合国际规范,航班号总长度不超过 6 个字符,详见表 3-8“航班号组成规则”部分。

为了便于区别国际航班和国内航班,国际航班中的序号部分通常采用三位数字,如 GA897 和 GA898,参见表 3-8。

表 3－8　航班计划示例

航班号	起飞站	到达站	起飞时间	到达时间	班期	机型	说明
GA897	MNL	SIN	2220	0135	1·3·5·7	332	经停起飞，航班跨次日，周末航班跨周
GA897	SIN	PVG	0205	0710	12·4·6·	332	
GA898	PVG	SIN	0955	1525	1······	332	班期互补，回程起飞时间改变
GA898	PVG	SIN	1005	1540	·2·4·6·	332	
GA898	SIN	MNL	1555	1705	1······	332	
GA898	SIN	MNL	1610	1715	·2·4·6·	332	
ZA1209	PKG	XIY	9：55	12：05	1·45·	321	去程起飞时间不同，但班期互补
ZA1209	PKG	XIY	10：00	12：05	·23·67	321	
ZA1210	XIY	PKG	13：25	15：15	1234567	312	

3. 航班号唯一性

在航班计划中，航班号是标识一天中一个航班的唯一代码。从航班号的组成可以看到，在同一航线上同一时间段是不可能出现两个航班号相同的航班，否则，无论是旅客还是运行和保障部门，都将无法辨识究竟是哪一个航班，即出现航班冲突。如果一家航空公司认为一条航线上运量充沛，则可以安排更大一些的机型，或另外增加不同航班号的航班班次，以在航班时刻上有所区别。换言之，尽管航班计划中一周 7 天同一航班可能每天都在重复，但是它们的班期不同，并且一天中这个航班号的航班只有这一班。

4. 班期表示规范性

班期的一般表示方式为 7 个字符长的阿拉伯数字组成，数字代表星期几，只能为数字 1～7 中任何一个字符，按星期一开始的顺序排列。有航班的这一天则在对应的位置上用星期几的阿拉伯数字表示，没有航班的一天，则在相应位置上用“·”表示，不能出现重复数字。例如，每天都有航班，则表示成 1234567。这里的 1、2、3、4、5、6、7 分别表示星期一、星期二、星期三……星期日。

如果周三和周六没有航班，则表示成 12·45·7，对应的航班位置为“·”。

航班计划通常以周（一个星期）为单位编制，以星期一作为一周的开始，航班按周循环。但是，对于一些远程航班，可能会出现跨周才能完成的一个循环的情况。

5. 航班时刻表示规范性

航班时刻，即航班离站或到达的时间，其表示形式为 HH：MM。如 08：25，有时会表示成 0825，又如 2345，为 23：45。

为了提高航班计划的稳定性，通常同一航班号航班时刻保持不变。但是，有的情况下考虑到市场细分特点，特别是周末航班，航班时刻可能会不同于其他几天。

6. 航段名称规范性

航班飞行的航班段名称，通常有几种表示方式。一种是直接用机场所在城市名称表示，如北京—南京。由于有的城市有两个甚至更多机场，则航段名称使用机场所在城市和机场名称，如上海浦东—北京、上海虹桥—广州。

在航班计划中，通常采用国际标准机场三字码或四字码表示，如 PVG—SIN（上海浦东—新加坡樟宜机场），SIN—MNL（新加坡樟宜机场—菲律宾马尼拉机场）。

7. 机型代码的规范性

机场代码是“国际航空运输协会”统一编制和发布的标准代号，用于统一标识全球航空旅客和货物的航班机型。

例如，733 代表波音 B737—300 型飞机：312 代表空客 A310—200/C 型飞机。

8. 来回程航班成对

定期航班计划中的航班来回程通常成对出现，形成一个闭环航程。回程航班号为去程航班号尾数 +1。例如，GA897 为去程，回程为 GA898。

例如，表 3 –6 中列出了 GA897/GA898 航班的几个来回航班线，始发站是菲律宾马尼拉机场，中间经过新加坡樟宜机场，终点站是上海浦东机场：菲律宾（马尼拉机场，MNL）→新加坡（樟宜机场，SIN）→上海（浦东机场，PVG）→新加坡（樟宜机场，SIN）→菲律宾（马尼拉机场，MNL）。航班采用空客 A330—200 飞机，航班次日返回，航班计划跨周完成一个循环。

9. 航班时空连续性

航班计划必须保证一个航班来回程飞行路线的空间连贯性，不仅是航段首尾相连，而且去程航班要返回到始发站（或基地机场），来回程飞行路线形成一个闭环。航班计划安排的各航段飞行时间先后顺序连贯，保证航班飞行路线的时间和空间连接，航段衔接时间没有重叠，空间上没有间断。

10. 经停时间合理性

航班计划中，航班飞机的过站或经停时间必须符合民航当局规定的最小时间间隔，以保障航班飞机在经停站准备继续前飞或到达目的地机场后准备返程所做的必要工作。过站或经停时间，与机型、机场和航班性质有关。

例如，根据 2008 年 3 月 30 日开始执行的《民航航班正常统计办法》，过站时间是“从航空器滑至停机位开启即门至航空器准备工作就绪关机门之间的时间”，最少过站时间是指“通常情况航班过站需要的最少时间，以便有足够的时间进行航班的地面保障服务。航空公司安排航班计划时，不得少于最少过站时间”。该办法中规定的过站时间为：

（1）60 座以下的航空器不少于 35 分钟，如 EMB145、ATR72、CRJ200、DORNI-

ER328 和 SAAB340 等。

(2) 61～150 座的航空器不少于 50 分钟，如 B737（700 型以下）、A319、MD82 和 BA－E146 等。

(3) 151～250 座的航空器不少于 60 分钟，如 MD90、B767、A310、A320、A321、B757－200 和 B737－800 等。

(4) 251 座以上的航空器不少于 75 分钟，如 A300、B747、A330、A340、MD11、B777 和 IL86 等。

此外，北京、浦东、广州机场的航班过站时间在相应机型过站时间的基础上增加 15 分钟，虹桥、深圳、成都、昆明机场航班过站时间在相应机型过站时间的基础上增加 10 分钟。

当然，过站时间越长，航班飞机得到的保障服务就越充裕，但同时会降低飞机日利用率和机场停机位的利用率，延长经停时间和旅客途中旅行时间。

11. 机型适航性

航班计划中在对航班配置机型时，不仅需要考虑目标市场细分的旅客和货运市场特征，市场规模、航程、机型的运行经济性、航路特点等，还需要考虑机型的适航性和机型的机场适航性。例如，A380 目前只能在我国的几个大型机场降落；有些飞机适合高原地区飞行，如 A319，这些在制定航班计划时都需要充分考虑。

五、航班计划申报、审批与生效

我国《航空法》第九十六条中规定：我国“公共航空运输企业申请经营定期航班运输的航线，暂停、终止经营航线，应当报国务院民用航空主管部门审批”，以保障我国民航客货运输市场的有序、公平和健康发展。因此，航空公司的航班计划必须申报经民航管理当局审批获准后才能营运。

由于航班计划于航线密不可分，因此，我国关于航班计划的管理部分分为两大部分：一是航线经营许可管理，二是航班计划管理。

1. 航线经营许可管理

根据《中国民用航线国内航线许可规定》，航空公司经营航班应当在计划开航 45 日前提出航线经营许可申请，按所申请航线经营许可的管辖范围，报送民航局或相关民航地区管理局进行审批。我国政府对经营国内客货航线分别采用核准和登记的方式，对申请经营的航线进行审批。民航局或相关民航地区管理局根据航空公司经营许可登记管理范围、航线及机场繁忙程度、航空公司基地等多项因素进行审核，对批准的航线颁发《国内航线经营许可登记证》，并对获准经营的航线经营情况进行管理和监督。

根据《中国民用航线国内航线许可规定》，在航线经营换季时，航空公司集中提交航线经营许可核准和登记申请，并于该航季航班计划执行的 80 日前向民航局或民航地区管理局报送区际或区内航线有关资料。当航空公司决定不在已经登记的航线上安排航班经营时，将按照所申请的航线经营许可的管辖范围，向民航局或相关民航地区管理局办理该航线经营许可登记的注销手续；已经开航但又决定停止经营的，于拟停止经营之日起30日前向民航局或相关民航地区管理局提出申请，民航局或相关民航地区管理局在收到申请之日起10日内做出是否批准的决定并给予公告。根据规定，航空公司应当确保办理经营许可登记航线的正常运营。凡航线经营许可登记后60日内未安排定期航班或因空运企业自身原因航班执行率不足50%的，航线经营许可登记将被注销，并且两年之内不予重新登记。

根据规定，航空公司取得的航线经营许可有效期为三年，期满后无特殊情况，经营许可自期满之日起自动延续三年，民航局或相关民航地区管理局对该类许可采取简易程序办理核准或登记。根据该规定，目前我国航线经营许可权不得租赁、转让、买卖和交换；未经批准，航空公司不得以航班代码共享或试租其他空运企业飞机等经营方式变相转让或出租航线经营权。

2. 航班计划管理

根据《中国民用航线国内航线许可规定》，航空公司在获得航线经营许可并取得相应的起降时刻后才能运营航班，以一种合理的载运比率提供足够的航班班次，以满足航线市场旅客、货物和邮件的运输需求。根据规定，航班安排由航班公司自己确定，报民航局或民航地区管理局依据航季评审规则进行评审确定。航班计划经民航管理当局审批后，以航班时刻表的方式向社会公布，航空公司在下一航季按获准公布的航班时刻执行。

实际上，民航局公布的航季航班计划在实际执行中会有不同程度的调整。例如，由于市场原因，某些航线会增加航班或包机，而某些航线则可能减少航班甚至停飞或调整航班时刻。根据《中国民用航空国内航线经营许可规定》，航空公司可以根据市场需求在其所经营的航线上自行安排加班，提前一周报送始发机场所在地民航地区管理局备案，并取得相应的起降时刻后实施。但是，加班不得冲击其他航空公司的定期航班正常经营。如果航空公司准备停止经营航季客座率达到50%以上的航线，应当经民航局或民航地区管理局评审批准，未经评审核准，不得停止经营，以保障航线的航班正常经营秩序和消费者利益。对于调整航班时刻或增加新航班，都必须根据民航局《民航航班时刻管理暂行办法》事先申报并获准后才能正式向社会提供航班服务。

对于一些具有公益性或基于国家发展需要的特殊航线，我国政府采取一些特殊政策，予以保障航线运行。民航局和民航地区管理局在进行航线经营许可核准和航班安排协调时，对承担政府协调、执行指定的特殊贫瘠航线飞行任务的航空公司，按其要求酌情给予增加由该地区始发的航班或开辟该地区始发效益较好的航线；对新辟独飞的“老、少、边、穷”地区支线航线采取市场培育期保护措施，在两年内不再核准或登记其他空运企业进入经营。

六、航班时刻管理

航班时刻是指“向某一航班提供或分配的某一机场的某一特定日期的到达或起飞时刻”。根据欧盟的解释，航班时刻是“准许指定航班在一指定机场着陆和起飞的指定时期和指定时间”。实际上，飞机的起飞或者着陆是一个过程，涉及对机场近空空域、机场跑道、滑行道、停机位，甚至机场近空及夜间航行设施等资源的使用。因此，航班飞机不仅需要起飞或着陆的时刻，而且需要一个保证安全起飞或着落过程的一段时间，故航班时刻又被称为时间片、时隙或时间槽等。对于一个繁忙的机场而言，一条跑道每天可用于飞机起飞和降落的时间十分有限，因此，这些时间片是一种非常珍贵的稀缺资源。在航班时刻这种稀缺资源的背后，就是民航管理部门的权利，直接关系航空公司、机场和空管等相关部门的直接利益。因此，关于繁忙机场的航班起飞时刻或降落时刻分配与管理问题，是目前全世界民航运输业发达国家民航管理局、航空公司、机场、甚至军方等多个部门都极为关注的复杂话题。从技术角度看，航班时刻的分配和管理与机场容量、空域容量等因素紧密关联。

（一）机场容量及影响

从航班计划的编制、申报与管理过程可以看到，一方面，航空公司为了使航班更具有竞争力，会竭尽全力争取理想的航班时刻；另一方面，对于热点航线机场或繁忙机场而言，一天24小时中可用的黄金时间段极为有限，对每小时的飞机起降次设有限制，以保障起降安全；民航管理当局需要考虑机场容量、进近空域容量、协调区域经济发展、兼顾航空公司之间利益、实施政府对市场调控，以及保障航空运输安全和国家安全等多方面因素，进行统筹规划和综合权衡。其中，有限的机场容量是限制增加航班时刻的主要瓶颈。

1. 跑道容量

影响机场运行能力的主要因素有空侧的跑道容量、滑行容量、机位和登机口数量，以及陆侧的候机楼容量和地面交通能力等因素。所谓跑道容量，即机场每小时能够提供的航班飞机起飞和降落服务架次的能力。实际上，飞机着陆过程中每一阶段的飞行时间，与机场附近空域云底高度、能见度、风向风速、降雨量、机场海拔高度及周边净空条件、机型、着陆飞机模式，甚至前一架着陆或起飞飞机机型等因素都有密切关系。

无论是跑道的进港容量还是离港容量，实际上的影响因素还有很多，如不同机型的飞机进出港的先后顺序、飞机载荷量、飞行员的操作技能、空管人员的指挥能力等因素，都会对每一架飞机起飞或降落所需时间产生直接影响，都会影响机型跑道的利用率。对于多跑道机场的飞机起降过程，由于多架同时起降的飞机在进近空间和离场进近空空域的协调以及跑道之间存在的相互影响，导致多条跑到机场的实际容量并不是单条跑道容量的倍数关系。因此，航班时刻安排，需要理论和经验的科学结合，特别是航班延误现象比较严重的繁忙机场，更需要结合机场的实际运行能力进行航班时刻分配，才能保障航班计划的有效性和可靠性。

2. 停机坪容量

机场停机坪容量，简称为机坪，是在机场地面划定的专供飞机停放一边上下客货、补充给养和能源、维护和检修或驻留停放的场地，统称为停机坪或机坪。一般分为客机坪、货机坪、远机位机坪、驻留机坪、过夜坪和维修坪等。靠近航站楼的停机坪通常称为站坪。在停机坪上，根据具体机型和飞机停放方式等要求划定若干个区域并编号供飞机停放，这些编号的区块称为停机位。机场的停机坪容量是直接影响机场容量的重要因素之一。所谓停机坪容量，是在单位时间里，机场停机坪能够停放航班飞机以便上下客货的停机位数量。

（二）高峰时段

由于旅客对出行时间的偏好以及各航空公司出于枢纽航线网络对航班波的需要，形成了一批航班在某一段时间内（如在 30 分钟）在某一机场密集起飞或降落的“高峰”现象，特别是在黄金时段（09：00～13：00 和 16：00～21：00），造成对机场近空空域和机场跑道等航班保障资源的需求在较短时间段内的急剧增加（参见图 3－9）。

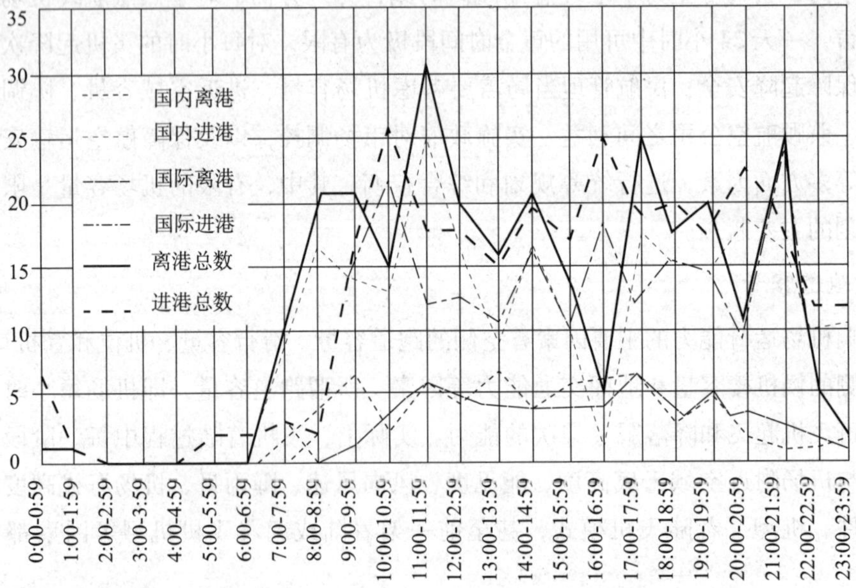

图 3－9　2011 年夏季上海浦东机场星期一航班飞机起降时间分布

就理论而言，如果航班运行对机场近空空域和机场航班资源的需求按每天 24 小时平均分配（即“削峰平谷”），可以最大限度地充分利用空域和机场资源，缓解黄金时段航班过度集中产生的航班时刻矛盾。从图 3－9 可以看到，我国一些大型国际机场现在已经将机场的开放时间延长，从清晨的05：00开始，一直开放到次日凌晨03：00。实际上，人们日常生活习惯和旅客出行对航班时刻偏好产生的航空公司对航班时刻的需求，随着民航运输市场的快速发展和激烈竞争在不断增长，而有限的空域和机场资源却无法与市场增长同步，因此不可避免地出现“高峰小时”现象。这种现象，客观上是对机场近空空域和机场极限容量的挑战，也是对空管指挥和机场服务能力与服务质量保障能力的挑战。为此，空管部门和机场当局通常设定“每小时最大起降架次”限制，以保障机场运行安全。在美国和欧洲的一些繁忙机场，对繁忙机场的不同时段采取不同的机场收费标准，以此抑制航空公司对高峰时段的需求。也正因为繁忙机场高峰小时时段十分紧缺，而且延误率较高，因此出现了机场群，以分流旅客。

关于如何确定“高峰小时”，或如何确定“高峰时段”，世界上并没有统一的标准，因国家和机场而异。“高峰小时”或“高峰时段”通常是指一个机场跑道的飞机起降架次超过机场设计容量（每小时最大起降架次）的那个时间段。例如，“国际民航组织”（ICAO）采用年度两个高峰月的日均小时作为“高峰小时”或“高峰时段”；“国际航协”（IATA）则采用年度高峰月的平均周第二个最繁忙日的“高峰小时”；美国FAA采用年度高峰月的日均小时；我国上海浦东机场采用类似FAA的方法，以年度高峰月的日均小时作为高峰小时。“高峰小时”内航班飞机起降架次限制的设置，与机场近空空域容量、净空条件、通信导航设备条件、空管指挥能力、机场指挥协调能力、机场设施设备保障能力等因素有关。

（三）航班时刻的分配、协调与管理模式

航班时刻分配、协调与管理的主要目的，旨在建立一种公平、公开、公正分配航班时刻和规范管理航班时刻的有效机制，以权衡各方利益，加强对交通繁忙或拥挤机场的航班起飞和降落进行分配、使用、管理与监督，以充分发挥繁忙机场有限的航班时刻资源的最大效用，规范航空运输市场秩序，促进航空运输市场的健康发展。

由于航班时刻的多方利益交织，关于航班时刻分配和管理机制一直是一个充满争论和不断探索与改革的国际性话题：作为航班时刻的需求者和使用者，航空公司希望有一个比较灵活的航班时刻管理政策和协调机制，以利于航线市场的竞争和发展。一些国家的航空公司认为，由于航线市场需要开发，需要航空公司不断进行投入，以建立自己的市场和品牌，因此，航空公司不仅希望能够长期保持已有航线的经营权和已有航班时刻的使用权，以保障航空公司的产品稳定性和产品品牌，保持在已有航线上的市场竞争力，而且希望在拥有当前航班数量和航班时刻的基础上拥有增加航班量和新航班时刻的优先权，作为对前期投资人的回报，即“祖父权利”。有些航空公司认为，应该允许交换或有偿转让拥有的航班时刻。新进入的航空公司则认为，“祖父权利”是一种不公平的市场垄断行为，不利于促进航线市场的发展。一些经济学家也认为，航班时刻分配中遵循的“祖父权利”违反了公平竞争原则，是一种不公平的垄断

行为，客观上保护了既得利益集团利益。但有的航空公司认为，基于已经拥有的航班时刻使用权，不应该限制航班的始发地或目的地。有的航空公司对航班时刻采取有偿使用政策表示不同程度的赞同，但认为收费不宜太高。作为提供跑道、停机坪、候机楼及相关地面保障服务的机场，特别是繁忙机场认为，机场为了扩大自身客货吞吐能力，对基础设施建设投资巨大，除了对航班时刻的正常收费之外，还应当对高峰时段的航班时刻收取较高的使用费，这样可以提高高峰时段航班乘坐率和航班时刻使用效率，减少为了提高航班密度或航线衔接的小飞机航班，避免空占虚耗航班时刻的现象。一些机场还认为，机场应当在航班时刻分配决策过程中具有决定权，因为航班时刻不仅涉及供飞机起降的跑道容量，而且涉及停机位、登机口、安检通道、值机柜台、行李处理、候机楼容量、地面交通等诸多机场设施设备能力和地面保障服务能力等因素，这些都需要机场的大量投资和管理。一些国家的空管部门认为，航班时刻不单单涉及机场容量，同时也涉及空域容量，空管不仅提供保障航班安全飞行的空中交通指挥服务，而且为航班飞机在机场的起飞和降落过程提供指挥服务，空管在航班时刻分配决策过程中应当具有主导作用。我国有学者认为，航班时刻与空域一样，属于公共资源，应属国家所有，因此，航班时刻应该像空域管理那样由政府控制。关于繁忙机场、交通拥堵和可能产生拥挤的机场航班时刻分配与管理，由于各国管理体制不同，因此在具体实践中国际上存在多种模式，莫衷一是。

航班时刻管理涉及定期航班的换季航班时刻、不定期航班的航班时刻和通用航空飞机的航班时刻，本章主要讨论几个具有代表性的定期旅客航班时刻分配与管理模式。

1. “国际航空运输协会”模式——多方协调模式

自从1947年以来，“国际航空运输协会”（IATA）一直推行“航班协调会议”模式，致力于为繁忙或交通拥堵机场的航班时刻安排和管理提供公正、透明、非歧视性的协调机制，原则上反对以行政手段强制分配航班时刻。IATA通过定期出版《世界航班协调指南》，向各成员航空公司发布关于国际航班时刻的参考依据。IATA每年6月和11月召开两次国际航班协调会议，成员或非成员航空公司、相关机场以及民航管理机构的代表均可以参加，分别对春夏和秋冬航季的国际航班的航班时刻进行协调，根据IATA颁布的《世界航班协调指南》中关于航空时刻协调总则，航班时刻只分配给航空器承运人，航空器承运人在获得正式分配的航班时刻后才能在指定的机场正式运营航班。经过IATA航班协调会议确定的航班时刻，最终经过航空承运人所在国的民航主管当局批准后在下一航季正式生效。目前，IATA的这种航班时刻协调机制和方法，已被世界上许多国家所采用。

航班时刻协调的主要对象是出现航班拥挤的国际机场，这种航班拥挤实际上是一天中某个时段内出现航班起降密度超过机场跑道或机场其他设施的设计能力。为了确定航班时刻协调的重点，IATA出版的《世界航班协调指南》按照机场航班时刻的紧张程度降机场分为三个等级：

一级机场，为非协调机场，这一类机场的航班时刻在下一航季中能够满足航空公司的航班需求，无需对航班时刻进行协调。

二级机场，为辅助协调机场，这一类机场的航班时刻有点紧张，但是通过机场、空管、航空公司等各方的正式协调，能够满足下一航季航空公司的航班时刻需求。

三级机场，为（完全）协调机场，这一类机场已经无法满足航空公司的航班时刻需求，必须通过机场、空管、航空公司等部门的通力协调和航班时刻精确分配，才能解决起飞和降落时刻问题。

因此，国际航班协调会议的主要内容是重点针对三级协调机场的航班时刻协调。根据IATA《世界航班协调指南》中发布的规则，机场协调等级的确定和机场可用分配的时刻容量，需经过机场所在国的民航主管当局根据机场实际运行数据和机场容量评估进行确认。凡是希望获得三级机场起降时刻的使用者，必须向IATA航班协调委员会提出正式的申请。申请者所在国的民航主管当局必须向IATA航班协调会议委员会提供协调机场的可分配容量（即航班时刻），航班协调委员会将依据公布的协调原则对所有申请协调的航班时刻进行时刻协调。在整个协调过程中，有一个很重要的角色，航班时刻协调员，他/她由民航主管部门经与协调机场和航空公司协商后指定。协调员身份独立，不代表任何一家利益集团，要确保协调工作中立、透明和无歧视。协调员的工作和职责是，掌握协调机场容量信息、拥挤时段航班信息、拥挤时段的航班时刻申请信息，负责沟通协调机场和航班时刻申请者，提出航班时刻协调方案。

根据IATA的《世界航班协调指南》，协调机场的航班时刻协调工作必须遵循以下几个基本原则：

（1）历史航班时刻优先原则，即“祖父权利”原则。航空公司以往同一航季的拥有航班时刻使用率不低于80%，则可以继续使用已拥有时刻，除非自己自愿放弃，为第一优先使用权。这一要求旨在提高航班时刻的利用率。

（2）新进入航空公司的航班时刻优先权。“航班时刻池”中50%的可用航班时刻优先分配给新进入的航空公司。不过实践结果表明，航班时刻池中的航班时刻多为不受欢迎时刻，没有航空公司愿意自动放弃已经在握的好航班时刻。

（3）航空公司以往同一航季的拥有航班时刻使用率不得低于80%，但是需要调整下一航季的起飞或降落时刻，则为第二优先使用权。

（4）两个航空公司之间可以进行航班时刻的一对一交换，至于是否有偿交换，则视所在国政策而定。

（5）两个航空公司之间可以进行航班时刻转让，至于是否有偿交换，则视所在国政策而定。新分配的航班时刻则不得转让，至少使用该航班时刻运行航班两个相同航季。

（6）分配给航空公司的航班时刻如果不使用、不交换或不转让，则必须退还到“航班时刻池”中，以作再分配。

（7）航班时刻可以用于共享航班，只要相关国家没有规定限制。

以上这些基本原则的主要目的，就是要提高繁忙机场航班时刻的使用率。

2. 欧盟模式——政府主导的多方协调模式

欧盟在 1993 年公布的《欧盟起降时刻分配规章》（EC95/93）是目前整个欧盟国家起降时刻分配和管理的一个基础性法规文件，它旨在促进起降资源的灵活使用，并尽力减少日渐饱和的机场起降资源的浪费。

EC95/93 规章就机场的饱和程度制定了一套透明且公平的标准，根据这套标准将那些地面容量不够充裕的机场指定为“需协调的”或“完全需协调的”机场。如果某个机场进入了“需协调机场”或“完全需协调机场”之列，该机场所在成员国就有责任指定一个对航空承运人的航班计划协调有丰富经验的自然人或法人作为此机场的时刻协调人。时刻协调人在进行时刻协调时，必须奉行透明、中立和非歧视的原则。在每一轮时刻分配开始时，机场、空管和航空公司需要分别就时刻协调员所设计的调查表提交自己的相关资料。其中机场需提交机场的地面设施可用程度；空管需提交航路可使用情况；航空公司需提交上一个航季的时刻使用情况；之后，时刻协调员会将航空公司上一季未完全使用的时刻资源和本航季新产生的时刻资源汇集在一起，形成本航季的“时刻池”并予以公布。航空公司将根据“时刻池”所提供的时刻提出本公司需要申请的时刻。接下来，时刻协调员的工作就是进行时刻分配。

在进行时刻分配时，EC95/93 奉行了我们经常提到的“祖父条款”分配机制，也就是一个航空公司如果已经获得了某个时刻的起降权，根据某些条件，从理论上讲，它就永久地拥有了这个时刻的起降权。EC95/93 规章对航空公司已经拥有的起降权的管理政策遵循二八（80/20）法则，也就是“要么使用它，要么就会失去它”，即承运人在被分配了某个起降资源的期间，必须至少使用该时刻资源的 80%，否则，就要将其归还给时刻协调员（或委员会）的“时刻池”中。

同时，此规章中的 50/50 规则还规定，每年需拿出“时刻池”中的一半分配给新加入的公司或新进入某条航线的公司，除非这些公司所申请的时刻数量还不到“时刻池”的一半，以给这些新进入航空业或新进入某条航线的公司更多的机会。另外，EC95/93 规章还允许时刻资源在航空公司间进行交换。

EC95/93 规章给时刻资源的分配和管理提供了一整套可以遵循的工作程序，但由于时刻协调工作本身的复杂性，使得 EC95/93 规章在指导工作时逐渐显露出一定的局限性。

（1）进入和扩展壁垒

在那些繁忙的机场，由于已经运营的航空公司希望仍然继续持有它们手中的时刻资源，根据“祖父条款”，它们当然也可以顺理成章地继续保留这些时刻，所以这些时刻资源就很少有可能回到“时刻池”中进行再次分配。大量的时刻滞留在原来持有的航空公司手中，使得时刻的管理缺少灵活性。即使有公司主动或被动放弃自己手中原有的时刻，这些回到“时刻池”中的时刻资源也不是一个系列的。航空运输业界对航空公司编排航班时成排作战所能达到的经济性已经有所共识，因此，航空公司在意向进入某一航线时，总是试图使这条航线上的时刻能够编排成一个系列才能够真正服务某条航线。这不但对新加入的航空公司是一个壁垒，同时，对现有航空公司完善自己的航线网络也是一个壁垒，因为它们拿不到足够支撑运营的时刻资源。

（2）时刻资源白白虚耗

目前欧洲乃至国际的航班时刻分配系统中，航空公司并不需要为他们所分配到但却没有使用的时刻资源支付任何的费用。即使 EC95/93 规章中的 80/20 法则，也只是在航空公司本航季没有使用到所分配时刻的 80% 的情况下，在下一个航季才需要放弃这个时刻资源。而在本航季中，如果持有此时刻资源的航空公司没有充分利用，这个时刻资源本身已经被虚耗了，这对更需要这个时刻资源的航空公司和那些时刻资源本身已经很紧张的饱和机场来说都是一个浪费。

（3）航空公司争相抢夺高峰时刻

数据显示，旅客对出行时间的选择是有偏好性的。一般情况，航空公司在编排航班时也倾向于贴近旅客的时刻偏好。这就形成了机场时刻使用的波峰和低谷。在 EC95/93 规章下，无论是高峰时刻，还是低谷时刻，时刻资源的使用均是花费同样的成本，且成本费用低廉。这样的话，航空公司当然会首先申请和选择受旅客青睐的高峰时刻了。这就造成了机场在拥堵的时刻更加拥堵；而即使在容量非常饱和的机场仍然有闲置的时刻。

（4）其他局限性

由于持有时刻资源几乎不用花什么成本，对已持有这些时刻的航空公司来说，并没有太多的动力将自己使用得不好的时刻主动归还到共有的“时刻池”中去。事实上，这些时刻归还回去得越晚，被协调员重新分配的可能性越小，这样对于那些在拥堵机场运营的航空公司来说反而减少了一些更加拥堵的概率。

3. 美国模式——政府主导的抽签分配模式

1985 年，美国出台了新的航班时刻分配条例，创制了抽签分配程序，其抽签分配机制的主要指导思想是：抽签不是指抽选时刻，而是通过随机抽签以确定时刻选择的顺序。具体机制内容有 5 个方面。

（1）建立航班时刻的时间池。航班时刻的时间池包括上年度未分配的时刻和本年度新增加的时刻。

（2）确定参加抽签分配的资格。审查申请参加抽签的航空承运人是否具有参加资格。对美国航空承运人必须是在拥挤机场（协调机场）运营并提供定期客运服务；而外国航空承运人则必须符合双边协议。

（3）公布时间、程序。在联邦注册报上公布详细的抽签日期和程序。

（4）组织抽签。首先是所有承运人抽选选取时刻的顺序，然后，按照该顺序轮流在时间池中选取时刻。但在抽签过程中，为了平衡各方利益，培育国内市场的竞争者，促进民航业的协调发展，新进入和限定性在位承运人具有优先选择的权利。同时，对每轮抽签也进行容量限制，以保证抽选顺序靠后者也能有机会得到相对满意的时刻。

具体容量限制及抽签程序如下：①新进入承运人，在首轮循环中从预留25%但不少于2个的可用时刻容量内可选4个（总持有数不超过12个）；②限定性在位承运人（指在某特定机场以任何组合形式持有或运营少于12个航空承运人时刻或通勤营运人时刻的航空承运人），在为新进入承运人预留时刻未被选完的情况下，可在剩余容量内选2个，但总持有数不超过12个；③非限定性在位承运人，在余下75%中，加上25%中未选完的可用容量内，按顺序可选2个时刻；④所有承运人，在上述3步完成之后，若仍有剩余时刻容量，则选择循环，并按相同顺序重复进行，每轮限选2个。

（5）公布抽签结果。该抽签分配机制采用后的效果非常显著。有调查显示，在早期未实施抽签分配机制时，美国有80%的时刻分配不出去，非高峰时刻闲置，大家纷纷抢占高峰时刻，繁忙机场出现严重的拥挤现象，时刻总体利用效率不高。但实行抽签机制后，时刻100%都能分配下去，大大提高了时刻的利用效率，高峰时刻的拥挤现象也得到大大的改善。

该抽签机制强调了时刻分配的公平、公正及透明性。第一、各航空公司机会均等，能否获得高峰时刻，决定权不再是主管部门，而是看自身能否抽选到较好的选取顺序，这既可以避免权力部门的权力寻租现象，减少纠纷，同时，也可以提高广大航空公司参与时刻分配的积极性，航空公司即使拿到不满意的时刻，也不会怨声载道，而是客观对待，设法通过提高本公司的客座率等方式来弥补损失。第二、时刻分配的信息公开透明，在每次抽签分配前，航班时刻管理办公室在联邦注册报上发布详细的抽签日期和程序，分配结束之后，也将分配结果公布于众。第三、该分配机制能有效地促进行业的均衡发展，既扶持大型航空公司，培育具有国际竞争力的航空运输企业，又照顾到了中小航空公司、非基地公司、支线航班、货运公司和低成本公司的利益，培育国内市场的竞争者，建立竞争的航空运输市场。

可见，抽签分配机制能有效地避免时刻分配的纠纷，很大程度地提高各航空公司对时刻分配机制的认可以及对时刻分配结果的满意度，不但使得时刻分配工作效率得到很大提高，而且还使得时刻利用效率得到上升，缓解了机场的拥堵。

4. 中国模式——政府主导的配置模式

目前国内按冬春（11月到次年3月）、夏秋（4月到10月）两季，一年调整两次航班时刻表，航班时刻配置的指导文件包括《民航航班时刻管理办法》（民航发〔2010〕423号）、《关于进一步做好航权航班和时刻管理工作的通知》（民航发〔2009〕102号）和《关于进一步规范国内航线加班包机临时经营航班和时刻管理的通知》（民航发〔2010〕1号），具体配置主要采用AITA模式，在此模式下，航班时刻协调的核心是按照固定的优先顺序进行行政性分配，“祖父权利”是这一模式中的核心特征，也就是航空公司对于上一航季所持有的时刻享有被优先承认并继续使用的权利。

航班时刻的协调应遵循如下原则、标准和规定：

（1）主辅机场协调原则。协调机场的时刻协调以主协调机场为主，辅协调机场的时刻协调要配合主协调机场的协调要求，同为主协调机场或同为辅协调机场则以起飞机场为主。

（2）有利于促进竞争的原则。

（3）有利于促进枢纽建设的原则。

（4）机场开放时限。

（5）标准航段运行时间和使用机型的最少过站时间。

（6）因机场改扩建或设施改造等方面影响的限制规定。

（7）空中交通管理及其他安全方面的相关规定。

航班时刻的申请和协调：国内航空公司在非协调机场和协调机场的非协调时段的航班时刻不需协调，按照“先到先得”原则申请获得。任何航空公司未得到航班时刻协调机构协调分配的航班时刻不得在协调机场的协调时段起降航班；航班时刻申请统一由持有运行合格审定证书的航空公司提交；地区管理局需为每一协调机场的协调时段建立相应时刻池，时刻池中所有时刻应注明起止时间。时刻池中所有时刻应通过时刻管理网公布；航班时刻协调机构应及时将航班时刻最终协调分配结果通知地区空管局。

民航总局应于每次换航季前 45 天，确定并在时刻管理网公布各协调机场预留用于特殊航线的航班时刻。预留的特殊航线航班时刻不得超过机场可用时刻（包括新增时刻、未分配时刻、收回时刻）的 5%。预留的特殊航线航班时刻不进入时刻池。

经民航总局批准，未使用的特殊航线航班时刻可临时归入时刻池，按第六节规定用于不定期航班和通用航空飞行；特殊航线航班时刻由总局空管局协调分配，协调分配结果报民航总局批准；特殊航线的标准由民航总局制定，并与预留时刻同时在时刻管理网公布；航空公司不得变更取得的特殊航线航班时刻的用途。航空公司获得特殊航线航班时刻的条件丧失时，由总局空管局报民航总局批准收回相应时刻；航空公司内部和航空公司间可以根据自身需求一对一交换航班时刻。航空公司以新进入航空公司身份取得的时刻在运营两个相同航季以后，才可以进行交换。航班时刻交换需得到原航班时刻协调机构认可。航班时刻协调机构不得拒绝这种交换，除非因机场、空管条件限制等充分、合理的原因。航班时刻协调机构拒绝航空公司交换时刻的，应说明理由。

航空公司不能达到全航季 80% 使用率的航班时刻，由航班时刻协调机构取消其历史时刻优先权。当某一已分配时刻已不能达到全航季 80% 使用率时，航班时刻协调机构在听取相关航空公司的解释后，可决定在航季剩余时间将此时刻收回放入时刻池。当时间已超过已分配时刻有效期的 20%，而该时刻仍未被使用，航班时刻协调机构在听取相关航空公司的解释后，可决定在航季剩余时间将此时刻收回放入时刻池。航空公司因不可抗拒的原因或者特殊情况下未执行的航班时刻，在计算使用率时应视为已执行。

关于航班时刻资源的分配、管理与监督机制等问题，目前仍然是世界各国在根据本国国情进行不断探索的一个课题，其中包括航班时刻归属权问题、航班时刻的市场机制及交易主体问题等。

第七节　航班运行计划与管理

本章前几节重点阐述了关于航班计划的制定、生效及航班时刻管理等内容。航班计划编制和航班时刻申请等工作实际上是航空公司的产品设计过程，而航班的地面保障服务和空中运输飞行才是民航运输产品的实质性生产和交付过程。事实上，民航运输业就是围绕保障航班计划顺利实施，通过各部门的组织和协调共同开展的一系列工作。

如表 3－9 所示，航空客货运输生产过程可以分为三大阶段五小阶段，分别为运输前的准备工作、运输生产的实施阶段和运输结束后的服务跟踪阶段。其中，“实施阶段”可以进一步细分为出发航班的地面保障服务阶段、航班的空中运输阶段和到达航班的地面保障服务阶段，分别由航空公司、空管和机场等单位共同完成。

表 3－9　民航客货运输生产的五大阶段

行为主体	准备阶段	实施阶段			服务跟踪阶段
		出发航班地面保障服务阶段	空中运输阶段	到达航班地面保障服务阶段	
旅客	购票 前往机场	• 换登机牌 • 交运行李 • （边防海关） • 安检、候机 • （休闲购物） • 登机	• 乘坐飞机 • 娱乐 • 餐饮 • 购物 • 休息	• 下机 • 领取行李 • 中转	意见反馈
货主	货物地面运输	• 包装 • 交运、制单 • 报关	• 货物运输	• 报关、商检 • 提货	
市场营销	市场分析 产品设计 航班设计 市场销售	产品生产与交付过程 市场信息反馈与分析			售后服务
民航运输服务部门	机队调度计划 空中飞行调度计划 机场运行调度计划 地面保障服务计划	• 值机、安检 • 货邮仓储、分拣 • 配载、装机 • 站坪及机道服务 • 候机楼服务 • 航班运控服务 • 航务服务	• 运输飞行 • 机上服务 • 空中交通指挥	• 下客 • 货邮行李卸载验收 • 分拣、仓储 • 交付 • 配送 • 中转	反馈意见汇总分析处理

一、航班运行管理体系

民航运输生产是一个复杂的服务过程，它不仅涉及的领域多，而且隶属管理关系复杂的多样化。根据航空运输过程涉及内容，民航运输可以分为两个大部分，一部分是空中运输飞行服务，另一部分是地面保障服务。根据每一部分的服务内容性质和现行民航管理管理体制与市场运营管理模式，航空公司、机场和空管是两大部分生产的组织者和管理者，也是核心服务的提供者。随着机场运行和机场地面保障服务工作的逐步专业化，第三方服务供应商提供机场的大部分地面保障服务。

（一）空中运输飞行服务

空中运输飞行是航空运输业的终极目标，也是航空公司的核心服务，由航空公司负责完成，包括飞机的飞行驾驶和客舱服务。在空中运输飞行过程中，空管部门负责飞机的通讯导航和空中交通指挥工作，有的还需要负责飞机在机场起飞和降落过程中的指挥与调度工作。

（二）地面保障服务

航空运输飞行的准备工作基本上都是在机场完成的，设计内容较多：

1. 跑道、灯光及机场运行环境保障服务

根据新型的机场经营管理模式，机场主要负责提供公共交通基础设施及相关的配套服务，如跑道系统、助航灯光系统、机场场面服务（如飞机引导和牵引）、特种车辆、水电气汽和净空环境保障等与机场基础设施设备相关的服务，以保证航班安全运行和正点起飞，为航空公司及驻场单位提供公正和周到的服务。

2. 油料服务

根据我国目前的民航管理体制，我国境内的航空燃油由专门的油料公司特许经营提供服务。

3. 航线服务

根据目前我国的民航管理体制，航行服务由民航空管部门负责。航行服务工作主要包括空中交通指挥、通讯导航、航行情报、气象预报等。

与航班服务相关的航班放行控制等签派服务，航空公司负责本公司的航班放行签派，航线签派通常由空管或基地航空公司代理。

4. 飞机维修服务

飞机维修是一项技术性很强的许可制服务，承担飞机的维修和保养业务，保障航班飞机的适航性。飞机维修通常由基地航空公司承担，机场、第三方专业维修公司或基地航空公司代理其他航空公司的航线维修。

5. 值机配载、安检和候机服务

值机配载、安检和候机服务为旅客乘机提供机上座位分配、行李收运和配载平衡控制、旅客和行李安全检查以及旅客候机等服务。这一类服务的运营和管理模式多样化，通常由机场公司提供。但是在一些基地航空公司的专属候机楼内，主要由基地航空公司负责，现在也有由第三方专业服务供应商提供。

6. 站坪服务

站坪服务内容包括机舱清洁、加水及机上餐食装载、旅客上下机服务、行李和货物装卸、飞机护卫等服务，通常由机场公司或第三方提供。基地航空公司通常承担本公司的航班站坪服务。

不难看出，航空运输生产的地面保障服务，主要由机场和航空公司负责组织实施，空中运输飞行主要由航空公司和空管负责组织实施。

二、阶段性航班计划

与有形产品的生产过程相似，“计划先行”是有效组织实施民航运输生产的重要过程。计划的目的在于组织、准备、协调和安排航空运输生产过程中所需要的各项资源。按照航空运输生产部门的职能分工，分别进行航空公司的航班运行计划、机场运行计划、地面保障服务计划、空中飞行调度计划等工作。

民航局公布的航季航班计划或航班时刻表实质上是一个半年计划。在未来的半年里，由于受诸多因素的影响，航季航班计划难免不出现调整，如取消航班、增加航班、航班航期或航班时刻调整，更换机型等，时有发生。因此，批准公布的航季航班计划从开始到具体实施，需要根据变化对航班计划进行动态的及时调整，真正实施的航班计划需要经过多个阶段和多个环节的确认之后，最后才能真正实施。根据《中国民用航空国内航线经营许可规定》，对公布后的航季航班计划无论进行任何变更，都必须提前上报民航管理当局进行审批或备案，以便各相关部门乃至旅客或客户进行相应的计划调整。实际上，公布的航季航班计划从开始到具体实施，一般需要经过以下几个阶段：

（一）月度航班计划

航空公司、机场和空管等与航班计划实施相关的生产与管理部门，通常提前一个月的时间根据公布的航季航班计划核实确定下一个月的航班计划，以便进行必要的资源调整和准备。特别是在一些重要的节假日前后，航空公司可能要对一些热点航线的航班班次进行增减调整，以应对市场的阶段性急剧增长需求，如我国春节前后的探亲潮、清明节、“五一”节和国庆节前后及暑假的旅游旺季等；我国至欧美航线的暑假出国留学高峰期、圣诞节及春节前后的探亲潮；港澳航线圣诞节期间的“扫货”潮、台湾航线的春节探亲潮等。针对这些节假日期间的旅客密集出行，各有关部门都需要提前对航班运行计划进行调整，并将对其落实在航空公司的市场销售、机队、机场保障、空域管理和空中交通指挥过程。

（二）周航班计划

随着航班计划执行时间的临近，航空公司、机场和空管等部门需要对航班计划进行进一步的核实和确认，以便制定更为详细的实施计划，进行必要的资源调配和准备等。

如前所述，航班计划以周为一个循环周期进行编排。因此，航空公司、机场和空管部门将根据航班的周计划对下一周的每一天航班运行情况进行具体的资源安排，如飞机、机组、相关保障人员排班，设施设备安排等，为下一周的航班计划实施做好充分准备。

（三）次日航班计划

次日航班计划是根据航班周计划进一步明确次日具体实施的航班计划，通常是在每一天的下午某一固定时间，由空管的航务部门通过民航内部通信网络按照固定格式的内部传真或电报方式，将第二天具体执行的航班计划发至各航空公司、机场和相关运行保障与管理部门，以便航空公司、机场和相关部门为具体落实第二天的航班计划实施与保障进行必要的人员和设施设备的准备。航空公司、机场和空管等相关部门在当日最后一个航班飞行结束后，降航班运行控制系统中的次日航班计划置换成当日航班计划，成为当日具体实施保障任务的航班计划。

（四）临时航班计划

航班计划到了具体实施的哪怕最后一刻，都可能因为某一个或一些重要原因的影响而产生变化，如专机、临时加班或包机、航班临时取消等现象，都屡见不鲜。出现这种临时性的航班调整，便产生临时航班计划，经航空公司、空管和机场协调、民航管理当局批准后发布，并付诸具体实施。

三、航班运行计划

航空运输生产的核心，就是保障航班飞机能够安全飞行，正点完成航空客货运输，并按质量完成机上服务。因此，航空公司的航班运行计划主要是围绕如何调度飞机和安排机组人员，落实航班计划具体实施。与航班运行直接相关的航班运行计划，主要是飞机的调度计划和机组的飞行计划，其编排流程见图 3－10。

一个完整的航班计划由以下基本内容组成：

（1）航线：航线是航空公司开展生产运营活动的路线，包含飞行的起点、经停点、终点等要素。这也就是航空公司的客货运输市场，至关重要。

（2）航班：航班是由指定机型的飞机按预定时间由出发机场起飞，根据规定航线

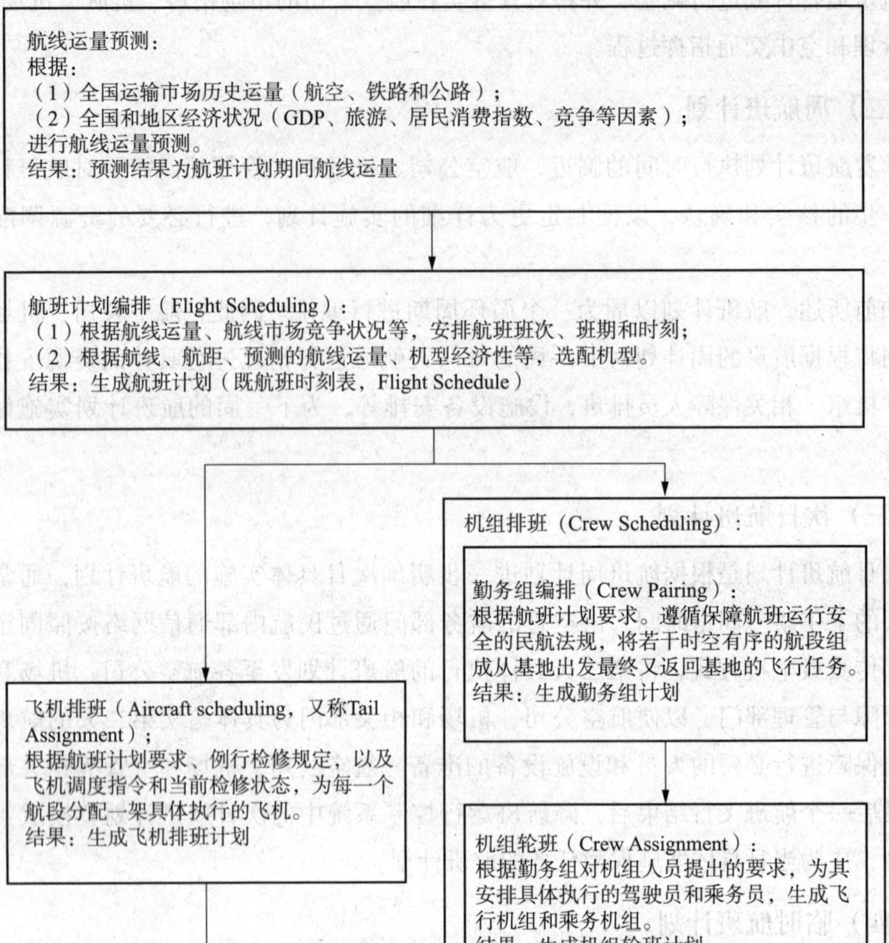

图 3－10　航班编排流程图

经过经停；

机场至到达机场或者不经过经停机场直达到达机场的运输飞行；

（3）班期：班期是指一个航班在一周内的哪几天执行；

（4）班次：班次是指一条航线在一周内需要执行多少个航班；

（5）机型：机型是指为执行某一航班而指派飞机的型号。需要根据航程距离、运营成本以及市场需求等因素，决定具体采用什么型号的飞机执行该航班。

四、飞机排班计划

飞机排班亦称飞机调度计划或飞机指派，可以理解为航班计划中的每一个航班班次按照机型要求安排具体飞机执飞，换言之，飞机排班是指根据航段的机型要求、相关检修规定，以及飞机可用性（与其他任务无冲突，不在检修期间等），为航班计划中的每一个航段指派一架具体执行的飞机。由于一般使用飞机尾号标识不同飞机，飞机排班亦被称为机尾号指派。为了实施航班计划，航班公司需要根据现有飞机资源，为每一个待执行航段指派具体飞机，以保障航班飞行任务顺利执行。制定科学的飞机排班计划，可以优先保障航班运行安全，提高飞机日利用率，便于组织和实施飞行运营活动以及机务维修工作，从而有效地提高航班运行效率、降低航班运行成本。

飞机排班计划过程涉及以下内容：

1. 飞机需求计划

飞机是航空公司的主要生产工具和主要资产。从实施航空公司发展战略和市场营销战略出发，飞机需求要从长远发展进行机队规划。为了实施下一航季航班计划，需要多少种机型，每一种机型需要多少架飞机，航空公司需要做好机队短期需求计划工作。

（1）机型种类。航班计划涉及多少种机型，需要与航空公司机队的可用机型一致，需要从市场细分和市场竞争等多方面因素考虑。一般而言，航空公司的机型相对比较集中单一，便于机组人员和飞机航材的配备、组织与管理，降低运行成本。目前我国民用大型运输飞机的主流机型为波音系列和空客系列。

（2）机型飞机架数。航班计划所需要的飞机数量，可以根据下式进行估算：

$$N = \sum_{i=1}^{m} A_{\mathrm{i}} + \delta = \sum \left(\frac{\sum_{r=1}^{m} T_{\mathrm{ir}}}{F_{\mathrm{i}}} \right) + \delta$$

式中，A 为航班计划中第 i 种机型的需求架数，共有 m 种机型；T_{ir} 为航班计划中第 r 个航段上第 i 种机型的飞行时间，共有 n 个航段；F_{i} 为第 i 种机型的日平均飞行时间。根据民航局统计，目前国内航班大部分机型飞机的日均飞行时间为 10 小时左右；δ 为备用飞机数；N 为航班计划的飞机需求总架数。

根据飞机需求量和可用飞机机型及数量，航空公司可以确定为了实施下一航季航班计划需求增加或可以调剂多少架飞机，需要多少飞行员和客舱服务人员。

2. 飞机排班规则——法规性规则

为了适应不同市场需求，航空公司的机队可能拥有多种机型，并且每一种机型有多架飞机。在飞机排班过程中，必须遵循民航当局和航空公司的相关规定和规则。飞机排班的基本法定规则主要有：

（1）符合机务调度指令。被指派的飞机在航班执飞期间与该机维修计划无冲突。

维修计划包括年度维修计划和日常例行维修计划。

（2）符合适航调度指令。被指派的飞机性能和航线和要求，必须符合飞机适航要求。如高原航线，一般选择较大推进力的飞机执飞，否则就要减载飞行。

（3）符合运输调度指令。针对航班计划，被指派飞机的客舱布局和飞机新旧程度必须符合航线市场要求。虽然机型相同，但具体飞机的内部客舱布局可能不同。

（4）日飞行小时数限制。执飞飞机在符合民航当局管理规定的前提下，尽可能提高飞机日利用率，减少飞机使用数量。为了飞机的日常维护，有的航空公司规定每一种机型的日飞行小时数不得超过规定限制。

（5）累积飞行时间均衡性。对于同一种机型的飞机，需要统筹安排每一架飞机的飞行任务，尽可能使同一机型的每一架飞机累积飞行时间（日、周和月使用率）均衡。由于飞机的使用时间与部件维修更换周期有关，因此，保障飞机利用率均衡，可以使飞机维修计划相对稳定，从而保障飞机的均衡可用性。

3. 飞机排班规则——技术性规则

在具体的飞机排班过程中，为了提高飞机利用率，飞机排班通常还需要遵循以下技术性规则：

（1）指派机型与航班计划机型一致。指派给每个航班班次的执飞飞机机型尽可能与航班计划安排的机型一致。航班计划中的机型选择，充分考虑了航线运量、航程距离、市场细分对客舱布局的要求、竞争因素、航线机场起降条件和航路要求等因素，是精心设计的结果。事实上，由于市场变化或飞机调度等的原因，在具体执行航班计划过程中，机型调整通常采用相近机型代替。

（2）来回程同一架飞机。对于正常航班的飞机指派，通常以航班计划的航线为基础进行执飞飞机安排，并且同一航班的去程或回程使用同一架飞机，无论是否有经停点，这样会方便旅客和行李运输，也方便飞机调度管理。对于一些国内与国际联程航班，通常国内段和国际段分别采用两组不同的航班号。国内段使用小型飞机，在国际枢纽港更换大型飞机执飞国际段。

（3）飞行路线时空连续性。指派飞机在飞行路线空间上航段之间首尾相连、飞行时间上先后顺序衔接。

（4）飞行路线时空唯一性。同一架飞机在同一时段内只能执飞一个航班。换言之，在同一时间段内同一架飞机不能安排执飞两个航班，不与该机的其他航班飞行冲突。另一方面，在同一时间段内不能安排两架飞机执飞同一航班。

（5）航班计划的完全覆盖性。航班计划中的每一个航班班次、每一个航段都必须安排具体飞机执飞，不能有遗漏。

（6）飞行路线闭环。被指派飞机的飞行路线必须是闭环，从基地出发，最后通过回程航班返回基地，以保证飞机的有效周转。

4. 飞机排班优化

在机队规模较小时，飞机排班通常根据上述排班规则采用人工编排。随着航班规模和机队规模的不断扩大，飞机排班的复杂性越来越高，必须利用计算机辅助编排，以解决飞机排班过程的复杂问题，提高飞机排班效率和飞机利用率，降低航班运行成本。

航空公司的飞机排班需要根据航班计划要求、飞机技术特征与技术状态等诸多因素，为每一架飞机分配每一天的航班飞行任务，并根据飞机健康状态安排必要的例行检修，确保飞机能够安全地执行航班飞行任务。除了安全之外，飞机排班还必须考虑两个重要的经济因素，这是航班优化的目标：

第一，执飞航班计划使用的飞机数量最少，即在民航当局规定的飞机日飞行小时数限制内，尽可能提高飞机的日利用率。这就需要考虑飞机的日飞行路线及航段衔接与经停时间问题，以缩短飞机执飞过程中在地面的停留时间，提高飞机周转率。

第二，执行航班计划的运行成本最低。除了提高航班乘坐率之外，还需要提高飞机的综合利用率，即减少停场时间。因此，需要考虑如何安排飞机在保障正常执行航班情况下安排不停场的例行检修。

由于飞机是一种特殊交通运输工具，为其分配飞行任务时，必须严格遵循相关航空器适航管理法规，规范飞机使用与维修工作，确保飞机满足适航条件。飞机维修工作主要包含航前航后检查、经停检查、周检以及例行检修。其中，安排例行检修任务的依据是飞行小时以及日历时限，即要求飞机每经过一定使用周期，必须完成相应例行检修工作，这与为飞机分配的航班飞行任务密切相关。

综上所述，飞机排班可以根据约束条件分为两类多目标优化问题：一是飞机任务指派问题（TAP），二是飞机检修路径问题（ARP）。TAP 主要研究飞机排班的各种规则和要求，以最少的飞机数执行航班计划。ARP 主要研究如何生成飞机检修路径，使飞机每三天或四天至少有一次经过检修基地，以便执行不停场的例行检修。

制定科学的飞机排班计划，可以优先保障航班运行安全，提高飞机日利用率，且便于组织和实施飞行运营活动以及机务维修工作，从而有效地提高航班运行效率、降低航班运行成本。

五、机组排班计划

编排飞机排班计划的同时，需要为每一个待执行航段安排机组人员负责操纵飞机以及客舱服务工作，以实施制定的航班计划。为保障航班运行安全，民航当局和航空公司对机组组成人员的数量、资质以及人员的飞行时间、值勤时间和休息时间给予了明确规定。因此，机组排班是指遵循相关规章条例，为航班计划中的每一个航段指派具体执行的空勤人员，以完成此次飞行任务。换而言之，机组排班为机组人员制定了一个排班周期内的活动安排计划。

这里所说的空勤人员，通常是指在飞行的航空器上执行任务的所有工作人员，包括驾驶员、领航员、飞机机械人员、飞行通信员、乘务员、安全保卫员及相关工作人员（如通用航空飞行中的航空摄影员、急救员等）。在执行每次飞行的过程中，空勤人员被编制成机组，机组由机长负责。机长由航空公司指定，在飞行期间对航空器的运行和安全负最终的责任，负责领导飞行过程中机组的一切活动。飞行机组通常指飞行期间在航空器驾驶舱内执行驾驶操作任务的驾驶员、领航员、飞行通信员和飞行机械员，现在的新型飞机国内航班一般只配正副驾驶两个人；客舱乘务组为航空器运营人指派在客舱执行执勤服务的机组成员。

飞机机组是航空公司实施航空运输的重要资源之一。如何在民航当局和航空公司关于飞行人员的配置规定和要求条件下，最大限度地发挥机组效用，降低机组运行成本，机组编排和机组调度也是一项十分重要的工作。根据计划的周期和内容，机组排班计划又分为勤务组计划和机组轮班计划。机组调度涉及机组配对、勤务编排和机组轮班等三项工作。

合理地编制机组排班计划，能够在确保航班运行安全基础上，优化机组资源利用效率，提高机组人员满意度，对航空公司实现成本控制亦有至关重要的意义。

(一) 机组配对

为了落实航班计划中的每一项飞行任务，首先需要根据航班计划编制日飞行计划、周飞行计划乃至月度飞行计划，以便安排和落实具体的机组人员执勤。这里所说的飞行计划，是指在按机型分类基础上，将航班计划中的飞行航段编排成若干飞行任务串组，并满足以下基本条件：

1. 一个任务串中各飞行航段使用的机型相同；
2. 一个任务串中各飞行航段空间和时间上连续；
3. 一个任务串尽可能当天来回，减少在外场过夜；
4. 一个任务串尽可能每天重复，从同一基地同一时刻出发，结束时间回到出发基地。

事实上，机组轮班是对在机组人员的飞行路线进行计划，也是对机组人员安排任务，参见表 3－10 和表 3－11：

表 3－10　某航空公司客舱乘务组飞行计划表（节选）

执飞航班（航班号二字忽略）	飞行中队	起飞时间	乘务组						跟班	接车时间	航线名称
			乘务长	乘务员	乘务员	乘务员	乘务员	学员			
5151/5152/	B1	800	郑丽	王芸	何弘芳	朱朵艳		耿小梅		610	合肥—北京—合肥
501/502/5245/5246/	B1	815	胡和平	孙丽雅	张银	王丽霞					浦东—香港—浦东—张家界—浦东

续表

执飞航班（航班号二字忽略）	飞行中队	起飞时间	乘务组						跟班	接车时间	航线名称
			乘务长	乘务员	乘务员	乘务员	乘务员	学员			
5171/5172/5325/5326/	B1	900	沈媛菲	姚云	邢婷苑	李晶					杭州—北京—杭州—广州—杭州
597/598/595/596/	B1	900	赵筠	李梦霏	赵蕾	赵丽娜					杭州—香港—杭州—香港—杭州
5578/5407/5418/	B1	1255	张一雯	白云	刘延帆	马明				1105	合肥—虹桥—成都—杭州
5327/5330/	B1	1350	征海英	李月月	黄磊	汤蕊					杭州—广州—合肥
5645/5646/	B1	1910	石桓嘉	周勤	陈君	毛春红					合肥—深圳—合肥
5419/5420/	B1	2120	沈媛媛	龚静	黄林	李晓琳					合肥—成都—合肥

表 3－11　某航空公司飞行机组飞行计划表（节选）

执飞航班（航班号二字忽略）	飞行中队	起飞时间	飞机机组人员							跟班	航线名称
			机长	机长	第二机长	副驾驶	第二副驾驶	报务教员	报务员		
5031/5032/5153/5154/	A1	830	蔡淮伟	葛进杰					裴波		合肥—香港—合肥—北京—合肥
5175/5176/	A1	1425	韩西武			祝晓勇	成德亮				杭州—北京—杭州
5151/5152/	A2	800	范凯			艾祖国					合肥—北京—合肥
5576/5401/5402/	A2	800	顾伟	牛向群						钱卫	合肥—虹桥—成都—虹桥
5325/5326/	A2	1430	牛鸿			梁友闻	吴运清				杭州—广州—杭州
5321/5322/5327//5330	A2	820	侯大振			丁福友					杭州—广州—杭州—广州—合肥
501/502/	A3	815	江军			王兵					浦东—香港—浦东
707/708/5379/	A3	1505	卫闻利			魏小民					浦东—香港—浦东—深圳

（二）勤务编排

勤务编排是在航班时刻表已知、航空公司组员执勤规则已定、组员相关成本已知的情况下，将航班组成连续的飞行任务（图3－10），使这些任务可以涵盖所有的航班，且保证组员可以从基地出发回到基地。机组在法定工作日内一天（24小时内）的飞行任务成为一个勤务。换言之，勤务就是一个机组一天工作量中执飞的航段串。

勤务根据飞行航段的距离，可以分为以下几种类型：

1. 一个勤务包含一个航段的来回程飞行

这种航班比较简单，只有一个航班的来回程，而且正好满足一个工作日的飞行小时数（实际上是与规定的小时数差不多）。

2. 一个勤务包含多个航段的飞行

为满足一天的飞行时间，需要完成多个航段的飞行，如图3－11中的勤务DT01。

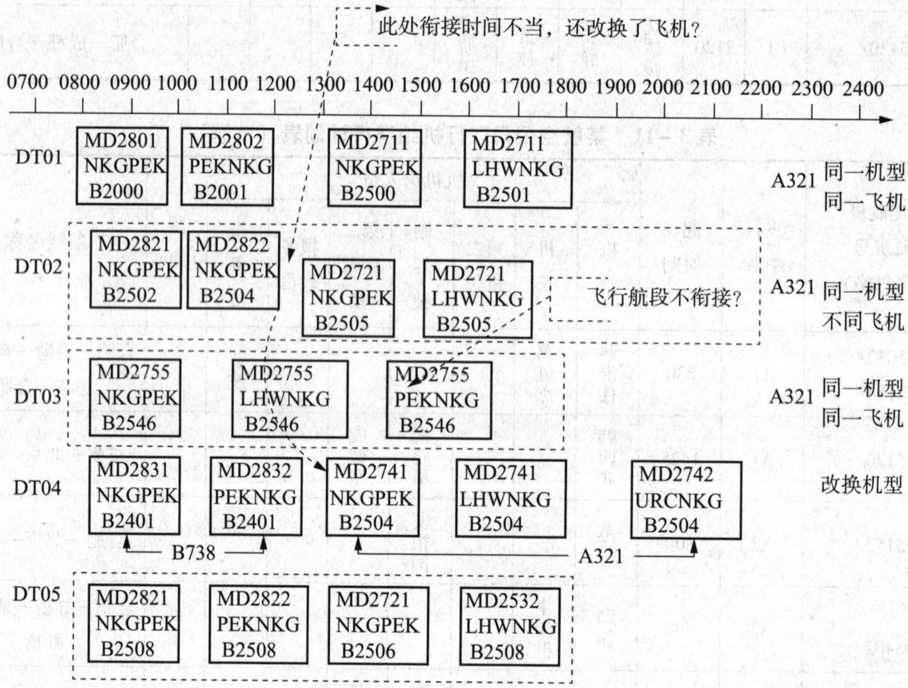

图3－11　多航段的勤务

3. 需要多个勤务才能完成的一个航班来回程

如图3－12所示的PVG—URC—BOM—FRA航班，全程飞行时间共达17个小时。其中BOM—FRA航段的飞行时间近9小时。这个航班的单程飞行时间就超过了规定的一个机组日飞行小时数限制。此外，还要考虑一个机组的连续飞行小时数规定。

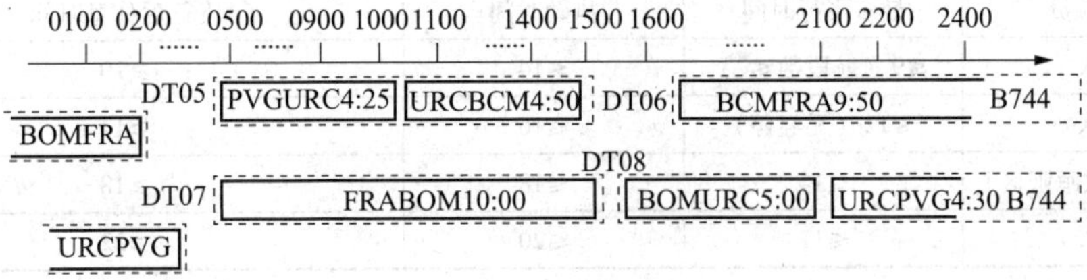

图 3－12　多勤务的航班图

4. 一个航班的单程航段构成一个勤务

由于有的航段航程较长，一个航段的单程飞行就能够达到规定的日飞行小时数，于是回程必须安排在另一个勤务。这种情形下，飞行员和飞机可能在外地过夜，否则需要另一机组执飞返程。

5. 一个航班的单程航段构成多个勤务

如图 3－13 所示，一个航班的 PVGLAX 航线单程飞行时间就超过 12 小时。

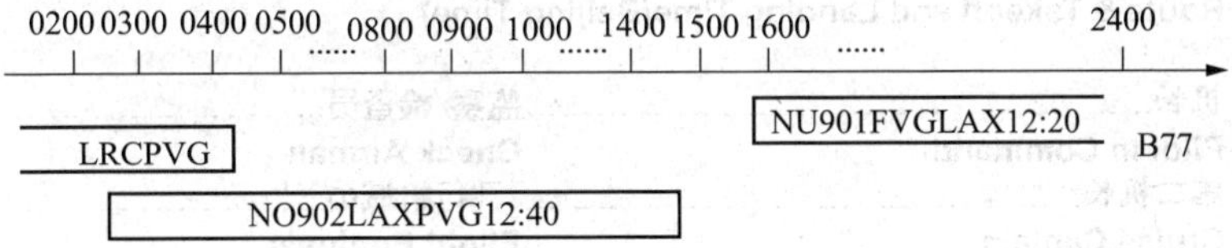

图 3－13　超长航段的航线

由于航空运输飞行是一项比较特殊的工作，无法完全按照《中华人民共和国劳动法》中规定的每天“八小时工作制”安排机组人员每个工作日的飞行任务。因此，航空公司通常根据航班计划、航程距离或航段飞行时间、航空公司和民航局的有关规定，对各航段的飞行任务继续合理组合和编排，以适合机组执行。民航局《大型飞机公共交通航空运输承运人运行合格审定规则》（CCAR—121—R4）对每一个飞行员每天的执勤时间、飞行时间和休息时间以及发生航班延误之后的执勤和休息时间均给予明确规定（图 3－14），以确保飞行员以充沛的精力安全飞行。

根据 CCAR—121—R4，飞行机组的执勤期，亦称执勤时间，是指机组成员在接受飞行任务后，从为了完成该次飞行任务而到指定地点报到时刻开始（不包括从居住地或驻地到报到地点所用的时间），到解除任务时刻为止的连续时间段，其中包括：飞行前准备时间、飞行时间（或训练时间）、因航班延误的中途等待时间、中途经停站或过站时间以及飞行后交接班时间。这里的飞行时间是指机组成员在飞机飞行期间的执勤时间，包括在座飞行时间（飞机经历时间）和不在座飞行时间，但不同于航班统计概念下飞行时间。休息时间是指从机组成员到达休息地点起，到为执行下一次任务离开休息地点为止的连续时间段。运行延误是指由于出现恶劣的气象条件、飞机设备故障、空中交通管制不畅等客观情况而导致的延误。

机组人员	最多飞行时间	执勤时间	飞行后休息时间
两人	≤9（航段数≤2）	≤14	≥10
三人	≤12（无经停）	≤16	≥14
三人（提供睡眠区）	≤14	≤18	≥18
四人	≤17	≤20	≥22

图 3－14　正常航班飞行员与休息时间（单位：小时）

飞 行 任 务 书

Flight Assignment

单位 Unit ....

机型机号 Aircraft Type/Registration .... 起飞时间 Departure Time ....

航班号 Flight NO. .... 最低运行标准 Minimum ....

航线及起降时间（北京时间） Route & Takeoff and Landing Time(Beijing Time) ....

机长 Pilot in Command .... 监察/检查员 Check Airman ....

第二机长 Cruise Captain .... 飞行机械员 Flight Engineer ....

副驾驶 First Officer .... 飞行通讯员 Radio Operator ....

第二副驾驶 Second Officer .... 飞行安全员 Airmarshal ....

主任乘务长 Chief Purser .... 乘务长 Purser ....

头等舱乘务员 Frist class ....

乘务员 Flight Attendants ....

随机工作人员 Observer ....

飞机飞行设备 Flight Equipment .... 最大起飞全重 Max Take-off Weight ....

飞机基本重量 Dry Operating Weight .... 最大着陆全重 Max Landing Weight ....

飞机机重指数 Basic Index .... 最大无油重量 Max Zero Fuel Weight ....

（派遣单位盖章） Stamp　　　　(派遣单位值班领导签章) Signature

第　　　号　　　　年　　月　　日

图 3－15　飞行任务书

由于航线的航程远近关系，有些勤务的飞行任务，特别是国内航线，可能是多个航班来回程的组合。例如，“南京—北京—南京”航线，一个航班的来回程飞行时间一共是 90 + 80 = 170 分钟左右。因此，机组执飞这样的航线完成一天的额定工作量通常需要来回飞行 3 趟。但是有的航班单程就要飞行十几个小时，如“上海—纽约”。因此，这种航班来回程需要多个勤务才能完成，一个航班需要配备几个机组。

勤务编排，必须完全依据 CCAR—121—R4 要求，并遵循以下基本规则，对航班计划的航段进行安排：

（1）飞行任务的时空连续性。一个勤务的执飞航段之间在空间上首尾相互衔接、在飞行时间顺序上先后衔接。

（2）航段间衔接时间合理性。一个勤务的多个航段之间，航班计划中必须留有合理的衔接时间，便于机组在换飞航段时留有足够的准备时间。

（3）航段完整性。为了便于管理，通常把一个航班的来回航程尽可能安排在一个勤务中。如果航段飞行时间长，则至少将一个完整航段（航段单程）安排在一个勤务内，保障航段被一个勤务执行的完整性，便于机组的飞行任务管理。

（4）飞行线路的闭环性。考虑到飞机和机组人员的周转，以及飞机维修经济性和机组人员生活的便利性，降低航班运行成本，通常要求一个勤务的飞行任务最后结束在始发站，即勤务最后必须飞回始发基地，除非是一天不能来回的远程航线。即便是远程航线当天不能返回始发基地，在勤务结束时也必须回到始发基地。因此，勤务或勤务组的飞行路线通常是“始发站—目的站—始发站”的闭环路线。

（5）机型同一性。一个勤务的飞行任务为同一种机型，便于机组安排和安全飞信。换言之，一个勤务的飞行任务不安排跨机型飞行。

（6）工作时间合法性。一个勤务的飞行任务，其勤务时间、飞行时间和休息时间等都必须符合民航规定的要求，不得超过规定的日执勤时间和飞行时间上限。

（7）工作量相对均衡性。各个勤务的执勤时间和飞行时间安排来回相对均衡。

在有些情况下，特别是远程航班，需要安排几个勤务才能完成一个来回程飞行。这样由几个勤务组合一起执行同一任务的成为勤务组。

在满足了以上的合法性和可行性原则以外，勤务编排优化的最终目标是满足机组使用平衡原则、安排机组任务从基地出发返回基地的原则以及最小机组成本原则。由于不同航班所飞的区域、航程、航班时刻不同，决定了不同航班的工作强度、复杂性、待遇不同，即航班有“好坏之分”。对于国内的航空公司，这个问题尤其突出。例如，飞国际航班是公认的好差事，因为不仅飞行津贴高而且享受带薪休假；而每天的早班和晚班，因为需要早出晚归很辛苦，因此一般飞行员都不愿意飞；此外，飞行时间短而起落多的航班，实际复杂航线和机场等的航线则一般飞行员不愿意飞，因为工作强度大，技术难度高，因此，机组前排贵在编制机组排班计划时还应做到“好坏”航班的均衡。使用平衡原则包括两方面：一方面要求对机组的年使用量尽量平衡，保证一年内的每段时间都可以飞、都在飞，而且小时数尽量用满，最好不要超过使用；另一方面，就是在使用机组是保证其基地平衡限制。

（三）机组轮班

机组轮班是机组排班系统的一个重要模块，其主要目的是根据前两个阶段勤务编排和机组配对的结果，为具体的勤务安排具体的飞行员和乘务员。机组轮班的结果是生成执飞勤务的机组人员组成名单，产生的结果是每一具体机组的成员有哪些人，各机组什么时候执飞哪些航班。机组轮班主要分为两个部分：驾驶机组的生成和乘务机组的生成。驾驶机组的生成就是将确定具体的驾驶员分配到勤务上，生成驾驶员机组名单。乘务机组的生成是将乘务员分配到勤务上，生成乘务员执勤名单。他们都是基于勤务编排和机组配对的结果来进行轮班的。机组轮班的资源主要包括：勤务计划、机组配对计划、飞行员信息、乘务员信息、民航局各种规章。勤务计划和机组配对计划是本系统前两个阶段产生的结果。飞行员信息主要包括：飞行员的技术等级（机长、驾驶员、副驾驶员）、可执飞机型、基地、性格、英语水平、飞行时间记录、可搭配人员信息。乘务员信息主要包括：飞行员的技术等级、可执飞机型、飞行时间记录。民航总局的各种规章主要是对于飞行员每天、每周、每月、每年驾驶时间和执勤时间上限的规定以及休息时间的规定，还有乘务员执勤和休息时间的规定。

安排飞行机组时，需要考虑飞行员和乘务员的可用性和公平性。可用性是指在计划期内，飞行员和乘务员参与机组轮班只能在他（她）的可用时间内。如有的飞行员和乘务员要培训、休假、病休等，则不能安排飞行。飞行员在飞行前由于饮用了含酒精的食物而被处罚或暂扣了执照，也不能安排飞行。公平性是指由于不同航段的时间长短、地理区域，国际国内航线的不同、作业复杂性、作业强度不同、待遇不同这些属性的不同，造成机组人员对航线的期望不同，如果存在不公平的情况，可能会影响机组人员心理健康，这样就会影响安全。所以，飞行任务的均衡性是主要考虑因素。

对于承担客舱服务的乘务组配对，需要根据勤务机型、机舱布局和飞机额定乘客数量，按照民航规定对乘务人员进行必要的组织和搭配，组成执飞勤务的乘务组。

对于执飞航班飞行任务的机组，CCAR—121—R4 中不仅规定了每天的工作时间限制，而且还规定了飞行机组成员的周、月、年飞行时间限制，以确保机组人员工作时间的合理安排。例如，CCAR—121—R4 中要求航空公司“在为飞行机组成员安排飞行时，应当保证飞行机组成员的总飞行时间（含按照本规则实施的运行和本规则之外的运行，如训练、调机、私用和作业飞行等）遵守以下规定：①任何 7 个连续日历内不得超过 40 小时。②任一日历月飞行时间不得超过 100 小时，任何连续三个日历月内的总飞行时间不得超过 270 小时。③任一日历年内不得超过 1000 小时”。但是，由于航班计划中航线航程远近和飞行时间长短导致勤务时间和飞行时间的差异，各机组的累积飞行时间必然会产生差异。因此，在机组轮班过程中应当尽可能缩小这种差异，主要是两方面的工作：一方面“勤务－机组”配对合适，二是根据机组累积飞行时间安排合适勤务，缩小各机组之间的飞行时间差异。此外，机组排班还必须遵循以下基本法定规则：

（1）“勤务－机组”的机型匹配。机组成员所持驾驶证必须符合勤务的航班机型要求。

（2）“机组－航线”匹配。机组人员必须符合 CCAR—121—R4 中规定的航线飞行最近经历规则，机组成员中至少有一人对拟飞勤务航线有过安全飞行记录，符合特殊飞行区域、航路和机场的技术要求。

（3）工作时间合法性。安排给同一机组的勤务，其勤务时间、飞行时间和休息时间必须符合累计飞行时间规定，相邻勤务之间的休息时间必须符合规定要求。

（4）累计飞行时间数限制。机组执飞时间的周、月、年累计数必须符合民航当局规定。

（5）勤务的执行完整性。一个勤务必须被完整执行。当一个勤务的执勤时间或飞行时间超过规定时间标准时，则增加机组。

（6）机组成员资历与能力搭配。机组成员中的新老资历搭配，一是技术上的新老搭配，二是航线和机场熟悉程度的新老搭配，有利于机组人员的培养和安全飞行。

（7）机组成员性格搭配。实践证明，飞行机组成员的性格互补和相互关系亲密性对他们在飞行过程中的操作配合默契程度和提高飞行安全有明显影响。因此，机组配对在着重考虑技术因素的前提下，需要充分关注机组人员的非技术性因素对飞行安全的影响。

（8）通讯语言能力。根据 CCAR—121—R4 要求，飞行机组成员的通讯英语能力必须具有法定资质。

此外，为了提高机组轮班效率，在机组排班过程中还必须符合以下基本技术规则：

（1）勤务的时间衔接。安排给一个机组的各勤务之间的飞行时间相互衔接，便于机组在变更勤务时的交接。

（2）勤务的空间衔接。勤务组中的机组安排，尽可能保障相邻勤务之间的航线衔接，便于机组换飞勤务时的航线衔接，避免机组人员为了交接班而空飞。

（3）任务均衡性。机组排班中，需要考虑各勤务航线的“肥瘦”搭配和飞行时间累积均衡性等因素。

对于小型飞机的机组成员配置要求，需要根据《小型航空器商业运输运营人运行合格审定规则》（CCAR－135）所规定的要求进行编排。

综上所述，通过飞机排班，编制出每一架飞机在计划时段内每一天的飞行任务；通过机组排班，编制出每一个飞行人员或乘务人员在计划时间段内每一天的执飞任务，如表 3－10、表 3－11 所示。

（四）机组调度效率

前面讨论了如何衡量飞机的利用效率。同样，机组调度效率也是衡量航空公司运行效益的一种重要指标，主要体现在两大方面：①用于衡量航空公司机组队伍规模与市场规模匹配关系，飞行人员的工作量是否饱满，是否超负荷工作。这些都涉及机队和人力资源规划。②用于衡量机组人员的工作任务均衡性，反映机队的管理水平。机组人员利用效率主要有以下几个指标：

1. 勤务效率。勤务效率用以反映勤务中飞行时间占执勤时间的比例：

勤务效率＝勤务飞行时间/执勤时间

勤务效率越高，说明执勤期间的等待时间越少，勤务的飞行时间占比高，反映勤务编排质量好，能够提高机组的周转效率。

2. 勤务均衡性。勤务均衡性用于衡量勤务飞行时间与平均飞行时间之间的偏差程度，偏差越小说明均衡性越好。

$$\delta = \sqrt{\frac{\sum_{i=0}^{n}(d_i - D)}{n}}$$

上式中，δ 为勤务的平均飞行小时标准方差，反映勤务飞行时间的均衡性，此值越小越好；d_i 为 n 个勤务中第 i 个勤务飞行时间；D 为勤务的平均飞行时间。

$$D = \frac{\sum_{i=0}^{n} d_i}{n}$$

3. 机组工作负荷。机组工作负荷为勤务平均时间占民航规定每天累积飞行时间不超过 8 小时的百分比。

W＝（勤务平均飞行时间/8）×100%＝（D/8）×100%

当 W＜100%时，说明机队工作负荷没有超标；当 W＞100%时，说明机队工作负荷超过额定标准。

随着飞机和机组调度技术的提高，以及基于安全的机队成本要求，飞机和机组分别排班虽然通过一系列的技术手段提高了编排效率和利用效率，但是如何使得机队综合运行成本最低，需要统筹调度飞机和机组资源。

（五）飞机维修计划

飞机维修计划是否能够顺利执行，不仅直接影响到企业的生产效率和利润，也关系到飞行安全，并决定了公司在飞机维修市场中的竞争力。可见，维修计划部门是航空公司维修生产的组织核心。飞机维修计划是关于航空公司所执管的机队中每架飞机接受维护工作的日程安排，编制飞机维护计划的目的在于：一方面能够确保每架飞机在适航条例规定的期限内完成检修排故工作，确保航空器满足中国民用航空总局（局方）适航管理法规的要求；另一方面有助于公司可用运力的稳定，满足航班计划对运力的需要。同时，科学合理的维修计划安排还能够确保维修资源的合理分配，降低维修成本，提高维修工作效率。飞机维修生产计划管理内容来源于实践经验的总结，采用的是现代工业管理和科学管理的方法。它在航空运输业中占有重要的地位，如何结合国内航空企业的现状及特点，建立和完善与之相配套的飞机维修生产计划管理体系，提高生产计划管理的水平，充分利用资源、确保维修质量、提高维修生产效率和降低维修成本，是飞机维修行业所面临的紧迫课题。

飞机维修计划的主要作用是将有限的维修资源与需要完成的维护任务有机结合起来，做好飞机维修生产的施工顺序、工具设备、航材以及人员等方面的全面准备工作。飞机维修计划决定了例行工作、非例行工作能否顺利完成以及企业的维修资源能否得到充分、有效的利用。维修资源的充分、有效利用是公司赢得最大利润的充分和必要条件，因此，维修计划在整个飞机维修生产中处于核心地位。维修计划的作用主要表现在两方面：当维修计划合适时，就可以充分利用企业的维修资源赢得最大的利润和维修市场；当维修计划不合适时，就会浪费企业资源导致利润下降。

维修计划能否发挥其在飞机维护中的核心以及窗口作用，主要取决于承担制定维修计划职能部门的综合素质。而维修计划综合素质在于能否全面了解企业维修资源和维修任务，同时通过有效的组织将维修资源与维修任务有机结合起来。从维修计划制定者的角度来看，内因或者说综合素质包括两个方面：对本企业维修资源的了解程度、组织能力或者综合能力。其中，对本企业维修资源的了解程度是最主要的方面，它决定了制定维修计划时的能动性，即组织能力。维修计划制定者的综合素质越高，就越能够充分利用企业的有限资源创造最大的经济效益。影响维修计划的外因就是例行工作、非例行工作、可用维修资源三因素。生产计划制定者的综合素质要求以及生产计划的作用主要表现在：

（1）对例行工作的控制及维修计划制定：例行工作是指特定飞机需要完成的既定维修项目。目的是对飞机系统部件进行正常维护，同时检查特定飞机结构、系统等有无可能产生的故障（如结构腐蚀、疲劳裂纹等），以便在这些故障发展到危及飞机安全之前进行修理。

（2）对非例行工作的控制及维修计划制定：非例行工作是指执行例行工作时对检查发现的故障进行的修理或者排故工作。非例行工作的不确定性使其成为影响生产计划的最主要因素。难点集中体现在对非例行工作的控制及维修计划制定上，主要表现在以下几个方面：非例行工作停场时间和工时的预计，非例行工作涉及航材的预计和准备，非例行工作涉及工具设备准备、人员准备等。

（3）维修资源的充分利用：生产计划的目的是最大限度地利用本企业现有的维修资源、缩短企业投入资本周转周期、在单位时间内获取最大利润。从经济学的角度来看，资本运转周期的缩短相当于增加了企业需要投入的资本。即使知道所有的例行工作以及非例行工作的具体内容，如果不了解本企业实际维修资源，也无法制订合适的维修计划加以充分利用，导致资本周转周期延长（航材库存积压、工具设备、人力资源等得不到充分利用），维修成本上升，利润下降。表 3－12 中列出的是部分航空公司有关飞机定期检修的时限。

表 3－12　飞机定期检修周期表（单位：飞行小时）

航空公司	机型	A 检	B 检	C 检	D 检
××国际航空公司	B707	160	450	1600	16000
	B747	330	1400	13 个月	25000
中国××航空公司	B707	100	820	1200	15000
	B747	170	650	2400	16000

（六）航班运行计划

民航局 2006 年颁布的《民用航空预先飞行计划管理办法》规定，凡是在我国飞行的任何定期航班飞行、加班飞行、包机、调机、公务等不定期飞行，均需要履行预先飞行计划申报与审批手续。未获得批准的，不得实施飞行；取消获得批准的预先飞行计划，应当及时向预先飞行计划的审批部门报告备案。根据该规定，所谓“预先飞行计划”，是指航空公司“为达到其飞行活动的目的，预先制定的包括运行安排和有关航空器、航路、航线、空域、机场、时刻等内容的飞行活动方案”。实际上，“预先飞行计划”是航空公司对获批后的航季航班计划提出的具体实施计划。通过“预先飞行计划”的申报与审批管理，以便空管部门掌握未来一段时间内空中交通需求量，对空中交通和机场起降时刻进行统筹计划和必要的准备。

航班运行计划，也称为航班签派放行计划，是航空公司即将具体实施的航班运输飞行计划。根据民航局 1990 年 2 月 3 日发布的《中国民用航空飞行签派工作细则》，航空公司运行控制中心的运控或签派人员于飞行前一日，根据班期时刻表、商务计划、专机及其他飞行任务、飞机情况、机组组成、航路气象、航行通告、航线和机场保障情况、有关机场及燃油供应等情况，制定次日航班飞行方案，即次日的飞行计划，经公司审核后报送空管有关部门审批，并通报相关部门，作为次日执行的飞行计划。

航班运控人员在执行航班运行计划中，将综合审查飞机、机组、商务、航线、机场、气象、航油及正常航班计划外的飞行（如包机、专机、加班）等情况，并根据民航当局关于运输飞行的相关规定和航空公司的飞行手册，对航班飞行条件进行客观评估，确定航班飞机是否放飞。然后，根据航班运行计划，计算航班飞机的最大起飞限重及着陆限重，确定飞机业载，合理选择飞行航路、飞行剖面和备降机场，优化机场飞行方案，合理计划飞机燃油重量，以充分做好航班飞机的飞行前准备工作，提高飞行安全性和航班经济性。

六、机场保障计划

机场是具体实施航班运输准备工作的重要场所，不仅要为航班飞机起飞和降落提供安全跑道系统和必要的地面服务设施，而且要为飞机停靠、上下旅客、装卸行李货物邮件和飞机维修等提供停机位以及为旅客提供值机、安检、候机和中转服务。

如图3－16所示，为了做好机场保障工作，需要根据航务部门每天发布的次日航班计划，制定本场的次日保障计划，包括贵宾接待计划、离港航班保障计划、进港航班保障计划等。机场运行保障活动主要分布在机场的两大区域空间，一是飞行区，主要包括与机场安全直接相关并禁止公众进入的区域，如跑道、停机坪等；航班地面保障服务的另一部分分布在候机楼内的旅客服务区，主要包括值机柜台、行李传送带和安检通道的外侧，以及安检通道内侧与登机门之间的候机区域。（图3－17）因此，机场必须根据航班计划做好次日航班运行保障计划，特别是多跑道机场，更需要周密计划和协调安排机场的各项生产资源。

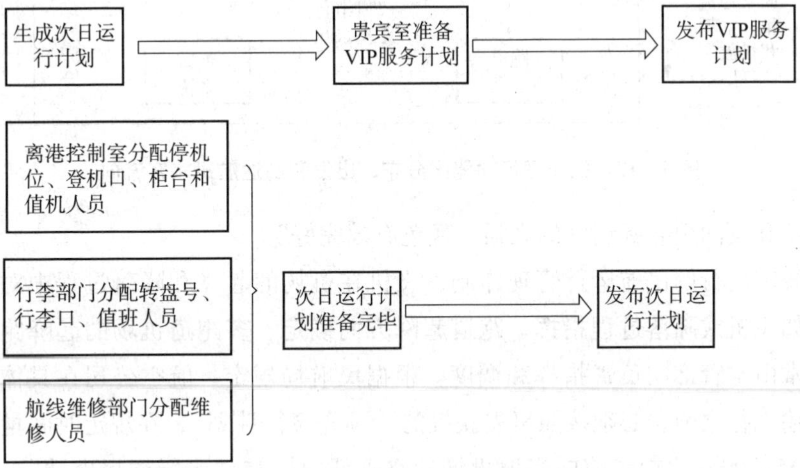

图3－16　机场次日运行保障计划生成流程

（一）跑道及灯光系统保障

完备的跑道及灯光助航系统，是机场保障飞机安全起飞和降落的重要基础设施。因此，机场必须保障跑道、机场场面及灯光助航系统的适航性，确保完全符合规定的等级飞机起降要求。

按照民航局《民用机场安全管理规定》，为确保航班安全正点运行，机场与空管部门需要建立跑道、滑行道巡视检查工作制度和协调机制，确保每日对机场跑道、滑行道、机坪进行定期巡视检查的次数和时间，以及定期对跑道道面摩擦力进行检测和道面裂缝检验的养护计划，“保证道面完好、平坦、通畅、无积水”；制定关于助航灯光系统的检查机制和检修计划，“保障场道各类标志物、标志线清晰有效、颜色正确，助

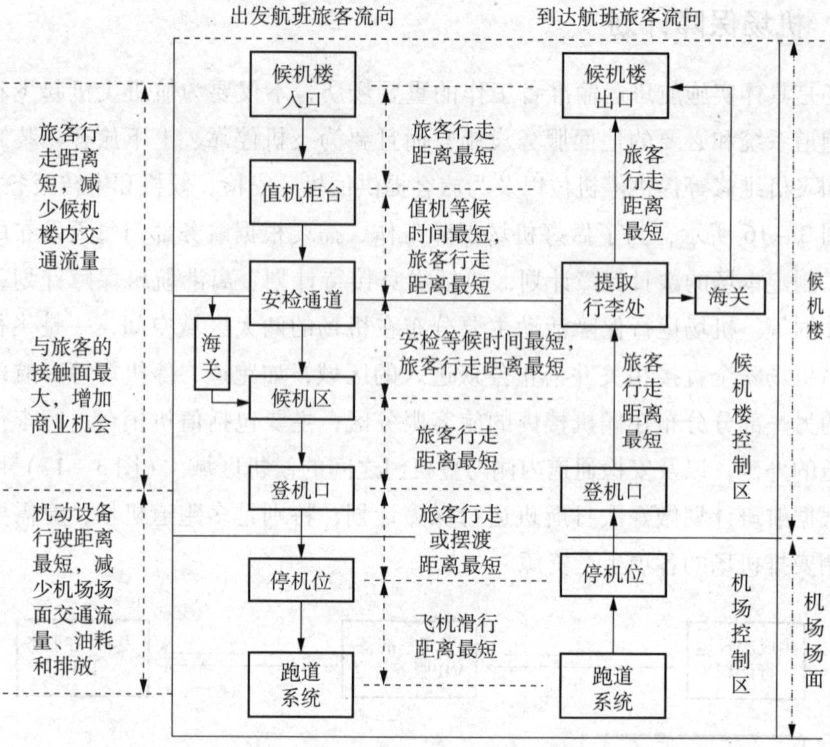

图3－17　机场运行功能区分布、出发和到达航班旅客流向

航灯光系统和夜间引导标记牌的光强、颜色有效完好”。

根据我国现行的民航运行管理体制，飞机在机场的起飞和降落过程中对跑道的具体使用，如飞机或降落过程指挥、跑道起降方向确定、多跑道机场的起降跑道选择等工作，通常由空管部门负责指挥和调度。根据民航局规定，航空公司在具体实施航班计划的运输飞行之前，必须按照事先获批的“预先飞行计划”，在规定时间量（通常为上一天的15：00）之前提前向当地机场的空管部门提交“飞行预报申请”，机场空管部门将根据各航空公司的航班起飞和降落时刻计划，按照专机、定期航班飞行及加班、包机、调机、公务等飞行的起飞和降落时刻顺序与航班性质进行统一编排，编制成本场的航班飞机（起飞和降落）飞行计划。在我国经济发达地区，随着机场客货业务的不断增长，多跑道机场不断出现。为了安全调配同一机场的多条跑道飞机起降，简化跑道和保障设备的调度过程，提高跑道利用率，多跑道机场通常采用跑道用途相对固定的调配方法，事先将跑道按用途进行分配。

例如，在双跑道机场通常确定一条跑道主要用于飞机起飞，另一条跑道则用于飞机降落。又如三跑道机场（图3－18），确定一条跑道主要用于国际航班飞机的起飞和降落，另外两条主要用于国内航班起降。机场空管部门在各跑道功能预分配基础上，根据机场进出港航班起降时刻先后顺序和航班性质，编制针对跑道的航班飞行调配计划，形成空管部门使用的航班飞计划。当然，在具体实施过程中，还需要根据航班飞机的实际飞行状况、机场气象条件等因素，确定具体飞机的起飞和降落顺序和使用的具体跑道。

图 3-18　首都国际机场三跑道示意图

（二）机坪保障计划

停机坪、跑道系统及滑行道，与航站楼一样，是机场的重要基础设施和组成部分。由于机场的航班保障有相当一部分生产集中在停机坪，因此，停机坪的运行保障和机位管理十分重要。

1. 机坪管理

停机坪可以按用途分为几类进行使用和管理：航班机坪，主要用于停放航班飞机，通常靠近候机楼的登机口，其特点是便于使用廊桥，方便旅客上下飞机（图 3-19）。货运机坪，主要用于货运飞机的停放与上下货，通常离候机楼较偏，一方面便于货物的装卸和管理，另一方面方便进出机场较为频繁的旅客航班飞机活动。维修机坪，通常远离候机楼，或靠近飞机维修厂房，主要用于停放需要进行维修的飞机，以及专门停放特种车辆，或应急备用等。

图 3-19　机坪及机位管理

机坪管理是一项复杂而重要的工作。根据民航局《民用机场运行安全管理规定》，机坪由机场管理机构负责统一管理，机场管理机构应当建立机坪运行安全检查制度，并指派相应部门和人员对机坪运行实施全天候的动态检查。

2. 停机位调度

如前所述，停机位是停机坪的基本组成单位，机场的机位多少直接影响机场航班容量，另一方面，机位大小与安排停放的机型、机位与候机楼之间的距离远近及航班性质有关。因此，为了保障航班飞机安全停放，方便地面保障服务正常操作，机场通常根据《民用机场运行安全管理规定》编制相应的机场运行手册，并制定关于机位管理和分配调度的基本原则和具体规则。

机位分配分为静态分配（机位预分配）和机位动态分配（机位再分配、机位实时分配或动态调度）两种。机位预分配通常根据次日航班计划和航班进出港时间顺序，对航班飞机停放机位提前进行安排，并编制成机位分配调度表。由于天气、空中交通等诸多因素影响，航班计划在实际执行过程中可能会出现航班延误或取消，也可能因为某些特殊原因有加班飞行。因此，预先安排的机位分配计划必须根据实际的航班运行情况进行动态调整，特别是在某一地区飞机无法进出机场出现大面积航班延误和航班滞留情况下，机位必须进行实时重新分配，以保障航班恢复后飞机正常泊位。在机位分配过程中，需要考虑多方面因素，提高机位利用效率。

机位按距离登机口的远近可以分为近机位和远机位。近机位靠近登机口，通常提供廊桥上下旅客，比较便捷，颇受旅客欢迎。远机位无法靠近廊桥，因此，旅客上下飞机需要通过摆渡车运送。通常航班飞机优先安排在近机位，货机、公务机、通用航空飞机及其他非航班性飞机安排在远机位停靠。当然，也有航班飞机由于机场机位紧张而被安排在远机位。

为了便于对国内和国际（或地区）旅客的进出港业务管理，机位又分为国内航班机位和国际航班机位。由于两种航班的性质不同，因此，对应的候机楼旅客服务流程和站坪服务管理均有所区别。

机场可用机位多少和分配方案直接影响机场的生产能力和机位周转效率，因此，机位分配和调度是机场运行管理中的一个重要环节。根据《民用航空器运行安全管理规定》，机位调配首先必须遵循以下优先原则：

（1）发生紧急情况或执行急救等特殊任务（如专机）的航空器优先于其他航空器；

（2）正常航班优先于不正常航班；

（3）大型航空器优先与小型航空器；

（4）国际航班优先于国内航班；

（5）客运优先于货运；

（6）过站或中转航班优先于始发航班；

（7）机位大小和机位间距必须适合机型；

（8）执行航班优于维修或（过夜）停场飞机。

此外，在技术方面，机位分配需遵循以下基本原则：

（1）机位大小和机位间距必须符合机型要求，如飞机翼展宽度、相邻飞机之间的最小间距要求、机型特点等因素，以保障飞机正常进出（滑进、滑出、拖进、拖出），发出机运转时气流、噪声等因素不影响相邻飞机的正常作业；

（2）同一个机位在同一时间段内只能停靠一架飞机；

（3）必须给着落的飞机分配一个机位；

（4）飞机停靠时间必须满足机型最短服务时间要求；

（5）来回程航班飞机安排在同一机位，减少飞机在机场场面上的移动。

关于机位分配的先后顺序，通常还需要遵循以下原则：

（1）先宽体飞机（客舱双通道）、后窄体飞（客舱单通道）；

（2）先干线航班后支线航班、先大型飞机后中小型飞机；

（3）先安排近机位后安排远机位。

按照以上几类基本原则，机场将根据航务部门下发的次日本场航班飞行计划进行机位预分配，参见表3－13和表3－14。在实施执行中，机场运行指挥中心将根据航班的具体执行情况及本场机位的具体管理规则进行机位的动态调配。尽管如此，为了便于机场运行调度和生产安排便利与实施，航班机位分配通常具有一定的相对稳定性，尽可能保持同一航班的飞机基本停靠在同一机位，便于机位地面服务与管理。

表3－13　某机场机位分类与分配（节选）

机位号	机位尺寸（米）	适用机型	机位号	机位尺寸（米）	机位号
1	80×60	B767与以下机型	9、10、11、12	68×55	B757与以下机型
2、3	140×607	B747与以下机型	13、15、17	77×75	B747与以下机型
4	43×45	A320与以下机型	19	54×70	A310与以下机型
5	60×80	B767与以下机型	14、16、18、20、21	65×62	B767与以下机型
6	45×60	A320与以下机型	22、23	42×38	B737与以下机型
7、8	68×55	B757与以下机型	24、25	50×23	MD90与以下机型

表3－14　某机场机位预分配表

序号	航班号	计划起飞时间	机位号	机型	登机口
1	CA4256	0720	110	A20	A3
2	CA4288	0730	118	A31	A5
3	JD5169	0735	515	A19	A6
4	HU7221	0740	513	A20	A7
			……		

在停机位分配过程中除了需要考虑上述的规则性和技术性因素外，还需要考虑飞

机滑行的经济性，即飞机从机位到跑道口的距离最短、滑行时间最短、耗油最少、排放尾气最少；需要兼顾考虑旅客从安检口—（海关）—候机区—登机口之间的行走距离。

3. 场面运行保障

除了进行机位预分配之外，停机坪还需要进行的运行保障工作有：为牵引、泊位、充电、加水、除冰、消防、护卫、维修、行李和旅客场面运输、各类特种车辆、燃油、机场餐食等工作。特别是进入冬季，扫雪车、除冰车、大型清扫车、除冰剂等特殊设备和用品的准备工作。

（三）候机楼服务保障

候机楼是为出发和到达旅客提供服务的主要场所：为出发航班旅客提供登机前的准备，如换发登机牌和交运行李，人身和行李安全检查；国际旅客的海关服务；旅客候机。为到港旅客提供到达行李提取和国际旅客的海关服务以及中转服务等（见图3－20）。

图3－20　深圳机场T3航站楼值机柜台

1. 值机柜台调度

与地面运输不同，航空旅客机票提供的主要信息有：旅客姓名、航班日期、航班号、航线、起飞时刻、机型及价格等信息，旅客所持机票并未给定旅客在飞机上的具体座位号。其主要原因是，航空公司需要通过值机发放登机牌环节，根据实际乘坐旅客人数，按照机型重新平衡和吨位控制，确保空中飞行安全。通过值机，一方面能够直接掌握乘机旅客人数和交运行李重量，另一方面根据旅客和行李信息能够换算出飞机载荷重量，一边对飞机的剩余运载能力和可用装载空间进行货物配载。

值机是航班地面保障的一个重要环节。由于机场在不同时段的进出港航班量差异较大，特别是高峰时段，因此，值机柜台（图3－21）开放多少，直接影响旅客办理乘机手续的进度和排队等候时间的长短，直接影响航班能否正点起飞，直接反映机场的旅客服务质量水平和机场运行管理水平。因此，候机楼旅客服务部门需要根据航班计划事先制定好值机柜台分配方案和开放计划，并保证值机设备的正常，以便有序高效地进行旅客值机服务。

图 3－21　某机场安检通道资料图

2. 安检通道调度

机场的旅客人身和随身行李安全检查，是保障飞行安全的重要环节，是每一个航班旅客登机前必须通过的法定程序。安检通道（如图 3－21 所示）的开放时间，虽然不针对具体航班，但是需与值机同步开放。民航局对机场安全也有具体的速度要求，要求 95% 的旅客等候安检最长时间不超过 12 分钟。

3. 登机口分配

候机楼登机门或登机口是为旅客上下飞机提供的专用通道。有些登机口能够通过廊桥连接近机位舱门提供旅客直接上下飞机；也有一些飞机因机坪紧张或因机型特殊不能使用廊桥，而停放在远机位，上下旅客通过机场专用摆渡车运输和客梯上下飞机，这一类登机口位置通常较偏或在候机楼的一楼，或在候机楼的指廊。

由于能够直接使用廊桥的机位必然对应一个登机口，因此，机位分配意味着同时确定登机口。但是，登机口的分配不完全对应于停机位。有的机场由于候机楼的设计结构不同，一个登机口可能对应多个停机位，因此，需要根据航班飞机的机位安排确定登机口，以及就近安排旅客的候机区域。通常，一个航班的停机位、登机口和候机区都相对固定，便于管理。当航班飞机停机位发生调整时，登机口安排需要做出同步变更和及时通告。

（1）候机区分配

候机区分配相对机位分配要简单得多，通常的分配原则是候机区尽可能靠近登机口，便于旅客登机。前面曾提及，若值机时间开放过早，可能会产生候机区滞留的旅客密度过大，无形中将会增加候机区容量的需求，特别是高峰时段。根据民航局规定，候机区要能够保障高峰时段70%以上的旅客有座位并且每位旅客站立面积不小于1平方米。因此，机场运控部门，应根据各个环节的运转状态，及时调控值机开放节奏。

在枢纽机场，需要充分考虑到中转旅客的“下机登机口—中转手续办理区—上机登机口”三者之间的步行距离，以便中转旅客有充足的时间办理中转手续和转机。因此，枢纽机场候机楼设计阶段就需要同步研究旅客中转流程、候机楼构型和功能布局，要真正体现枢纽机场“旅客为先”“无缝衔接”和“便捷”的服务宗旨。据SITA统计，2007年全球民航旅客运输中49%的延迟与转机有关，这从侧面说明了中转流程对保障航班正点的重要性。

（2）商务计划

航空公司的商务调度计划通常包括两大部分内容：一是旅客航班计划，包括正班航班、包机航班、加班航班的计划。二是根据旅客航班计划制订随机配载的货物运输计划，即预配载，实际执行时将根据航班旅客量和交运行李的实际情况进行调整。

机场的商务计划主要是所代理的航空货运服务，同样需要根据航班计划的航线和旅客信息进行货物预配载，计划在该航班飞机上将可能搭载的货物，包括货物的体积和重量的考虑。最后实际运行时，将根据航班旅客量和交运行李的实际情况对预配载的货物运输计划进行适当的调整。

商务计划的准备，不仅有利于保障航班正点，而且能够有效利用航班飞机的载运能力，特别是繁忙航线，能够创造更多的航班效益。

第八节　不正常航班

一、不正常航班调度的定义

航空公司进行安全高效生产，需要对航班计划、飞机维修计划、飞机排班、机组排班等进行优化配置。航班计划一般包括航班的频率、班期、时刻、执行的机型等基本要素；制定了航班计划后，机务部根据航班计划确定具体各架飞机的飞行任务即生成飞机排班计划；飞行/乘务部机组调度室根据已有的航班计划、飞机排班计划，给每个航班指派相应的飞行人员（包括机长、副驾驶、领航员等）、乘务员和空中保安，以承担航班的飞行和机上作业，其关系如图3－22所示。这些生产计划的质量与效率不仅关系到运输生产能否顺利进行，而且还关系到运输生产的收益和成本，直接影响航空公司的市场竞争能力。

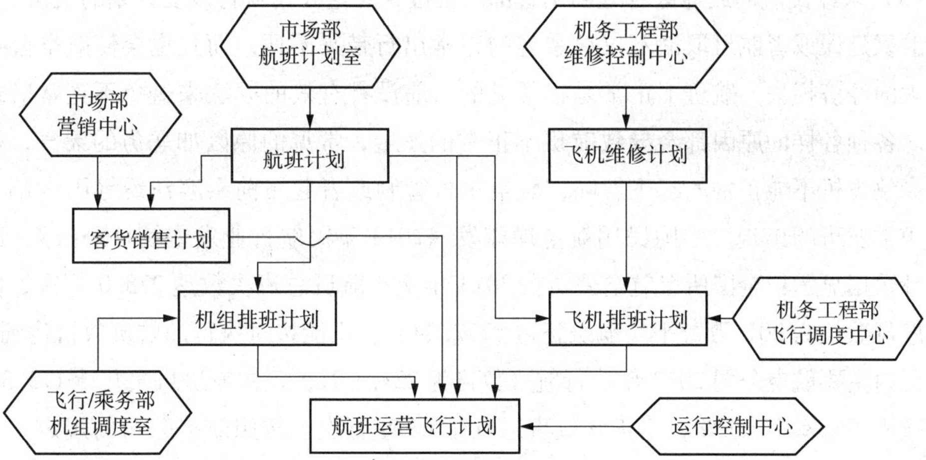

图 3－22　航班调度关系图

当由于机务故障、恶劣天气、空中交通管制等原因造成航班不能够正常执行时，航空公司运控中心签派值班室主任利用获得的各项数据进行决策分析，修改航空系统资源计划，如延误部分航班、调整飞机计划、机组计划和增加航班等，然后将修改过的计划发送到相关的部门和工作岗位。具体做法是：首先进行飞机调度，飞机是稀缺资源，飞机调度对公司的收益影响最大。通常是根据给定的航班计划、飞机排班计划、飞机的维修计划、发生航班不正常的原因、不正常航班开始调整时刻及预计航班恢复正常的时刻等，通过延误航班、交换飞机等调度策略，生成新的航班计划和飞机排班计划，使得航班能够尽快恢复正常。仅仅只有新的航班计划和飞机排班计划是不够的。由于航班计划、飞机排班计划发生变动，机组排班计划将受到扰动，这时，可根据新的航班计划、飞行员的信息表及飞行员周计划等对机组进行调配。

关于“正常航班”和“不正常航班”这两个概念，我国民航局 2007 年颁布的《民航航班正常统计办法》中有相关说明：

1. 正常航班

符合以下条件之一者界定为正常航班：

（1）在班期时刻表公布的离站时间后 15 分钟（北京、浦东、广州及境外机场 30 分钟，虹桥、深圳机场 25 分钟，成都、昆明机场 20 分钟）之内正常起飞且未发生返航、改航和备降等不正常情况的航班。

（2）在班期时刻表公布的到达时间前后 10 分钟之内落地的航班。

2. 不正常航班

凡有下列情况之一者则视为不正常航班：

（1）不符合正常航班条件的航班。

（2）发生返航、该航和备降等不正常情况的航班。

（3）未经民航局或地区管理局主管部门批准，航空公司自行改变计划的航班。

航班延误或者航班取消不仅给乘客的正常出行带来不便，而且也会使航空公司遭受巨大的经济损失。航班不正常是很常见的，前没有有效的办法来避免不正常航班的出现。各种各样的原因都会导致航班不正常的发生，常见的原因如恶劣的天气，机场故障导致飞机不能正常的起飞着陆，航空军事管制或者起飞前乘客纠纷等因素都会导致不正常航班的出现。中国民用航空局印发《2013 年民航行业发展统计公报》；此公报统计数据显示：全国所有航空公司在 2013 年全年航班总班次数达 278.0 万次，但是正常航班数仅为 20U 万，平均航班正常率 72.34%，不能按时执行的航班数目达到 76.万。国内主要航空公司 2013 年执行航班数目为 237.1 万，正常航班班次共计 173.3 万，平均航班正常率 73.10%，不正常航班达到了 63.8 万次。按照航空公司的规定，不正常航班是指一些不符合正常航班全部条件的航班。比如航班返航、改变航线、备降或者遇到突发事件（如飞行事故等原因）等不正常情况以及取消，不按照预订飞行计划飞行的航班。各种各样的原因会导致不正常航班的发生，下面参考国内航空公司官网上的一些资料以及文献，对国内不正常航班发生的原因进行了总结分类（表 3－15 所示）。

表 3－15　2014 年航班不正常原因分类统计

指标	占全部比例	比上年相比增减：百分点
全部航空公司航班不正常原因	100.0%	
其中：航空公司原因	26.4%	－11.0
空管原因 *	25.3%	—
天气原因	24.3%	2.5
其他 *	24.0%	—
主要航空公司航班不正常原因	100.0%	
其中：航空公司原因	25.9%	－11.2
空管原因 *	24.0%	—
天气原因	24.8%	2.7
其他 *	25.3%	—

* 为 2014 年新增或定义与之前变化较大的航班延误原因分类，因此无同经增速。

（1）天气原因。气象条件影响飞机执行航班的每个阶段。在飞机飞行的过程中，需要考虑风、气温、气压是否适合飞行。具体而言，在夏季雷暴天气是影响飞机飞行的主要天气因素。中短波无线电通讯会受到闪电以及雷暴电场的强烈干扰，有时甚至会发生通讯中断；另外，此间的强降水会给飞行带来极大的难处，可能直接导致飞机损坏或者失控，影响乘客的安危，因此，在遇到雷暴天气的时候，所有航班基本上都需要延误。影响航班正常执行的天气因素还包括强降雨、强对流天气、大雾等，在遇到能见度低、低云、雷雨、强侧风的情况下，航班就会延误，直到天气适合于航班正常执行为止。

（2）空中管制原因。在实际的民航运输中，空中飞行的飞机和在公路上奔驰的汽车是一样，都要受到各方面因素的限制。如果遇到上级的禁航令或者赶上流量控制的话，飞机就不得不延误。

（3）旅客原因。各种各样的因素都会导致航班的延误或者取消。有些因素是不可控制的，比如说天气不符合飞机飞行要求。但也有一些因素是人为因素，近几年，导致航班不正常的人为因素已成为航班延误的一个新的增长点。据不完全统计，旅客导致的不正常航班占不正常航班总数的3%，与机械故障导致的航班延误相差无几。常见的情形就是旅客迟到，经常有旅客在截至办理登记手续之后才赶到机场，为了不影响这些旅客的正常行程，航空公司会帮助这些乘客登机，但是这些免不了会占用一部分时间，影响航班的正常执行。

（4）航空公司原因。旅客最为不满的是航空公司自身的机组排班混乱或者因公司飞机故障不能正常起飞而导致的航班延误，其中航空公司由于自身的飞机机械故障而导致的航班延误数占不正常航班总数的6%。再有就是周转飞机导致的航班延误，即飞机在上一个机场由于天气原因或者是空中管制，起飞较晚，而导致其下线的所有航班的出发时间都会有相应的滞后。航空公司应该不断查找自身的原因，提高航班资源利用率，对自身竞争力的提高以及旅客服务水平的提高至关重要。

（5）机场原因。在不正常航班中，机场原因占比相对较小，主要是机场的地面服务设施设备和车辆运行保障、作业协调与调度、供电保障、鸟害、地面运输服务保障、安全检查、人员安排与管理等问题。在冬季，可能由于跑道清理积雪和飞机除冰而延误航班。

（6）禁航原因。禁航一般由两类原因引起，一是航路活动中引起的禁航，二是机场活动引起的禁航。

航路活动中引起的禁航主要是由于空军活动，这种情况涉及国防机密，往往来得过于突然，相关民航的飞行都要受到不同程度的影响，在空中的或返航或就近降落其他机场等待。管制时间少则半个小时，多则三四个小时。一旦解除管制，空域往往又大量塞机，继续出现延误。管制一次，可以打乱当天几乎相关机场所有的航班运行。

第二种禁航是由于机场维修和机场活动引起得禁航。不论军用机场还是民用机场，国内大多数机场一般只有一条跑道，所以如果出现跑道需要大修的情况，可能会导致航班停运或者在部分时段禁航。另外，在某些国家和某些城市，由于居民对机场噪音的敏感性，也可能在入夜的时段采取宵禁措施。

二、不正常航班的处置

对于出现的不正常航班，根据我国的法律法规，航班运行相关责任单位和部门按照各单位的不正常航班处置预案，依法处理，并积极恢复航班正常运行秩序。

关于不正常航班乘客补偿的相关法律和法规：

1. “国际民航组织（ICAO）的政策”

1999 年 5 月 28 日签订于蒙特利尔的《统一国际航空运输某些规则的公约》第十九条中，关于航班延误责任这样认定：乘客行李或货物在航空运输中延误引起的损失，承运人应当承担责任。但是，承运人证明本身及其雇佣者或代理人为了避免损失的发生，已经采取了一切可合理要求的措施或不可能采取此种措施的，则承运人不对因延误产生的损失承担责任。该公约第二十二条中关于承运人应当承担的责任是，对每名乘客延误赔偿以 4150 特别提款权为限。

2. 美国的政策

美国运输部和联邦航空局（FAA）没有任何针对航空公司不正常航班的具体法规文件，但美国航空运输协会（ATA）对其成员航空公司提出了 12 项航空运输服务承诺要求。其中第二条款明确规定“航空公司需告诉旅客已知的不正常航班”；第八条款规定“发生长时间的机上延误时，航空公司需满足旅客的基本需求”；第十条款规定“航空公司必须向旅客公布其不正常航班的服务承诺”。1999 年 9 月，14 家美国航空公司对公众做出各自的 12 项航空运输承诺。虽然承诺的具体内容各不相同，没有统一的标准，但大致可以分为航班延误、航班取消、航班备降等几种情况。

（1）顺畅的信息沟通

在已确认航班延误且旅客没有抵达机场的情况下，美国各航空公司一般会及时向旅客发布信息，避免旅客在机场长时间的等待。在不正常航班中，相当一部分航班是航空公司已知的，例如某一飞机在执行第一个航段时，因某种原因长时间延误，在其随后执行的航段必然会产生延误。在这种情况下，美国各航空公司大都会及时向后续航段的旅客提供航班延误信息，旅客可按照实际航班出发时间抵达机场候机，办理有关手续。

在旅客已经抵达机场但发生航班延误时，美国航空公司会在机场提供即时的航班延误信息。不同的航空公司，在不同的时间间隔内向旅客提供不正常航班信息。例如，美国西北航空公司和美国西部航空公司每 15 分钟向旅客提供一次航班延误信息。而美国大陆航空公司和夏威夷航空公司则每 20 分钟向旅客提供一次航班延误信息。通常情况下，航空公司向旅客提供的航班信息包括道歉、延误原因、预计延误时间、航班中转情况等，尽量使旅客通过这些信息了解延误情况。

（2）必要周到的服务

发生航班延误时，部分航空公司会提供免费的 5 分钟电话卡服务。无论什么样的延误，美国西北航空公司都提供 5 分钟的电话卡服务；合众国航空公司只对可控的航班延误才提供 5 分钟电话卡服务；而阿拉斯加航空公司只给非天气原因导致的航班延误提供这种服务。5 分钟虽短，但却是对旅客最好的心理补偿。

遭遇长时间的航班延误，美国航空公司一般会为旅客提供餐饮，但各航空公司提供的航班延误餐饮标准却不尽相同。

而对于不可控力导致的航班取消，美国各航空公司全部要求旅客自己解决吃住问题。在旅客遇到困难时，航空公司可以协助旅客联系宾馆，但费用还是由旅客自付。

在帮助乘客转换航班时，航空公司最多会为乘客支付高达 200 美元的机票，如果有其他交通方式，那么，所提供的交通方式花费的时间，在国内不能超过乘客原航班到达目的地时间 2 个小时以上，在国外不能超过 4 个小时以上。如果超过了这些限制，或者航空公司没有为乘客提供出行安排，赔偿金额可以升至原来的 2 倍，达到 400 美元。航空公司的飞机备降在同一城市的另一机场时，航空公司会使用地面交通工具将旅客承运到其原航班飞行目的地机场；备降在其他城市的机场时，则适用各航空公司的航班延误或取消的规定。

（3）倾听旅客的心声

无论是可控还是不可控原因而导致的航班延误、取消和备降，美国的航空公司都不向旅客提供任何现金赔偿，但是可以协助旅客改签其他航空公司的航班或给旅客退票。

美国各航空公司在每一个机场都有其场站代表，全权代表其所在的航空公司处理因航班不正常而导致的任何问题。此外，旅客可以向航空公司书面投诉，美国达美航空公司和合众国航空公司会在 30 天内给投诉的旅客作出答复，而有的航空公司则在 60 天内回复旅客的投诉。

在美国，一些航空公司会实行内部黑名单制度。虽然美国的航空公司都有明确的航空运输承诺、不正常航班处理程序和投诉制度，而且在航班不正常时，美国旅客几乎从没发生过与航空公司冲突的情况，但是这些航空公司还是建立了内部黑名单制度。航空公司会将在不正常航班中给公司带来麻烦的旅客列入其中，不再为这些旅客提供航空运输服务。

3. 欧盟的政策

目前，当航班发生延误时，欧洲航空公司会严格按照欧盟的“261”法规（相关规定请参见本版文章《解读欧盟涉及航班延误的第 261 号条例》），对旅客提供及时服务和合理赔偿。

航班延误后，航空公司会向客人发放免费电话卡，提供的餐食质量和饭店档次也较高。延误航班到达目的地后，当地机场专门有一组人员接待旅客，并帮助客人换乘飞机。延误处理完后，他们会对客人进行抽样调查，内容包括旅客对延误的处理，对航空公司员工的态度、效率和食宿质量等方面服务是否满意等。

这张调查表拉近了航空公司与旅客间的距离，表明了航空公司对延误的重视，让旅客感觉自己受到了尊重，在某种程度上也为旅客提供了延误后的一个宣泄渠道。大多数旅客会积极参与，表示不满或提出表扬。航空公司最终赢得的则是旅客的理解和回头率。

此外，德国汉莎航空公司在处理延误上也有自己的独到之处。汉莎公司专门针对延误开展了课题研究。他们认为，处理起飞时间延误的最好办法就是尽量避免到达时间延误。在个别情况下，即使飞机比原定时间晚起飞半个小时，但却能保证正点到达目的地，未对旅客后续行程造成不利影响。

4. 日本的政策

尽管日本航空公司以安全和准时著称，但有时也会出现滞留乘客、取消航班现象，这主要是因为航空公司的工作人员罢工和坏天气造成的。

在遇到航班延误、航班取消时，除了在最短时间内通知发布信息外，日本航空公司一般不会为乘客提供其他的交通方式到达目的地，但可以为滞留乘客提供免费住宿，尽可能为他们提供便利。

然而，一旦飞机延误或取消航班且是天气等非人为因素造成的，日本航空公司将不承担任何责任。对于滞留的乘客，航空公司会按照航空条例，为乘客提供水、休息物品、医疗检查等服务。

航班延误后，日本航空公司会争取使乘客行李能随乘客所坐的航班飞行。但由于安检原因，乘客行李也可能会随其他班机托运。在行李到达机场后，日本航空公司会尽快通知行李主人。对于进行了安检却丢失的行李，日本航空公司须按照相关法律承担责任，但责任会根据旅行线路和起飞地点不同而变化。顾客如果事先向航空公司提交行李估价报告，并支付了相关费用，日本航空公司则会进行额外赔偿。

5. 中国的政策

1996 年 3 月 1 日开始施行的《中国民用航空乘客、行李国内运输规则》第五十八条规定，“由于天气、突发事件、空中交通管制、安检及乘客等非承运人原因，造成航班在始发地延误或取消，承运人应协助乘客安排餐食和住宿，费用可由乘客自理”；第五十九条规定，“航班在经停地延误或取消时，承运人应迅速及时将航班延误或取消等信息通知乘客，做好解释工作。”

由于航班延误引起的国内旅客补偿纠纷时有发生，2004 年 6 月民航总局颁布了《对国内航空公司自身原因造成航班延误给予乘客经济补偿的指导意见（试行）》对于航空公司原因造成的航班延误，根据航班延误时间分级，如延误 4 小时（含）以上不超过 8 小时、延误 8 小时（含）以上的，对乘客给予不同程度的经济补偿。经济补偿可以采用多种方式，航空公司根据乘客本人意愿和选择，如现金、购票折扣和里程等方式予以兑现。具体补偿方法和方案由各航空公司根据该指定意见精神制定。

航班延误对于旅客、航空公司都是非常痛苦的事情，没有一家航空公司愿意航班延误，没有一家航空公司不在延误后不努力想办法补救，没有一家航空公司不希望延误时间越短越好。可是，没有一家航空公司敢说它的航班保证不延误，关键问题就在于航班出现延误后该如何处理。

总的来讲，既要进一步改进技术，也要进一步提高系统的效率，还要努力争取旅客的配合，这样才能取得比较好的结果。从技术方面来说，随着飞机导航和飞行技术的进一步提升，影响飞行的天气条件会不断减少，而未来导航系统的实施也将可以满足更多的航班运行要求。从系统的协调配合来说，航空公司应进一步提升自身的管理水平，使运行控制工作能够更加有效，机场通过改建扩建提升容量，空管也应积极配合，通过航路优化、时段利用优化，实现航班的快速疏通。

具体而言，减少航班延误的措施有以下几个方面：

（1）从政府方面来讲

政府方面可以进一步完善有关法律法规，提高航空公司的服务意识。例如，为加强航班正常率，2004 年民航总局出台了文件《民航总局对国内航空公司因自身原因造成航班延误给予旅客经济补偿的指导意见（试行）》，规定航空公司因自身原因造成航班延误，除按照《中国民用航空旅客、行李国内运输规则》的有关规定做好航班不正常情况下的服务工作之外，还应根据航班延误 4 小时（含）以上不超过 7 小时、延误 8 小时（含）以上不同延误时间的实际情况，对旅客进行经济补偿。经济补偿可以采用多种方式。航空公司应根据并尊重旅客本人的意愿和选择，通过现金、购票折扣和里程等方式予以兑现。为避免进一步延误影响后续航班和旅客，防止空勤人员疲劳驾驶形成飞行安全隐患，经济补偿一般不在机场现场进行。航空公司可以采取登记、信函寄回等方便旅客的办法完成经济补偿。具体的补偿方法和方案由各航空公司再次框架下根据各自情况制定。

政府还推出了将航班正常率与航线（航班）经营权挂钩的四条措施：一是对当年上半年航班正常率、航班计划执行率低于行业平均水平的航空公司，在审定下一航季航班计划时，限制其航班总量的增加。二是对前一季度航班正常率较低的航空公司，停止审批下一个季度的加班包机飞行；在运输旺季，有限制地审批加班包机飞行。三是对擅自改变对给定的航班时刻，或售票时刻与公布时刻不一致的航空公司，撤销该航班经营许可和飞行时刻。四是对因航空公司主观原因，或客观原因延误后不作有效处理，造成航班 12 小时以上延误的，视情节轻重，暂停或撤销该航班（或航线）经营许可。

这些政策的出台，在很大程度上提高了航空公司对航班延误的重视，使各个航空公司的航班延误率逐步在降低。

（2）从航空公司方面来讲

从技术方面，可以采用新的技术手段以减少延误，如电子票和自助登机。上网订完机票，用信用卡支付后，凭自己的信用卡到机场自助服务机前就能打印出登机牌，还可以选择座位和托运行李。在一些大机场，这样做比拿着普通纸质票请工作人员换取登机牌要节省大约半个小时。

除了提升技术水平，航空公司还要时刻有航班延误方面的准备，在做航班计划时要留有一些余地，要有一些备勤机组随时待命，用于临时调配以便应付意外情况的出现，尽量缩短航班延误的时间。

一旦航班出现延误，要重视延误后的处理。首先要满足旅客知情权的要求，信息应及时透明。航班延误后，航空公司应力争第一时间通知旅客，并尽量告知预计延误多少时间，尽量保证信息的准确性和一致性。相关配套安排应周到，及时帮助延误旅客候补改签其他航班。工作人员应尽量为旅客安排妥当，让旅客等得安心，而且应严格按照规定处理和补偿。

航班延误后，民航方面也要主动和媒体进行沟通，就延误原因、采取了哪些补救措施、对旅客做了哪些安排等及时反馈给媒体，改变普通民众对航班延误的认识，消除对民航方面产生的许多误解。

（3）从旅客方面来讲

要尽量提前到达机场办理手续，注意所乘航班的登机时间，听到登机广播后，尽快上飞机。如需改变行程，尽快与工作人员联系。

三、“大面积”航班延误

关于不正常航班，通常使用“大面积”一词来形容航班不正常的严重程度和影响范围。那么，延误多少架次航班属于“大面积”？这是民航领域中又一个没有官方标准的习惯用语，但是在各机场或航空公司内部均有各自的标准或界定，并在公司《运行手册》或《不正常航班应急预案》中给予明确说明，以便针对不同致因不同程度的航班延误采取相应的应对措施。以下是国内几个机场和航空公司关于“大面积”不正常航班的界定。

（一）首都机场

首都机场关于大面积航班延误的界定采用相对量，分两种情况：

（1）单位小时出港航班正常性低于40%（根据当时航班信息估定）；

（2）延误1小时以上的未出港航班超过20架次。

（二）虹桥机场

虹桥机场关于天气原因导致的大面积航班延误的界定分为三个等级：

（1）黄色等级：滞留机场的延误航班达到30架次以上，滞留候机楼内的出港旅客达到3000人以上，或因大雾出港航班全面延误超过3小时，或因雷雨、台风、龙卷风等造成出港航班全面延误超过2小时，或因冰雪天气导致出港航班全面延误超过1小时。

（2）橙色等级：滞留机场的延误航班达到60架次以上，或滞留候机楼内的出港旅客达到5000人以上，或因大雾出港航班全面延误超过5小时，或因雷雨、台风、龙卷风等造成出港航班全面延误超过 4 小时，或因冰雪天气导致出港航班全面延误超过 2 小时。

（3）红色等级：滞留机场的延误航班达到 100 架次以上，或滞留候机楼内的出港旅客达到 8000 人以上，或因大雾出港航班全面延误超过 7 小时，或因雷雨、台风、龙卷风等造成出港航班全面延误超过 6 小时，或因冰雪天气导致出港航班全面延误超过 4 小时。

（三）成都机场

成都机场关于大面积航班延误的界定分为三种情况：

（1）因各种突发原因造成机场关闭发生延误 4 小时内未恢复正常；

（2）出现 4 小时以上、15 个（含）以上国内航班延误；

（3）受影响的国际出港旅客数量达到 300 人以上（含 300 人）。

（四）萧山机场

萧山机场关于大面积航班延误的界定分为四种情况：

（1）一般：出港航班延误 30 架次，滞留旅客占当日航班量的 10%；

（2）较大：出港航班延误 50 架次，滞留旅客占当日航班量的 60%；

（3）重大：出港航班延误 80 架次，滞留旅客占当日航班量的 120%；

（4）特大：出港航班延误 100 架次，滞留旅客占当日航班量的 150%。

四、机场运行环境管理

机场运行环境保护与管理是保障机场安全运行和机场文明运行的重要内容。《航空法》《民用机场运行安全管理规定》和《民用机场管理条例》中关于机场周边净空保护区域管理以保障机场安全运行，从法律高度确立其重要性，对机场净空区域内的规划建设及禁止的相关活动与行为给予了明确规定，同时指出“民用机场管理机构应当依照环境保护法律、行政法规的规定，做好机场环境保护工作。”

（一）净空管制

《航空法》《民用机场运行安全管理规定》和《民用机场管理条例》对机场周边净空保护区域管理都有明确规定。

第五十八条禁止在依法划定的民用机场范围内和按照国家规定划定的机场净空保护区域内从事下列活动：

（1）修建可能在空中排放大量烟雾、粉尘、火焰、废气而影响飞行安全的建筑物或者设施；

（2）修建靶场、强烈爆炸物仓库等影响飞行安全的建筑物或者设施；

（3）修建不符合机场净空要求的建筑物或者设施；

(4)设置影响机场目视助航设施使用的灯光、标志或者物体；

(5)种植影响飞行安全或者影响机场助航设施使用的植物；

(6)饲养、放飞影响飞行安全的鸟类动物和其他物体；

(7)修建影响机场电磁环境的建筑物或者设施。

(8)禁止在依法划定的民用机场范围内放养牲畜。

(二) 飞机噪声控制

关于机场飞机噪声控制,"国际民用航空组织"(ICAO)在《国际民用航空公约》附件15第Ⅰ卷"机场环境保护"中对机场飞机噪声提出了测量与评估方法,并提出了民用飞机"飞机噪声认证标准",要求飞机制造商提高技术和采取措施减小飞机噪声。"国际航协"(IATA)协助ICAO加强对飞机噪声控制的管理,出台了"机场周边飞机噪声管理综合方法",旨在通过减小噪声源、机场周边地区土地规划与利用、机场运行程序、航线布局等方面加强对飞机噪声控制,以减小飞机噪声对人们日常生活、工作和学习等活动的影响。

五、机场生态环境保护

《航空法》和《民用机场管理条例》中对加强机场环境污染管理与生态环境保护明确要求,"在民用机场起降的民用航空器应当符合国家有关涡轮发动机排出物的适航标准",新建民航机场的选址报告中应当分析可能产生的水、气、噪声、生态环境问题,并同时制定处理方案,以加强对污染源的控制和生态环境的保护。机场管理机构及航空公司应加强对机场地面保障服务过程中产生的各种废水、污水、垃圾、废气、废弃物等污染源进行监测、控制、清理。对污染进行处理,应该使用符合国家有关标准的除冰液、除雪剂,对各类除冰液、除雪剂、航油的残夜、废水应妥善收集、集中处理并达到排放标准。此外,机场周边地区的飞鸟和野生动物对安全飞行产生的影响,也是防害与机场生态环境保护的重要内容。

思考题

1. 什么是航线?
2. 什么是航路?试分析航路与航线的区别与联系。
3. 我国关于民航航班时刻管理有哪些相应的法规?与国外相比,有何利弊或特点?
4. 我国不正常航班的主要因素有哪些?
5. 试述机场运行环境管理的主要内容。

案例分析

欧美航空公司航班延误的处理措施

欧洲各大航空公司都把提高航班的正点率作为自身生存的必要条件之一。但与世界各地一样，航班延误、旅客投诉也是各航空公司经常遇到的问题。欧洲各航空公司本着“以人为本”的原则，根据各自情况，制定了有关处理航班延误的解决办法，使承运人和旅客都能比较满意。

一般来说，导致航班延误或取消的主要原因：一是由于天气等因素，航空公司为确保飞行安全，推迟起飞或取消航班；二是空中流量饱和，空管对飞机起飞进行控制；三是航空公司自身原因导致的航班延误或取消，其中包括飞机出现故障和飞机调配出现问题等。但不论哪种原因，航班延误和取消都会给乘客带来不便甚至损失。因此，航空公司与乘客之间也会经常出现纠纷。

为尽可能避免及合理地化解有关纠纷。2015 年 2 月份，欧盟出台了关于航班延误和取消条例。根据这一条例，如果航班延误 2 至 4 小时，承运人应当向乘客提供餐饮、住宿、免费电话、文传或电子邮件等方面的帮助；如果延误 5 小时以上，承运人应当向旅客支付一定数额的现金赔偿；如果航班取消，承运人则应向旅客支付 250 至 600 欧元的现金赔偿。

但欧盟的这项条例只是对欧洲各航空公司的一种指导性意见，并非是强制性规定。因此，欧洲各航空公司也都在这个指导性意见的原则基础上制定了自己的处理办法。

德国汉莎航空公司驻布鲁塞尔办事处代表约翰·皮尔在接受新华社记者采访时说，汉莎航空公司的做法是：因航空公司自身原因导致航班延误的，公司会负责安排转机，提供餐饮或发放免费电话卡，但不会按小时进行经济赔偿。如果旅客必须过夜，公司会提供住宿或给予一定的经济补偿。但如果是不可抗拒的原因导致航班延误或取消，汉莎航空公司一律不承担责任。

英国航空公司驻布鲁塞尔办事处的一位工作人员告诉记者，英航对航班延误采取国际上通用的作法，如向旅客提供餐饮、免费电话卡等。有关经济赔偿的问题，这位工作人员表示，世界上各航空公司一般都不会公布现金赔偿标准，而是由航空公司内部掌握。这是因为，公布明确的赔偿标准会造成攀比现象，这对民航业的健康发展不利。

此外，各航空公司还会充分利用欧洲航空运输业高度发达、各公司飞机多、航班密集等特点缓解本公司因航班延误或被取消所受到的压力。如果出现航班延误，各航空公司都会很快将延误的旅客分流到其他航班，使旅客尽快抵达目的地。在进行赔偿方面，只要航空公司能够承受，一般也都会很痛快地向旅客提供适当的补偿。对航空公司而言，信誉最重要；而对旅客来说，只要旅行安全，没有误事，一般也不会为赔偿问题纠缠不清。

其实，在绝大多数情况下，航班延误或被取消引起旅客强烈不满的并不是延误本身，而是他们不知道发生了什么事，不知道还要等多久，也不知道是何种原因引起了延误。旅客们最不能容忍的是，发生航班延误时，有关工作人员一问三不知，甚至对旅客的询问不理不睬。这不但会使旅客感到自己的知情权被剥夺，甚至会产生被蒙骗的感觉。

针对这一情况，欧洲各航空公司非常重视信息透明，加强与旅客的沟通。在发生航班延误后，各航空公司都会在第一时间将有关情况通知旅客，并尽量告知预计会延误多少时间。如果延误时间过长,相应的补偿措施也会很快跟上。因此,在欧洲各国机场遇到航班延误或被取消时,虽然也会有人抱怨,但很少见到旅客与航空公司争吵的现象,大家通常都会安静地等待,毕竟争吵解决不了问题,而且还会被看作没有修养。

思考题

1. 如何向欧盟航空公司学习航班延误处理?

第四章

>>> 民航运输市场与管理

本章要点

1. 民航运输市场及分类
2. 民航运输市场影响因素
3. 民航客货运市场营销
4. 机场营销
5. 民航运输市场营销环境分析方法

学习目的

要求学生通过对本章的学习，基于广义的“市场营销”理论，结合民航运输市场自身特点，系统了解民航市场构成要素、民航运输市场营销组合、机场营销基本原理、民航运输市场营销环境分析与发展战略，以及民航市场的市场准入和准出管理等知识与相关法规。

导入案例

Expedia 与维珍蓝合作开辟澳洲市场

世界领先的在线旅游公司 Expedia 宣布，与维珍蓝航空公司（Virgin Blue Holdings Ltd.）及其旗下新的国际航空公司 V – Australia 签署一项长期的全球合作协议。

这项合作，标志着 Expedia 在澳大利亚首次签署全球性的航空公司合作协议，也是这两家航空公司与一家在线旅游企业签署的首项全球分销合作协议。

根据协议，维珍蓝航空和 V – Australia 的航班，将可以通过全世界所有 Expedia 品牌的网站提供给客户预订，包括澳大利亚的 Expedia. com. au，美国的 Expedia. com 以及美国折扣旅游网站 Hotwire。

以上航班还将通过领先的差旅管理公司 Egencia 提供给商务旅客预订，Egencia 于

2016 年在澳洲推出了全线服务的商务旅行产品服务。

“我们很高兴为维珍蓝航空和 V – Australia 的国际发展战略出谋划策,”Expedia 合作伙伴服务集团亚太区副总裁 Cyril Ranque 表示。“与这两家航空公司合作,令 Expedia 有机会直接体验维珍品牌的创新品质,他们在发展航空旅行的模式以及向旅行者开展机票营销的方式上都体现了这种创新。”

V – Australia 航空在 2009 年 2 月成立,运营悉尼和洛杉矶之间的直达航班,并计划开通从布里斯班和墨尔本飞往洛杉矶的直航。其姊妹航空维珍蓝航空是领先的航空旅行供应商,航班覆盖整个澳洲 29 个目的地。

“Expedia 的客户覆盖度以及对全球旅游需求的了解,使之成为一位优秀的合作伙伴,帮助维珍蓝航空公司继续在澳洲取得成功,同时,向寻找澳洲和美国之间长途航班新选择的旅客介绍了 V – Australia 品牌,”维珍蓝集团销售总经理 Mathias Freiss 如是说。

第一节　民航运输市场

“民航运输市场”不仅仅是简单的“买什么”和“卖什么”,而是一个复杂的社会群体活动的社会价值交换过程,涉及市场中需要什么、有什么可卖,谁买、谁卖,卖什么价、如何卖,有什么在影响买和卖以及如何管理买和卖等问题,这些都是市场管理和市场营销所要面对的问题。就传统的“市场”概念而言,市场是一种以商品交换为主要内容的社会经济活动,具有供求、商品和价格三项基本要素。

一、民航运输市场及分类

从经济学的角度看,市场是商品交换的总和,即参与某些商品或劳务现实的或潜在的交易活动中所有买卖之间的交换关系总和。在市场经济条件下,航空运输劳务同样作为一种商品而存在。民航运输市场包括以下几个方面的内容:

(一) 运输市场是运输劳务交换的场所或领域

由于民航运输活动过程既代表了运输产品的供给过程,又表现为运输产品的消费过程,使得实现旅客或货物空间位移的场所处于不断变化之中。或者说,民航运输市场作为一个领域,包含了运输活动的经营区域所有可能达到的场所,如机场、旅客售票处、货运站及航线。

(二) 民航运输市场是运输劳务交换关系的总和

民航运输市场是指在一定历史时期、一定的社会经济范围内,进行运输劳务交换所反映出的各种经济关系和经济现象。从经济学角度分析,把运输市场作为一种经济关系,体现出运输市场中各行为主体的经济联系,从而把握运输市场的本质,这是进一步研究航空运输市场体系的基础。从市场营销角度来分析，运输交易活动过程中所反映的经济活动现象，如运输市场调查分析与预测、客货源的组织、交易方式的选择等，都是伴随着运输劳务交换必然发生的。如果没有市场调查分析与预测，就不可能正确了解民航运输市场，运输劳务交换就处于盲目化状态；没有合理的运输价格制度，就会使运输市场缺乏合理的尺度，发生非等价的运输劳务交换；而没有客货源的组织。运输劳务交换就无法实现。

（三）民航运输市场是运输劳务现实的和潜在的需求者的集合

这是从运输劳务供给者的角度，以运输需求为研究对象来理解的。即把运输市场的概念限定在运输需求方以及运输需求方的购买行为趋向上，这一点是进行运输市场营销管理的概念基础。

就民航运输市场而言，它可以分为旅客运输市场和货物运输市场两大部分。但是，由于消费者个体存有差异和消费行为、消费观念的不同，便需要针对不同的市场需求进行市场细分，并对其采用相应的市场营销策略，进行产品的设计、定价、促销、销售和运输服务。民航运输市场通常有以下几种分类方法：

1. 按运载对象分类

根据运载对象特征，民航运输市场可以分为：

（1）民航旅客运输市场，包括商务客运市场、旅游客运市场和休闲客运市场，其中商务客运与旅游客运市场是航空公司和机场的主要市场。

（2）民航货物运输市场，包括普通概念下的航空货物运输市场以及航空邮件运输市场和航空快递运输市场。

2. 按区域范围分类

根据航空运输服务的区域范围，民航运输市场可以分为：

（1）民航国内运输市场，指服务于国内航线的民航运输服务，是我国目前民航运输企业的主要市场。

（2）民航国际运输市场，指服务于国际航线的民航运输服务。

（3）民航地区运输市场，指服务于地区航线的民航运输服务。

3. 按航班性质分类

（1）民航定期航班运输市场，指提供相对固定的航班起飞时刻和班期及固定航线的航班运输服务市场。

（2）民航不定期航班运输市场，指针对不确定航班起飞时刻或航线提供航班运输服务的市场，如包机运输和加班运输等。

4. 按航线结构分类

在枢纽—支线结构航线网络中，民航运输市场可以分为：

（1）干线民航运输市场，指省会级城市或大型机场（如北京、深圳等机场）之间的民航运输市场。

（2）支线民航运输市场，指省会以下级别城市及其周边地区的民航运输市场，如昆明至大理航线。

二、民航运输市场构成要素

（1）一般情况下，存在运输供给方和运输需求方，有可供交换的运输劳务，有供需双方可以接受的运输价格和其他条件，就可以形成现实的而不是观念上的运输市场。由此看来，民航运输市场的构成要素主要包括五个方面，即航空公司、旅客或货主、机场、航线、销售网络和运价。

（2）航空公司是提供运输劳务的单位，是运输市场的供给主体，其市场行为表现为提供运输劳务以获得相应的经济利益。

（3）旅客或货主是运输市场的需求主体，其参与运输市场活动的主要目的有两点：一是通过运输劳务获得其效用的满足，如执行公务、旅行活动、探亲访友，从而实现货物的时间效用。

（4）机场（包含相关的服务机构）是运输市场中的中介服务主体，世界与运输供给主体和运输需求主体之间并为之服务的运输市场的中间组织。机场具有双重身份，即相对于运输供给主体来说，它是运输需求者；相对于运输需求者来说，它是运输供给者。机场依靠服务于供需双方来参与运输市场活动，并同样以追求自身经济利益为目标。

（5）航线是民航市场中与机场要素相互关联的结构，是航空公司和旅客或货主实现运输需求的依据，是航空运输市场的资源。为了避免航空公司间的无序竞争，必须合理安排航线布局。目前，中国民航推行航线经营许可制度，由民航总局对航线进行宏观调控，这种调控手段仍属于政府行为。随着我国民航运输市场化进程的不断加快，航线也必将推入市场，国家进行航线经营权的拍卖，航空公司对于购入的航线经营权合理使用，以此达到航线资源的合理配置。

（6）销售网络和运价是民航运输市场必不可少的要素。民航运输市场的销售网络可以看作是运输劳务交换的场所，而运价是运输劳务价值的体现，反映了航空公司和旅客或货主之间的契约关系。

三、民航运输市场的特点

民航市场是市场体系中的一个组成部分，是经济领域中属于运输事业的一种特殊形式，除了具有一般市场的属性外，还有其特殊性。

1. 自然垄断性与政府管制

民航属于资本密集型产业，投资额巨大，进入和退出成本很高。如果不对进入进行必要的限制，将可能造成巨大的浪费和损失。同时，在民航业发展初期，受自然或技术条件限制，机场数量及航线资源有限，制约了市场容量的扩大，加剧了产业的自然垄断性质。

企业在规模经济、范围经济、网络经济的作用下，从事大规模的运输生产具有明显的成本优势和市场优势。随着规模的扩大，企业的成本函数呈“弱增性（或称次可加性）”特点，而在一定的空间范围内，有限的市场需求决定了由一家或极少数几家企业经营是有效率的。

此外，也有人们主观认识的原因，如认为航空运输业涉及国家主权与国防安全或属于重要的公益性运输服务部门，还有对飞行安全的担心等因素。这些都导致了对该产业的垄断性经营和政府管制。

2. 市场构成的复杂性和主体多元化

民航市场是以飞机为运输手段，实现旅客、货物发生空间位移和满足社会需求的交易领域，其构成比较复杂。

民航市场有各种形式的主体。航空公司是空运市场的经营主体，它们按照企业的意志决定投资、经营、机构设置、人事工资等，自主经营，自负盈亏。航空公司作为公共性企业，又必须承担政府指定的任务，并为公共利益服务。这是航空公司有别于一般商业企业的地方。因此，航空公司又必须把社会效应置于重要的位置。

3. 服务性和需求的无形化

人们对商品的需求都是有形的物质性需求，需求的满足主要通过物质产品本身的效用实现而获得。而民航运输需求则和其他服务需求一样，消费者支付货币后，实际消费的并非是有形的物质产品，而是无形的非物质性的劳务。

4. 季节性和使用的广泛化

现代人类生产和生活的各个方面、各个环节都离不开物和人的空间位移，除了一部分由个人或企业、团体自行完成以外，大部分运输需求都来自运输服务的专门提供者。民航运输需求已经成为现代社会经济、文化、生活等方面最基本的需求之一。民航运输需求的波动性，记录了一定时期内民航运输需求的时间分布和运输空间分布所呈现出的不均衡状态。

四、民航运输市场影响因素

影响民航运输市场的因素，从航空运输企业的角度来分析，分为企业因素和环境因素。航空运输公司在产品（数量、质量和种类）、航空运输价格、销售渠道和市场推销手段等方面有一定的主动权。这四个方面对民航运输需求有直接的影响，这好似企业在一定范围内可以发挥主观能动性的因素，所以称为影响民航运输市场的企业因素。而各种外在环境是客观存在的，企业只有认识它、改造它，不能改变它，这种因素被称为影响民航运输市场的环境因素。下面我们就从企业和环境两方面来讨论影响航空运输需求的因素（图4－1）。

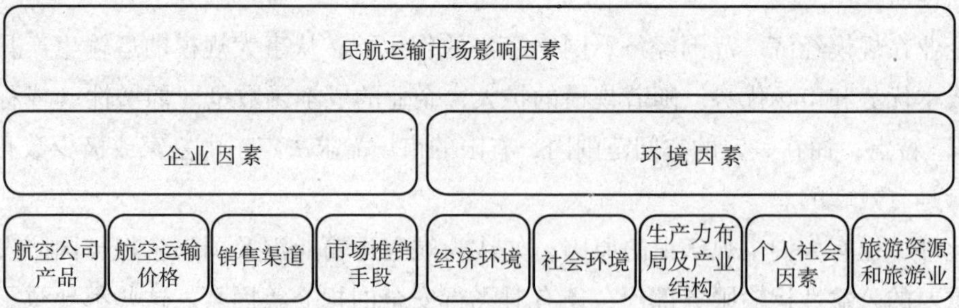

图4－1　民航运输市场影响因素

1. 影响民航运输市场的企业因素

（1）航空公司产品

不断创新航空公司产品的种类，努力提高航空公司产品的质量，保障航空公司产品的数量，最大限度地满足客户的需要，赢得客户的满意与赞许，提高客户忠诚度，保证客户流失率降低到最低水平，从而保证企业稳定增长的生产与服务利润。

（2）产品内涵：航空公司和机场提供的产品内涵也是影响民航运输市场发展的因素之一，如通达的航线、航班时刻、机型、航班正点率、机场服务、中转便利性、延伸服务等。

（3）航空运输价格

服务产品的同质化，民航的竞争更多地表现为价格的竞争。航空旅客票价、航空货运价格及相关延伸服务费用，在某些程度上对客户选择航空运输确实存在一定的影响。要打价格战，航空运输企业必须仔细、清楚地核算服务的成本，科学地预测服务的未来收益，进行严格的成本效益分析。

（4）销售渠道

销售工作是关系着航空运输企业经济效益的重要工作。在销售工作中，统筹兼顾，管理好销售渠道，是各种销售渠道协调发展，才能满足不同消费者的不同购买方式，从而满足消费者的需求。销售渠道是否合理和畅通至关重要，可以说是一个企业的命运所系。如果不能牢牢控制销售渠道，企业就将失去发展的源泉和动力。

（5）市场推销手段

对于航空运输企业来说，销售渠道不外乎企业直销和依靠代理人销售，即直销和分销两种渠道。既要重视已存在并占据主导地位的代理人销售渠道，也要重视具有较强生命力和远大前景的直销。在航空运输基地努力扩大直销，争取做到直销与分销齐头并进，甚至以直销为主；在航空运输外站仍以分销为主，同时，不失时机地扩大直销，即市场推销手段。

高效快捷地将航空产品或服务信息传递到目标市场，沟通航空运输企业与旅客的联系，激发社会大众使用航空交通运输方式的兴趣和欲望，大力推出组合式市场营销方式。民航市场的营销实质就是要通过传播与沟通信息，不仅向目标市场的旅客宣传，而且要与代理人进行沟通，推介航空产品，使旅客了解航空，增加他们“飞”的兴趣和欲望。对于这一点，广告是促进销售、开辟新的航线和班次、提高市场占有率、开拓新市场的重要媒介。因此，如果能充分发挥广告在营销中的作用，紧密结合，促成互动，将会极大地推动销售的增长。

市场营销也绝非只有“只要价格低，则万事大吉”这条路可走。事实上，消费者在选择卖主时，价格只是考虑因素之一。消费者真正看重的是“顾客让渡价值”。由于旅客在买票、托运货物时，总希望把有关成本包括货币、时间、精神、体力等降到最低限度，而同时又希望从中获得更多实际的利益，因此，为把握住每一个销售机会，理应建立自己使潜在旅客更容易接近其产品的系统。如出售航班离港时可以出票的“节时机票”或是航空公司航班和订座系统给代理的“连锁机票”，以及方便旅客进出港的“城市空港”的建立等，都会使航空营销市场更加活跃起来。

2. 影响民航运输市场的环境因素

（1）社会环境因素

社会环境是指一个国家或地区的政治制度、体制、方针政策、法律法规等方面。社会环境是影响民航运输企业营销的重要宏观因素，包括政治环境和法律环境。政治环境引导着民航运输企业营销活动的方向，法律环境则为民航运输企业规定经营活动的行为准则。政治与法律相互联系，共同对民航运输企业的市场营销活动产生影响和发挥作用。例如，海湾战争直接导致了美国泛美航空公司的破产；苏联解体使苏联民航大部分飞机停飞；“9·11”事件使美国航空公司陷入困境；2003 年爆发的伊拉克战争和在我国爆发的 SARS 造成社会的不安情绪直接导致航空旅行需求急剧下降。

国家的航空运输政策是民航运输市场的政治法律环境的具体化。目前，世界各国的航空运输政策分为非管制化政策、开放性政策和保护政策。美国实行的是航空非管制化政策，新加坡实行的是开放性政策，西欧各国则实行保护性政策。我国航空运输企业的实力还不够强大，需要国家提供保护和支持，所以，我国的航空运输政策实行保护性政策。

（2）经济发展因素

经济发展水平决定了整个社会的经济结构和物资流通量，决定了社会的收入和消费水准，相应地也就决定了航空运输需求。民航运输市场属于运输市场中的高端细分，与区域经济的发达程度和产业结构密切相关。

①经济发展水平

通常利用工农业总产值、国民生产总值或社会总产值等指标衡量一个国家或地区发展经济水平，各国和各地区的情况表明，经济增长了，航空运输量也随之增长。例如，根据对 1991 ~2009 年我国 GDP 和民航运输总周转量的分析，在这 19 年中，我国

GDP 每增长 1%，我国的民航旅客运输总增长率增加 1.492%。

②经济结构变动

支持空运存在和发展的主要力量是经济活动，地区间的经济交往越多，民航运输需求越大。经济交往的多寡取决于不同形态的经济结构。自给自足的农业型经济结构，经济交往少，民航运输需求少；商品交流的工业型经济结构，经济交往多，民航运输需求就多。

航空运输是国际性行业。分析经济因素还必须考虑国际经济地区结构的变动。我国处于亚洲太平洋地区，亚洲形势相对稳定，亚洲经济的增长高于世界平均增长速度，东亚地区的发展更快一些。

总之，亚太地区的经济稳定增长、我国的对外开放和经济稳定增长给我国的民航运输业开拓了市场。

（3）生产力布局和产业结构的调整

现代工业要求标准化、专业化，分工日益精细，协作日益扩大。现代生产的专业化协作已打破一个工厂的几个车间或一个城市的几个工厂之间的界线，已成为一种跨地区、跨国界的生产活动。专业化协作要求的是高频度的准时，精确的物流，而民航运输正是能满足这种要求的物流方式。

（4）个人的社会经济因素

人口是构成市场的基本要素。研究与人口要素紧密联系在一起的人口地理分布、年龄结构、性别、受教育程度、职业、消费者的收入等因素，可以帮助民航运输企业根据自己的优势选择目标市场，分析市场容量以及满足消费需求的程度。

居民可支配收入是衡量居民消费能力的一个重要指标，直接影响居民是否选择航空运输方式出行以及对舱位等级的选择。

（5）替代品

与民航运输业竞争的替代运输方式主要是铁路和公路。高铁和高等级公路网的出现，给客户的出行方式提供了较多的选择，无疑对民航运输市场产生一定的分流作用。

（6）旅游资源和旅游业

旅游业是一项高度综合的经济事业，它的发展必然要带动相关行业的发展。民航运输是关联最密切、受影响最大的行业之一。

①旅游业为航空运输提供了大量的客运需求

随着旅游业都是发展，航空旅客中旅游者所占的比例逐渐提高。旅游者已经成为国际航空客源的主流。

②旅游业影响航空运输市场的运力投放

旅游活动形成旅客流，旅客流是航空客流的重要组成部分。旅客流的分布和流向必然影响民航运输市场的形成及其大小，从而影响民航运输企业运力的投放和布局。

③旅游业的发展，促使民航运输市场和旅游市场之间的竞争与融合

旅游业的经济效益刺激了民航运输企业和旅行社的发展。旅客客流是民航运输企业的主要客流，而方便舒适的交通运输方式又是旅行社争夺旅客的重要手段，这就导致了航空公司之间、旅游商之间、航空公司和旅游商之间的激烈竞争和融合。

此外，在区域性民航运输市场中，季节因素也是一个不可忽略的影响因素。

第二节　民航运输市场营销管理

著名的市场营销学家菲利普·科特勒认为，市场营销是个人或集体通过创造产品并通过产品与他人交换价值以满足社会需求或欲望的一种社会和管理的行为过程。换言之，市场营销是企业根据市场需求设计和生产产品并投入市场进行货币交换的过程，是一个有目标有计划有组织的实施与管理，为客户或消费者创造价值，并构建可以从中获利的客户关系。市场营销管理的任务，就是对整个营销过程进行计划、组织和实施。

一、民航运输市场营销理念的发展过程

随着市场营销观念和民航运输市场的发展，民航运输市场的营销理念在市场竞争中不断发展，主要经历了以下三大阶段：

（一）“面向运送”的经营理念

在航空运输的发展初期，欧美国家以政府出资方式优先扶持航空邮件运输业务。由于航空运输速度远快于其他运输方式这一无与伦比的优越性，航空旅客运输的对象主要是高官显贵要人，乘坐飞机成为一种身份的象征。在这一时期，民航运输企业关注的重点主要是安全运送，提高运送能力，降低运输成本，提高利润，类似于有形产品的“生产”阶段。这种理念强调“运送”，还没有“产品”和“市场”的概念，是一种社会需求驱动服务供给的初级产物。

（二）“面向销售”的经营理念

第二次世界大战刺激了航空工业的迅速发展，为航空运输提供了更为先进的飞机和通信导航技术与设备，为民航运输业的发展奠定了物质和技术基础，航空运力显著增加。为了扩大市场吸引更多旅客乘坐本公司航班，以提高航班乘坐率，增加航班收益，航空公司逐步意识到必须像有形产品那样加强市场销售，因此开始出现机票的市场推销，并从改善以服务为基础的产品差异化入手，加强产品内涵设计。随着IT技术的发展，继而运用计算机订座等先进技术，伴以价格手段，扩大市场销售范围，提高市场竞争力，其经营理念从“运送”逐步向市场“销售”（或产品）演变。“面向销售”经营理念的实质是卖方主导市场，卖方的经营重点在于通过销售产品和价格优势

等吸引消费者，以提高自身的市场竞争力。

（三）“面向服务”的营销理念

20 世纪 50 年代，喷气式客机开始大规模投入市场，航空公司运力迅速增加继而有不同程度的过剩，民航运输市场竞争不断加剧。特别是 70 年代后期美国政府的“航空公司放松管制法”出台后，民航运输市场竞争加剧，消费者对民航运输产品的要求随市场竞争的升级在逐步提高，卖方市场的主导地位开始出现动摇。因此，航空公司开始以满足乘客需求为目标，改变产品策略。随着市场营销思想的发展及民航运输市场竞争的加剧，先进技术不断在民航运输市场中得到运用。到了 21 世纪初，民航运输市场中的卖方地位风光不再，以旅客为中心的“旅客满意度”营销观念逐步形成，进入服务营销竞争的买方市场时代。民航运输企业产品策略和战略彻底变革，产品内涵更为丰富，以满足市场中更为细化的消费需求，如送票上门、接送旅客、个性化服务、常旅客计划、网上订票等，并加强与消费者之间的感情联络和忠诚度的培养，以巩固和拓展市场。这种“旅客需求驱动”和“以旅客满意度为核心”的服务营销理念，着眼于消费者的需求和满意度，成为现代民航运输市场产品设计和市场竞争的基础。

在民航运输市场营销观念发展的过程中，航空公司直接面对市场竞争，是营销理念发展的先行者。机场作为民航运输产品的“生产合作方”，随着民航运输业的发展和市场竞争，其经营理念和营销思想也随之而改变，民航旅客从这种竞争和发展中得到了更好更多的服务。这就是“竞争促进发展”的真谛。

二、民航运输市场的营销组合

任何一种营销策略都是营销要素的组合。麦卡锡把市场营销归纳为 4P，即产品、价格、分销、促销组合形成的过程。4P 组合成了现代营销学的核心部分之一，但是 4P 组合主要是根据制造业的情况确定的，它并不能覆盖服务业的需要。与制造业不同，航空公司必须处理一些显然性质不同的问题，例如，坚持服务质量的问题：从事服务的人成为产品的一部分；航空服务创新不能申请专利，并具有易模仿性等。布姆斯和毕纳将服务企业营销组合定为 7 个要素，即产品、定价、地点或渠道、促销、人员、有形展示、过程，简称 7Ps。这个框架同样适用于民航业的市场营销。

（一）产品

产品即航空公司提供的服务。对于航空公司来说，其产品的意义与制造是不同的。它通常由以下几个方面构成：

（1）核心服务。即提供安全送达服务。例如，长途运输与短途运输、客运与货运。

（2）便利服务。为了使客户获得核心服务，其他一些服务也是必需的。例如，订票服务、托运行李、送客户去机场的服务等。

（3）辅助服务。它们的作用并不是便利核心服务的使用，而是增加服务的价值，或与其他竞争对手加以区分。例如，提供报纸、餐饮、赠送不同的纪念品、地图、旅游手册、提供传真、Internet 服务，甚至空姐的文艺表演等。

航空公司的产品特征在飞行中主要表现为舱内服务、客户活动空间、娱乐设施等，这些特征和飞行距离有正相关的关系。在40分钟以下的短程飞行中，旅客不太在乎座位是否宽适，也不会太计较有无正餐或品种繁多的饮料，而价格往往是最动人的优势；而在长距离跨洋飞行中，航空公司的产品特性突出，因而服务竞争不断升级。

（二）价格

价格方面要考虑的因素包括价格水平、折扣与佣金、付款方式和信用等。对于习惯于价格战的中国航空公司来讲，必须重新考虑以下几个问题。

（1）市场营销的基础是营利性，如果价格不能为公司带来短期和长期的效益，那么，价格战只会使行业亏损。

（2）价格的竞争力主要取决于客户的属性。公务与商务旅客是我国航空公司的基本客户，他们不像休闲旅客那样对价格比较敏感，只有放开价格管制后，完全按市场经济规律运作，价格才能起到更有效的作用。

（3）我国的航空业基本采取销售代理制。如果价格的折扣基本上被销售代理商吃掉，那么，受惠的将不再是客户。航空公司应加强对这一环节的监管。

（4）如果价格折扣以牺牲服务质量为代价，从长久来看，客户满意度肯定会下降，受损的依然是航空公司乃至整个民航运输业。在市场经济条件下，航空公司应根据产品、航程的长短、航班的频率来调控价格。

（三）分销渠道

民航企业的运力销售受到时间的限制。其座（吨）位要求在航班起飞前销售出去，所以，航空公司分销渠道大多采取宽渠道策略，寻找众多的代理人，拓宽自己的销售渠道。自20世纪80年代中期民航开展销售代理以来，国内航空公司逐渐由直接销售变为直接销售与间接销售并存的方式。销售代理得到了进一步的发展，也带来了载运率的提高，但航空公司对销售代理之间的控制力却不是很强，因此，在处理分销渠道时，以下几个问题值得考虑。

（1）销售网点布局的合理性。销售网点布局应考虑客户的方便性、可及性，同时还应考虑各销售点之间的直辖市。近几年，销售代理热居不下，代理商发展过多过快，各代理商也进入一种无序竞争的状态，这在一定程度上使得一些代理商为谋求客源采取一些违规的做法。而且由于代理点的收入在减少，使得它们的积极性有所降低，并对航空公司造成影响。因此，需要航空公司在销售点制定合理规划，并在互惠互利的基础上形成协同关系，航空公司要让销售代理商有利可图，同时又要从它们那里了解消费者需求。

（2）对销售代理提供统一支持。销售代理商往往只是起到销售作用。航空公司自身必须有相应的市场部门担负起营销功能，对代理提供统一的信息、广告、公共关系的支持，否则，代理不会有很好的成绩。销售业绩不仅取决于代理点的多少、代理商的实力，而且与航空公司本身的营销支持相关。

(3) 大力发展直销。由于信息技术日臻完善，直接销售能在今后的销售中占有更大的比重。直接销售易于控制回款和价格，不易引起内部混乱，而且也降低了成本，对这种销售方式，航空公司应加以研究和推广。可以发展网上订票和电子客票，把分销渠道的成本降到最低水平；也可以发展无票旅行，从而降低订票成本和收入结算成本。

（四）人员

人员即在航空公司担任服务或操作性角色的人，在客户眼中，他们也是产品的一部分。在航空公司，服务的销售和递送之间是不易区分的。换言之，服务本身就是一件产品，而且在服务被递送的同时，客户所能感受到的一切，都成为服务产品的一部分。据此，营销管理必须和作业的处理相协调，才能影响并协调客户和工作人员之间的关系。航空公司工作人员的任务极为重要，营销管理者应特别注意员工（不仅是空乘）的筛选、训练、激励和控制。因为与客户接触的工作人员是公司最关键的角色之一。值得注意的是，航空公司一般选择代理商作为销售的渠道，而且客户还经常需要机场服务，因此，航空公司必须同时注意对代理商的培训和选择及其与机场的协调。我国民航业并非不注意员工的激励和企业核心价值观的培养，因此，员工的满意度并不高。其实对于服务企业来说，员工满意是极为重要的，没有高的员工满意度，就不可能有高的客户满意度。

（五）过程

过程即服务的递送过程。整个体系的运作程序、服务供应中的自动化程度、顾客参与服务操作过程的程度、咨询与服务的流动、等待制度等都是经验管理者要特别关注的事情。在许多服务经营上，人和过程是密不可分的。营销管理者必须重视服务表现和递送的过程顺序，从事服务经营的管理者们通常都得扮演综合性的经营角色，即人事、服务质量控制、营销和财务等功能。一些航空公司坚持对自己的服务绩效和竞争者的服务绩效定期进行审计。

（六）有形展示

有形展示即指航空公司的物质环境。服务产品基本上都是同质的，因此，航空公司往往营造优越的物质环境为客户提供价值。有形展示还有帮助客户的作用，航空公司通过符号象征和标记来达到这个目的。另外，有形展示还必须体现航空公司的营销战略。例如，一家以快捷服务而著称的航空公司往往以其简单明晰的定价单、服饰明快的服务人员等行为来表现航空公司的定位。

（七）促销

促销是指航空公司将有关服务信息进行传播，以引起消费者的兴趣，激发消费欲望，促使其采取购买活动。随着民航业竞争的加剧，国内航空公司在这方面的投入也在加大。在促销广告主题的选择上，国内航空公司多侧重某个具体的航班或航线，如新航线的开辟、新机型的投入，而对公司整体形象的宣传则涉及的较少。虽然此种广告必不可少，但此航线同时存在着其他航空公司时，这种广告实际上也是在为竞争对手进行宣传。国外航空公司则较多重视对企业形象的宣传。例如，美利坚航空公司的一则电视广告就是通过一个小男孩憧憬飞行，仰望着天空上飞机从旧式到新式的不断变化，预示着美利坚航空公司的不断发展壮大和雄厚的服务、实力。可见我们在广告主题的选择上应更多地注重对公司形象的宣传，突出航空公司的服务、实力等，以建立旅客对航空公司的信任感，使旅客在购买时首先问的是："这是不是某某航空公司的航班?"

对于航空客运服务而言，市场营销主要应在营销战略的支持下协同作用，均衡发展，不能只注重某方面（如只注重价格或促销）。民航客运的 7Ps 营销组合如图 4 – 2 所示。

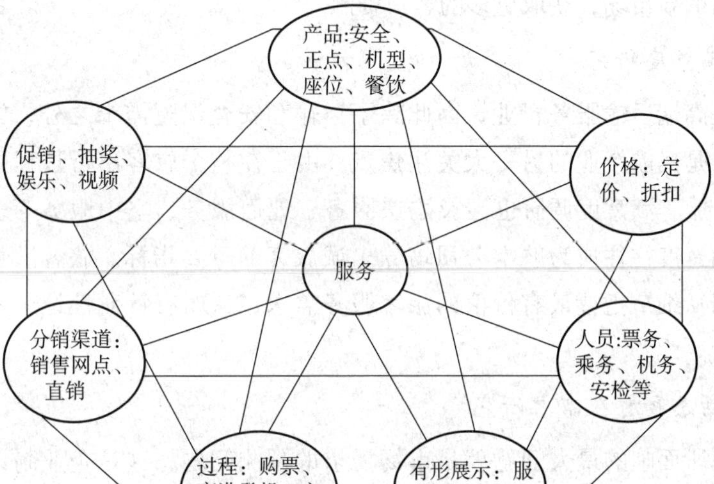

图 4 – 2　民航运输的 7ps 营销组合

二、民航运输市场调研内容

（一）市场研究

市场实践证明，在民航运输市场营销过程中，不仅存在内部影响因素和外部竞争因素，还有许多不可控制的因素，在企业市场行为决策时，不可避免地受其影响，如国家政策、社会经济条件、风俗习惯、地理环境、自然资源等。因此，在指定市场营销方案时，需要对市场进行前期调查研究。企业产品不同，面临的市场竞争不同，调研的主题也不同，民航企业的市场营销调研一般进行以下四个主题的研究。

1. 旅客特征背景研究

市场竞争的激烈化和消费者需求的差异化、个性化，都导致企业不可能服务好所有的消费者，因此必须要了解旅客的特征背景，对市场进行细分。旅客特征背景研究包括旅客性别结构、旅客年龄结构、旅客收入情况、旅客所在行业分布等旅客的背景特征。通过这样的调研，民航企业可以了解到公商务旅客、休闲旅客构成比例，淡旺季旅客构成比较、旅客关注的各种便利性因素、票价因素、舒适性因素等，从而提供更具针对性的个性化服务。

2. 旅客行为研究

不同的消费者有不同的消费行为习惯，旅客行为研究的目的是通过分析不同旅客的出行决策过程，了解旅客出行需求、出行目的、购票行为、出行费用、出行时间、乘机后反馈及评价等主要影响因子，并且根据旅客出行前中后的时间顺序，了解旅客在乘机行为发生全过程的实际行为及态度。通过旅客行为研究，民航企业可以确定未来阶段要开拓的新市场，获取更多的客户资源。

3. 旅客满意度研究

民航业是高端运输服务行业，因此除了运输和安全保障需求之外，旅客对于民航业的服务需求是民航企业的另一大关注焦点。由于在整个旅客出行过程中涉及多个服务环节，对于旅客满意度调研也涉及购票服务、地面服务、空中服务等多个环节。旅客对服务的满意度往往成为航空公司培养忠诚旅客的重要指标。旅客满意度研究可以引导航空公司从细节把握最有价值的旅客服务需求，从而有针对性地迅速提高重要环节的服务质量。

4. 旅客动态和潜在需求研究

市场营销所面临的最大问题就是市场需求的预测问题。这是企业制订市场营销方案的基础和前提，也是企业进行市场调研的主要动机。预测性调研中，必须加强客户对新产品期望值的测定分析，根据分析结果制订产品的推广策略，以达到甚至超越客户的期望值。民航企业通过了解民航旅客的出行行为和态度，发现旅客的需求，定期对竞争对手的用户和自己的用户进行研究，摸清消费者的消费变动趋势，挖掘潜在需求，以采取更好的产品服务策略。

（二）市场分块

市场是企业赖以生存的根本。因此，市场分块的目的在于通过深入细致的分析市场需求特征，对相同或相似特征的市场需求进行归类分块（亦称市场细分），并从中寻找和确定适合本公司市场发展目标的市场块或市场细分（即目标市场的消费群体），以便制定相应的市场营销方案，包括产品设计和销售方案等。产品的差异化设计建立在合适的市场细分基础上，这种差异化不仅要能够体现产品的市场竞争力，同时要能够体现不同需求类型客户群体的消费价值以及产品个性化特点。

不仅如此，从企业发展战略考虑，还需要确定市场的地理分布，根据地理分布进行市场需求及其差异性分析和研究。例如，中国民航运输服务企业是否准备进入欧美市场，中国与欧美之间的民航运输市场需求如何，主要航线集中在中国和欧美的哪些城市。根据这些分析，为开拓国际民航运输市场的决策提供依据。

（三）市场定位

市场定位，就是确定目标市场，服务什么样的客货群体，满足什么样的消费需求。市场定位的基础由企业实力和企业的发展战略共同决定。

随着我国的经济改革和对外开放，我国经济稳步增长，民航运输市场增长速度举世瞩目。面对我国巨大的民航运输市场需求和发展前景，国内航空公司不断扩大发展规模，社会资金随着我国政府对民航运输市场准入管制的放松，民营航空公司相继诞生。在面对国内国际巨大需求和强大对手的竞争环境中，民营航空公司如何生存和发展是世人关注的焦点，也是民营航空公司创建时必须面对的现实和必须要解决的问题。民营航空公司根据其自身所处区域的地理优势、区域自然资源和区域经济环境优势，大多数认为应该首先发展国内支线旅客运输，辅以货邮运输，优先发展旅游市场。这样，它们可以在发展初期避免与既有航空公司在干线上的直接竞争。

2007 年 10 月 28 日，空客 A380 客机在新加坡航空公司全球首航，引起业内外人士对这个空中巨无霸的兴趣。在国际民航运力过剩、客货运输市场竞争激烈的形势下，民航业拭目以待，高度关注空客 A380 的市场表现。新加坡航空公司将装修豪华的空客 A380 投放到远程国际航线的高端商务客市场，首航机票通过网上拍卖的方式进行预售。人们争先亲历“超五星空中客房”这一历史性的首航风采。其预售情形可以用“火爆”形容，最贵的套房舱机票拍出一张 10.05 万美金的价格，满足了民航旅客运输市场中部分高端旅客的显贵和奢华需求。这是新加坡航空公司对空客 A380 飞机的市场定位。

三、民航客运市场营销策略

根据上一节关于市场营销学理论的讨论，本节和下一节将重点阐述民航旅客运输市场和货运市场的市场营销策略。

（一）航空公司的市场定位

从世界航空业的发展情况和趋势来看，根据航空公司战略和盈利模式的不同选择可以形成四种市场定位：①高端航空公司：提供豪华飞机舱位和贵宾式一体化、个性化服务，安排飞行时间，收取高昂票价；②骨干航空公司：以轴心辐射式航线网络为基础，注重客户忠诚度的保持，提供全方位的航空产品；③支线航空公司：与骨干航空公司间通过代码共享、比例分成等手段形成关系，为干线航班提供或分散客流，是骨干航空公司提高客户忠诚度的重要手段，其具有登机方便快捷、票价水平较高的特点；④低成本航空公司：通过战略定位和企业管理大幅降低经营成本、以价格弹性较大的旅客为目标市场，提供价格低廉、点对点航空运输产品，参见表4-1。

表4-1　航空公司市场定位

航空公司定位	企业特征与市场定位	市场特点
国际航空公司	1. 规模较大的国家骨干航空公司 2. 经营国内干线和国际航线为主 3. 基地通常设在国际枢纽机场。如CA、CZ、MU、FM	1. 国际国内旅客与货物运输 2. 国内市场分布于国家经济发达地区 3. 国际市场分布于国家首都和国际商务热点或者地区 4. 以中远程航线及商务旅客为主 5. 国际航空公司联盟成员，拥有国际航线网络和国际市场销售网络
干线航空公司	1. 中等规模的区域性航空公司 2. 经营国内干线和国际航线为主 3. 基地通常设在国际枢纽机场。如CA、CZ、MU、FM	1. 国内旅客与货物运输 2. 国内市场主要分布于干线及热点支线 3. 国际市场以中短程航线为主 4. 拥有国内航线网络与国内市场销售网络
支线航空公司	1. 通常为小型航空公司 2. 以经营支线为主 3. 基地通常在地市级城市机场，如8L、BK	1. 以航空旅客运输为主，兼营货运业务 2. 市场通常分布在旅游航线或热点支线 3. 通常与枢纽航线网络衔接 4. 市场规模小，通常借助其他航空公司的销售网络
低成本航空公司	1. 通常为小型航空公司 2. 以经营支线为主 3. 以票价相对较低为主要特征，如9L、KY、WN	1. 国内支线，低端旅客为主 2. 以薄利多销为主要竞争策略
货运航空公司	1. 经营全货运航空业务 2. 基地通常设在进出口贸易或经济发达的大中型城市机场，如CK、Y8、GS	主营国际国内航空货邮运输、航空快件运输业务

（二）市场细分

一个企业生产什么样的产品，首先必须根据企业的市场定位，针对目标市场类型进行市场分析。必须清楚无论是当前还是在未来的一段时间内，目标市场需求什么样的产品。市场细分的目的就是为设计“产销对路”的产品提供依据。

民航旅客运输市场的细分方法主要有以下几种：

1. 按出行目的划分。根据表4-2可以看出，公商务与休闲度假旅行并举，我国国内市场的总体特征是：公商务旅客与休闲旅客比例接近，全国市场淡旺季差异明显，淡季时公商务市场占六成，旺季时休闲旅客比例明显上升，已经超越了公商务旅客。

公商务旅客通常比较关注航空公司品牌、航线和航班时刻；休闲旅客比较关注航空公司的航线和机票价格。此外还有因私事旅行的旅客，这类旅客主要为探访亲友等私事而出行，与休闲旅客的关注点相同，并且这两类旅客市场具有极强的季节性特征。

表 4－2　2004—2007 年我国航空市场旅客构成情况

项目		2004 年	2005 年	2006 年	2007 年
旅行目的	公务	56.8	49.6	49.2	45.0
	旅游	32.5	38.4	40.3	36.7
	探亲访友	10.7	12.0	10.5	18.3
消费性质	公费	60.8	48.6	45.0	49.3
	自费	39.2	51.4	55.0	50.7
乘机次数分布	1～3 次	36.4	40.6	42.3	39.1
	4～6 次	23.2	24.1	27.0	26.0
	7～9 次	13.4	12.9	11.3	11.2
	10～15 次	9.8	8.9	8.5	9.1
	15 次以上	17.2	13.5	10.9	14.6
乘坐舱位	头等舱	3.5	3.9	3.3	1.9
	公务舱	13.1	12.0	9.9	9.9
	经济舱	83.4	84.1	86.8	88.2
民航旅客购买时间分布	当天购票	11.8	10.9	9.5	9.7
	前 1～2 天	45.2	40.2	36.0	41.8
	前 3～6 天	30.9	32.7	36.1	34.8
	前 7～15 天	9.6	11.5	13.1	12.3
	前 15 天以上	2.5	4.7	5.4	1.5
旅客选择航班考虑因素（注：本问题统计口径与往年不同，因此不能比较。答案可以多选，因此各项比例总和超过 100%）	安全	19.2	24.2	22.5	54.5
	航班时刻	17.3	14.6	16.5	37.9
	航空公司品牌	13.7	12.3	12.5	33.3
	服务	12.8	12.7	11.0	26.1
	票价	10.8	10.5	11.7	25.6
	航班正点	—	10.8	9.6	21.7
	机型	8.8	8.5	7.5	18.6
	常旅客计划	3.4	2.4	2.7	6.4
	其他	14.1	4.1	5.9	6.6

（资料来源：http：//www. caac. gov. cn/H1/2008. 中国航空运输发展报告）

2. 按旅客行业划分。我国旅客以管理人员、科研技术人员、私营业者以及官员职员等四类人群为主体，但教师学生群体不可忽视。从发展的观点来看，教师学生的比例明显上升，正成为不可忽视的旅客群体，旺季尤其如此。一方面，是多年来航空公司在学校假期针对教师学生的优惠政策对市场发生了作用；另一方面，也是随着社会经济发展人民收入水平不断提高的结果。

3. 按地理区域分布划分。民航运输市场分布与城市的地理分布密切相关。城市的区位影响因素主要体现在城市所在地理环境、地区人口规模、经济繁荣程度、资源禀赋、产业结构、地面交通系统发达程度、城市的政治经济和国际地位等方面，直接影响航线和航班性质。由图 4 – 3 可以得知，由于城市、地域间的政治地位和经济地位，东部地区是民航运输的重要市场组成部分，且这部分大多以商务和观光客市场为主。

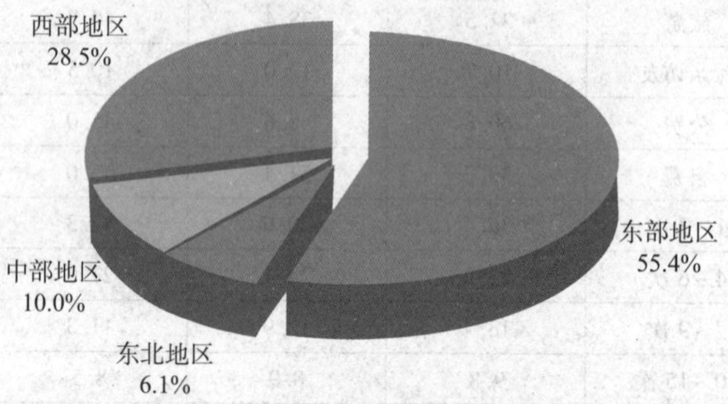

图 4 – 3　2014 年机场旅客吞吐量按地区分布

4. 按旅客年龄段划分。根据图 4 – 4 分析，民航旅客年龄分布主要集中在 26 ~ 54 岁之间。不难想象，这个年龄段的消费群体正处于事业有成、精力旺盛的人生黄金阶段，出行频率相对较高。16 ~ 22 岁这个年龄段主要以学生为主，其特点是节假日出行量较高。在 55 岁以上的这个年龄分布中，主要是旅游性质的旅客居多。

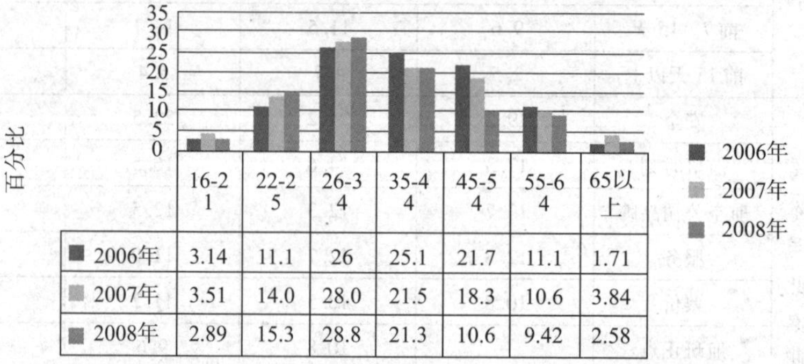

	16-21	22-25	26-34	35-44	45-54	55-64	65以上
2006年	3.14	11.1	26	25.1	21.7	11.1	1.71
2007年	3.51	14.0	28.0	21.5	18.3	10.6	3.84
2008年	2.89	15.3	28.8	21.3	10.6	9.42	2.58

图 4 – 4　按年龄段细分的市场比例

通过以上几种主要类型的细分，基本能勾勒出民航旅客市场的主要结构。其中，公商务旅客是民航运输企业的主要收入来源。

（三）产品设计

航空公司是以根据航空运输产品为主，带有浓厚服务性色彩的企业组织。它向社会提供的不是实物形态的产品，而是一种劳务产品，即旅客与货物的空间位移。运输劳务“产品”量的大小取决于两个因素：运输量（货运按重量数为计算单位，旅客以人数为计算单位）和运输距离。

与其他行业相比航空公司产品具有以下特征：

1. 固定成本高

航空运输业是一个资产密集型、劳动密集型、技术密集型、信息密集型的服务行业，这使得航空运输业的固定成本在总成本中所占的比例大大高于很多其他行业，这意味着航空运输业存在一定程度的进入和退出壁垒。

2. 变动成本低微

对于一个已经定好了离港时间的定期航班来说，绝大部分成本已固定不动，多载运一个旅客的边际成本几乎为零。只要多载运一个旅客的边际收入大于边际成本，其边际利润就会为分摊固定成本做出贡献。航班运营低变动成本的特性为航空公司低价格竞争创造了条件。

航空运力周期过剩运力周期性过剩是长期困扰航空界的一大难题。由于需求随每年中不同季节、每星期中的不同日期、每天中的不同时刻不断发生着变化，为了尽可能满足每一个有效需求，不让高峰时期旺盛的需求溢出过多，航空公司总是会根据高峰需求确定运力的趋势。在经济繁荣的时候，大批量订购飞机成为航空业的一大景观，但通常这些飞机到下一个经济萧条时期才能交货，届时运力过剩将无法避免。此外，运力占有率和市场占有率之间存在着 S 曲线关系，也能诱使航空公司通过提高航班频率去占有较高的市场份额，这样就能争取平均为航空公司创造 2/3 收入的高收益商务客人。航空公司为提高航班收入各自增加运力、提高航班频率的做法无疑是完全正确的。但是单一航空公司根据市场状况做出有利于自己的正确决策，却会导致整个航空市场上运力过剩。

3. 航班座位易腐性

对航空公司来说，其实，真正的大敌是与运力过剩相伴的另一特征—座位的“易腐性”。随着飞机起飞时间的临近，空座位就像准渐变色的香蕉，不断失去它的价值。一旦飞机起飞，空座位就变成了烂香蕉，一文不值。为了赶在“香蕉”烂掉之前讲它们统统处理掉，航空公司常常依据旅客变动成本将所剩座位廉价销售，这样做的目的是为了将损失减少到最低限度。

航空产品由航线网以及与此相关的有形展示、旅客服务等构成，以有形和无形形式共同存在的一个整体概念，其主要构成包括：

（1）航线网：航空公司的产品不是有形的物体，而是进行旅客或货物的航空运输，航线网是航空公司产品的核心。航线网决定了航空公司的经营范围，影响着航空公司的投资决策和运营成本。

（2）有形展示：主要包括客舱布局、航班密度和机型、服务环境等。

客舱布局包括三个方面，即座位间距、座位宽度和过道安排。低成本航空公司一般使用单一机型的机队和单一的舱位结构，在飞机上安排尽可能多的座位，以降低飞机维护和运输成本。但舱位结构必须符合安全标准，考虑飞机结构强度和紧急撤离的要求。顾客的舒适性必须达到航空运输的基本要求，如航空业中普遍认为的座位排距72厘米是乘客能接受的最低标准，很多航空公司都将座位排距定在74厘米或76厘米。

航空公司在航班密度和机型上面临许多困难的决策，需要在产品质量和成本之间进行权衡。公商务旅客需要宽广的直飞航线网络、方便的航班时刻，并愿意为此付出高价，但这样会增加航空公司的运用成本。休闲旅客对中转旅行的方便性要求不高，但对价格更为敏感。近年来枢纽机场越来越拥挤，放松管制后普遍使用的枢纽辐射航线系统受到冲击，“飞越枢纽”和“市场分裂”现象开始出现，人们越来越倾向于长航线上的直飞不中转航班。

（3）旅客服务：航空公司产品的一个重要组成部分，直接关系到旅客旅行是否满意，包括：乘客电话询问航班信息服务；乘客向航空公司预定航班机票；乘客抵达机场服务台；乘客排队等待候机；售票员接待乘客；售票员办理票务；有行李托运的办理托运手续；安全检查；乘客寻找登机通道；导乘员指示登机通道；乘客在候机室等待飞机起飞；检票人员检票；乘客登机后所受到的接待；乘客寻找自己的座位；乘客安放自己的行李；乘客就座及其他事项；飞行过程（欢迎词、起飞后广播、餐饮服务、意见卡、下降时安全检查）；到达终点站；离机；有托运行李的拿取行李；离开机场。

4. 产品分销

当产品从生产者向最后消费者或产业用户移动时，直接或间接转移所有权所经过的途径。分销渠道主要包括作为分销渠道的起点生产者、商人中间商（因为他们取得了所有权）、代理中间商（因为他们帮助转移了所有权）和终点消费者。

民航运输市场产品有两种方式的销售渠道：一种是直销方式，另一种是间接销售方式（见表4－3）。

表4－3 民航旅客运输市场产品销售方式

销售渠道 / 销售方式	售票处 CRS	电子商务	销售者
直接销售	✓	✓	航空公司
间接销售	✓	✓	销售代理人

（1）直接销售方式

航空公司通常在本地和外地设立若干营业部，负责本地区的市场开拓和市场销售。直销的优越性主要是能够体现直接有效地掌握市场动态，能够直接对市场采取灵活有效的销售政策，资金回笼快。但是，由于直销需要专门的销售机构、销售场所和销售人员，在市场规模不大时，销售成本相对较低高。因此，大多数航空公司在规模较小的城市，采取委托代理的销售方式。随着互联网的普及和电子商务技术的发展，航空公司利用自己的网站进行网上销售，网上电子银行直接支付极大地方便了客户。手机订票和订座也越来越受市场欢迎。网上直接销售已经成为欧美发达国家航空公司的主要销售渠道。

（2）间接销售方式

航空公司随着经营规模的扩大，直销方式已经不能满足自身市场发展的需要，必须借助第三方的销售力量进行市场开拓和产品销售，旅行社或销售代理人是航空公司的主要销售渠道之一。1978 年美国政府“航空公司放松管制”政策出台之后，以及 20 世纪 90 年代初我国民航运输市场大力发展时期，旅行社或销售代理人曾一度成为民航运输市场竞争中航空公司之间竞相争夺的销售力量。

（3）电子商务

电子商务是民航旅客市场中一种新型的销售方式，它以互联网 IT 技术为基础，通过互联网或手机进行民航旅客订座和客票销售，代替传统的纸质机票销售。旅客通过网上订票、网上支付，凭有效身份证件可以实现全球“无票航空旅行”。采用电子商务，航空公司可以直接对旅客进行销售，减少销售代理人中间环节，不仅可以降低销售成本，而且可以直接掌控市场销售状况。一方面，可以直接收集市场销售信息，为收入管理系统、客户关系管理系统和 FFP 等系统提供直接的信息资源，为航空公司市场营销提供直接信息资源；另一方面，采用电子商务，方便旅客订票和支付，有助于航空公司的市场开拓。193 年，全球第一张电子商务机票在美国问世；2000 年 3 月，南方航空公司推出了我国第一张电子机票。随着电子商务的普及，根据 IATA 的要求，民航旅客运输市场销售从 2008 年 6 月 1 日起在全球范围内停止使用纸质机票。

随着电子商务的普及，航空公司的直销比例大幅提升，使得销售代理成本显著降低，根据对 1978 ~ 2007 年美国航空公司支付民航旅客运输销售代理人费用的统计（图 4 – 5），1993 年，全美航空公司的民航销售代理费用达到 76 亿美元，占全美全年旅客销售总收入的 13%，这个比例下降只占到 1.7%。

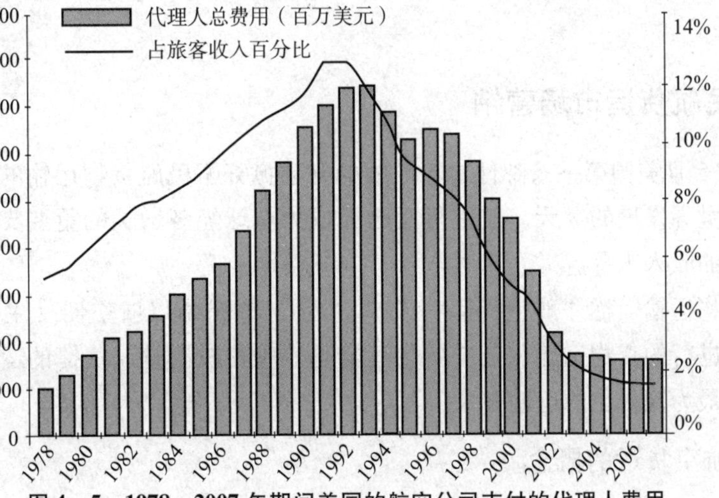

图 4 – 5　1978 ~ 2007 年期间美国的航空公司支付的代理人费用

5. 运价管理

对于企业产品而言，成本与价格始终是紧密相连的。从经济学的价格效应理论来看，低成本运营，从而价格降低。对于民航这种属于正常品的消费来讲，替代效应会使更多的原来打算选择其他交通工具的旅客选乘飞机，收入效应会使人们在现有的名义收入水平下，相对购买力增强，从而相对增加旅行需求的乘机需求。

运价管理，是民航运输行业管理的一项重要内容，我国政府对民航客货运价的主要依据是2004年国务院批准的《民航国内航空运输价格改革方案》，根据该方案机票价格施行基于“市场指导价”的“基准价和市场浮动幅度”的运价原则。该《方案》规定，允许航空运输企业在上浮幅度不超过基准价的25%、下浮幅度不超过基准价的45%的范围内，自行制定具体票价种类、水平、使用条件。同时，考虑到部分航线运输市场的实际情况，对约占国内航线总数60%的三类特殊航线实行更加灵活的价格政策。其中主要包括：对省、自治区内，及直辖市内与相邻省、自治区之间，已经与其他运输方式形成竞争的短途航线实行市场调价，不再规定票价浮动幅度；对航空运输企业独家经营的航线及部分以旅游客源为主的航线，票价下浮幅度不限，以适应消费者需求，鼓励航空企业积极开拓市场。

政府允许航空公司在一定幅度内涨价和降价，是考虑到底线开放，各航空公司会随意利用价格杠杆，导致价格大战，同时对狗友企业进行适当的保护，因为国有航空公司具有一定的公益性，它们不可能像私营航空公司一样随意定价，它们面对的不仅仅是企业利益，还有国家的利益。

随着国民经济的快速发展，航空运输市场逐年扩大，民航总局正在研究民航价格形成机制进一步改革的问题，将继续在巩固改革方案执行效果的基础上，根据国内航空运输市场现状和发展趋势，逐步扩大航空公司定价的自主权。价格体系的开放必将会引起航路运输业激烈的价格竞争，要想在竞争中获胜，控制成本就显得尤为重要。

四、民航货运市场营销

1918年5月美国第一条邮件运输航线的开通掀开了民航货物运输的发展史。在经历了一个多世界发展的今天，航空货运已经成为全球经济增长的重要支柱、航空公司和机场重要的收入来源。

航空货物运输简称“航空货运”或“空运”。它是指以航空器（主要是飞机）作载运工具而进行的货物运输。航空货物运输是一种比较高速、快捷的运输方式，也是当今世界上最为现代化的运输方式。

（一）航空货运的概念

航空运输货物是指除邮件和凭“客票及行李票”托运的行李外，已经或将要用飞机运输的任何物品，也包括使用的“航空货运单”运输的行李。

航空运输货物的产品具有的附加值高、时效性强、安全性高、深加工、技术密集型、适时生产的特征，如鲜活食品、宝石、贵重金属、电子、仪表仪器、高科技产品、紧急备件等，交付时间紧的产品，如药品、文件、服装、鲜花、蔬菜和时鲜水果等。

（二）航空货运市场特征

与航空旅客运输市场不同，航空货运市场通常具有以下特征：

1. 产业关联性。航空旅客运输市场虽然与地区经济发达程度密切相关，但是与自然资源的关联度要比航空货运显得更为明显。例如，即使在第一、第二产业经济欠发达的地区，若有丰富的旅游资源，也能开辟出一片繁荣的航空旅客运输市场，我国的云南、海南和九寨沟等地区就是典型案例。

航空货物运输则不同，它与地方经济的产业结构密切相关，特别是基于第一产业、第二产业的高新产业、进出口贸易以及高附加值农副产品等高附加值产业，都是航空货运的重要资源。

2. 方向不对称性。在航空货运市场中，存在着与旅客运输市场特点不同的方向不对称性。

（1）O—D 流不同。旅客到达目的地后大多数旅客会返回出发地，尽管他们中的部分旅客可能不会选择相同的回程路线或交通运输方式，但是大多数旅客来回程航线和选择的航空公司基本相同。货运市场则不同，几乎所有的货物到达目的地后不会再返回出发地，即使是在来料加工的工业发达地区，来料加工成为产品或半成品后也不会再返回原地，而是运往第三地。

（2）来回程运量差异明显。就目前国内不少地区而言，航空客运与货运的来回程运输量的差异比较明显。以航空快递为例，从产品生产地飞往产品需求地的飞机，回程时，在很大程度上不能够装载运输与生产地同等数量的产品，甚至返程的飞行成本远超返程的飞行收益。

（3）市场多样性。旅客运输的对象只能是人，反映在市场的价格上没有性别和形态的差异，只有儿童与成人的区别。而货物运输的对象则是多种多样的，有活体动物和新鲜植物；有化工类、金属类、纺织类；有固态的、液态的、甚至气态的等，只要是国家法律规定允许的物品，都可以采用航空运输。这也意味着航空货物运输市场十分广泛。货物的这些差异给民航运输市场带来明显的价格差异性和运输过程的差异性（见表 4－4）。

表 4－4　航空旅客与货邮运输市场的特点与区别

特征＼市场	客运	货运
飞行安全	✓	✓
机上安保	✓	
完好性		✓
舒适性	✓	
正点要求	强	弱

（三）航空货运市场细分

采用航空运输的货物，其共同点都是附加值高、要求运输时间短。但是按照货物本身的性质和特征分类，航空货运市场可细分为以下几大类：

1. 普通货物运输市场。这一类市场通常要求的货物是指除了毒品、武器、弹药、核材料、伪造的货币、国家禁止出口的文物、黄金、白银和其他贵重金属、珍贵动物及其制品、珍稀植物及其制品、淫秽物品、固体废物以外的其他货物。

2. 特种货物运输市场。这一类市场要求货物在收运、储存、保管、运输及交付的过程中，因货物本身的性质、价值或重量等条件，需要进行特殊处理，满足特殊运输条件的货物。

常见的特种货物有以下几种：

（1）鲜活易腐物品：指在一般运输条件下易于死亡或变质腐烂的货物，如鲜花、肉类、水果蔬菜、水产品、未感光胶片、干冰等。这类货物一般要求在运输和保管中采取冷藏、保温等特别措施，以保持其鲜活或不变质。

（2）精密贵重物品：这一类物品主要是精密仪器设备、药物、稀有贵重金属矿石以及相关附加产品等。这类货物的价格和价值特别高，运输过程中需要特别的安全防护措施。

（3）活体动物：由于航空运输的快捷性、安全性，活体动物的运输在整个国家运输市场中占有非常重要的地位。活体动物不同于其他货物，对环境的变化敏感性很强。由于活休种类繁多，特性各异等因素，工作中容易出现各种各样的麻烦。因此，工作人员一方面应该多了解各种动物的个性，另一方面，应该严格按照运输规则来组织运输。

（4）骨灰和灵柩：骨灰应放入专门的容器并放置衬垫物以保护容器不致损坏，通常情况下，骨灰的运输可被任何飞机接受而无须订舱；灵柩必须放入密封的铅制或锌制并经过焊接的内棺，外包装用木质的容器，最外层还应用帆布或防水油布包裹以防止容器受损，外包装上应装有牢固的把手以便装卸，许多国家还要求尸体必须经过防腐处理。

（5）超大超重物品：这一类货物指体积超过机型限制、单件货物的重量超过 150

公斤的货物，如灵柩、大型机械设备、大型机器铸件或钢材。

（6）生物制品：这一类货物指应用普通或以基因工程、细胞工程、蛋白质工程、发酵工程等生物技术获得的微生物、细胞及各种动物和人源的组织和液体等生物材料制备的用于人类疾病预防、治疗和诊断的药品。生物制品的种类有疫苗、细菌类疫苗、病毒类疫苗、联合疫苗、抗毒素及免疫血清、血液制品、细胞因子及重组 DNA 产品、诊断制品及诊断制品、其他制品。

3. 危险品运输市场。这一类货物具有腐蚀性、辐射性或其他破坏性（如爆炸或易燃），需要采取特殊的运输管理流程与防护措施。

4. 急快件货物运输市场。这一类货物的时效性要求比较高，如文件、证书、信函、票证、急用物品、产品配件、救援物资及紧急调运物品等，要求快速运达和专门投递。

随着全球经济和信息技术的发展，面对不断上涨的成本压力，越来越多的国际企业在全球范围内寻求更廉价的资源，以提升经济全球化和市场全球化的发展趋势，为航空货物运输不断提供规模越来越大的市场和发展空间。

五、机场营销

机场是航空运输业的重要组成部分之一，它不仅在宏观运输环境下扮演着关键角色，还直接参与促进地方经济的发展，在创造财富及提高人们物质文化生活水平方面，发挥着十分重要的作用。机场所产生的效益，在很多方面可以促进不同产业在不同程度的发展，因此，可以把机场看作是经济、生产、旅游和商务发展等各个方面的引导者。

机场营销的意义在于更好地满足客户利益及机场股东利益。机场营销是探求市场需求并满足需求的过程，是为顾客创造价值、推动企业发展的重要手段。机场开展营销活动，将促使机场建立以客户需求为导向的经营模式，推动经营观念的转变，优化机场资源的配置，提高经营管理水平，为顾客提供更具吸引力的服务产品，更好地满足航空运输市场的需要，提高机场的经济效益，使机场拥有持续发展的能力，并推动航空运输事业的协调发展。

（一）机场营销目的

1. 推进机场经营观念的变革

机场营销的首要目的是使机场由生产观念转变到营销观念中来。要改变“做航空市场是航空公司的事”的狭隘观念，将机场自身参与到航空市场开拓中，掀起“全员大营销”的经营热潮。目前，我国的一些机场还停留在生产观念阶段，认为机场的职责就是抓好安全和服务，顶多设法降低成本以提高效益。现代营销观念要求机场要以顾客为中心，一切生产经营活动要满足顾客需求，通过与顾客建立长期的互惠关系而获得更多的企业利益。社会的营销观念更要求除了满足顾客的需要外，还要符合或增进社会利益，如追求环保以及为社会公益事业尽责等。比如，机场的安全工作就不能简单地理解为单纯生产过程的责任，而是为了满足顾客的需要以及尽到社会责任。

2. 维护并提高机场形象

机场营销的过程就是与顾客沟通、与市场互动的过程。通过沟通，来更多地了解市场需求，接受顾客的意见反馈，然后，根据相关信息调整和改进产品（服务），为顾客创造更大的价值，以期达到使机场的形象和声誉这一重要的无形资产增值的目的。

3. 创造和赢得更多的客户

除了自然拥有的顾客，机场在竞争中还有很多流失的顾客，有的或许为其他机场所分流，有的可能选择了其他的交通运输方式。也许正是这些顾客的流失，使机场失去了更快发展的机会，也影响了该机场在更广阔的市场区域建立更好的地位和作用。开展营销活动就是为了建立及提高客户对机场的认识和兴趣，使客户乐于使用机场产品。比如，航空营销推介可以使机场加强与各航空公司和政府及旅游部门之间的沟通、交流，通过介绍机场的航空资源、航空市场、机场发展以及未来机场发展规划等情况，使航空公司增加投放某航线的运力；通过灵活运用价格策略，为旅客、货主提供增值服务，使更多人选择航空运输作为出行或运输的方式，并愿意选择该机场为进出港或中转机场。机场营销最重要的目的就是为了刺激客户需求，创造新的市场。

4. 提高机场的经济和社会效益

机场是企业，企业就是营利性组织。机场要能持续地发展，就要有良好的盈利能力。从机场的效益分析中可以看到，在机场的一个投资周期内，客货增长所带来的成本变化的幅度很小，增长所带来的收益大部分将转换成利润，因此，机场营销的效益是直接而显著的。营销能给机场带来额外的市场也就能带来高于行业平均的收益。机场的非航空产品同样如此，资源的存在可能因缺乏营销而无法产生收益，于是，只能获得低于其他拥有等量资源的机场的收益。可以说，机场营销的最终目的就是为了提高机场的竞争力，使机场获得更良性的发展。

（二）机场营销对象及内容

机场面临的是一个特殊的服务市场，服务的对象是多元化的，具体包括航空公司、客运旅客、货主、潜在顾客等。根据其服务对象的不同和机场营销的内容，可分为以下几类。

1. 对航空公司的营销

航空公司是机场的最大客户，机场和航空公司之间是服务与被服务的关系，同时又具有紧密的协作关系。一方面，机场需要航空公司的飞机起降，因为旅客吞吐量是机场一切收入的根本，离开航空公司，机场将失去生存和发展的依托；另一方面，只有机场设施完备，才能使航空公司最终实现产品的完整生产。因此，机场要为航空公司提供技术、安全保障，如空中交通管制、通信、导航、气象、保安、消防等服务；以及商务服务保障，如客货运地面服务、飞机加油、机务维修以及国际机场提供联检等。

机场对航空公司营销的主要内容包括市场推荐和机场推荐。市场推荐是机场实现营销目标的基础性工作。航空公司是否愿意开辟航线或增加航班取决于市场情况及其经营成本。除基地公司外，航空公司对机场所在区域的市场熟悉程度通常要低于机场，因此，机场提供可信度高的市场推荐报告，往往能成为航空公司决定开辟这一市场的重要依据。在向航空公司推荐市场的同时，也应做好机场的自我推荐。机场推荐主要包括基础设施保障、安全服务保障、配套能力保障以及收费的条件和依据等。另外，机场还应与航空公司建立联络机制，保持双方的密切联系，推动营销进程。

2. 对客运旅客、旅行社、货主、货运代理公司等的营销

机场要为广大乘机旅客提供周到方便的办理手续、托运、候机及登机服务；为航空货运客户提供及时便利的发货、收货和仓储服务。旅客和旅行社、货主和货代公司可以说是机场的间接客户，表面上看，航空公司的营销将更直接和有力，但航空公司的营销表现在与同航线上其他航空公司之间的竞争，而机场营销则要配合各航空公司的营销，保证各航空公司都能吸引到客户，能够更有效地推动航空公司的业务增长。

机场对这部分客户营销的主要内容有：介绍客户航空公司所能提供的服务情况，如航线布局、航班时刻、各航空公司的服务情况及特点等；机场提供服务的情况，如机场设施与候机服务、办理乘机手续服务、安全检查服务、航班延误时服务和到达服务等常规服务和机场特色服务的宣传；配套服务的能力，如多式联运、宾馆、餐饮、购物、商务活动的保障能力、服务水平及价格等；针对旅行社可以提供旅游产品设计的参考方案。

3. 潜在顾客

机场不仅为航空公司、旅客和货主提供服务，还要重视更广范围的潜在顾客，包括机场和航空公司的雇员、访问者、接送客者，附近社区的居民以及当地工商企业等等，机场应尽量提供最大的、最有效的空间和最优质的服务，满足所有顾客的需要。

对潜在顾客的营销内容包括：及时并持续地宣传和介绍机场建设和发展的动态情况，通报及说明环境污染等方面的敏感问题，共享机场成果（道路、水电）并向周边社区提供就业和事业发展机会；营销机场可供开发的资源及其有利条件，机场可提供服务的项目、条件及价格。

可以看出，机场的营销对象非常多元化，本书所界定的用户是指使用机场设备设施的客户，包括航空公司、地面保障服务公司、驻场商业单位、航油和机务维修公司、食品公司、市场等，消费者指在机场有消费行为的个人，包括旅客及接送旅客的人、商业区顾客、驻场单位工作人员等。

（三）机场营销特点

相较于一般的市场营销，机场营销具有如下三个方面的典型特点：

1. 两类产品

机场产品分为航空产品和非航空产品。航空产品与非航空产品伴生，只要有航空产品就必然有非航空产品（资源）。两类产品在营销过程中的协调性将表现得尤为突出。虽然两类产品的营销对象、渠道、方法等有很大的差异，但其目的是一致的，且其产品又具有很强的互动性，因此，两类产品的营销必须置于机场的统一战略之下并协调彼此间的活动，在两类产品中适当地分配营销资源，使两类产品的营销能齐头并进，才能为机场赢得更大的收益。

2. 双重客户

顾客有狭义和广义之分。狭义的顾客是指产品和服务的最终使用者或接受者。广义的顾客要结合过程模型来理解，任何一个过程输出的接受者都是顾客。对于机场来说，顾客不仅包括旅客（航空消费者），还有航空公司及货主、驻场商业单位等。

就航空业务而言，直接客户是航空公司，间接客户是旅客和货主。机场对旅客、货主的航空服务收费也来源于航空公司。航空公司虽然是机场的直接客户，但从航空运输业产业链来看，航空公司和机场联合为旅客和货主提供航空运输服务，并获得经营收益。

非航空业务的直接客户是相关资源的承租人或受让人，即相当于向机场购买客、货流资源或土地资源而从事经营的企业或个人，他们多数应该是该行业（如商业零售、广告、酒店等）的专业经营者；间接客户则是机场的零售、广告、酒店的消费者。非航空业务收入包括租金收入和经营收入：租金收入主要来自于出租宾馆、餐饮店、零售店等的场地给航空公司、地面代理公司或间接用户；特许经营收入主要是各种服务提供商为了获得在机场土地上提供服务的权利而上交的费用。能产生特许经营收入的商业活动或服务大体包括免税商店、完税商店、餐饮设施、其他旅客服务、休闲娱乐设施、停车场和广告等。机场除特许经营模式以外，同时还存在其他经营方式，比如对一部分零售直接负责并具有控制权。机场参与的商业活动主要集中在零售方面，当然也包括餐饮和停车场经营。

3. 间接效果

间接客户的消费决定了直接客户的存在，直接客户决定了机场的存在，这使得机场的营销既要重视直接效果，还应重视间接客户对直接客户的消费需求及结果。机场应以为直接客户创造市场为目标，为机场汇聚更多的人气，为各航空公司及商家汇聚更大的客货源，使之获得更大的收益，要善于从直接客户的收益上看到机场营销的结果。

有来自民航资源网的最新数据显示，机场比较重视对航空公司和政府的营销，有95%的机场将航空公司列为营销对象，79%的机场能够主动地向政府寻求支持；但机场对旅客和货主的营销较为薄弱。仅有63%和47%的机场分别将旅客和货主列为营销对象，机场还未深刻认识到间接客户对机场发展的真实价值。旅客和货主虽然是机场主业的间接客户，但其实是机场收入的最终来源。从机场营销的本质来看，旅客和货主才是机场的“真实客户”。目前，大部分机场对旅客、货主等真实客户需求的挖掘和把握还有待加强，若对此进行全面挖掘，这必将成为机场营销的一个巨大市场。

综上所述，由于机场产品的多元性、营销对象的多维性及营销效果的间接性等特征，使得对机场营销的认识比其他行业产品营销要复杂和困难得多。

（四）机场产品特征分析

根据营销理念，产品是营销的基础，市场营销策略的四要素包括产品、价格、销售渠道和促销，其中，产品是第一要素。

1. 机场产品及其内涵

从一个完整的机场概念上说，机场是由多种不同功能的设施和为多客户提供多种服务的生产链条构成的。机场产品可以分为航空产品和非航空产品。满足承运人的航空器起降、停场服务及其旅客、货物的过港需要是机场产品的核心，它的主要体现形式是与机场设施相关联的各种航空运输服务，也就是通常所称的机场航空业务，如飞机的起降、停场、地勤、机务及候机楼和货站等服务。机场非航空产品的初级产品是机场同航空业务派生的直接产品，具体指具有开发利用价值的资源，如有价值的商业场地、广告媒体、可供专门用途（可用于酒店、仓储、会展、种植等开发经营）的土地等；而服务产品如商业零售、酒店、餐饮等，以及物质产品如航空食品等，属于派生的二级产品。

由于两类产品的差异性很大，一个是航空地勤服务产品的销售，另一个是机场商业资源的出租转让，两者营销对象不同，渠道不同，策略和方法也不同，这就要求机场同时具备适应两类产品特点的营销管理能力及合适的营销资源布局。根据机场产品的分类，可以将机场营销分为航空业务营销和非航空业务营销。

（1）航空业务营销包括航线营销和航班营销。航线营销主要是通过向航空公司营销，使其增加航线、航班的飞行，以此带来机场业务量的增加。航班营销的主要对象是旅客、货主、旅行社、航空货运代理公司，目的是为机场创造更多的客货源，以维持或推动航班量的增长。

（2）机场的非航空业务营销包括机场的初级产品营销和二级产品营销。机场营销关注的是初级产品营销，即可供开发的伴生性资源的营销。需要指出的是，机场非航空业务营销不仅仅是存量资源的营销，还要通过营销实现资源的增量，也就是使资源不断丰富，价值含量不断提高，这样才能使机场的非航空业务收入不断增长。

在航空业务中，机场向航空业务的各参与方提供场地和设施，因此，机场主要是通过提高资源利用率、保证服务质量和服务安全来提高航空业务收入。而对于非航空业务，机场拥有控制权，来往机场的旅客一般平均收入较高，会在机场停留一定的时间，且过境旅客可以购买免税商品等，针对这些特点，机场可以通过更好的商业规划和灵活的特许经营权来增加业务收入。我国机场在非航空业务的发展远远落后于全球主要枢纽机场。但是，随着机场市场经营主体地位的确立，机场管理者在机场建设和经营中也越来越重视机场的商业规划和商业开发。

2. 机场航空产品特征

机场的航空产品具有顾客直接感知、产销一体、不可储存、产品组合链条长、主营航空产品与派生产品伴生并整合销售的特点。

（1）顾客直接感知

顾客不可能在购买后转移或延期消费，顾客对该产品的购买只能是一种直接的感知或体验过程。服务产品是无形的，环境、设备、人员等载体本身就是产品的一部分（比如，便捷的流程和良好的候机环境就是机场产品的组成部分），尽管在销售过程中并不发生所有权的转移。服务产品虽然有规范的形式、程序和内容，但难于形成固定模式，其感知或体验可能因人（包括销售及购买双方）、因时间、因地点而异。这一特点使得机场在生产及销售过程中难以保持其产品质量的稳定性。

（2）产销一体

服务企业的生产过程就是销售过程，同步完成，不可分割。机场要创造品牌，就必须使员工成为合格的产品生产者兼营销员。生产与销售一体的特点还导致消费者之间、生产者之间以及两者之间情绪或态度相互影响，并最终影响产品质量。机场员工不仅需要具备生产和销售的技巧，还应懂得协调团队运作、管理顾客和因地制宜地控制自己的生产和销售行为。

（3）不可贮存

服务产品的即时生产和消费使其表现出不能被贮存、不能重复出售、不能退还的特点。这一特点导致了生产资源很难均衡控制。在高峰期，可能会因能力不足而影响产品质量；在低谷期，又因能力的闲置而使机场的生产成本增加。因此，机场在营销过程中要发挥调节作用，使被动的需求尽可能与相对稳定的能力相匹配，这对机场提高产品质量和降低整体成本具有十分重要的意义。

（4）产品组合链条长

仅旅客出港这一过程，由接入机场到完成各种值机、行李托运、联检报关、安全检查、候机服务，到飞机停场的地勤设施设备配套服务、机务、飞机客货舱服务、供油、供水、供餐，到飞机离港，就要经历上百次直接的服务程序；另外，还有旅客的进港及货物的进出港。在机场的整个服务链条中，其对象是多元性的，既直接服务于人（旅客、货主、航空公司代表等），也服务于物（飞行器、航空货物）。每一项专门业务都可能分属于一个独立法人经营，同时还涉及政府机构的相关部门，使得机场当局的生产协调难度很大；而任何一个客户在机场感受到的不愉快，通常会直接归咎为机场的责任。从这一角度上看，机场的服务产品要创造自己的品牌，比其他服务产品要困难得多。

（5）航空业务产品与派生产品伴生并整合销售

如候机楼内的餐饮或商业零售，虽不属于航空业务产品的范畴，但却是旅客候机配套服务的重要组成部分。良好的配套服务可以使旅客在过港、候机的过程中获得更大的需求满足和更有价值的心理体验。特别是在发生航班延误等非正常情况时，如果有较好的餐饮购物娱乐，就能对航空业务产品的缺陷产生一定的弥补作用。

3. 机场非航空产品特征

从机场非航空产品的概念可以看出，其具有多样性的特征。除此之外，在需求多样化和机场盈利增长要求的共同驱动下，非航空业务替代航空性业务，成为枢纽机场盈利的主要来源。

首先，非航空业务收入占比不断提高。以香港机场为例：1999/2000 财年至 2005/2006 财年，香港机场旅客吞吐量年均递增 5%，而机场收费年均递增仅为 2.5%，机场收费在总收入中的占比由 45.7% 下降到 2005/2006 财年的 37.9%，下降了 7.8 个百分点。与此同时，2005/2006 财年由特许经营、商业、地产等带来的非航空业务收入占比已达到 62.1%。再看德国法兰克福机场，2004—2006 年机场收入构成相对稳定，以各业务占总收入的比重来看，航空业务约占 33%，非航空业务 67%，其中商贸物业约占 18%，地面服务约 29%，其他延伸服务约 20%。事实上，从全球其他主要机场看，非航空收入占比提高的趋势同样明显。

其次，与航空性业务相比，非航空业务具有更高的盈利能力。全球主要机场普遍将商业、餐饮、广告以及机场禁区内的辅助服务等业务交由具有较强品牌实力的专业机构经营，机场则通过“保底 + 收入提成”等模式收取特许经营费、专营费等。这样使得机场商业机会得以不断拓展，机场最大限度地节省了资源占用，盈利能力反而大幅度提高。

从国外机场先进管理经验来看，非航空性收入比重已成为衡量机场发展水平的标准之一；开展非航空性业务，增加非航空性业务收入，也已经成为世界机场发展的趋势之一。

机场是一个人流量、货流量相当大的市场，已有越来越多的旅客选择飞机作为交通工具。由于机场安检、值机、调度等方面需要花费一定的时间，旅客都被要求提前到达机场，于是，在机场消费、购物、就餐和娱乐的机会增多。可利用旅客在候机楼的停留时间，将旅客资源高效转化为商业收入。良好的零售服务可以提高乘机旅客对机场甚至航空公司服务的整体满意度。机场零售专卖店要通过客户需求分析了解客户特征、需求特点，有针对性地开发所提供的商品及相关服务品种，满足顾客的要求，为顾客提供有价值的服务。

第三节　民航运输市场营销环境分析方法

营销环境，通常是指企业在市场营销过程中受到各种来自社会、政治、经济、市场、技术、自然环境等多方面的外在环境影响因素。通过对市场营销环境的分析研究，总结归纳出有利于和不利于市场发展的关键因素，以便对企业发展目标、市场目标、产品定位、产品设计、产品定价、产品销售等营销活动制定针对性的具体行动方案和实施计划。

一、波特“五力”分析模型

行业竞争性属于外部环境中的微观环境分析，它的主要内容是分析本行业中的企业竞争格局以及本行业的关系。行业的结构及竞争决定着行业的竞争原则和企业可能采取的战略，因此，行业竞争性分析是商品流通企业制定战略最主要的基础。按照迈克尔·波特的观点，一个行业中的竞争，远不止在原有竞争对手中进行，而是存在着五种基本的竞争力量，它们是潜在的进入者威胁、行业内现有企业间的竞争、替代产品的威胁、顾客讨价还价的能力以及供应商讨价还价的能力，如图 4－6、图 4－7 所示。

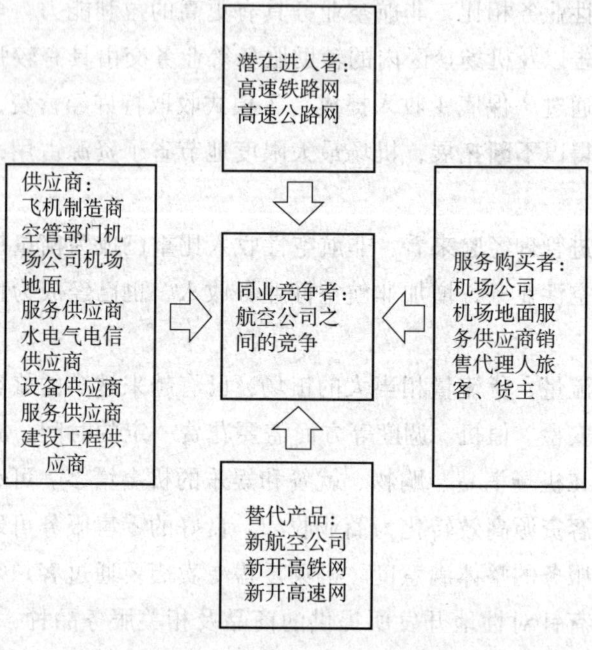

图 4－6　航空公司的“五力”竞争分析模型

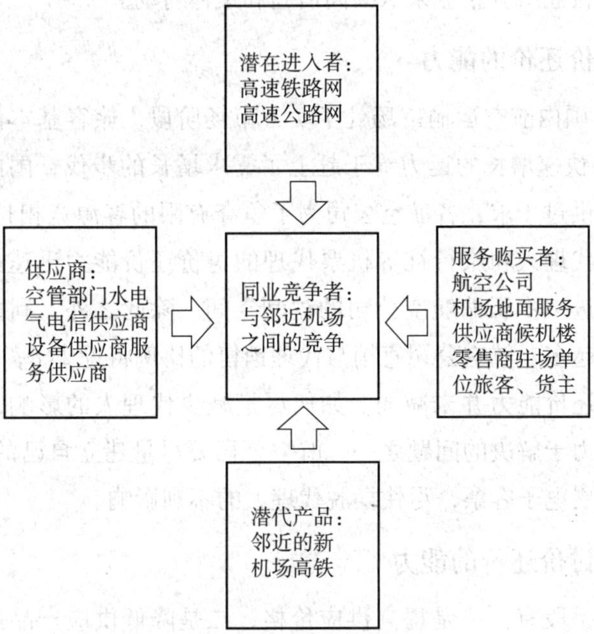

图4－7　机场的“五力”竞争分析模型

这五种基本竞争力量的状况及其综合强度，决定着行业的竞争激烈程度，从而决定着行业中获利的最终潜力。

（一）潜在进入者的威胁

这种威胁主要是由于新加入者加入该行业后，带来了经营能力的扩大，带来对市场占有率的要求，这必然引起现有企业的激烈竞争，使产品价格下跌；另一方面，新加入者要求获得资源以开展经营活动，从而可能使行业经营成本升高。这两方面都导致行业的获利能力下降。

（二）行业内现有企业间的竞争程度

商品流通行业内现有企业即竞争者之间采用的竞争手段主要有价格战、广告战、引进商品以及增加对消费者的服务和保修等。竞争的产生是由于一个或多个竞争者感受到了竞争压力或看到了改善其地位的机会。如果一个企业的竞争行动对其对手有显著影响，就会招致报复或抵制。如果竞争行动和反击行动逐步升级，则行业中所有企业都可能遭受损失，使所有竞争者的处境都变得更糟。

（三）替代产品的威胁

替代产品是指那些与本行业所经营的商品有同样功能的其他产品。替代产品的价格如果比较低，它投入市场就会很快使本行业商品价格上限只能处在较低水平，这就限制了本行业的收益。替代产品的价格越是有吸引力，这种限制作用也就越牢固，对本行业构成的压力也就越大。正因为如此，本行业与生产替代产品的其他行业进行的竞争，常常需要本行业所有企业采取共同措施和集体行动。

（四）顾客讨价还价的能力

1997年以前，国内航空运输市场处于卖方市场阶段，旅客基本没有讨价还价的能力。1997年以后，快速增长的运力终于赶上了需求增长的步伐，国内航空运输市场进入买方市场，运力供过于求，各航空公司为了争夺有限的客源竞相打折，并给代理人、旅行社高额回扣，代理人和旅行社等机票代理的讨价还价能力迅速提升，代理人强大的讨价压价能力会进一步压缩航空公司的盈利空间。除此之外，利益的刺激使得代理人违法作假者越来越多，航空公司直销与代理销售的比例将近2:8，代理人依旧拥有强大的势力，其讨价还价能力并未减弱。如何尽量减少代理人的影响，这是目前各航空公司共同关心并致力于解决的问题之一。航空公司要尽量建立自己的直销系统，同时，利用高科技优先发展电子客票，尽快摆脱代理人的不利影响。

（五）供应商讨价还价的能力

供应商的威胁手段有：一是提高供应价格，二是降低供应产品或服务的质量，从而使下游行业利润下降。中国航空运输机的供应商主要是波音公司和空客公司。鉴于中国潜力巨大的航空市场，波音和空客在开发中国市场时在购机价格上多少会有些优惠政策。但是对于各类航材的供应，因国内公司规模小，缺乏市场竞争力，不得不付出比国外航空公司更高的价格。中国航空的航油价格、机场使用费以及全球分销系统订座费用都因为处于垄断经营状态而没有价格商量的余地，这对于航空公司来讲，很难通过与供应商的协商来拓展盈利空间。对于国内航空公司，尽可能利用当前国际客机制造和租赁业低迷的有利时机，迅速扩大机队规模，从而得到大幅度的优惠，为实现今后的规模经济打下良好基础。

二、SWOT分析法

SWOT分析方法是哈佛商学院的肯尼思·安德鲁斯于1971年在其《公司战略概念》一书中首次提出的，该分析方法第一次系统地阐述了组织拥有的资源和能力与外部环境之间的战略适应性，通过SWOT分析可以利用自身的优势去寻找和开拓机会，发现自己的不足之处，并找到应对不足之处的方法，为组织的战略决策提供依据。SWOT分析方法是定性和定量相结合的方法，它能将内外因素有效地结合，增强分析的系统性、战略制定的针对性。由于其结构简单，一张SWOT分析图表能够很迅速地说明相对复杂的问题。如图4－8所示，SWOT分析法为企业提供了四种可供选择的战略。

（一）机会分析

1. 经济发展机会。2003年以来，我国国民经济持续快速增长，国内生产总值年均

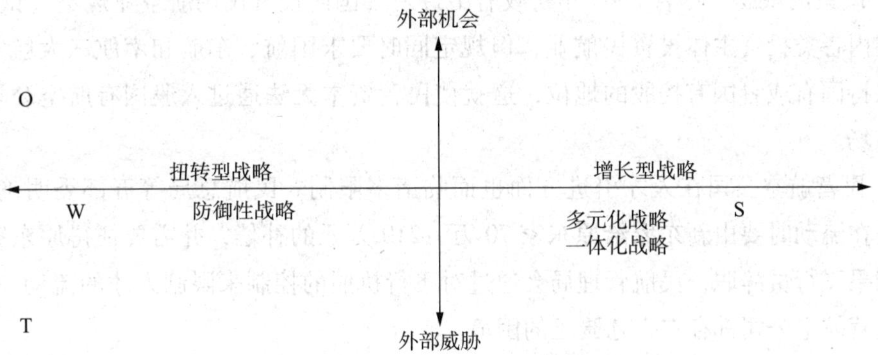

图 4 -8　SWOT 分析模型

增长 10.4%，大大超过了世界经济平均增长 4.9% 的水平。伴随着经济总量的增加，人均国民收入也逐年提高。2007 年我国城镇居民人均可支配收入 13786 元，实际增长 12.2%。经济的快速增长，收入水平的不断提高，激发了人们对商务出行、旅游度假的需求，越来越多的人选择飞机作为交通运输工具，这就为民营航空的发展创造了良好的外部经济条件。

2. 政策优惠机会。2005 年出台的《意见》为民营航空公司进入市场提供了政策保障，国家民航总局也在 2005 年 1 月 15 日出台实施了《公共航空运输企业经营许可规定》，放宽了民营资本进入航空市场的门槛，不再对民营投资主体投资组建公共航空运输企业另作限制。同年 8 月 15 日正式施行的《国内投资民用航空业规定（试行)》也明确表示，国有投资主体和非国有投资主体可以单独或联合投资民用航空业。可以预测，国家针对航空运输市场还会出台一系列相关规定，这就为民营航空公司的发展提供了宽松的政策环境。

3. 航空业发展机会。我国民航业虽然起步较晚，但发展速度较快。2007 年民航旅客运输总量达 1.8 亿多人次，比上年增长 16.3%，旅客运输周转量达 2791.7 亿人公里，比上年增长 17.8%，增长速度均高于其他运输方式。可以预测，随着国家经济的快速发展，航空业必将保持持续增长，这为我国民营航空公司的发展提供了一个有利的契机。

（二）威胁分析

1. 竞争的威胁。长期以来，我国的民用航空公司一直是国家所有，政府对其他所有制经济的进入有着严格的限制。国有航空公司在政府的保护下，形成了对市场的绝对垄断地位，在资金、人才、航线审批、机场使用等各个方面享受优惠政策。民营航空公司除了面临国有航空公司的竞争以外，还受到潜在竞争对手——国外航空公司的竞争威胁。我国民营航空公司不论在资金实力，还是品牌、管理、网络等各个方面，都无法与国外航空公司展开竞争。随着航空市场的逐步放开，越来越多的外资航空公司进入我国市场，届时，民营航空公司的竞争环境将更加激烈。

2. 政策的威胁。尽管2005年初政府出台了《国内投资民用航空业规定（试行）》，鼓励国内各类投资主体投资民航业，但规定同时要求国航、东航和南航三大航空公司应当保持国有或者国有控股的地位，这就使民营资本无法通过入股国有航空公司进入航空市场。

3. 民营航空公司在人才引进方面也面临诸多限制。民航总局等五部委明确规定，飞行员在流动时要由新东家给原东家70万～210万元的补偿，并需要征得原东家的同意。如果飞行员辞职，民航管理局会通过对飞行执照的控制来限制人才的流动。因此，许多民营航空公司都存在人才匮乏的困境。

4. 航线审批方面的限制。一直以来，我国许多盈利较好的航线都由三家国有航空公司垄断经营，国际航线也优先分配给国有航空公司，民营航空公司很难申请到有利可图的航线。

民营航空公司主要面临市场竞争威胁和政策威胁，除此以外，还受到许多其他因素的制约。比如，机场方面的限制、定价方面的限制、航油结算方面的限制等。

（三）优势分析

1. 成本优势。航空公司的成本可分为刚性成本和柔性成本两大块。刚性成本主要包括飞机购买成本、航油成本、起降服务费以及飞机维修保养费。柔性成本主要包括员工工资福利费用和公司管理费用。刚性成本在目前的经营环境下很难降低，但是可以通过降低柔性成本来取得成本优势。比如，国内春秋航空公司通过减少服务项目、节省人力成本、降低泊机费甚至节约油料等方式降低运营成本，通过低成本低票价赢得了市场竞争优势。

2. 运营机制和管理体制的优势。民营航空公司的资本金主要来自于民间资本，“民营”的角色决定了民营航空公司在运营体制和机制方面更加灵活。比如，在管理决策、资金使用、员工聘任、市场营销策略等方面，民营航空公司有较大的自主权，受政府管理部门的约束较少，可以自主经营，自主决策，对市场变化能做出及时迅速的反应，这都是国有航空公司不具备的优势。

（四）劣势分析

1. 资金瓶颈。民航业是高资本投入行业，讲究规模效应，只有达到一定的机队规模，才能分摊高昂的运营成本。据了解，目前获准筹建和正在申请筹建的民营航空公司的注册资本普遍比较低，大多刚刚满足最低8000万元的注册资本要求，并且资金来源主要是股权投资，银行贷款的比例非常少。资金匮乏极大地制约着民营航空公司的发展。

2. 人才短缺。民营航空公司成立之初，最紧缺的人才就是飞行员，然而，一般民营航空公司没有飞行员储备，其所需的飞行员只能依靠目前国有航空公司飞行员的流动。然而，国有航空公司为了对民营航空公司进行打压，借政府的名义出台了一系列规定，限制飞行员的正常流动，即使飞行员流动到民营航空公司，民营航空公司也要付出高额的代价。没有正常的人才流动机制，民营航空公司的发展举步维艰。

3. 航线少。目前，国内的热门航线主要被几家国有航空公司垄断，加上国内航线的审批制度十分严格，国际航线又没有完全放开，民营航空公司可以经营的航线主要集中在部分支线航线，可以选择的航线数量太少，这就限制了民营航空公司的发展。

4. 品牌知名度不高。目前公布的 2007 年十大航空公司品牌榜上，民营航空公司没有一家进入榜单，主要原因在于各民营航空公司成立时间较短，经营业绩和安全纪录没有得到消费者的认可，加上各民营航空公司的市场定位并不明显，没有明显的核心竞争力，品牌认知度非常低。而国营航空公司已经形成了相对固定的忠实客户群，优良的安全业绩使他们在消费者心目中形成了稳固的品牌忠诚度。

三、标杆分析

标杆分析理论是将本企业各项活动与从事该项活动最佳者进行比较，从而提出行动方法，以弥补自身不足。标杆分析是将本企业经营的各方面状况和环节与竞争对手或行业内外一流企业进行对照分析的过程，是一种评价自身企业和研究其他组织的手段，是将外部企业的持久业绩作为自身企业的内部发展目标，并将外界的最佳做法移植到本企业的经营环境中去的一种方法。实施标杆分析的公司必须不断对竞争对手或一流企业的产品、服务经营业绩等进行评价来发现自身的优势和不足。

根据所针对的企业运作不同层面将标杆分析分为三类，即战略层的标杆分析、操作层的标杆分析和管理层的标杆分析。战略层的标杆分析是将本公司的战略和对照公司的战略进行比较，找出成功战略中的关键因素。操作层的标杆分析主要集中在比较成本和产品的差异性，重点是功能分析，一般与竞争性成本和竞争性差异有关。管理层的标杆分析涉及分析企业的支撑能力，具体指人力资源管理、营销规划、管理信息系统等。其特点是很难用定量指标来衡量。

另一种分类方法是将标杆分析分为对竞争对手的标杆分析和瞄准一流企业的标杆分析。前者一般仅限于生产同类产品或提供同类服务的企业，其主要目的是发现竞争对手的优点和不足，针对其优点，取长补短；根据其不足，选择突破口。而后者的范围就要广得多，可挑选任何业绩优良的企业。其好处是更能博采众长；另外，由于不存在竞争关系，交流信息的障碍少。

第四节　民航运输市场运营战略管理

一、航空公司运营战略决策的主要内容

运营战略的制订是运营管理中最重要的一部分，传统航空公司的运营管理并未从

战略的高度考虑运营管理的问题，但是在今天，航空公司的运营战略具有越来越重要的作用和意义。运营战略是指在航空公司经营战略的总体框架下，如何通过运营管理活动来支持和完成航空公司的总体战略目标。运营战略可以视为使运营管理目标和更大的组织目标协调一致的规划过程的一部分。运营战略涉及对运营管理过程和运营管理过程系统的基本问题所做出的根本性谋划。

运营战略的目的是为了支持和完成航空公司的总体战略目标服务的。运营战略的研究对象是生产运营过程和生产运营系统的基本问题。所谓基本问题，是指包括产品选择、工厂选址、设施布置、生产运营的组织形式、竞争优势要素等。运营战略的性质是对上述基本问题进行根本性谋划，包括生产运营过程和生产运营系统的长远目标、发展方向和重点、基本行动方针、基本步骤等一系列指导思想和决策原则。

运营战略作为航空公司整体战略体系中的一项职能战略，它主要解决在运营管理职能领域内如何支持和配合航空公司在市场中获得竞争优势。运营战略一般分为两大类：一类是结构性结构，包括设施选址、运营能力、纵向集成和流程选择等长期的战略决策问题；另一类是基础性战略，包括劳动力数量和技术水平、产品的质量问题、生产计划和控制以及航空公司的组织结构等时间跨度相对较短的决策问题。

航空公司的运营战略是由航空公司的竞争优势要素构建的。竞争优势包括低成本、高质量、快速交货、柔性和服务。航空公司的核心竞争力就是航空公司独有的、对竞争优势要素的获取能力。因此，航空公司的核心能力必须与竞争优势要素协调一致。

运营战略的制订是为最有效地利用航空公司的关键性资源，以支持航空公司的长期竞争战略以及航空公司的总体战略的一项长期的战略规划。因此，运营战略涉及面通常非常广泛，主要的一些长期结构性战略问题包括：需要建造多大生产能力的设施？建在何处？何时建造？需要何种类型的工艺流程来生产产品？需要何种类型的服务流程来提供服务？

二、航空公司竞争战略选择

通过对民营航空公司营销环境的分析以及与国有航空公司的优劣势比较，民营航空公司必须找到适合于自身发展的竞争战略，只有这样才能在竞争激烈的航空市场赢得竞争优势。

（一）成本领先战略

成本领先战略又称低成本战略，指通过将产品成本降到比竞争对手更低的水平来提高航空公司竞争力的一种竞争战略。航空公司实行这种战略，可以提高产品的市场占有率，获得稳定的收益；如把这些收益再投资于更能降低成本的尖端设备，又会取得更大的效益，并巩固已占领的市场。同时，降低产品成本，可以降低产品价格，提高产品在市场上的竞争力。

采用这种战略的措施主要有：①实现规模经营，通过采用先进的设备使产量达到一定的经济批量；②节约直接的生产费用和销售费用以及产品开发费用等间接费用；③提高经营管理水平。根据航空公司对成本费用的可控程度，可将航空公司的成本费用划分为不可控成本和可控成本。

航空公司的不可控成本是指，在相关范围内与航空公司非可控因素相关的成本费用，如与航油价格相关的航空油料消耗、购买飞机的关税和增值税、飞机发动机折旧费、经营性租赁费、高价周转件摊销、飞机发动机保险费、国内机场起降服务费、电脑订座费等。航空公司的可控成本是指，在相关范围内与航空公司的经营管理相关的成本费用，如工资、奖金、津贴和补贴、福利费、制服费、国内国际航线餐饮供应品费、飞行训练费、客舱服务费、其他直接和间接运营费以及管理费用、财务费用、销售费用中的很大一部分。

（二）差异化战略

差异化战略就是航空公司设法使自己的产品或服务有别于其他公司，在全行业范围内树立起别具一格的经营特色，从而在竞争中获取有利地位。航空公司在实施这一战略以前，必须对顾客的需求与行为加以仔细研究，掌握他们心目中认为是最有价值的产品和服务。在此基础上，航空公司对自己产品或服务加以改进，使之具有一种或几种既适合顾客需求又不同于竞争者的特色。这样，一旦市场上有足够的顾客喜欢或依赖这些改进型产品或服务时，航空公司便建立起了自己的差异化优势。

在旅客购买力相同的情况下，市场上符合旅客这种传统等值标准的航空产品往往不止一种，传统的消费观念使旅客陷入了一种取舍两难的境地。那么，旅客除了对产品品质和价值上的认同外，还有一种力量正在影响着旅客的选择，这就是差异化品牌的作用。品牌文化与旅客内心认同的文化和价值观一旦产生共鸣，这种力量就显得非常强大。因为它是除了服务以外，品牌所赋予产品的又一附加值。正是这种无形的附加值，影响了旅客对同质化产品的选择，而这种附加值正是区别于其他航空公司的差异化竞争。

（三）集中化战略

我国目前的航空市场属于典型的寡头垄断，三大航空集团垄断了绝大部分市场份额，许多盈利较好的航线都被国有航空公司垄断经营，民营航空公司很难进入。但是，随着中国经济的发展，特别是许多中小城市经济的迅速崛起，人们对支线航空的需求越来越强烈。特别是从2006年起，民航总局出台了一系列积极措施来支持支线航空的发展，这就为民营航空公司进入支线市场提供了政策保障。民营航空公司起步晚，实力弱，但如果能够集中资源做好支线航空市场，就会在未来的航空市场竞争占得一席之地。

（四）联盟战略

众所周知，“众人拾柴火焰高”寓意“团结就是力量”，“团结”就是整合资源形成的规模竞争优势。航空公司联盟就是民航运输市场营销战略中最为典型的规模竞争战略，它将对抗性的同业竞争关系转变为存在局部竞争的合作伙伴关系，联合形成更有利于应对共同竞争者的整体力量，减少对抗性竞争产生的巨大成本。

1. 航空公司联盟的作用

（1）优势互补。航空公司加入联盟的必要条件之一就是要能够使联盟成员从市场中得益。因此，航空公司通过联盟，形成旅客或货运市场的区域性市场互补，达到扩大市场范围的目的。

航空公司联盟成员之间进行客货运输航线互补或航班互补，使得航线密度增加或航班“无缝隙”连接，形成联盟体内航线网络覆盖面更广的优势，增强市场竞争力。这一类的合作通常采用“代码共享”的方式，以减少运量不足的航班飞行，提高航班飞行，提高航班运载率，降低运营成本，从而增加航班收益。

其中，“代码共享”主要以“航线合作经营类”“航线联合经营类”和“租舱方式”三种方式为主。

（2）资源共享。航空公司通过联盟，在联盟成员之间形成资源共享机制，相互共享机场地面服务设施设备、相互客货销售代理、相互提供航线维修支持和地面保障服务等，以从最大限度上减少航班的运营成本。

（3）扩大规模效益。航空公司联盟会增强其整体的市场竞争力，联盟内部则形成全球性服务网络。由于联盟内成员数量较多，进行的购销批量极大，由此将获得价格优势和数量折扣优势，形成规模优势。

（4）巩固拓展市场。航空公司联盟后，其对于新市场的开拓和已有市场的巩固具有极强的实力，在对新市场进行开发过程中相对独家航空公司所面临的风险也会大大减少，对于市场整体的侵蚀有较强的抵御能力，能够有效地稳固自身市场。

（5）提高服务质量。联盟内部成员在保持自由经营管理模式的基础上要与航空公司联盟统一质量标准。在“统一”和“保持统一”的过程中，航空公司的服务质量实际上在不断得到提高。

2. 航空公司联盟类型

（1）策略性联盟：针对某些航线或某个航班进行合作，已达到相互弥补运量不足、避免联盟内部成员之间出现对抗性竞争或共同对付竞争对手等目的。

（2）战略性联盟：是一种宽范围深层次的长远合作关系，如联合经营、联合投资、资源共享等方式。从航空公司的整体发展的角度来看，能从合作中受益更多。

案例分析

美国西南航空公司的成功

二战结束后，美国经济进入高速发展的繁荣期。在世界第三次科技革命的推动下，航空业等新兴工业蓬勃兴起。20 世纪 60 年代末，美国 GNP 高达 9741 亿美元，人均收入为 2579 美元。生活水平的提高使人们对交通工具有了更高的要求，而飞行以及快速舒适的特点受到广泛青睐。1978 年美国政府对航空公司放松管制政策的出台，使许多新的航空公司在短时间内迅速进入市场。

在 20 世纪 60 年代中期，美国有大概 7 条国内定期航线。但当时的大航空公司更热衷于跨洋长途飞行，对短程空运业务则不屑一顾。而国内日趋频繁的商务旅行与美国过于广阔的疆土使短程运输业变成了有利可图的“战略性机会窗口”。

20 世纪 70 年代，西南航空公司只将精力集中于得克萨斯州之内的短途航班上。它提供的航班不仅票价低廉，而且班次频率高，乘客几乎每个小时都可以搭上一架西南航空公司的班机。这使得西南航空公司在得克萨斯航空公司市场上占据了主导地位。尽管大型航空公司对西南航空公司进行了猛烈的反击，但由于西南航空公司的经营成本远远低于其他大型航空公司，因而可以采取价格战这种最原始的方法，而且做到了任何一家大型航空公司都无法做到的低成本运营。

为了维持运营的低成本，西南航空公司采取了多方面的措施：在机型上，该公司全部采用节省燃油的 737 型；当别的竞争对手需用 1 个小时才能完成乘客登机离机及机舱清理工作时，西南航空公司的飞机只需要 15 分钟；只在航班上为顾客提供花生米和饮料，而不提供用餐服务；西南航空公司的登机卡是塑料的，可以反复使用；西南航空公司没有计算机联网的订票系统，也不负责将乘客托运的行李转机。为了降低成本，它在服务和飞机舒适性上做了一些牺牲。

在西南航空公司的发展过程中，一直坚持稳健的发展战略，拒绝了开通高利润的欧洲航线的邀请，坚定不移地坚守短途航线，成功避免了与大航空公司兵刃相见。

案例思考题

（1）根据上述案例说明，请用 SWTO 分析法对西南航空运输市场的营销环境进行分析。

（2）结合所学知识，试阐述西南航空公司采取的竞争策略，并说明理由。

思考题

1. 试说明民航运输市场的基本组成。

2. 说明影响民航运输市场的关键要素。
3. 分析“航空公司联盟”的市场意义。
4. “代码共享”有哪些基本方式?
5. 试论述航空公司竞争战略类型。

第五章

>>> 航空运输

本章要点

1. 航空货运代理
2. 航空快递
3. 航空邮政

学习目的

要求学生通过对本章知识的学习，在航空货邮相关知识的基础上，能够理解货物、邮件运输的过程，对不同航空运输服务方式有进一步的理解。

导入案例

“双十一”100多架飞机帮你送快递

根据近期邮政监管部门预测，2016年“双十一”期间（11月11日~16日）快递业务量将超过10.5亿件，最高日处理量将超过2亿件。南航股份公司货运部广州货站副经理沈立燕现场介绍，从10月下旬以来，各类快件、邮件增量呈明显井喷态势，其中广州近一周高端快件出港量日均较去年同期增长超50%。据统计，仅11日当天，腹舱整体运量超3000吨，其中国内超2400吨，国际近600吨。

为保证“双十一”货物及时运输，南航货运指定专用“绿色安检通道”、设立“双十一”销售微信群等措施。沈立燕介绍，“绿色安检通道”在原有国内货物机坪中转服务的基础上，推出国际货物机坪中转服务。“这一操作模式将国际货物转运操作时效最高提速了一倍，”沈立燕以“国际－国际”货物转运时效为例计算，中转操作时间由以往的平均6至7个小时，缩短至最快3小时。

此外从去年的“双十一”情况来看，快递业整体表现尚佳，行业预测，今年“双十一”的最高日处理量将超2亿件，迎来新的历史高点，今年的快递业能从容应付吗?

尤其是随着电子商务的快速发展，快递业的发展能跟上步伐吗？显然，提高运输效率将成为各大企业要面临的问题。突破点在哪里？

统计数据显示，目前国内快递80%采用公路运输，15%采用航空运输，利用其他方式运输的不足5%。显然，陆地运输占了绝大多数，也遏制着快递运输的整体效率。从陆地转向天空，已经成为国内快递业的共识。尤其是随着快递巨头相继登陆资本市场，资本子弹充足的快递业完全有实力掀起“空中大战”，顺丰快递、中国邮政速递EMS、圆通快递都已经开始发力，他们纷纷表示，今年“双十一”将通过增加货运包机、加密航线等方式提升空中运力。

拥有国内最大航运机队的顺丰速运，“双十一”期间将启用顺丰航空超过100余条航线资源。湖南顺丰李卫华透露，目前，长沙已有一条至杭州的全货包机，根据今年的实际情况，还有望新增一条货机航线，同时，还会通过包机租赁和使用客机腹舱来完成航空运输，“我们还会优化线路，加大直飞减少转飞，提高效率。”

作为快递国家队的EMS，今年“双十一”会通过新开多条直达线、新增航线提升点对点的快递运输效率。“长沙目前已经开通了南京到长沙到重庆的往返货机航线，还与南航、机场集团及大韩航空、香港港龙航空等达成协议，充分利用客机腹舱带货。”湖南邮政速递黄河透露，总部最近又采购交付了6家货机，预计“双十一”期间将启用全国灵活调配。

申通快递人士也透露，今年“双十一”其国内航线航空运力增加了200%，国际航线则开通了全货机包机。

第一节　航空货运代理

一、航空货运代理概述

《航空运输销售代理业管理规定》指出：航空货运代理是指接受航空公司委托，专门从事航空货物运物的组织工作（如揽货、订舱、制单、报关、交运等），提供各种服务，从而获取一定报酬的公司，即由专门承办此类业务的航空货运代理公司负责办理一定的手续，并赚取佣金的行为。

二、航空货运代理的特点

（一）航空货运代理信息丰富

航空货运代理公司一般多年专门从事航空货运的代理工作，业务娴熟，在市场开拓方面拥有巨大的专业优势，大都对运输环节和有关规章制度十分熟悉，并与民航、海关、商检和交通运输部门有广泛而密切的联系，具备代办运输手续的有关条件。同时，航空货运代理公司在世界各地都设有分支机构或代理人，能够及时联络和控制货物运输的全过程。而航空公司主要业务为飞行保障，受人力、物力等诸多因素影响，难以直接面对众多的客户，处理航运前后繁杂的业务，这就需要航空货运代理公司为航空公司揽货、组织货源、出托运单、收取运费、进口疏港、报关检验、送货、中转，使航空公司可集中力量做好自身的业务—从一个机场至另一个机场的运输。因此，委托航空货运代理进出口货物运输比委托人直接向航空公司办理更为便利。

（二）航空货运代理节约了大量成本

航空货运代理公司的主要业务就是集中托运，即把若干单独发运的货物组成一整批货物，用同一份总运单发运到同一站，由其在当地的代理人负责接货，报关后分拨给实际收货人。这种集中托运方式可以从航空公司争取到较低的运价，代理公司和货主都可以从这种服务中获益。就航空公司而言，它也可以从代理公司的服务中获利，承揽了大批客户，将千家万户的货物集中起来托运，为其节省了大量的人力、物力和时间，从而有助于其进一步开拓空运市场。同时，收货人和发货人可以从货运代理那里得到方便、快捷的全过程的增值服务，可以节约成本、提高效率、增强其在本行业的竞争力。

三、航空货运代理的性质

航空货运代理公司作为货主和航空公司之间的桥梁和纽带，可以是货主的代理，代替货主向航空公司办理托运或提取货物；也可以是航空公司的代理，代替航空公司接收货物，出具航空公司的总运单和自己的分运单。目前，航空货运代理人已经渗透到航空货运的各个角落，为航空公司开拓国际国内货运市场，促进航空货运市场的发展发挥了巨大作用。因此，可以将航空货运代理看作是中间人、托运人或者收货人。

（一）航空货运代理的服务对象

1. 发货人

航空货运代理人代替发货人承担航空运输过程中所有的手续：以最快最省的运输方式，安排合适的货物包装，选择货物的运输路线；向客户建议仓储与分拨；选择可靠、效率高的承运人，并负责缔结运输合同；安排货物的计重和计量；办理货物保险；货物的拼装；装运前或在目的地分拨货物之前把货物存仓；安排货物到港口的运输，办理海关和有关单证的手续，并把货物交给承运人；代表托运人或进口商承付运费、关税税收；办理有关货物运输的任何外汇交易；从承运人那里取得各种签署的提单，并把它们交给发货人；通过承运人与货运代理在国外的代理联系，监督货物运输进程，并使托运人知道货物的去向。

2. 航空公司

货运代理在空运业上充当航空公司的代理。在国际航空运输协会以空运货物为目的而制定的规则上，它被指定为国际航空协会的代理。在这种关系上，它利用航空公司的货运手段为货主服务，并由航空公司支付佣金。同时，作为一个货运代理，它通过提供适于空运程度的服务方式，继续为发货人或收货人服务。

（二）航空货运代理的角色

航空货运代理人以托运人的名义或者以自己的名义，为托运人办理航空运输业务，其身份须视具体情况而定。

1. 中间人、托运人或收货人

当货运代理人以自己的名义从不同的客户手中接收零散货物，并将这些零散货物集中起来以自己的名义与航空公司签订运输合同时，相对于其客户而言，它是中间人；相对于运输合同的对方当事人而言，它是托运人，航空公司是承运人。同样，在货物抵达的目的地，货运代理人还可以以自己的名义去接收这些散货，可以成为收货人。

2. 代理人

当货运代理人从不同的托运人手中接收货物时，以托运人的名义与航空公司签订运输合同时，航空公司是承运人，货运代理人是托运人的代理人。

3. 缔约承运人

当货运代理人以自己的名义与托运人签订运输合同并向托运人签发航空货运单，然后再委托航空公司运送货物，航空公司是实际承运人，货运办理人就是缔约承运人。

四、航空货运代理的类型

在航空货运代理业，航空货运代理主要分为一级代理和非一级代理，二级代理、三级代理（含挂靠）都是非一级代理。

（一）一级代理

一级代理是经过前外经贸委、中国民航总局批准，从事货运代理业务的代理人。一级代理具有以下代理权限：

1. 经营国际航线或中国香港、中国澳门、中国台湾地区航线的民用航空运输销售代理业务。代理的年度货运销售量必须达 100 吨，由于是国际业务，其标准比二级代理还要低。

2. 领单权，可以向航空公司领取货运单据。订舱权，可以向航空公司订舱交货。

3. 可以向海关申请监管仓库。一级代理可设海关二级监管仓。

一级代理是指可以直接从航空公司领单、直接报关、交接的代理公司。形象来说，它们就是航空公司的主要“代理商”。

（二）非一级代理

非一级代理是指经营国内航线（中国香港、中国澳门、中国台湾航线除外）的民用航空运输销售代理业务。其代理的年代货运销售量必须达到200吨。

非一级代理是指未经过前外经贸委、中国民航总局批准，从事货运代理业务的代理人，也就是经由各地（省、市）交通运输主管部门批准设立的货运业务代理人。

非一级代理没有上述一级代理的业务权限，必须经过一级代理授权方能获得。非一级代理是一级代理的代理，也就是通常所说的二代、三代。

非一级代理没有直接的地面交接权、报关权等权利，这些公司的优势一般在于直接客户和海外代理。一般海外代理制定货物较多，它们是一级代理公司的主要货源之一。这些非一级代理和航空公司关系好的，也可以直接向航空公司订舱位，拿优惠运价，甚至价格比一级代理价格还低，由于没有交接权，必须找一家一级代理公司做挂靠，用一级代理的名义去交接。

五、航空货运代理存在的必然性

随着航空货运业务的发展，航空货运代理业便应运而生。航空货运代理业之所以能得以存在并发展，是因为它所提供的服务为货主及航空公司双方均带来方便和好吃。

1. 航空货运代理使航空公司更好地发展主业。航空公司的主要业务为飞行保障，它们受人力、物力等诸多因素影响，难以直接面对众多的客户，处理航运前和航运后繁杂的服务项目，这就需要航空货运代理公司为航空公司出口揽货、组织货源、出具运单、收取运费、进口疏港、报关检验、送货、中转，使航空公司可集中精力，做好其自身主营业务，进一步开拓航空运输。

2. 航空货运代理使货主不必花费大量的精力去熟悉繁复的空运操作流程。采用航空货运形式进出口货物，需要办理一定的手续，如出口货物在始发地交航空公司承运前的出舱、储存、制单、报关、交运等；进口货物在目的地机场的航空公司或机场接货、监管储存、制单、报关、送货及转运等。航空公司一般不负责上述业务，由此，收发货人必须通过航空货运代理公司办理航空货运业务，或自行向航空公司办理航空货运业务。

3. 航空货运代理在办理航空托运方面具有无可比拟的优势。航空货运代理大多对航空运输环节和有关规章制度十分熟悉，并与各航空公司、机场、海关、商检、卫检、动植检及其他运输部门有广泛而密切的联系；具有代办航空货运的各种设施和必备条件；同时，各航空货运代理公司在世界各地或有分支机构，或有代理网络，能够及时联络，掌握货物运输的全过程。因此，货主委托航空货运代理公司办理进出口货物运输比自行安排货物出运更加便利。

六、航空货运合法代理

随着民航总局对航空运输销售代理资格权限下放，随着对航空货代销售企业的设立由过去的行政审批转变为准民间性的行业协会认可，国内航空货运市场的活力大大增强，保障合法航空货运业参与人的正当权益也日益重要。

（一）航空货运合法代理人设立条件

在航空货物运输业中，由于航空货运企业自身对市场的占有能力有限，同时，因为市场布局未延伸到一些偏远地区，所以，空运业内形成一定规模的公司，往往会采取授权代理的方式，选择一些中小规模的物流公司作为代理销售机构，给予一定的优惠，由代理机构对空运业务进行承揽，由航空运输企业进行实际承运。

《民用航空运输销售代理业管理规定》指出：“民用航空运输销售代理业务是指受民用航空运输企业委托，在约定的授权范围内，以委托人的名义代为处理航空客货运输销售及其相关业务的营利性行业。民用航空运输销售代理人，是指从事空运销售代理业的企业。”这也就是我们实践中经常提到的货代。合法代理人应当依法取得中华人民共和国企业法人资格，在注册资本、营业条件必须具备相关条件。

（二）销售代理人的注册资本数额应当符合下列要求：

1. 经营一类空运销售代理业务的，注册资本不得少于人民币 150 万元；

2. 经营二类空运销售代理业务的，注册资本不得少于人民币 50 万元；

3. 销售代理人每增设一个分支机构或者一个营业分点，应当增加注册资本人民币 50 万元。兼营空运销售代理业务的销售代理人，其专门用于销售代理业务的资本数额应当符合上列要求。

（三）销售代理人应当具备下列营业条件：

1. 有固定的独立营业场所；

2. 有电信设备和其他必要的营业设施；

3. 有民用航空运输规章和与经营销售代理业务相适应的资料；

4. 有至少 3 名取得航空运输销售代理人员相应业务合格证书的从业人员。

（四）外国法人或外国人航空货运合法代理人的设立条件：

外国法人或者外国人依照中华人民共和国有关法律设立中外合资经营企业，并具备本规定各项设立条件的，经民航行政主管部门批准，可以在中华人民共和国境内经营一类空运销售代理业务；经民航地区行政管理机构批准，可以在中华人民共和国境内经营二类空运销售代理业的货运销售代理业务。

七、航空货运代理收费标准

（一）普通货物运价

1. 基础运价（代号 N）。民航总局统一规定各航段货物基础运价，基础运价为 45 千克以下普通货物运价，金额以角为单位。

2. 重量分界点运价（代号 Q）。国内航空货物运输建立 45 千克以上、100 千克以上、300 千克以上三级重量分界点及运价。

（二）等级货物运价（代号 S）

急件、生物制品、珍贵植物和植物制品、活体动物、骨灰、灵柩、鲜活易腐物品、贵重物品、枪械、弹药、押运货物等特种货物实行等级货物运价，按照基础运价的 150% 计收。

（三）指定商品运价（代号 C）

对于一些批量大、季节性强、单位价值低的货物，航空公司可申请建立指定商品运价。

（四）最低运费（代号 M）

每票国内航空货物运输最低运价为人民币 30 元。

（五）集装货物运价

以集装箱、集装板作为一个运输单元运输货物可申请建立集装货物运价。

第二节　航空快递

一、航空快递的业务类型

（一）航空快递

航空快递，又称航空急件转运，是指具有独立法人资格的企业将货物或物品从发件人所在地通过自身或代理的网络运达收件人的一种快速运输方式。

航空快递是目前航空运输中最快捷的运输方式。不同于航空邮寄和航空货运，它由一个专门经营该项业务的公司和航空公司合作，通常为航空货运代理公司或航空快递公司，派专人以最快的速度在货主、机场、用户之间运输和交接货物。该项业务是在两个空运代理公司之间通过航空公司进行的，特别适用于急需的药品、医疗器械、贵重物品、图纸材料、货样及单证等的传送，被称为“桌到桌运输”。

（二）航空快件

采用航空快递方式运输的货物、物品叫作航空快件。从航空快件内容看，主要分为文件和包裹两大类。文件以商务文件、资料、信函等无商业价值的印刷品为主，其中也包括银行单证、合同、照片、机票等。包裹是指一些贸易成交的小样品、零部件及其他小件货物或物品。

之所以称其为快件，一是这些货物、货品的重量轻、体积小、便于运输过程中各环节的操作，有利于缩短操作时间；二是托运人对交付的时间要求快。

二、航空快件的分类

1. 根据快件内件性质划分为信函类、商业文件类和包裹类 3 种。
2. 根据寄递的距离是否跨越国境划分为国际快递和国内快递。

三、航空快递的主要业务形式

（一）按货物的运输服务形式分类

1. 门/桌到门/桌

门/桌到门/桌的服务形式也是航空快递公司最常用的一种服务形式。首先，由发件人在需要时电话通知快递公司，快递公司接到通知后派人上门取件，然后将所有收到的快件集中到一起，根据其目的地分拣、整理、制单、报关、发往世界各地，到达目的地后，再有当地的分公司办理清关、提货手续，并送至收件人手中。在这期间，客户还可以依靠快递公司的电脑网络随时对快件（主要指包裹）的位置进行查询，快件送达之后，也可以及时通过电脑网络消息反馈给发件人。

2. 门/桌到机场

门/桌到机场服务形式与前一种服务方式相比，快件到达目的地机场后不是由快递公司去办理清关、提货手续并送达收件人的手中，而是由快递公司通知收件人自己去办理相关手续。采用这种方式的多是海关有特殊规定的货物或物品。

3. 专人派送

专人派送是指由快递公司指派专人携带快件在最短时间内将快件直接接送到收件人手中。这是一种特殊服务，一般很少采用。

以上三种服务形式相比，门/桌到机场对客户来讲比较麻烦，专人派送最可靠、最安全，同时费用最高，而门/桌到门/桌的服务介于上述两者之间，适合绝大多数快件的运输。同时，第二种服务较为简单，收费较低，但收货人感到很不方便；第三种服务周到，但费用较高；第一种则是综合了上述两种服务的优点，大多数航空公司、空运代理公司、航空快递公司均采用此种方法。

四、按货物的运输过程分类

(一) 国内航空快递

国内航空快递又称为国内快件。国内航空快递是指快件的接收与交付的整个运输过程全在我国境内进行的航空快递运输方式。国内大多数的航空快递既做国内业务也做国际业务，自己在国外有代理渠道的，则采用自己的渠道；没有国外渠道的，一般都是通过 DHL、UPS、FedEx、TNT、EMS 等公司的全球渠道网络（见图 5－1）。

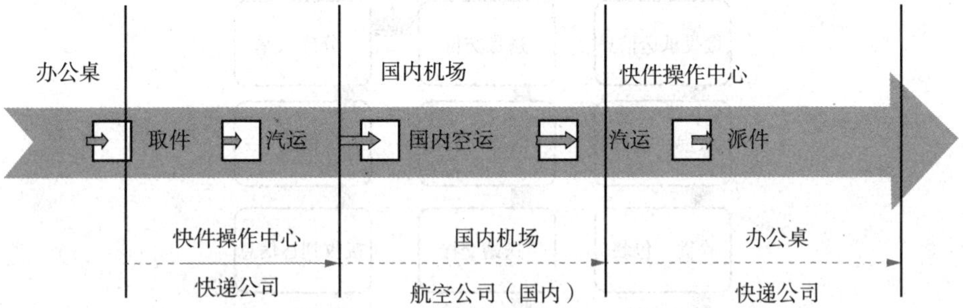

图 5－1　国内航空快递流程示意图

(二) 国际航空快递

国际航空快递又称国际快件。国际航空快递是指快件的接收与交付的整个运输过程至少通过两个或两个以国家或地区进行的航空快递运输方式。国际航空快递因此涉及快件的进出口，也就比国内业务多了国际贸易、报关等，业务及环节相对要更繁杂一些。

五、航空快递的优势

航空快递的服务质量更高主要体现在以下几个方面。

1. 交付速度更快

航空快递自诞生之日起就强调快速的服务，速度又被称为整个行业生存之本。一般洲际快件运送在 1～5 天内完成；地区内部只要 1～3 天。这样的传送速度无论是传统的航空货运业还是邮政运输，都是很难达到的。

2. 运输过程更加安全与可靠

因为在航空快递形式下，快件运送自始至终是在同一公司内部完成，各分公司操作规程相同，服务标准也基本相同，而且同一公司内部信息交流更加方便，对客户的高价值易破损货物的保护也会更加妥帖，所以，运输的安全性可靠性也更好。与此相反，邮政运输和航空货物运输因为都涉及不止一位经营者，各方服务水平参差不齐，责任划分涉及多方，所以比较容易出现货损、货差的现象。

3. “门到门”服务更方便

确切地说，航空快递不止涉及航空运输一种运输形式，它更像是陆空联运，通过将服务由机场延伸至客户的仓库、办公桌，航空快递真正实现了门到门服务，方便了客户。此外，航空快递公司对一般包裹代为清关，针对不断发展的电子网络技术，又率先采用了EDI报关系统，为客户提供了更为便捷的网上服务，快递公司特有的全球性电脑跟踪查询系统也为有特殊需求的客户带来了极大的便利。航空快递流程图如图5－2所示。

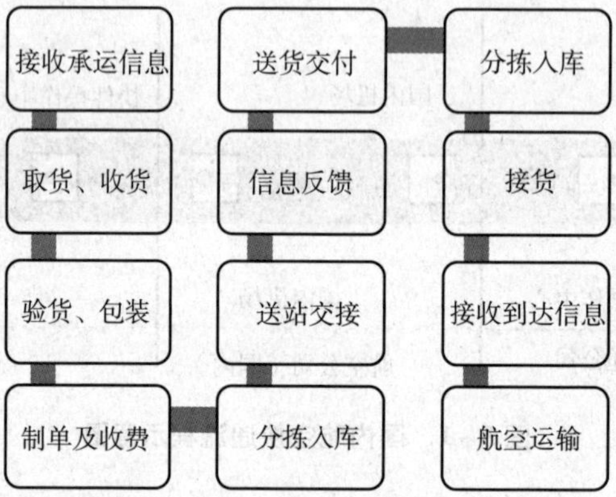

图5－2　航空快递流程图

与普通的航空货物运输所不同的是，航空快递公司办理快运业务时有专人负责在整个运输过程中的货物，从而使货物衔接的时间大为缩短。此外，在运输途中货物始终在专人的监管之下，故比一般运输方式安全。其登门取货、送货上门、服务到办公室、代办各种运输和报关手续，给发、收货人带来极大方便，同时，又能及时提供货物运输交接信息，对货物的查询能做到及时答复。

六、航空快递与航空货运的区别

航空快递是一种能够向社会提供专门的快递优质运输服务方式，它具有与一般的航空货物运输不同的特点。

1. 航空快递是运用航空运输、地面专递服务，借助通信、互联网等现代联络手段而进行的货物运输服务，它包括航空运输、“门到门”的地面运输以及信息监控和反馈，因此，它既是航空货运的延续，也是航空货运增值服务的延伸。

2. 航空快递的快件运作不是单纯依靠某家航空公司就能够完成的，它必须具备广泛、畅通、完备的运送网络及IT信息系统，包括建立与国际接轨的操作规范，才能使每件航空快递时刻处于受控状态。

3. 航空快递企业直接向快件发件人、收件人负责，与一般的货运代理公司又有所不同。

4. 航空快递的产品是按航线我、航班明确运送时限规定，即时受控的空中和地面联合快速运输服务，需要有相当规模的集中组织管理体系、训练有素的队伍、统一的服务标准和质量控制机制，需要有专用的包装和标志。

第三节 航空邮政

一、邮件承运

邮件是指包括信件、印刷品、汇款通知、报刊等，每件不超过 30 千克的邮件包裹。航空邮件是指邮局交给航空运输部门利用航空飞行器寄送的国内邮件或国际邮件。航空飞机在速度上远超过其他各种水路运输工具，使得邮件能在最短的时间内到达距离遥远的地方。因此，航空邮政是我国邮政运输的发展方向。

二、组织原则

首先，时限要求高的特快专递邮件尽可能利用干线飞机运输，保证它们能以最快的速度传递。其次，必须充分考虑空陆联运，保证空运和地面运输工具的配合利用，彼此相辅相成。最后，充分利用预订吨位，节省航空运费。

邮政部门应根据邮件的流量与流向，按照民航航班时刻表提供的航班选择合适的航班，对于邮件量大、流量相对稳定而民航运力又相对紧张的航线，可以采取固定吨位运邮。无论采取何种方式，邮政部门应提前 30 天与民航部门确定航班、班期和吨位。为了方便航空邮件的交接，一般邮政企业应在机场设置邮件转运站，负责与航运方进行邮件的交换。

三、路单处理

邮局在交运邮件时，应按照下列份数填制邮件路单并交给承运人，承运人应按照下列规定处理有关路单。

1. 总路单

总路单一式两份，一份经航展值班人员核对后签退给邮局交运人员，另一份由承运人收存，总路单也是邮局与承运人交接邮件和路单的交接凭证之一。

2. 分路单

分路单一式四份，当地邮局、承运人各存一份备查，其余两份随同邮件由飞机带交给到达站，一份经过邮局核对后签退给到达站，另一份交给邮局留存。对于联城邮件，邮局应多一份分路单，交给承运人随机带给联程站存查。

3. 国际航空邮件总包路单

对于国际航空邮件，邮局应填制 AV7 国际航空邮件总包路单。此项路单所需份数，应根据寄达邮局、海关和出发地承运人和邮局交接等需要确定。

4. 邮件路单更改与签注

邮件路单如有更改、签注，应请邮局工作人员处理并签章。

四、联程邮件

航空邮件运输的方式包括直运和联运。所谓直运，就是发寄局和寄达局两地在同一航线上，邮件需要利用航空直运到达目的地。所谓联运，就是发寄局和寄达局不在同一航线上，邮件需要两条及两条以上航线接运才能到达目的地。采用联运方式经过两个或两个以上航班运送的邮件称为联程邮件。

干线航空通运局在选择联航航站时，必须是国家邮局指定的中转航站和航空经转局，联航邮件的中转不得超过两个，发运站要尽可能顺向，经转时限为 3 小时，航路互转时限为 4 小时。

五、邮件装卸与运输

（一）邮件装卸

1. 在装卸车辆进出仓库时，均应按照装机小单，舱单、路单，庆典邮件件数，检查包装和按照达到时间的先后顺序分站堆放整齐。

2. 装卸邮件时要做到轻拿轻放，不得拖、摔，也不得用邮件衬垫其他货物，要防止水淋、水淹。

3. 要注意按照邮件的带牌进行操作。

（1）凡是栓有白布红杯袋牌、白布字红色三角形记号袋牌、绿布黑字红色三角形记号袋牌的邮件，都是装有挂号信函、特种挂号信函或贵重物品的保价邮件。对此类邮件的装卸应当加倍注意，要在装卸单上注明件数，并避免装在有旅客的座舱内。

（2）栓有白布红杯袋牌或红杯中有“水”袋牌的邮件，都是易碎或液体包裹，装卸时要注意小心轻放。

4. 在装卸邮件时，若发现邮袋破裂，内件可能损坏、缺失时，应当作以下处理。

（1）在装机前或在中途站发现，应停止发运并会同邮局进行处理，立即填制事故记录；

（2）在卸机时发现，应填制事故记录，并请机组人员签字说明。

（二）邮件运输

1. 承运人应按照货邮发运顺序优先保证邮件运输。

2. 承运人应根据航线运力合理安排邮件运输，如发生运力调整或运力不足时，在征得政府部门同意后可安排异地中转。

3. 因天气、机型变更或舱位不足造成邮件落卸时，承运人应及时通知政府部门，并向目的站派发电报，落下的邮件应安排下一个航班运出。

4. 邮件运输出现不正常情况时，按照货物查询程序处理。

5. 每日填制销售日报和运费结算汇总清单各一式两份。交公司结算中心核算审核后，由结算中心分别交给邮局和民航结算中心。

六、航班不正常时对邮件的处理

（一）出发站对航班不正常时邮件的处理

出发站遇到班机延误、取消或改变航路等情况，应及时通知邮局，便于邮局另行安排发运。

（二）中途站对航班不正常时邮件的处理

如飞机将邮件过带至中途站时，中途站应利用其他飞机将邮件带至到达站。如中途站遇班机延误、中断飞行等情况需要改用地面运输时，应通知当地邮局自行办理续运。

思考题

1. 简述航空快递的优势。
2. 航空运单的作用有哪些？
3. 航空运单中的 M、N、Q、C、R、S 各是何种含义？
4. 简述航班不正常时对邮件的处理。

案例分析

国际巨头角逐中国航空快递物流市场

2005 年 4 月 6 日，美国联合包裹（UPS）率先开通了中国广州—美国安克雷奇的直飞航线，成为第一家落户广州新白云机场的国际快递公司；同时，白云机场方面还透露，联邦快递（FedEx）在广州白云机场建立亚太快件转运中心事宜已基本商定，双方可能于今年签署协议。国际多家快递企业在中国航空快递市场的新一轮竞争将由此拉开帷幕，中国航空物流市场孕育着新的变革。

一、开放政策增加商机

按照中国加入世贸组织的承诺，在 2004 年 12 月底，中国物流市场全面放开；从 2005 年 12 月 11 日起，外资公司将可在中国独资经营国际快递业务。越来越开放的政策为国际快递巨头争夺中国航空快递市场提供良好的竞争环境。

同时，中国经济的快速发展也是几家国际快递公司进一步展开中国攻势的主要诱因之一。据统计，目前珠江三角洲地区已经成为全球发展最迅速的生产中心之一，其对外贸易量占我国外贸总量的30%～40%。2004年我国民航完成货邮吞吐量276.7万吨，同比增长26.3%，长江三角洲地区占全国航空货运份额首位，珠江三角洲地区由于受到香港机场的分流影响，位居其后，年航空货运总量在300万吨左右。此外，根据国际航协的预测，中国国际快递市场总值每年约为50亿元人民币，并将以每年20%以上的速度增长，航空快递产品占整个航空货运市场的比例也将从现在的10%上升到20年后的31%。

二、多种形式抢占市场

巨大的市场意味着巨大的商机，政策的变化也带来了竞争环境的转变，各大国际快递巨头都意识到了这一点，纷纷通过增加航线、拓展经营模式、提升机构等方式，为抢占市场有利位置而未雨绸缪。

受益于2004年6月中美新航权协议的签署，美国两大快递巨头联邦快递和联合包裹开始了新一轮的中国航线争夺战。3月1日，FedEx开辟了每周6班连接上海至欧洲法兰克福的直航航线，使其西行环球航线贯通。公司表示，东行环球航线也将在今年开通，中国成为联邦快递全球网络上不可或缺的节点。

4月6日，UPS开通美国与广州间的直航航班，每周6班，并计划在明年增加至每日1班，率先占领了广州市场。同时，公司还将在明年继续增加至上海的航班数量，届时航班将从目前的每日1班增加到每周9班。

荷兰天地快运（TNT）决定在中国推行快递、物流和直邮“三体合一”的运作模式，并计划在未来3至5年内在华增加2亿欧元的投资，用于增加物流设施和培训员工。TNT预计，到2010年，公司在华分支机构将从目前的25家增至100家，仓库面积增至325万平方米，将建成拥有2500辆车的运输车队，为中国1000个城市提供物流、快递和直邮服务。

早在去年，敦豪（DHL）就已经在中国市场开始了新一轮行动。2004年5月，DHL小心翼翼地打政策的“擦边球”，推出两项国内包裹快递业务，把自己定位在不与EMS发生正面冲突的角色上。同时，DHL的母公司德国邮政董事会决定，未来5年内将再向中国投资2.15亿欧元，扩大和完善在中国的4个口岸作业中心，增设14家分公司，建3个快递物流中心和16个战略备件中心。

三、“联姻”“单飞”不同选择

随着中国航空物流市场开放程度的不断加大，几大国际快递巨头也开始调整在中国的资本运作方式。

2004年12月，UPS出资1亿美元从中外运“赎身”，迈出中国独资第一步。从2005年1月1日起，UPS将首先获得上海、广州、深圳、天津和青岛5个城市合资业务的直接控制权，并在2006年年底前取得全国23个地区200多个城市国际快递业务的独立经营权。通过对网络的直接掌控，UPS在中国的包裹运输网络建设得以进一步增强，并通过增加印有品牌标志的运输工具和穿着UPS制服的员工提升了公司的品牌知名度。

而早在2003年，TNT就结束了与中外运的合作关系，选择了名不见经传的“超马赫”作为合作伙伴。有分析认为，TNT选择更易掌控的合作伙伴正是在为独资做准备。

其实，联邦快递是最早与中外运“分手”的公司。1999年，FedEx结束了与中外运的合作，转而与大田公司共同成立了合资企业——大田—联邦快递。联邦快递中国区总裁陈嘉良曾多次表示，十几年来，大田公司为联邦快递提供了更广泛的国内网络和良好的政府关系支持。因此，公司短时期内不会考虑离开大田公司，独资经营中国国内快递业务。

四大快递巨头中，DHL是最充分地利用了中外运网络的公司，一直与中外运保持着良好的合作。2003年2月，DHL以5800万美元购入中外运5%的股份，成为中外运最大的策略投资者，进一步强化了与中外运的战略合作伙伴关系，双方的合作契约长达50年。

正如UPS亚太区总裁肯·托罗所说：“在中国市场是否选择独资，主要可能不在于政策本身的推动，而在于具体的商业发展需求。UPS在世界各地拥有独资公司、合资公司和代理公司等各种商业模式，巨大的中国航空物流市场同样需要各种商业模式的共同存在。”

四、转运中心与机场互动

在各大国际快递巨头争夺中国航空快递市场份额的时候，中国的几大门户机场也在积极行动着。

自从迁入新址后，白云机场便一刻不停地开始了“急行军”。UPS开通美国直飞广州全货机航班，标志着其致力于打造“世界航空货运中枢”的进程驶入快车道。为了迎接UPS的到来，机场甚至提前启用了过渡货站二期工程来作为UPS的专用货站。

吸引联邦快递在广州建立亚太快件转运中心也是新白云的目标之一。白云机场股份公司董事长刘子静在UPS进驻广州时表示，双方已就联邦快递在新白云机场设立亚太快件转运中心事宜达成了一致意见，目前白云机场正在准备为亚太快件转运中心的筹建进行征地等前期工作，涉及金额在20亿~30亿元人民币之间。白云机场还计划在两条跑道的南面建设第三条跑道，而在第三条跑道的一侧将会为联邦快递设立专用的停机坪及配套跑道，并为其亚太转运中心预留接驳通道。

与国际快递巨头的合作还只是白云机场建设“世界航空货运中枢”的一部分。新白云机场目前正在与南航合作，投资数十亿元建设一个面积超过4500亩的国际航空物流园区。

有着航空货运优势的上海机场集团也在谋划着自己的蓝图。借助上海航空货运快速发展和 UPS 于 2007 年在上海建立转运中心的大好机遇，上海机场集团正在规划作为上海三大物流园区之一的空港物流中心，中心将依托国际大型空港条件，提供高附加值的货源组织、中转、仓储、运输、多式联运等服务；集海关、监管、地面服务、代理为一体，使之成为名副其实的现代化物流平台。

2004 年 8 月，DHL 位于香港国际机场的全新亚洲转运中心启用。这一亚洲转运中心专为航空快递货运服务而设立，投资总额达 1 亿美元，是 DHL 在亚太区域内的主要基础设施。这个可以辐射 4 小时航程的转运中心增加了 DHL 对包括中国内地在内的亚太地区的覆盖能力。香港国际机场与内地华南地区几大机场的货运争夺战也将愈演愈烈。

思考题

1. 国际快递巨头是如何抢占中国快递市场的？
2. 中国快递企业应该如何更好地参与中国快递市场的竞争中？

第六章

>>> 临空经济区产业发展

本章要点

1. 临空经济与临空经济区
2. 国外临空经济区的产业发展实践
3. 郑州空港建设

学习目的

郑州航空港经济综合实验区成为全国首个上升为国家战略的航空港经济发展先行区，对于整合河南省乃至国家的发展都存在十分重要的意义。通过对本章的学习，要求学生理解郑州空港重要的战略地位与意义，并能够对郑州空港的发展现状做出合理分析并提出相应的对应改进策略。

导入案例

北美物流中心——孟菲斯

“作为城市历史，所有一切都是有关于物流和运输的。”美国孟菲斯地区商会负责发展和物流的高级副总裁德克斯特·穆勒（Dexter Muller）如此表示。由于位处中心地理位置以及丰富的运输基础设施，孟菲斯已经吸引了不计其数的公司来此驻扎，建立它们的供应链网络。如今孟菲斯正在不断在自身竞争优势上精益求精，让企业更高效地运输货物。许多专业人士称孟菲斯为北美的物流中心，这也不足为奇。

当你开始谈论该市的物流时，你先提及的绝对是FedEx，这家物流巨头于1973年4月17日正式在孟菲斯开始了创业之旅。35年之后，已经发展成为全球的运输巨人。同时，使该市成为吸引众多企业的磁石，让时限运输成为标准，从孟菲斯始发，FedEx能够在24小时内到达北美任何地方，在48小时内到达全球主要城市。

孟菲斯今日的成就得益于以下几个方面：

1. 风雨无阻的运营。地理位置是 FedEx 选择孟菲斯作为枢纽的主要原因之一。FedEx 全球供应链服务公司 CEO 孟菲斯市商会主席的汤姆·施密特（Tom Schmitt）表示："这在美国是风雨无阻运营的地区之一，不会受到飓风、暴风雪或结冰天气等恶劣气候条件的影响。

2. 全球入驻。全球著名的鲜花礼品承办商 1－800－Flowers 运作也是基于位于孟菲斯的冷库，它由一家 3PL—马洛里·亚历山大（Mallory Alexander）国际物流公司操作，总部也位于该市依赖孟菲斯国际机场航空快递优势的企业还包括：全球最大的 DVD 分拨中心—Technicolor Video；美国最大的隔夜药品检测中心—先进毒理检测中心、惠普、松下、Cingular、捷普全球公司、辉端和葛兰素的分拨中心。

3. 美国航空城。机场城能为企业带来三个主要益处：速度、灵活度和联结性，孟菲斯拥有这三个特征。孟菲斯的商业和运输领袖们已经致力于打造"美国的航空城"品牌。

4. 多种运输模式并存。航空货运基础设施只占孟菲斯供应链的 1/4，这是一座多种运输模式并存的城市，通过高速公路（包括两条州际高速公路 I－40 和 I－55）、水路和铁路与全球相连。400 家卡车运输公司在本地区运营；业务遍及美加墨三国。该市还在规划延长 I－69 高速公路，将北上直达蒙特利尔，南下通过德州直下墨西哥。从该市始发，通过卡车运输能在一夜间到达全美 152 个市场。在密西西比河中，孟菲斯港口局是第二大内陆港口，是美国第四大内陆港口，每年运作的货物量超过 1900 万吨。

5. 合作伙伴优势。一个地方拥有如此之多的运输能力，这让企业也获得了竞争优势。马洛里表示："我们能够提供全套的仓储管理和运营、运输管理、供应链，将来自中国和欧洲产品通过孟菲斯运至全美。按照 4E 物流公司 CEO 保罗·斯图尔特（Paul Stewart）的说法："本地人才济济，会聚一地。许多物流专业人才都集中在孟菲斯地区。我们能够向客户提出计划将它们许多较小型运输业务会聚到一地，然后，更加经济地分拨。"

第一节 临空经济

一、临空经济的内涵

临空经济是指依靠机场本身已完备的各项设施设备等资源，通过物流运输活动或者临空制造行为，利用机场所带来的产业集群效应，使得促进经济发展的相关资本、技术、信息、人口等生产要素向机场周边地区集中，形成以机场为中心并且临空关联程度不相同的产业集群。这种新型的区域经济形态就是临空经济。

二、临空经济的特征

（一）临空指向性

机场是临空经济产生的内在核心，临空经济发展在很大程度上受制于机场的功能定位与发展规模。围绕机场的两大业务—客运与货运，形成了航空客运产业链和航空货运产业链。航空客运产业链带动了旅游业、休闲娱乐等产业的发展；航空货运产业链则带动了高新技术产业、制药产业、高附加值产业、花卉业等对时间要求很高的产业。因此，临空产业具有较强的临空布局偏好性，与机场的发展息息相关。

（二）经济外向性

机场所用的全球性航线网络使得航空物流的覆盖范围进一步扩大，货物、人员在全球范围内进行移动成为可能。最明显的例子就是富士康作为苹果的代加工厂，各种跨国公司在海外纷纷设立子公司进行业务的扩展。同时，为了追随全球范围内高效快速的发展趋势，把公司设立在机场周边区域已然是最佳选择。机场的航线网络资源越丰富，对公司的吸引力就越大。由此形成富有特色的经济结构就是外向型经济，临空经济也就具有了经济外向性的特征。

（三）市场速达性

在临空经济区布局的企业其产品的运输成本占总成本的比例很小，但对市场的敏感度极高，对运输速度的要求迫切，航空物流的快捷迅速正符合这些企业的要求，所以临空经济就具备市场速达性的特征。

（四）区位依赖性

有机场衍生而出的临空经济对机场具有极强的依赖性，是完全符合经济学中所讲的市场属性—基础设施依附性，这也就决定了临空经济的区位依赖性。

（五）空间圈层性

由于各个企业对机场的依赖程度不同，使得同一个机场也会存在不同的紧密程度，造成不同位置不同收益现象的存在，这种包含时间的广域收益会促使企业在机场周边进行布局，同时在成本收益的原则指导下，企业在选址时就会呈现空间圈层性特征，临空经济就形成了空间圈层性的特征。

第二节　临空经济区

一、临空经济区的构成要素

任何一个经济区域都具有不可缺少的三个要素：经济中心、经济腹地和经济网络。

（一）临空经济区的中心

机场的能量强度将直接作用于临空经济区的成熟度，机场已经不仅是一个上、下飞机停机坪，而且也是临空经济区生态系统的中心引擎，它的功能将辐射到与航空有关的旅游业、金融业、服务业和房地产业等，并与之形成一个大的产业链条。除了机场的核心业务以外，与机场配套的临空服务产业也相继被拉动，并且在向前推进的过程中，不断吸引相关产业聚集其中。因此，临空经济区产业生态建设与健康管理的中心工作，是做好机场建设，使其各项管理标准化、管理流程规范化，力争在服务上达到系统内资源的配置最优化。

（二）临空经济区的腹地

机场强大的能量辐射作用所波及的范围就是临空经济区的腹地，它是临空经济区赖以生存的基础，具有明显的等级性。在临空经济区腹地的产业生态建设上，要因地制宜，切合产业生态结构和地区发展实际选择临空产业，同时，应注意临空产业的选择与临空经济区规划发展目标的相容性和可持续性。在土地利用上，应该遵循可持续发展产业自身的特点。腹地的产业生态开发必须有利于土地、资源和投资的集约化利用，必须充分结合机场优势。经济配合城市总体规划，才能够彰显临空经济区的区域特色，让区域经济的发展更进一步。

（三）临空经济区的网络

临空经济区的网络主要包括综合交通运输网络和通信网络，它们是临空经济区产业健康管理的基础。其中发达的家庭运输网络是使机场地区成为外向型、多功能、现代化的临空经济区的关键。首先，航线网络是临空经济区发展的基础，航线网络的覆盖范围代表着临空经济区业务的覆盖范围；其次，作为连接城市与航空港的设施，高速公路和铁路的质量和网络的建和将直接影响到临空经济区机能的发挥；最后，铁路交通更有定时性、容量大、速度快的特点，可以使临空经济区的辐射范围进一步扩大。

通信是连接企业与企业之间的纽带，其功用、效率和可靠性直接影响着临空经济区的经济潜力和吸引力。机场通信系统提升后，机场的通信环境得到大大改善，机场附近居民、临空经济区的各个企业均会获得由于机场通信设备改造带来的经济利益。

二、临空经济区的发展作用

（一）辐射作用

丹佛国际机场（见图6－1）在建设之初就定位为带动区域发展的城市中心商业区，目前该机场已成为世界上最大、最新、技术设施最先进的机场，并且引起了当地地形地貌的彻底改变。在基础设施方面，机场道路系统与70号州际高速公路和丹佛大都市区其他部分的道路网联系十分畅达。同时，机场附近的排水线路也很完善，从而带动了周边地区土地价格的上涨，吸引力大批房地产开发商前来投资，从住宅、饭店、加油站到办公园区、仓储园区、分销中心，一个新的航空城由此诞生。临空经济区迅速成为丹佛市发展的增长极，在机场北部的铁路城镇布里顿，在机场动工的前一年颁发的建筑许可证还不到12个，机场建设时每年的新增建筑许可证就多达1000个。在机场南部，房地产市场出现了供不应求的局面。著名房地产开发公司奥克伍德房地产公司建造的5000套中档价位的住房，在动工之前就已经全部售罄，之后又以每天平均建造3套以上住房的速度大力发张房地产。不仅如此，丹佛国际机场在规划时还采用了很多新经营理念，配备了很多新型商业设施，力争打造一个全新的城市中心商业区。

图6－1　丹佛国际机场及其周边示意图

由此我们可以得出，临空经济区的发展使得临空先导产业从传统的制造业向高新技术产业过度，产业生态结构不断升级与优化。同时，现代服务业的快速发展也促使临空产业生态结构日臻完善；临空产业间的关联程度不断增强，临空经济区逐步形成以机场中心区为核心，临空产业呈圈层结构并逐步向外部扩展，从而形成基于产业生态链的集群式发展成为临空经济区发展的高级模式。

另一方面，由于各个区域所处的差异性与资源的禀赋性，临空经济区的辐射功能是多元化的，从而导致每个临空经济区在构建和发挥壮大中都有着独一无二的一面。这也是我国拥有数量众多的机场，却从未出现两个临空经济区的发展是一模一样的原因。纵观我国，旅客经济区多处于农村或郊区地带，航空港区的建立会将所在区域从农业大区带向经济大区。随着经济的转型，区域经济产业结构的调整将得到有效推进。不仅如此，由于临空经济区功能覆盖广泛、内容丰富，这对促进城镇功能的建设与发展完善有至关重要的作用。临空经济区的建设和发展将给当地居民提供更多的就业机会，一方面，他们可以在机场工作，成为机场建设者的一部分；另一方面，随着机场不断发展、规模的不断壮大，人流物流的增加，与之配套的服务需求和基础设施也会相应增多，需要大量的工作人员，这对于促进新农村，消化富余劳动力，增加农民收入都是大有益处的。

（二）集聚作用

高效快捷的经济要素流动和合理的资源配置是社会经济发展的基础，提高社会生产力和促进社会发展的推进力。在社会发展的整个过程中，交通运输环节的重要性愈加凸显，机场作为交通运输的节点，其重要性自然也愈发重要。临空经济区已成为成为各类资源与信息的集散地，同时也是资源与信息的整合地，而整合带来的巨大利益也成为临空经济区以及所在地发展与兴旺的催化剂。在临空经济区的发展过程中，机场作为核心，将不断吸引各种资源要素集中到机场周边。要素的地域集中，将相当数量的人才、技术和资金积累起来，使得临空经济区内单一企业的生产资源变为区域企业的共享资源。同时，在交换上形成了充足的商品供给和旺盛的商品需求。因此，在临空经济区内，高需求和高供给将加速推动临空经济区的发展。

强烈的集聚作用使得机场周边地区成为投资的热点，同时也使临空经济区成为整个经济空间当中优质经济要素投资的重要区域。为了保持经济的强盛活力，日本政府果断做出决定，先后在东京、大阪建设三大国际航空港，形成以成天国际机场、羽田国际机场、关西国际机场为核心的临空经济区，其建设的成功经验纷纷为其他临空经济区建设者所采纳。

第三节　临空产业

一、临空产业的内涵

临空产业是指与空港或航空物流有直接或间接联系的产业，是一个相对概括性的范畴。按照产业对航空物流和机场资源的需求和利用程度，临空产业的生态结构大致包括三类：航空核心产业、航空关联产业和航空引致产业，如图6-2所示。

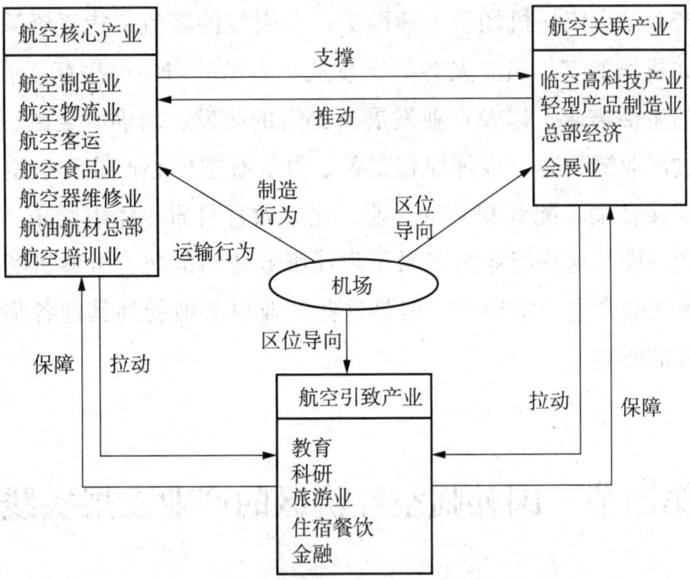

图6-2　临空经济区产业关联特征分析

二、临空产业的类型

（一）航空核心区

航空核心区是指直接利用机场提供的设施和服务等资源开展生产、制造活动的产业，其产品（服务）生产过程中的重要一环就是机场航空器的飞行保障服务，比如航空客运业、航空物流业、航空制造业、通用航空业。机场提供的各项设施和服务均直接参与到这些产业产品生产过程中，是其产业链上的重要环节。如在飞机运输过程中离不开机场跑道设施，航空物流的必要生产场所就是机场货站，航空运输是航空物流服务产品生产的中心环节。这些对机场资源和服务的依赖性极高的产业，具有极强临空指向性，通常需要紧邻机场布局。

（二）航空关联产业

航空关联产业是指对航空运输服务有较强敏感度，对快速便捷的人流、物流具有较高需求，利用航空客货快捷安全的特殊优势和机场口岸的多项功能，可有效降低其客货运输时间成本的产业。这类产业主要包括：①依赖航空物流、具有临空经济区位偏好的高时效性、高附加值的生产制造产业，主要包括临空高科技制造业、轻型产品制造业、现代农业等；②知识、信息、技术和资金密集型的现代服务业，如总部经济、会展业等现代服务业。

（三）航空引致产业

航空引致产业是指依托机场及上述两类产业引发的客流、货流资源，为满足各类临空经济区内如机场旅客、员工及各类产业从业人员的居住、教育、消费、购物、娱乐等各类人员的生活需求，以及产业发展所必需的研发、培训、金融、中介、广告等服务需求，通过产业链的进一步延伸和完善，由各航空核心产业和航空关联产业引发和吸引的各类间接辅助、配套和支持产业，比如教育科研、休闲娱乐、住宿餐饮、金融、中介等产业，而且这些产业大多属于现代服务业的范畴。虽然机场的吞吐量规模对这些产业的发展会产生一定影响，但是这些产业更多地受到其他各临空产业的发展规模和需求条件的影响。

第四节　国外临空经济区的产业发展实践

国外临空经济区建设起步于1959年的爱尔兰香农机场自由区，之后，欧美各机场也积极开展临空经济区的建设，其临空经济区的产业发展已较为成熟，经验丰富。我国临空经济区建设从1992年全面启动，经过20多年的发展，在临空经济区产业发展中积累了一定的经验。这些都可以为郑州航空经济综合实验区临空经济产业生态建设与健康发展提供参考。

一、航空物流产业主导型产业发展模式

航空物流的带动效应十分突出，对产业带动的比率是1∶28，对就业带动的比率是1∶12。以航空物流业为主导的产业发展而成的临空经济区比比皆是，如美国路易斯维尔临空经济区。

路易斯维尔国际机场的发展得益于世界航空巨头：联合包裹速递服务公司（UPS）。自从1982年，UPS在路易斯安那机场建立了货运站。路易斯维尔机场的货运量剧增，发展到目前为止每24秒钟处理的包裹量就达到2773件。2002年，UPS耗资10亿美元打造的世界港投入使用，占地500万平方英尺，地点就位于机场的平行跑道之间。世界港将机场与全球200个国家和地区连接起来。2006年，UPS又在路易斯维尔机场开设了一个造价825万美元的大型货运枢纽站，占地653000平方英尺，雇佣员工超过1000名。就在同一年，UPS耗资10亿美元打造世界港的扩建项目实施完毕，该项目将世界港的分拣能力提升了37%，达到每小时处理416000件行李，同时，也使世界港的面积增加了120万平方英尺，大袋620万平方英尺。同时，路易斯维尔机场周边也产生了一批高新技术企业，比如福特发动机厂、通用消费品公司、印刷与出版公司等，产业生态链条也在逐步优化。

二、航空制造产业驱动产业发展模式

某些临空经济区的产业主要是航空制造产业，也就是以飞机的总装制造为龙头，这里我们着重介绍“波音”之城西雅图。

波音民用飞机集团总部设在西雅图，有三大业务部门，即波音787项目部、飞机项目部和民用航空服务部。其中民用航空服务部同时提供飞机贸易服务。

（一）波音787项目部

波音787项目部采用全新的全球生产模式，同时与全球43家顶尖供应商合作并签署了合作协议，与这些供应商共享利润，共担风险。波音飞787的机体部分可以在美国17个州以及10个国家的50个地方进行组装。波音公司还可以将放下波音787整个机身和机翼的4架波音747客机改装为“梦想飞机”的运输机，最远可达意大利南部，再将完整的“梦想飞机”部件运回埃弗雷特。每家航空公司将他们自己的机舱固定设备和装饰提前选好，然后提供给波音，由波音将它们安装在机舱内。这个项目最具特色的是组装前布线、各个系统和电子仪器全部在机体内安装完成。这不仅节省了开支，而且还使每架飞机的组装时间控制在4天内。为了给客户节省成本，波音还开发了787互联网远程培训系统。客户可以直接在网上接受培训，而777飞行员到787飞行员的转型培训也只需要5天时间。

（二）飞机项目部

飞机项目部提供最完整的全系列波音飞机产品。其机型涵盖从110座到约500座的所有客运市场，同时拥有最完整的货机系列。

（三）民用航空服务部

波音民用航空服务部是专门为客户服务的机构，提供综合的解决方案和服务，旨在提高效率、降低成本，充分利用信息管理，确保乘客舒适健康。波音提出五个关键服务内容：①全球客户支持。波音建立了全球性的基础设施和网状的运行中心，运营着航空运输业最成功的B2门户网站“My Boeing Fleet”，通过网站可以实现在线合作和信息共享，帮助全球操作人员解决各种技术问题改进机队表现。②备件和物流支持。波音有一个波音零部件网站，任何一个认证用户可以直接使用或通过“My Boeing Fleet”进入。波音用户可以从650万种不同备件中加以挑选。在单一交易中确定多个订单，也可以修改订单，核对价格、备件或是查看订单状态、跟踪出货。所有这些都是实时的。③维修和工程服务。波音提供飞机健康管理，它收集监控并分析正在运营中的飞机数据，支持更迅捷的修理，而且提供在许多情况下预测故障的能力，预先防止设备失灵。④机队改进和改装，改进客舱舒适性。⑤飞行运营支持。为航空公司的飞行运营部门提供全面支持，包括创信息管理解决方案和全球培训网络。

在长期的产业结构变迁中西雅图地区逐渐形成了一个相对完整的航空产业生态集群。航空制造产业链从上游到下游主要涵盖了航空材料供应商、航空配件供应商、飞机总装工厂、检修与服务商和航空服务商五大环节。此外，还需要飞机结构设计公司与航空咨询公司提供辅助服务。而当地的小型飞机制造公司也受益于成熟的航空产业链，获得相应的支持，形成了相当的规模。由此可见，西雅图的航空产业生态链在以波音公司总装工厂为辐射源，通过产业链上下游延伸而逐渐完善。

三、区位资源环境导向型产业发展模式

日本中部机场城虽然没有特别强大的机场客货流量，但是凭借独特的区位和环境优势形成了独特的临空产业生态链。

日本中部国际机场与2005年开始启用，其产业主要有：航空物流产业、高科技制造业、航空制造业、航空支持产业，基本上各项产业均是依托爱知县的强大产业基础发展而成。爱知县是日本最大、最先进的工业中心，其主要产业有航空制造、汽车工业、陶瓷工业、配送中心。爱知县拥有包括运输设备在内的七大工业种类的最大本土市场份额。

爱知县拥有丰田等汽车制造商，而且由于日本汽车制造商强大的号召力，许多国外汽车制造商也聚集于此，使得爱知县成为引导世界汽车制造业发展的中心。依托爱知县的配送中心地位和工业基础，中部机场城的航空物流业发展迅速，其重要的组成部分之一就是丰田汽车的全球配送中心。不仅如此，爱知县还拥有日本著名的陶瓷厂Noritake。其陶瓷技术在世界首屈一指。汽车产业和陶瓷产业使得中部机场城的高科技制造业迅猛发展。爱知县还是航空制造业巨头三菱和富士通的聚集地，这也成为中部机场城的航空制造业发展基础。同时，这些航空产业基础也成为发展航空设备维修业大会航空材料清洗业的基石。通过以上分析，我们看到日本中部机场城的产业与爱知县有着天然的联系，自然能够融为一体。

四、综合枢纽导向型产业发展模式

国际上许多临空经济区所依托的机场是连通区域或洲际的复合型航空枢纽。机场的复合性运营及其巨大的客货流量给周边带来了独特的流量经济和多种临空产业，形成了多种临空产业生态链条并存的局面，比如美国丹佛国际机场。

丹佛国际机场位于美国科罗拉多州丹佛市，它由丹佛市政府运营，是美国面积第一大、全世界面积第二大的机场，拥有美国最长的机场跑道。以客货流量计算，丹佛国际机场排名全美第五、世界第十一。

丹佛机场所在的美国科罗拉多州的经济最初以农牧和采矿业为主。随着经济的快速发展，各种技术产业在美国科罗拉多州悄然兴起，电子、航空航天产业、生物科技都很发达，尤其以生物技术为翘楚，已建立200多家生物技术公司。此外，美国科罗

拉多州经济的另一大支柱就是旅游业。落基山拥有无穷无尽的旅游宝藏，在科州境内它有50多座海拔超过4200米的山峰，1000多座超过3200米的山峰，山区面积是瑞士国土面积的6倍。每年冬天，落基山区都是美国的滑雪胜地，共有28处设施良好的滑雪场，总面积8100公顷。有的滑雪场终年开放，交通便利，条件优越，吸引了众多来自世界各地的游客。除此之外，山区茂盛的森林和澄清的河川湖泊都使得这里成为广袤无垠的天然公园。

经济的飞速发展，旅游业的兴旺发达都成为丹佛机场发展空港都市区的基础。为了迎合当地居民和旅客的需要，丹佛机场配备了许多新型商业设施，工作生活所需的加油站、办公园区、仓储年中心、分销中心、住宅、酒店一应俱全，成功吸引了大量资金和人力资本的引入。目前丹佛市每年25%的经济增长发生在机场及其附近区域，丹佛市政府还采用了“空港营销”的经营理念，使得丹佛空港都市区的发展颇具规模。

第五节　郑州空港临空经济区建设

在对上述4种不同的临空经济发展模式有一定的充分了解之后，现在我们把目光转向郑州航空港试验区的建设与发展。源于国家战略、中部崛起战略的实际需要和观念的不断创新，郑州空港的战略地位被确定为国际航空物流中心，以下的内容的探讨均围绕此进行开展。

一、郑州空港航空物流中心建设的物质基础

（一）铁路干线的交汇枢纽

郑州被称为“火车拉来的城市”，这个称呼一方面说明郑州在全国的铁路交通枢纽地位，另一方面也从历史上把郑州与铁路的渊源形象地表现出来。

京广铁路（北京—广州）是贯通中国南北的重要铁路大通道，国家铁路南北交通大动脉，是中国线路最长、运输最为繁忙的铁路，具有极其重要的战略地位，而且将中国许多著名城市和区域经济的发展中心紧密联系在一起，形成了中国最主要的经济走廊之一。京广铁路连接五省一市，是贯通中国南北的重要铁路大通道，是国家铁路南北交通大动脉，也是中国铁路运输最为繁忙的主要干线，具有极其重要的战略地位。京广线南运货物以煤炭、钢铁、石油、木材及出口物资为主，北运货物主要是有色金属矿产品以及粮、糖、茶、水果等农产品和进口物资。陇海铁路不仅是贯穿中国华东、华中、西北最重要的铁路干线，也是从太平洋边的连云港至大西洋边的荷兰鹿特丹的新亚欧大陆桥（见图6－3）的重要组成部分。

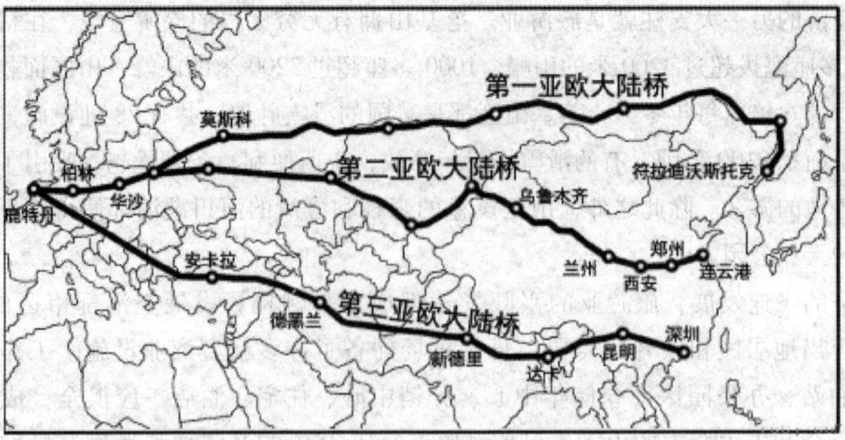

图 6－3 亚欧大陆桥路线示意图

京广、陇海两大铁路干线在郑州交会，郑州相应建设了一批规模庞大、设施现代的铁路运输设施，形成了以郑州北编组站、郑州东货运站、郑州客运站 3 个特等站为主的综合性铁路枢纽。郑州北站是亚洲最大的铁路编组站，郑州东站是全国最大的零担货物中转站。此外，郑州拥有一个铁路一类口岸，货物可在此联检封关。郑州还开通了直达香港的货物联运列车。由于郑州所具有的中国铁路枢纽的重要位置，“这个火车拉来的城市”拥有了“中国铁路心脏”和“中国交通十字路口”的美誉。

郑州是新亚欧大陆桥的东段，也是中国境内重要的铁路交通枢纽。新亚欧大陆桥中国段自西向东约有 8 条铁路与其相连接，在这 8 条铁路中，最重要的当属京广线。京广线与新亚欧大陆桥的交会点就在郑州。此外，在与新亚欧大陆桥相连接的 8 条铁路线路中，有 4 条是与路桥十字相交的，而这相交而过的 4 条铁路中有 3 条就在郑州周围。所有这些，也使郑州成为新亚欧大陆桥上特别是东段中最重要的中心枢纽城市和铁路港。

（二）四通八达的高速公路网

由于郑州独特的地理位置，使它又处于中国东西南北干线公路的交汇处，成为我国公路的主要枢纽之一，处于国家高速公路网规划“五纵七横”国道主干道（图 6－4）的交汇点，高速公路四通八达，与全国高速公路成网。京珠和连霍高速公路以及 107 国道和 310 国道与境内 18 条公路干线，构成了四通八达的公路交通网络，为全国 7 个公路交通主枢纽城市之一。郑州还开设了公路二类口岸，从郑州联检封关可直接到达海港口岸，实现公海联运。

（三）政策支持

随着中原经济区建设上升至国家战略，2001 年，郑州市委、市政府提出了抓紧制定现代物流发展规划，将现代物流业作为郑州市经济发展的重要支柱产业之一的战略

图6－4　五纵七横国道主干线示意图

目标，加快商贸城现代化建设步伐，并于2002年初开始，陆续制定了《郑州现代物流产业发展规划》和《郑州市现代物流业建设发展规划纲要》。《郑州市现代物流业建设发展规划纲要》明确，郑州现代物流业发展的指导思想是依托社会主义现代化商贸城市和国家区域性中心城市的建设，以发展为主题，以科技进步为动力，以服务于区域经济发展为中心，以郑州城市物流配送体系和国内陆物流港体系为支撑，以信息技术为手段，以提高物流业现代化水平、降低社会物流成本为根本目的，充分发挥郑州的区位、交通、商贸优势，培育物流市场，重点建设物流园区和扶持现代化物流企业，大力发展第三方物流服务。

二、郑州空港航空物流中心建设的必要性

（一）在内陆地区建设物流中心成为趋势

欧美物流中心发展历程表明，随着经济的发展，沿海港口城市是最先形成中心（如上海港），然后在内陆地区形成物流中心。美国第一代经济物流中心主要是纽约、洛杉矶等海港城市；随着航空技术的发展，拥有大型国际机场的孟菲斯和路易斯维尔等城市逐渐发展成为第二代空港型国际物流中心；随着港口城市面临愈发沉重的货物吞吐压力，具有良好区位优势的连接性的达拉斯、堪萨斯等内陆城市发展成为承担货物集拼和分拨的第三代内陆型国际物流中心。欧洲物流中心的发展过程也是从鹿特丹、瓦伦西亚等海港，到法兰克福和巴黎等空港，再到维也纳和纽伦堡等内陆港。

（二）我国中西部地区需要建立现代化物流中心

未来我国中西部地区经济增长将明显快于东部沿海地区。初步预测，到2020年，我国中西部地区年均GDP增长率将达到8%～9%，高于华东、华南和华北地区的6%；中西部地区的货运量年平均增长率将达到5%以上，高于东部地区的3%～4%；中西部地区进出口贸易年均增长率将达12%～13%，高于东部地区的4%～6%。

我国物流中心大多位于东部沿海地区，随着经济结构优化调整和区域经济的统筹推进，我国经济重心将逐步西迁，未来国际物流中心也将随着经济发展格局的变化向中西部变迁。根据物流中心的形成条件和发展趋势，郑州、武汉、重庆、西安有望成为未来我国中西部地区的国际物流中心。

（三）郑州成为中西部地区国际物流中心的可行性

郑州区位优势突出，位于全国地理中心，腹地经济基础雄厚，消费需求巨大，具有良好的工业基础，制造业、商贸业发达，铁路港、公路港、航空港、出口加工区、保税物流中心等大型物流基础设施初具规模，物流企业集聚发展，辐射带动作用明显，物流量增长较快，物流业发展空间巨大。郑州虽没有水运优势，但通过公路、铁路和航空达到全国各地的平均运输成本较低，具有明显的优势。

同时，郑州国际物流中心的建设具有紧迫性，因为一旦国际物流中心形成，将产生巨大的直接作用、间接经济和综合社会效益，对区域经济及社会发展有很大的推动作用。国际物流中心发展规律显示，物流中心的先发效应非常明显。在鹿特丹和达拉斯成为国际物流中心后，周边城市基本失去了成为同类型物流中心的机会。中西部主要物流中心城市加快实施物流发展规划，积极发展保税物流，培育本土物流企业，打造区域性物流中心，物流企业发展速度明显加快，对郑州国际物流中心的建设形成巨大的压力和挑战。随着产业向中西部的加速转移和物流业发展的综合交通枢纽，在中西部城市中具有极强的竞争力。但同时也要认识到，郑州国际物流中心的建设必须在今后5年左右的时间内形成赶超发展的态势，占据中西部地区物流发展的高地，才能有效防止被边缘化的危险。

三、郑州空港航空物流中心建设的意义

（一）提升郑州物流业竞争力发展现代物流产业

首先，我们可以做一个郑州与沿海发达区和周边省份在发展物流产业方面的对比：

比较方面 / 省市区域	港口	机场
郑州	无水港	新郑机场
长三角	上海港 南京港 宁波港	浦东机场 虹桥机场 萧山机场
山东	青岛港 日照港 烟台港	济南遥墙机场 青岛胶东机场 烟台蓬莱机场

（无水港是指在内陆地区建立的具有报关、报验、签发提单等港口服务功能的物流中心）

一方面，从表格我们可以明显看出，郑州与之相比在港口和机场方面的交通基础设施并不处于优势地位。再者从铁路设施方面来说，虽然郑州有米字形高铁、城际铁路，比如说联通八方的高速公路郑欧班列，但长三角高速公路网更加健全，公铁交通干线密度全国领先，立体综合交通网络基本形成，山东截至 2014 年末，山东省高速公路通车里程 5108 公里，居全国第二位，省内多数城市之间可在半日互达。

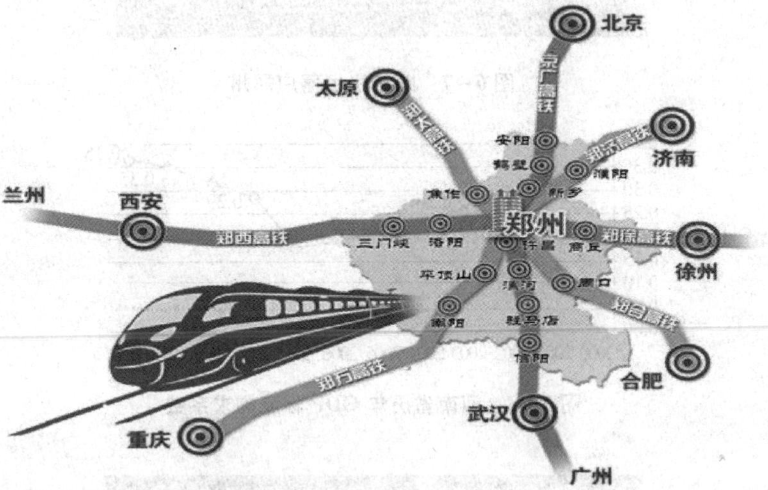

图 6－5　郑州高铁设施示意图

另一方面，从企业入驻来说，郑州缺乏强有力的物流企业进驻和规模较大的物流规模，此前国美在线、京东也接连宣布在武汉再拿地建仓库，并升级物流服务。

从产业转移的承接来看，河南省作为中西部地区的代表性省份，自 2000 年以来物流需求系数总体上呈现出上升趋势，尤其是在 2007 年之后上升幅度更加明显，说明自 2007 年之后河南省的经济增长对物流业的依赖程度不断增强。巧合的是，我国正是在 2007 年左右开始出现明显的通货膨胀，东部地区的劳动密集型产业受制于劳动力成本的上升，开始向中西部地区转移。因此从这个角度讲，河南省在承接东部地区产业转移的过程中需要物流业的发展作为支撑。

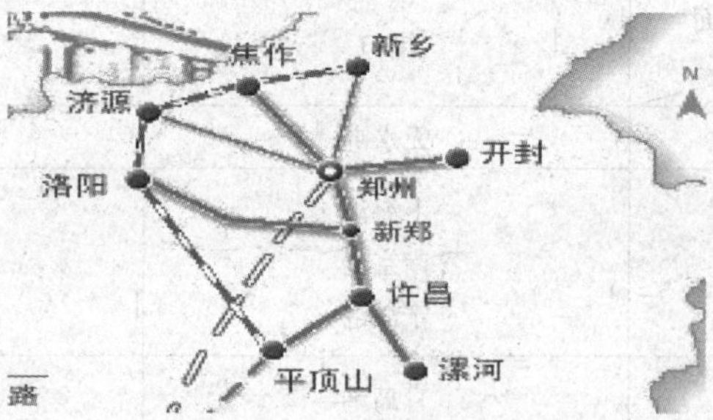

图 6－6　郑州铁路设施示意图

图 6－7　顺丰机场落户郑州

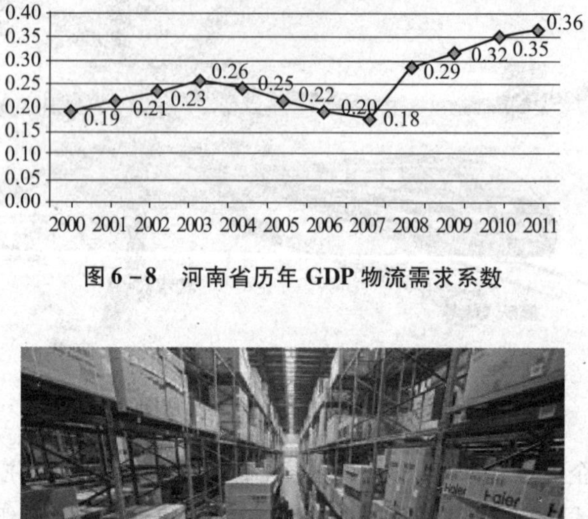

图 6－8　河南省历年 GDP 物流需求系数

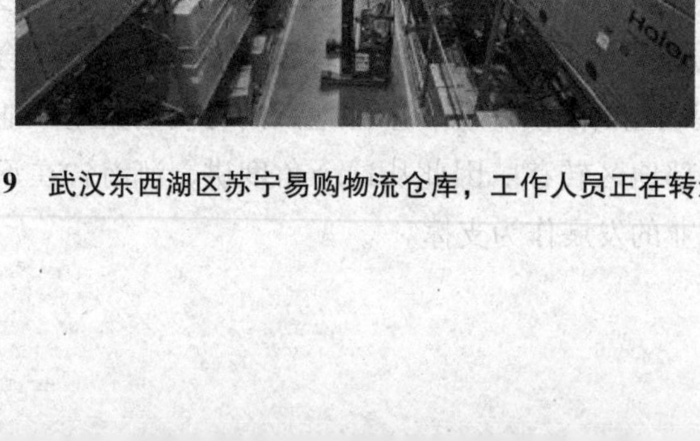

图 6－9　武汉东西湖区苏宁易购物流仓库，工作人员正在转运货物

图 6－10　2016 年郑州产业转移系列对接活动签约仪式

1. 创新航空经济先行区以货代客，综合交通

首先，我们从这张图可以看到 107 国道、京港澳、连霍在郑州新郑综合保税区（郑州航空港区）纵横交汇，高速公路网 1 小时可到达中原城市群各中心城市，24 小时可到达全国各中心城市。绕城高速、机场高速和四港联动大道相联系将郑州航空港区与中心城区、郑州新区各组团连为一体，轻松实现航空、铁路、高铁、公路“零”换乘，除此之外，2016 年底地铁 2 号线也将在港区通车运营，根据郑州轨道交通规划，郑州地铁 9 号线和郑州地铁 17 号线贯穿郑州航空港区，向东穿过机场二期 T2 航站楼，与郑州火车南站相连。南站也在建设中，在距离港区向东 5 公里的位置。

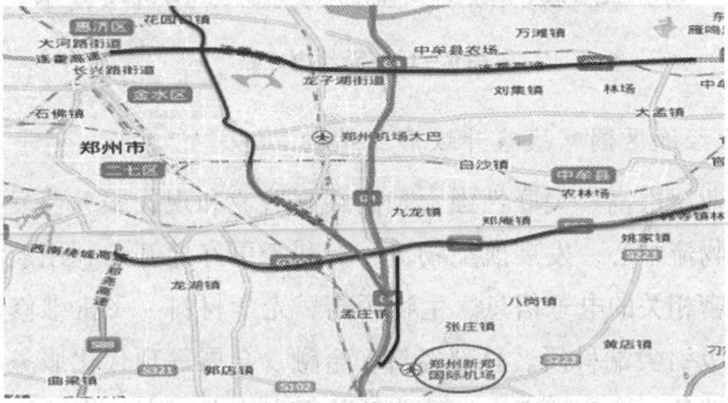

图 6－11　郑州航空港周边交通示意图

2. 打造新丝路经济带空中桥梁建设内陆开放高地

通过借助航空运输通道，直接对接国际市场，通过充分利用国内外两种资源、两个市场，积极参与国际国内经济大循环，高水平承接国内外产业转移，加速融入全球产业链和产业分工体系，促进人流、物流、资金流、信息流在全球范围内的快速流动，在更广领域、更高层次上参与全球合作，显著改善内陆地区开放条件，形成中原经济区对外开放新高地，使郑州逐渐发展成为内陆经济开放的样板与示范。

加快郑州国际货运航空枢纽建设，建设郑州航空物流中心将有利于为我国经济均衡发展提供新的战略通道，推进我国与全球物流网络连接，争取构筑“丝绸之路经济带”的重要桥头堡。

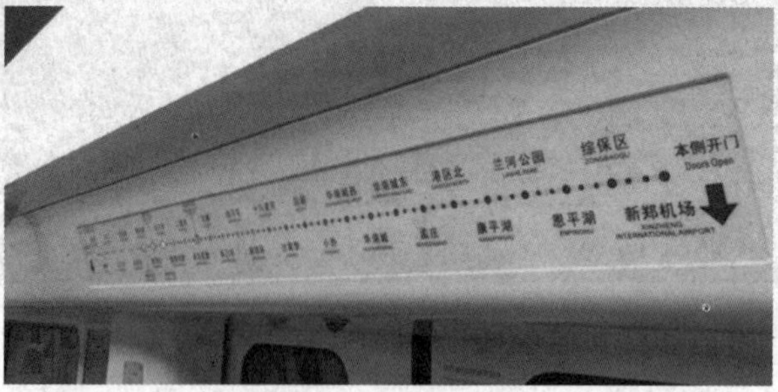

图 6－12　郑州地铁线路图

图 6－13　新丝绸之路

3. 落实中原经济区国家战略升级产业结构

航空物流产业层次高、关联性强，是高端制造业和现代服务业发展的助推器。建设郑州国际航空物流中心，发展航空物流，有利于更好地开发利用航空运输资源，带动与航空运输紧密相关的电子信息、生物医药、光学材料、飞机维修、航材制造等高端制造业发展，吸引尖端科研、总部经济、金融、会展等现代化服务业集聚，延伸和完善河南省产业链条，培育高产出、低能耗的新兴产业，有效推动河南省经济结构和产业结构转型升级，加快实现经济发展方式转变。

河南省第二产业以资源密集型、高能耗产业为主，对增值物流业务的需求偏弱，高附加值制造业特别是临空制造业的基础薄弱，近期为航空货运发展提供充足的本地货源难度较大。这与中部产业带以及航空港规划目标存在一定矛盾。郑州航空国际物流中心的建设，将有利于优化生产要素配置，推动制造业供应链一体化，降低企业采购商品成本，提高企业采购商品可得性，提高产业附加值，为高端制造业的发展创造重要的条件；同时，能够满足中部产业带制造业及商业系统对航空货运快速高效的运输需求，衍生现代经济的技术创新和新产品的出现，吸引对运输时间效率有着较强要求的电子信息、新材料、生物医药、生态农业等高附加值产业在中部产业带的集聚，构建新的区域经济增长点。充分利用航空运输的辐射效应，增加区域国际物流需求，引导产业结构不断优化和升级。

四、郑州空港国际物流中心的建设目标

郑州航空港经济综合实验区战略定位是国际航空物流中心——建设郑州国际航空货运机场，进一步发展连接世界重要枢纽机场和主要经济体的航空物流通道，完善陆空衔接的现代化综合运输体系，提升货运中转和集疏能力，逐步发展成为全国重要的国际航空物流中心。

对照国际航空物流中心建设框架，郑州国际航空物流中心体系如图6－7所示。

1. 国际物流中心——航空物流中心、陆港物流中心

（1）定性目标：航空物流中心、陆港物流中心。

（2）服务基础：新郑机场建成航空货运枢纽机场，郑州国际陆港建成保障欧亚班列运行的陆港中心。

（3）服务范围：全球主要经济体，形成以中国为核心，辐射亚太、欧洲、日韩俄罗斯印度等经济体的物流服务网络。

（4）服务内容：物流产业链为主上下游延伸生产链与消费链，形成以供应链管理为核心的现代物流服务，跨境电商国际航空物流服务。

（5）物流参与主体：综合物流服务提供商、供应链管理服务提供商、物流专业平台服务商。

2. 区域物流中心——辐射中西部的区域分拨中心

（1）目标：辐射中西部的区域分拨中心。

（2）服务基础：区域物流中心、其国际采购中心、区域分拨中心、铁路货运站、高速公路转运站。

（3）服务范围：本国及周边区域。

（4）服务内容：货代、储存、运输、集散分拨。

（5）物流参与主体：专业性运输公司。

3. 物流中心与空港物流园——丰富国际物流中心的物流生态

（1）目标：仓储/运输中心

（2）服务基础：物流中心、物流园、城市配送中心。

（3）服务范围：城市及周边区域。

（4）服务内容：仓储、加工、包装、配送、装卸搬运。

（5）物流参与主体：企业自营物流公司、分销商、配送企业。

五、郑州空港实验区航空物流产业发展现状

（一）航空物流体系基本形成

航空港试验区航空物流业由“一个平台、一个U型带、三个片区、多点”体系构成。其中，“一个平台”是指航空物流产业公共信息服务平台，“三个片区”是指机场货运区、综合保税区和空港物流园区，“多点”是指分布在机场周边、邻近高速公路的特种商品进口口岸、空投基地及传化公路港等物流项目。

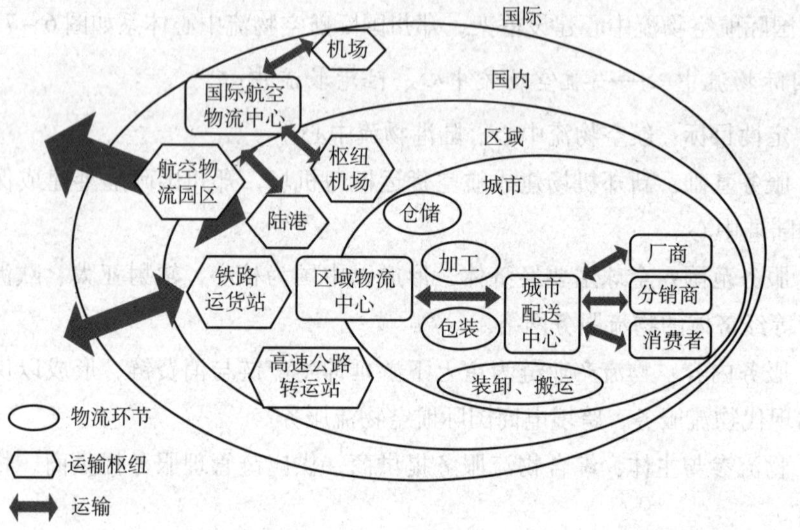

图6－14　航空港产业发展现状

空港物流园片区与新郑国际机场、新郑综合保税区两大组团的航空货运、报税物流功能互补、信息共享，在满足机场、产业、辐射区域集散圈层的规模物流需求基础上进行规划设计，后期建设的航空航空物流园区将由七大物流功能构成：交易展示中心、冷链物流中心、电商物流中心、集疏分拨中心、多式联运中心、供应链基地、企业总部基地。

（二）航空物流业发展渠道显著成就

①航空物流信息中心

河南电子口岸平台的正式上线，开启了河南与国家电子口岸相连接，立足郑州服务全省，辐射中部，连通全国乃至全球的电子口岸通关服务的良好开端。通过河南电子口岸，与所有进出口相关部门的信息系统互联互通，为企业办理进出口业务提供“单一窗口”，提供“一个门户入网、以此认证登录和‘一站式’通关服务”；实现海关和检验检疫对货物通关的“一次申报、一次查验、一次放行”；同时也使得所有监管部门对进出口业务的数据共享、兼管更严密，是实现“信息互换、监管互认、执法互

助”的重要载体。

②新郑国际机场

郑州新郑国际机场，简称“新郑机场”，别称“轩辕机场”，1997 年 8 月 28 日建成通航，是中部地区首个拥有双航站楼双跑道的机场，华中地区级别最高的飞机检修基地，是实现高速公路、地铁、高铁等多种交通方式无缝衔接的综合交通换乘中心。郑州新郑国际机场是中国八大区域性枢纽机场之一、中国四大货运机场之一、货邮运增幅全球最快（中国第一、中西部首位）。郑州机场的货运航线已通达全球主要货运集散中心，初步构建起了以郑州为亚太物流中心、以卢森堡为欧美物流中心，覆盖全球的航空货运网络。以郑州新郑国际机场为核心的郑州航空经济综合实验区是中国唯一一个国家级航空港经济综合实验区。

2015 年冬春换季（2015 年 10 月 25 日至 2016 年 3 月 26 日）后，机场周计划航班 3238 架次，同比增长 15%。郑州机场同比新增了春秋航空、长龙航空、北部湾航空、福州航空四家航空公司。航班量增加的航空公司近 20 家。执行新的航班时刻表后，郑州机场新增 22 条航线，通航城市将达到 82 个。

郑州机场入驻的定期货运航空公司共有 6 家，包括：俄罗斯空桥货运航空公司（郑州—莫斯科—阿姆斯特丹）、中国邮政航空（西安—郑州—南京）、顺丰速递集团（郑州—武汉—深圳）、扬子江快运航空公司（上海—郑州—卢森堡—布拉格）、中国国际货运航空公司（上海浦东—郑州—法兰克福—郑州—上海浦东）、美国联合包裹 UPS（郑州—仁川—安克雷奇）。

截至 2016 年底，在郑州机场运营客运航空公司 40 家（国内 31 家、国际 9 家），开通客运航线 162 条（其中国际地区 25 条），客运通航城市 86 个（其中国际地区 19 个），郑州机场的航线网络通达性进一步增强，已成为国内除上海浦东、广州白云、深圳宝安机场之外的第四大货运机场；在全球前 20 位货运枢纽机场中，开通 12 个航点，基本形成覆盖欧美和东南亚主要货运枢纽的航线网络。

③郑州新郑综合保税区

2016 年新郑综合保税区进出口值 3161.2 亿元，同比增长 1.9%，其中出口 1808.5 亿元，进口 1352.7 亿元。位列全国 39 个综合保税区第一位，比排名第二的昆山综合保税区高出近 500 亿元。河南省的海关特殊监管区域（保税监管场所）合计实现进出口值 3239.6 亿元，占全省外贸进出口总值的 68.7%。目前，河南省共有郑州新郑综合保税区、南阳卧龙综合保税区、郑州经开综合保税区等三个海关特殊监管区域，有河南保税物流中心（B 型）、河南德众保税物流中心（B 型）、河南商丘保税物流中心（B 型）等三个公用型的保税物流中心，还有遍布全省的十多个公用型保税仓库和出口监管仓库，有效实现了多种保税平台的功能互补、区位联动、集聚合力，为河南省保税产业发展奠定了良好基础。

④空港物流园

空港物流园作为与新郑机场导航新郑综合保税区两大组团的航空货运、保税物流功能互补组团目前正处于招商建设期，以及签约入驻了菜鸟“智能骨干网”、苏宁云商华中区域枢纽、唯品会中部地区运营中心、中外运中部区域空港物流网络枢纽、DHL中西区域物流分拨中心、顺丰电商产业园、TCL华中电子商务配送中心、普传物流港、普洛斯空港物流园、丰树空港物流运营平台、绿地国际会展中心等20多个项目，总投资超过500亿元，初步构建了航空物流和快递物流产业集群。

（三）航空物流产业发展模式及业务模式不断创新

航空港实验区航空物流业发展“郑州模式”

1. 织天网、联地网，打造“一带一路”战略核心节点

为落实国家“一带一路”和发展航空港区经济战略部署，郑州航空港实验区按照“建设大枢纽、发展大物流、培育大产业”的发展思路，探索确立了“货运危险，以货带客；国际为先，以外带内；以干为先，公铁集疏”航空货运“郑州模式”，着力构建“铁、公、机”多式联运，打造“联通境内外、辐射中西”的国际物流通道枢纽，奠定了“一带一路”战略核心节点的枢纽地位。

2. 聚物流、产流互动，打造产业集聚新高地

通过打造国际航空物流枢纽和多式联运体系的形成，带动了一大批国际、国内知名物流企业在航空港实验区抢滩登陆，谋求发展。截至目前，已有卢森堡货运、南航河南公司、UPS、俄罗斯空桥货运、中外运空运、菜鸟网络、苏宁云商、唯品会、聚多云、TCL配送、传化物流、普洛斯、丰树、嘉民、海程邦达等150多家物流企业入驻园区，完成货物吞吐量343. 14万吨，实现营业收入65. 3亿元，税收3. 4亿元，就业人数4104人。

3. 建口岸、大通关，打造内陆开发新高地

（1）与海关总署和国家质检总局签署了合作备忘录。

（2）是国家进口肉类指定口岸、进口水果口岸、进口冰鲜水产品口岸、进口汽车口岸。

（3）已被列为“一带一路”大通关试点城市，获批保税货物结转试点，属地海关接单到机场海关查验放行时间由原来的30小时压缩到5. 5小时。

（4）实施区港联动，促进综合保税区和机场口岸在区域、资产、信息、业务等方面的联动发展，实现政策叠加、优势互补、资源整合、功能集成。

（5）河南省电子口岸上线运行，实现海关、检验检疫、国税、商务等14个通关单位的互联互通，使进出口企业减少30%以上的关检重复申报项目。

（6）快件监管中心获批运行，获得通往13个国际城市的航空快件总包直封权。

（7）郑州机场航空口岸获批口岸签证权，“落地签”已实施。

六、航空港区面临的挑战

当前，对于郑州来说，发展现代物流业，建设区域性国际物流中心，也面临着严峻挑战。

1. 大陆桥区域国际物流协作缺乏

新亚欧大陆桥在我国境内连接了东起江苏西至新疆10个省市自治区，覆盖沿桥40多个城市，并贯穿辐射中国以外的亚欧两大洲40多个国家和地区。发展现代物流也是新亚欧大陆桥区域经济合作的重要内容。郑州国际物流中心近期目标定位为：依托新欧亚大陆桥、郑州铁路集装箱中心和铁路一类口岸，成为进出口的“东方陆港”。新亚欧大陆桥作用虽然明显，但仍未充分释放。其重要原因，一是新亚欧大陆桥沿线协调、协作的基本制度不健全，还不能很好地实现物流协同运作。例如，沿线很多城市都将其定位为区域物流中心，造成了重复定位问题。二是新亚欧大陆桥沿线的海运、铁路、航空、管道等各物流承载环节间缺乏有效连接和沟通。新亚欧大陆桥现代物流以铁路为主线，横跨洲际大陆，实行海陆衔接，形成沿桥供应链上下游的有机整合，实现共同发展。由于条块分割体制的影响，跨区域基础设施很难实现无缝对接，影响了区域整体形象，成为郑州建设国际物流中心的一个重要挑战。

2. 国内城市间国际物流中心建设的竞争加剧

当前，各地政府纷纷出台政策，支持区域内中心城市加入“国际物流中心”制高点的争夺。从全国看，以京津塘经济圈、环渤海经济圈、长三角、珠三角、两江新区等为代表的中心城市国际物流中心建设都已经达到了相当的规模，成为引领当地区域经济社会发展的重要引擎。从周边区域发展看，武汉都市圈、长株潭城市群、皖江经济带、鄱阳湖经济圈、西安都市圈、太原都市圈等区域性中心城市厚积薄发。因此，郑州处于北京、武汉、西安、济南的包围圈中，受到四面夹击。周围这些城市都存在着发展国际物流中心的优厚条件，且其物流业的起步远远早于郑州；而郑州物流业规模低于武汉、重庆和西安，有竞争实力的物流企业不多，随着国家《中长期铁路网规划》的实施，武汉、重庆的铁路枢纽地位将进一步强化，郑州建设区域物流中心将面临周边城市的激烈竞争。

七、航空港实验区物流产业发展建议

（一）在自贸实验区背景下打造国际航空物流中心

国家级航空港实验区应当以面向全球、全方位开放的海陆空新型国际交通体系格局来谋划“全球化”的国际航空交通体系、国际航空物流体系，通过构筑国际航空物流体系，将航空港区实验区打造成为资源的对接对流平台。依托港区的政策优势，通过跨境贸易电子商务平台，将河南保税物流园区和新郑保税区各自功能紧密结合，创新管理办法和运营模式，在跨境电商物流、海外仓物流配送服务方面有所突破，打造郑州跨境电子商务“特区”，促进现代贸易服务要素向郑州市集结。

（二）参与国际“智慧安检”标准建设

通过积极参与国际“智慧安检”标准框架建设，按照国际“智慧安检”标准构建一个自动化、可视化、可控化、智能化、系统化、网络化的航空物流体系，通过机场主动提供服务、政府强力保障、航空货运公司勇于开拓创新，实现实验区全方位的创新、变革、发展；通过加强北斗、物联网、云计算、大数据、移动互联等先进信息技术在物流领域的应用，在郑州航空港实验区构建一个融合自动化、可视化、可控化、智能化、系统化、网络化的及物流、资金流、信息流为一体的智能航空大都市流通体系。

（三）大力引进基地航空公司

逐步壮大以航空运输、航空维修等为代表的航空服务业。按照“开美、扩欧、拓非、连亚”的指导思想，引进基地航空公司，开辟新航线，提升航线运能。大力招引基地航空公司总部和外航办事处，重点推进俄罗斯空桥航空基地项目；加强对接卢森堡国际货运航空公司货运基地项目。

（四）大力发展特色产品物流

依托产业基础和区位优势，瞄准食品、海鲜、红酒、药品、时装、花卉等特色产品物流，定点定向招商，争取高端消费品和奢侈品从这里进口，努力建设全球重要产品交易展示中心和国内进出口货物集散中心。

（五）大力发展航空快递物流

着力引进快递龙头企业，建设区域快递物流基地，构建规模化、网络化航空快递服务体系，加快建设航空快递转运中心。加快推进 TNT 天地华宇中原陆运中转枢纽、中外运中部区域空港物流网络枢纽、顺丰电商产业园等项目建设；加强对接 UPS、DHL、中国邮政等国内外知名龙头快递企业，争取快递集散中心项目落户空港试验区。

（六）积极推进国际中转物流

大力支持境外航空公司、货代企业以郑州机场为基地，发展中转业务，建设国际航空货运枢纽。鼓励丹马士物流公司、航程邦达国际物流公司、郑州中夕物流有限公司等航空货运代理企业在突破区做大做强，广开航空货运渠道，广聚货源，培育和开发货运市场。

（七）强化航空物流配套服务

做好各类专业物流园区招商，积极推进物流园区建设，完善分拨转运、仓储配送、交易展示、加工等功能，不断强化航空物流配套能力。重点推进菜鸟“智能骨干网”、TCL 华中电商配送中心、大河文化物流园等 20 个物流项目，力争早日建设投入使用。

推动河南国际中转物流、航空物流、电子商务、航空快递、综合保税、信息金融等关联产业和配套服务的发展，快速提升郑州国际航空货运物流中心的地位。

（八）吸引高端现代物流企业和人才集聚

要加快培育或引入国际国内大型综合物流服务商，对于入驻港区尤其是航空物流港的物流企业的经营业态、品牌与商誉、投资强度等方面设立严格门限。“大物流”需要有规模、有网络、有客户、有技术、有资金的大企业去组织实现点的规模效应，像蜘蛛一样织成点线面有机结合的网状体来建设“一带一路”物流。进一步加大现代物流产业招商引资力度，建立现代物流产业项目库，对于入驻企业在用地、税收、融资等方面给予优惠政策。积极引进国际物流、国际贸易、货运代理、金融结算、融资租赁、电子商务、物流信息等方面高端人才。支持在郑州的各高等院校、各类职业院校与企业合作，建立高技能人才实训基地。

案例分析

荷兰史基浦机场空港都市区

史基浦机场凭借着以交通枢纽为基础的卓越动态规划，对机场周边地区发展形成带动作用，并进而成为荷兰西部多中心城市区域经济发展的重要推动引擎。

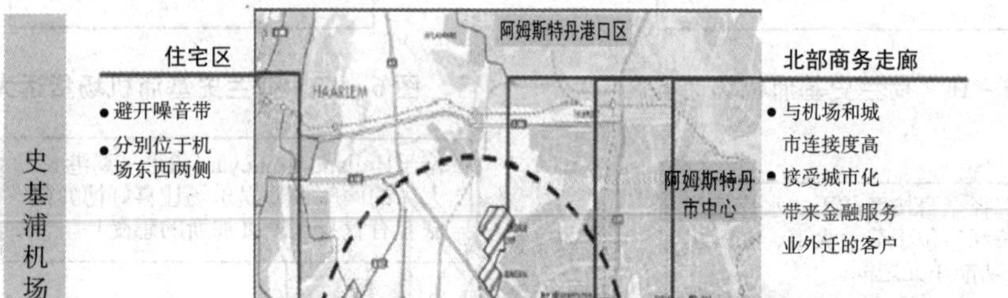

图6－15　史基浦机场产业分布

借助机场的交通优势，史基浦机场周边衍生出涵盖商务办公、物流产业、居住生活等多方面业态内容。实质的开发建设则结合机场圈层逐步向外拓展，包括机场内部、紧邻地区和外围交通沿线走廊。史基浦机场就像镶嵌在“绿心”上的一颗明珠，成为联系区域交往、促进地区共同发展的纽带，有力地打造了区域经济一体化发展的共同体。

史基浦机场周边地区开发分为机场区域内和区域外两大部分，同时，在机场区域内又分为机场核心区和周边地区。机场核心区主要发展与航空直接相关业态，其特点是有助于推动“交换性”和“流动性”的动态国际性交往。具体的业态内容包括国际企业总部、航空公司办公总部、高技术研发中心等。机场周边地区主要承接内部不断发展带来的衍生内容，进一步拓展了与机场紧密结合的相关业态，包括企业办公、物流中心和临空制造业等。机场外部区域则形成与机场相关联，拓展内容更为丰富、综合性更强的开发业态。诸如城市商务园区、生活居住城镇和特色农艺产业等，部分地区甚至结合“绿心”优势开发了一定规模的休闲旅游产业。

图6－16　荷兰史基浦机场商务区

图6－17　荷兰史基浦机场货运大厦

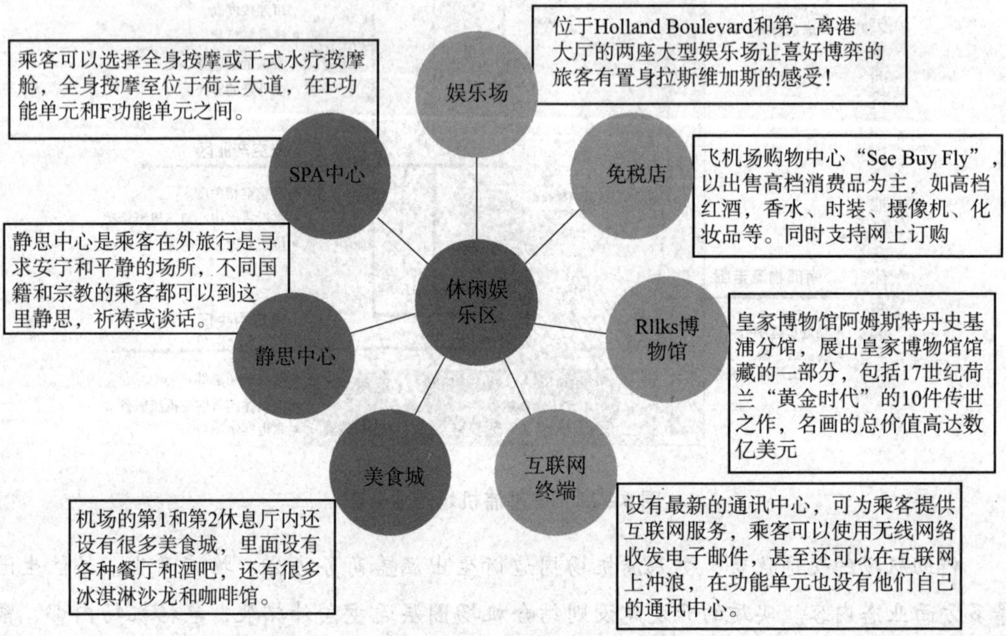

图6－18　荷兰史基浦机场休闲娱乐功能分区

思考题

1. 简述临空经济特征。
2. 简述临空经济区构成要素。
3. 简述临空经济区的发展作用
4. 分析建设郑州航空港的优劣势。
5. 请结合所学知识，简要谈谈对更好建设郑州航空港的建议。

第七章

>>> 收益管理

本章要点

1. 收益管理的背景和环境
2. 航空货物的运价及运费
3. 航空客运的运价及运费
4. 普通货物、指定商品、等级货物、混运货物以及集装货物的航空运费计算

学习目的

通过对本章的学习，了解货物运价的分类、计费重量，货币付款规定等。掌握客运收益的衡量指标以及航空收益管的发展阶段、收益管理的发展方法、途径并对超售有更为深刻的认识。

导入案例

牙缝里能省出几个钱

乘飞机，航空公司只送一瓶300毫升的矿泉水；即使是航空公司自身原因造成航班延误，也不提供餐食……对此你乐意吗?

民营航空公司的低成本之旅听证会还没举办，航空界同行却已抛出不同看法：牙缝里能省出几个钱呢?

一、何为“服务差异”?

2005年6月12日，春秋航空公司向民航总局提交“对旅客服务差异进行听证的请示”。所谓“服务差异”，就是降低现有的民航服务标准。它提出的“服务差异”主要有这么几条：

1. 飞机上不供应免费餐食，仅免费提供1瓶300毫升的矿泉水。若旅客需要食品和另外的饮料，需自付费用；

2. 旅客随身携带行李体积不超过 20×30×40 立方厘米，重量不超过 10 公斤；免费行李额为 15 公斤；

3. 航班延误补偿为：由于航空公司自身原因造成延误，不供应餐饮；延误 4 小时以上，晚上 10 时后提供带盥洗设备的标准间住宿；

4. 非团队商务旅客在航程取消或延误超过 3 小时的情况下，有两个选择：搭乘春秋航空的下一班机或退还票款；

5. 申请机场开辟低成本航空专用旅客候机区域。

春秋航空希望通过上述措施"省之于旅客，让利于旅客"。

二、与现有标准的差距

春秋航空准备采取的措施与民航总局有关要求有一定的差距，根据 1996 年发布的公共航空运输服务质量国家标准规定：

1. 飞行时间超过 2 小时且正值供餐时间或飞行时间超过 3 小时，必须供应正餐；

2. 飞行时间超过 1.5 小时且正值供餐时间或飞行时间超过 2 小时，必须供应点心；

3. 饮料品种多样化，配备冷热饮；

4. 目前国内航空公司免费行李额为 20 公斤；

5. 如果在供餐时间，航班出现延误，航空公司要为旅客提供餐饮服务。

三、方案通过可能性很大

春秋航空的申请借鉴了国外一些廉价航空，如美国西南航空公司、欧洲瑞安航空公司、马来西亚亚洲航空公司的做法。

一些民航界专家分析，春秋航空提出的方案获听证会通过的可能性很大。"申请中提出的一些内容是有道理的，比如取消餐食。尤其对于短途航班，飞机上有没有餐食旅客无所谓，航空公司可以把取消餐食中省下的钱让利给旅客，降低票价，吸引更多的人选择乘坐飞机出行。"

四、牙缝里能省出钱来吗

如果春秋航空公司提出的"服务差异"在听证会上获得通过，经民航总局同意，春秋航空公司很快将获得服务标准豁免权。但此举到底能降低多少成本，民航界一些专家表明了不同的看法：在中国，航油航材、起降费、飞机折旧占航空公司成本的大部分，其中航油占成本的30%左右，而上述几项没有哪一样是能节省的；服务费用只占成本的一小部分，靠省点餐饮费用能省出名堂吗？

对于航空公司来讲，其最终目的就是获取利润。但是无论什么样的航空公司，无论市场定位如何，在激烈的市场竞争中，航空公司要想生存并且发展，充分利用资源，合理进行收益管理是关键。

第一节　航空货物运价及运费

一、航空货物运价的种类

（一）按照运价的制定划分

按照运价的制定划分，可分为：协议运价（Agreement Rate）和公布运价（Published Rate）。

协议运价指航空公司与托运人签订协议，托运人保证每年向航空公司交运一定数量的货物，航空公司则向托运人提供一定数量的运价折扣。协议运价通常较公布运价低，且只能在协议双方或多方之间使用。目前，航空公司使用的运价，在协议运价中又根据不同的协议方式进行细分。

1. 长期协议

长期协议通常是指航空公司与托运人或者代理人签订的一年期限的协议。

2. 短期协议

短期协议通常指航空公司与托运人或代理人签订的半年或者半年以下期限的协议。

3. 包板/包舱

包板/包舱指托运人在一定航线上包用承运人的全部或部分的舱位或集装器来运送货物。

4. 死包板/包舱

死包板/包舱指托运人在承运人的航线上通过包板/包舱的方式运输时，托运人无论是否向承运人交付货物，都必须支付协议上规定的运费。

5. 软包板/包舱

软包板/包舱指托运人在承运人的航线上通过包板/包舱的方式运输时，托运人在航班起飞前 72 小时如果还没有确定舱位，承运人则可以自由销售舱位但承运人对代理人的包板/包舱的总量有一个控制。

6. 销售量返还

销售量返还是指如果代理人在规定期限内完成了一定的订货量，航空公司则可以按一定的比例返还运费。

7. 销售额返还

销售额返还指的是如果在规定期限内，代理人完成了一定的销售额，航空公司则可以按照一定的比例返还运费。

8. 自有销售

自由销售也称议价货物或一票一价，是指除了定国协议的货物外，其余都是一票货物一个定价。

（二）按运价的组成划分

按运价的组成划分，可分为：

1. 公布直达运价

公布直达运价是指承运人直接公布的，从运输始发地机场至目的地机场间直达的运价。

2. 比例运价

比例运价是指运价手册上公布的一种不能单独使用的运价附加数。当货物的始发地机场到目的地机场没有公布直达运价时，可采用比例运价与已知的公布直达运价相加构成适用运价。

3. 分段相加运价

分段相加运价是指当地货物的始发地机场至目的地机场既没有公布直达运价，也不能组成比例运价时，可以选择合适的运价相加点，按分段相加的办法组成全过程运价。

（三）按货物的性质划分

按货物的性质划分，可以分为：

1. 普通货物运价（General Cargo Rate）；
2. 指定商品运价（Specific Commodity Rate）；
3. 等级货物运价（Commodity Classification Rate）；
4. 集装箱货物运价（ULD Rate）。

各种运价在使用时，先后顺序是：协议运价、公布直达运价、非公布直达运价（包括比例运价和分段相加运价）。

二、货物的最低运费

货物的最低运费指某两点之间货物运输按照适用运价乘以计费重量计得的货物航空运费，不得低于某一限额，此限额就是航空运费最低收费标准，成为最低运费。

在国内运输中，普通货物每份货运单的最低航空运费为 45 元。

在国际运输中，公布地点的最低运费按照 TACT Rate4. 3 运价公布表中公布的金额收取。根据 TACT Rules　3. 4. 2 的规定，TACT 未公布地点的最低运费按该表所列金额收取，详情见下表。

From COUNTRY to Area sub - area/exception	COUNTRY CODE minimum charge
From China excluding Hong kong SAR And Macao SAS to)	CNY
America	420
2 Europe, Middle East	320
3 Africa	451
3 Japan, Korea (Dem. Rep. of), Korea (Rep. of)	230
3 South Asian Subcontinent	230
3 South East Asia except to Hong kong (SAR), Macao (SAS)	230
3 Hong Kong (SAS), Macao (SAS)	90
3 South West Pacific	420

三、航空货物的重量

航空货物的重量，可分为实际重量、体积重量和计费重量三种。

（一）实际重量（Gross Weight）

实际重量即俗称的毛重，指包括货物包装在内的货物重量，称为货物的实际毛重。在国际运输中，货物的计费重量有公斤和磅两种单位。我国一般采用公斤为计重单位。

实际重量的计算单位是 0.1 千克，进位方法是四舍五入。

（二）体积单位（Volume Weight）

将货物的体积按照一定的比例折合成的重量，称体积重量。每公斤货物的体积超过 6000 立方米时，称为轻泡货物。由于货舱空间有限，对于轻泡货物要考虑其体积重量可能会成为计费重量。

在计算货物体积重量时，一般以厘米为计算单位，部分国家采用 in 为计算单位。不论货物的形状是否为规则的长方体或者是正方体，计算货物体积时，均以最长、最宽、最高的三边长度计算。如遇到货物的尺寸小数点后面有数字，用四舍五入法进行进位。

体积重量的计算单位时 0.5 千克，进位方法是有数就进。

（三）计费重量（Chargeable Weight）

计费重量指计算航空货物运价时所采用的货物重量。将一件货物的体积重量、实际重量两者相比较，取高者作为计费重量。计费的计算单位时 0.5 千克，进位方法是有数就进。

（四）计费重量的确定

1. 称量实际重量

称量货物的实际重量，要保留到小数点后2位小数，将实际重量进行进位。

（1）计算体积

量出每件货物的最长、最宽、最高，应量到小数点后1位小数，将量得的三边进行进位。

（2）计算体积重量

计算货物体积重量时，将体积折算成体积重量，将体积重量进位。

（3）确定计费重量

比较货物的体积重量和实际重量，取较高者作为计费重量。如果该货物体积重量大于实际重量，则该票货物称为轻泡货物。

一票货运单包含2件或者2件以上且体积不同的货物，确定其计费重量将总的体积重量与总的实际重量相比较，去较高者作为计费重量。

因此，在一票货物中，既包含轻泡货物，又含有非轻泡货物时，用相同的运价计算运费的方法将会时货主节省运费。同时，这也是混载业者（集运商）收入的很好来源。

例：一票货物由两件组成。

包装件A：毛重30千克；尺寸90厘米×70厘米×50厘米=315000立方厘米

包装件B：毛重30千克；尺寸70厘米×50厘米×40厘米=140000立方厘米

则实际毛重：30+30=60（千克）

总体积重量：（315000+1400000）÷6000=75.83（千克）=76千克

故，计费重量：76千克

如果分别计算A和B两件货物，则可得到以下结果：

货物A：毛重30千克；体积重量315000÷6000=52.5（千克）

计费重量为52.5千克；

货物B：毛重30千克体积重量140000÷6000=23.5（千克）

计费重量为30千克。

总计费重量为52.5+30=82.5（千克）

（4）普通货物运价

普通货物运价简称GCR，是指除了等级货物运价和指定商品运价以外的适合扑通货物运输的价格。普通货物运价根据货物重量不同，分为若干个重量等级分界点运价。普通货物运价种类代号时Q。

（五）普通货物运费计算的基本步骤

普通货物运费的计算公式是：

普通货物运费=适用的运价×计费重量

具体计算步骤为：

Volume：计算该物体的体积；

Volume Weight：计算该物体的体积重量；

Gross Weight：计算实际总重量；

Chargeable Weight：确定计费重量；

Applicable Rate：选取适用的货运价；

Weight Charge：适用的运价×计费重量得到的货物运款。

（六）较高重量分界点的较低运价

根据货物重量和适用的运价计得的运费，与其较高重量分界点的重量和适用运价计得的运费相比较，取低者作为货物的运费。

（七）普通货物运费的限额

普通货物运费的限额指按照运费的重量和适用的运价计得的一票货物的运费不得低于该航线的最低运费，否则按最低运费收取。

四、指定商品运价

指定商品运价（Specific Commodity Rates，简称SCR）是指适用于自指定始发站到指定目的站之间的某些特定货物的运价，一般低于普通货物运价。指定商品运价种类代号是C。指定商品运价是一种优惠性质的运价，在计算货物的航空运费时，应优先考虑指定商品运价。使用指定商品运价，对货物的起止地点、运价使用期限、货物运价的最低重量起点均有特定条件，这些规定可到TACT Rules中查阅。

（一）指定商品编号与分

根据货物的性质、特点对货物进行分类，共分为10个大组，每一个大组又分为十个小组，对其分组形式用4位数字进行编号，该编号就是指定商品货物的品名编号。

1. 指定商品货物的分组及品名编号

0001－0009　食用肉类和植物类产品；

1000－1999　活体动物及非食用动物和植物类产品；

2000－2999　纺织品、纤维品及其制品；

3000－3999　金属及其制品，但不包括机器、车辆和电气设备；

4000－4999　机器、车辆和电气设备；

5000－5999　非金属矿和产品；

6000－6999　化工产品及其有关产品；

7000－7999　纸张、芦苇、橡胶和木材制品；

8000－8999　科学、专业精密仪器、机械和配件；

9000－9999　其他。

2. 9700－9799 系列指定商品运价的品名编号

为了减少常规的指定商品品名的分组编号，国际航协还推出了实验性的指定商品运价，该运价用9700－9799内的数字编出。其主要一个特点是一个代号包括了传统指定商品运价中分别属于不同指定商品代号的众多商品品名。

这种编号适用于某些城市对之间有多种指定是商品，虽然品名不同，但运价相同，为公布运价方便而使用。而传统的编号中的每一品名代号，一般只代表单一种类的指定商品运价。

3. 常用的几种指定商品代码

0007　Fruit，Vegetables 水果、蔬菜

0008　Fruit，Vegetables（Fresh）新鲜的水果、蔬菜

0300　Fish（Edible），Seafood：鱼（可食用的）、海鲜、海产品

0800　Vegetables 蔬菜

0850　Mushrooms，Mushroom Spawn 蘑菇，蘑菇菌

1093　Worms 沙蚕

1100　Furs，Hides，Skins，Exculding Wearing Apparel 兽皮

…

（二）指定商品运价的使用要求

使用指定商品运价的货物必须满足下列条件，方可使用指定商品运价：

1. 运输始发地至运输目的地之间有公布的制定商品运价。

2. 托运人所交运的货物，其品名与有关指定商品运价的货物品名相吻合。

3. 货物的计费重量满足指定商品运价使用时的最低重量要求。

（三）指定商品货物运费的计算

1. 指定商品运价的计算步骤

（1）查找运价表，如果两点间有指定商品代号，则考虑使用指定商品运价；记下指定商品品名编号。

（2）查找 TACT Rates　2.4 的品名表，找出与所运输货品名相对应的指定商品编号。

（3）检查最低计费重量限制，如果所运输货物的计费重量超过指定商品运价的最低重量，则可以使用指定商品运价；如果货物的计费重量没有达到指定商品运价的最低重量要求，则需要将普通货物运价计得的运费与指定商品运价较高重量点计得的运费进行比较，选取低者。

2. 优先权

两地之间既有商品运价，又有普通商品运价，优先使用指定商品用价。

3. 运费就低原则

如果用指定商品用价计得的运费高于普通商品运价计得的运费，则采用普通商品运价计得的运费。

4. 既有“确指品名”又有“泛指品名”的货物运费计算

两地间的指定商品编码，既有“确指品名”，又有“泛指品名”，如果“泛指品名”运价高于“确指品名”，而重量分界点较低，两种计费方法进行比较，两种计费方法进行比较，选取低者作为货物的运费。

5. 指定商品运价使用顺序

当货物作为指定商品运输，如果一种货物可同时按照确指品名运价和泛指品名运价计算运费时，如果货物的重量，则优先使用确指品名运价的指定商品运价。

如果货物的重量满足确指品名运价的最低重量要求，则可以考虑使用泛指品名的指定商品运价。被选用的泛指品名运价时必须同时满足三个条件：

（1）泛指品名要求的最低重量低于确指品名要求的最低重量；

（2）泛指品名的运价高于确指品名运价；

（3）用泛指品名的指定商品运价计得的航空运费低于用确指品名运价计得的航空运费。

五、等级货物运价

等级货物运价（Commodity Classification Rates，简称 CCR）是指在规定的地区范围内，普通货物运价的基础上附加或附减一定百分比作为某些特定货物的运价。附加或附减规则公布在 TACT Rules 3.7 中，运价的使用必须结合 TACT Rates Books 一同使用。

（一）等级货物运价的分类

1. 附减等级货物的运价

附减等级货物运价适用于书报、杂志等无人押运行李（作为货物交运的行李）。

运价种类代号用“R”（Reduced Class Rates）表示。

2. 附加等级货物的运价

附加等级货物的运价适用于活体动物、贵重物品、灵柩、骨灰。附加等级货运运价中还包括既不附加也不附减的货物运价。

运价种类代号是“S”（Surcharged Class Rate）。

（二）等级货物运费的计算步骤

根据货物品名判断其是否适用于等级货物运价。

1. 适用的公布运价 × 百分比，并将计得的运价进位。

2. 适用的等级货物运价 × 计费重量，计算出等级货物的运费。

对于等级货物的国际联运，如果参加联运的某一承运人对其承运的航段有特殊的等级货物百分比，即使运输起讫地点间有公布的直达运价，也不可以直接使用。此时，用采用分段相加的办法计算运输始发地至运输目的地的航空运费。

（三）附减等级货物的运费计算

1. 报纸、杂志类运费计算

此类货物包括报纸、杂志、图书、目录、盲人读物及设备。

（1）在 A1 区内、A1 区和 A2 区之间、欧洲内，按普通货物 45 千克以下的运价的 67% 收取。

（2）除上述区域外的所有其他的航线及区域，按普通货物 45 千克以下运价的 50% 收取。

（3）最低运费按普通货物的最低运费 M 收取。

（4）货物的重量不得少于 5 千克。

（5）可以使用普通货物较高重量点的较低运价。

2. 作为货物运输的行李的运费计算

作为货物运输的行李指个人衣服和个人物品，包括手提乐器、手提打字机、手提体育用品；但不包括机器及其零配备件、现金、债券、珠宝、手表、金银及镀金、镀银器皿、毛发、胶卷、照相机、客票、文件、药剂、香料、家具、日用品及样品。

（1）收运条件：

①使用此运价运输的行李航程必须包括旅客所持客票的航程范围内；

②旅客交运行李的时间不得晚于旅客出行的日期；

③旅客的客票号、航班号、日期等旅行信息必须填写到航空货运单上；

④旅客必须做一个行李内容的申报，完成行李发运、海关所要求的文件，负责行李到付以及海关的额外费用；

⑤运输行李的航班由承运人决定；

⑥作为货物运输的行李运价不得与 45 千克以下普通货物运价或指定商品运价相加。

（2）运价使用规定：

①作为货物交运的行李的运价按普通货物 45 千克以下运价的 50% 收取，若使用上

述折扣运价，货物的计费重量不可小于 10 千克；

②根据普通货物运价计得的运费低于按上述规定计得的运费时，应采用较低的运价；

③计得的运费如低于公布的最低运费 M，则按 M 收取；④运价的适当范围：在 A2 区（全部航程为欧洲区域除外），在 A3 区内，在 A2 区与 A3 区之间（至或从美国领土、领地除外），在 A1 区与 A2 区之间（美国领土、领地，格陵兰岛除外），A1 区与 A3 区之间的航线不在此范围内，不能使用附减等级运价，而应采用普通货物运价。

（四）附加等级货物的运费计算

1. 活体动物的运费计算

活体动物运价表参见下活体动物最低收费标准表。

在活体动物运价表中，常见有“Except 字样，这是与表中规则例外的情况，应严格按照 TACT Rules 的规则要求使用。

活体动物运价表使用说明：

（1）Normal GCR：表示不管重量多少，一律采用普通 45 千克以下货物运价，如果没有 45 千克以下货物运价，则可以采用普通货物 100 千克以下货物运价，不能用较高重量点较低运价。

（2）Normal GCR or Over 45kg：适用于普通货物 45 千克以下或 45 千克以上运价，即使有较高重量点的较低运价，也不可使用。

（3）appl. GCR：使用货物重量所使用的普通货物运价。

（4）as a percentage of appl. GCR：按相应的普通货物运价附加一个百分比使用。

例如：150% of appl. GCR 适用普通货物运价的 150%。动物容器、食物均应包括在货物的计费重量之内。

活体动物运价最低费用的收取标准，见表 7－1。

表 7－1　活体动物最低收费标准表

航程区域	最低收费标准
A1 区内	相应 M 的 200%
A2 区与 A3 区之间	相应 M 的 200%
A1 区与 A3 区之间（除了美、加出发或到美、加外）	相应 M 的 200%
从 A3 区到美国	相应 M 的 110%
从美国到 A3 区	相应 M 的 150%
A3 区与加拿大之间	相应 M 的 150%

2. 贵重货物的运费计算

贵重货物指每公斤申报价值大于或等于 1000 美元的任何货物。

（1）贵重货物的种类主要包括：

①金块、混合金、金币和各种形状的黄金制品；

②现钞、证券、股票、旅行支票、邮票及银行发行的各种卡和信用卡；

③钻石（含工业用钻石）、红宝石、蓝宝石、蛋白石、珍珠（含人工养殖），以上各种质地的珠宝饰物；

④珠宝和金、银、铂的手表，金、铂制品（不含镀金、镀铂制品）。

（2）贵重物品的运价

①贵重物品的运费安普通货物 45 千克以下运价的 200% 收取；

②A1 区与 A3 区之间且经北或中太平洋（除朝鲜半岛至美国本土各点外），1000 千克或 1000 千克以上贵重货物的运费按普通货物 45 千克以下运费 150% 收取；

③贵重物品的最低运费按公布最低运费的 200% 收取，但不得地狱 50 美元或等值货币。

3. 灵柩和骨灰的运费计算

灵柩运费按普通货物 45 千克以下运价收取；骨灰运费按适用的普通货物运价收取。

在 A2 区内，灵柩运费按普通货物 45 千克以下运价的 200% 收取，骨灰运费按普通货物 45 千克以下运价的 300% 收取。

最低运费按普通货物的最低运费收取，但不得地狱 65 美元或等值货币。

在 A2 区内，最低运费按普通货物的最低运费的 200% 收取，不得低于 65 美元或等值货币。

4. 各种运价的使用顺序

在使用各种类型的运价时，如果有协议运价，则优先使用协议运价。如果无协议运价，在相同运价种类、相同航程、相同承运人条件下；

（1）优先使用指定商品运价，其次使用等级货物运价。

如果货物可以按指定商品运价计算，但重量未满足 SCR 的最低重量要求，则用 SCR 与 GCR 比较，取低者。

如果该指定商品又属于附加的等级货物，则只能用附加的等级货物运价和 SCR 的计费结果比较，取低者，不能使用 GCR。

如果货物属于附减等级货物，则等级货物计费可与 GCR 比较，取低者。

（2）当无公布直达运价时，则应使用非公布直达运价。

优先使用比例运价构成全程直达价。无比例运价时，用分段相加办法组成全程最低运价。

六、混运货物与集装货物运价

混运货物是指在同意份货运单运输的货物中，包含有不同运价、不同运输条件下的货物。混运货物不可包括的物品有贵重物品、骨灰、活体动物、外交信袋、尸体、无人押运行李、危险物品、机动车辆（电力自动车除外）等。

（一）混运货物的申报方式与计算规则

（1）申报整批货物的总重量（或体积）

申报整批货物的总重量则将整批货物视为一种货物，将其总重量确定为一个计费重量，运价采用适用的普通货物运价。

（2）分别申报每一种货物的件数、体积、重量和品名

分别申报在计算运费时按不同种类货物适用的运价与其相应的计费重量非别计算运费。

如果混运货物使用一个外包装将所有货物合并运输，则该包装物的运费按混运货物中运价最高的货物的运价计收。

（3）最低运费

混运货物的最低运费按整票货物计收，无论是分别申报或是整批申报的混运货物，按其运费计算方法计得的运费与起讫地点间的最低收费标准比较，取高者。

（4）声明价值

混运货物只能按整票（整批）货物办理声明价值不得办理部分货物的声明价值，或办理两种以上的声明价值。所以，混运货物声明价值附加费按整票货物总的毛重计算。

（二）混运货物的运费计算

计算混运货物运费时，需按照分别申报和整批申报两种方法进行计算，比较算得的运费，取低者。

（三）集装货物运价

集装货物指的是装入集装箱设备交运而不另加包装的货物。集装箱运价（UDL Rates）则指的此类货物的特别运价。使用集装箱货物运价应该保证货物从始发站至目的站装载在同一集装器内运输。

（1）集装货物运价代号

使用集装货物运价计算航空运费的货物，其航空运费计算栏中“Rate Class”的代号有：

U：集装货物最低运费或运价；

E：集装货物附加运价；

X：集装货物附加信息。

（2）集装货物运价类型

集装货物运价包括指定商品的集装货物运价和除指定商品运价以外的所有货物集

装器运价两类。

只适用于指定商品集装器运输的运价，见表7－2指定商品集装器运输的运价。

表7－2　指定商品集装器运价

date/type	note	Item	Minweight	Local curr.
PERTH AUSTRALIANS	WA	AU AUD		PER KGS
BEIRUT		LB	M	120.00
			N	10.55
			45	7.90
		0006	100	3.05
	/C		0600	1.85
2	/B	0600	4200	8380.00
5	/B	0600	3800	7570.00
8	/B	0600	1200	2540.00

在运价表的item项下如果公布有指定商品拼命编号，则该集装器运价仅适用于该项指定商品的集装运输，而不适用于其他货物运输的运费计算。

在运价表date/type项下如果是“数字（数字字母）”或“数字（数字字母）/字母”，则表示集装货物运价，如2（2A）或8（8C）/C。前面的数字（数字字母）表示集装器运价种类代号（可查阅TACT Rules 3.10.8）

（3）集装货物运费的计算

计算步骤如下：

- 确定集装器运价使用的种类代号；
- 确定集装器最低计费重量，用于计算最低费用；
- 集装器的最低运费，有的航线直接给出最低运费（B），有些需要计算得出；
- 超过Pivot WT的货物重量乘以Pivot Charge计得的货物运费。

计算集装货物运费时，集装器自重不包括在货物计费重量里。

- 代号/A：Pivot rate或Charge per kg。
- 表示该类集装器最低收费时的运价。即该类集装器的最低运费由“该运价乘以最低计费重量”获得。各类集装器的最低计费重量（Pivot WT）公布在TACT Rates 4.2中。
- 代号/A和/C，其中/C/；First Over－Pivot Rate per kg。

如果货物的实际重量超过最低计费重量时，超出部分的货物运费应使用超出的重量乘以第一个Over－Pivot Rate。

- 代号/B和/C，其中/B：First Minimum Charge－Minium Weight，该类集装器的第一个最低运费。
- 代号/I：Charge－Maxmum Weight，表示该类集装器规定最高重量时固定收费。

七、航空货物的非公布直达运价

如果货物运输的始发地至目的地没有公布直达运价，则可以采用比例和分段相加运价的方法构成全程直达运价，计算全程运费。

（一）比例运价

比例运价是采用货物运价手册（TACT Rules 5.2）中公布的一种不能单独使用的运价附加数（Add - on Amount），与已知的公布直达运价相加，构成非公布直达运价，这种运价则成为比例运价。

根据运价制定的原则（航空运输成本和运输距离）制定比例运价：只要是运输距离在同一距离的范围内或接近这一范围，就可以采用以某一地点为运价的组合点，然后用组合点至始发地或目的地的公布运价与组合垫至目的地或始发地的比例运价相加，构成全程运价。

（1）比例运价分三类：

①普通货物的比例运价，用 GCR 表示；

②指定商品的比例运价，用 SCR 表示；

③集装货物的比例运价，用 ULD 表示。

（2）比例运价的计算

比例运价只适用于国际运输，国内运输不适用。比例运输是一种不能单独使用的附加数，只能和公布运价相加后方能使用；采用比例运价构成直达运价时，比例运价可加在公布运价的两端，但每一端不能连加两个以上的比例运价。一般选取相对较小的城市进行运价组合。

采用不同的运价构成点组成的公布直达运价，应取其较低者作为货物的运价。

用公布直达运价同比例运价组合出来的普通货物运价可以用于等级货物运价的计算，运价的构成不影响货物的运输路线。

（二）分段相加运价的计算

使用分段相加运价时，如果相加的航段采用的运价种类、计费重量等相同，则可以直接将运价相加计算全程运费；否则，需要将各个航段的运费计算出来后再相加，计算出全国运费。

选择运价构成点时，一般考虑以始发地、目的地中相对较小的城市为基础，查找航程中经过的地点，选择几个作为运价构成点。

（三）其他费用

在国际运输中，除了航空货物运费外，航空公司或其他代理人还将收取整个运输组织过程中发生的其他与航空运输有关的费用，包括货物声明价值附加费、退运手续费、燃油附加费、战争险等常见的费用。

1. 其他费用的代号

AC：动物容器租赁费

AS：集中货物服务费

AT：押运员服务费

AW：货运单费

BB：银行放行费

DB：代垫付款手续费

DF：分发服务费

FC：运费到付手续费

GT：政府捐税

HR：尸体、骨灰附加费

IN：代办保险服务费

LA：动物处理费

MA：代理人收取的杂项费用

MZ：填开货运单的承运人收取的杂项费用

PK：包装服务费

RA：危险品处理费

SD：目的地地面运输费

SI：中途停运费

SO：始发地停运费

SR：目的地保管费

SU：地面运输费

TR：过境费

TX：捐税

UH：集装设备操作费

2. 常见有其他费用

（1）货运单费

货运单费又称航空货运单工本费，是填制航空货运单的费用。

（2）垫付款

指在始发地机场运输一票货物时发生的部分其他费用。

（3）危险品处理费

在国际航空货物运输中，对于收运的危险品货物，除了按照危险品规则收运并收取航空运费外，还应收取危险货物收运手续费，该费用必须填制在货运单的“其他费用”栏内，用 RA 表示运费种类。TACT Rules 中规定，危险品处理费归出票航空公司所有，在货运单中，危险品处理费表示为 RAC。

从中国始发至 A1、A2、A3 各区，每票货物的最低收费标准均为 400 元。

（4）运费到付货物手续费

在国际航空货物运输中，当货物的航空运费及其他费用到付时，在目的地的收货人除支付货物的航空运费和其他费用外，还应支付到付货物手续费。此项费用由最后一个承运人收取，并归其所有。CC Fee 的收取，一般采用目的站开具专门的发票，如果交付航空公司没有专门发票，将 AWB 作为发票使用时，也可以使用货运单作为收费凭据。

运至中国的运费到付货物，到付运费手续费的计算公式及标准：

到付运费手续费 =（货物的航空运费 + 声明价值附加费）×2%

各个国家的收费标准不同，中国的最低收费标准为 100 元。

（5）声明价值附加费

在国际运输中，根据《华沙公约》，航空公司对货物的丢失或延误的最高赔偿限额是每公斤毛重17计算单位，即特别提款权（SDR），约等于20美元。有些国家有特殊的规定，具体参阅TACT Rules 3.2。当托运的货物，每公斤毛重的价值超过20美元或其等值货币时，可以办理货物声明价值，并按规定向承运人支付声明价值附加费。

声明价值附加费的计算公式为：

声明价值附加费 =（声明价值 - 17SDR与始发国货币兑换率 × 货物毛重）×0.75%

每份国际货运单的声明价值不得超过10万美元或其等值货币。

（6）货物退运手续费

在国际航空货物运输中，每份航空货运单的退运手续费事40元。

第二节　航空客运的收益管理

一、航空收益管理的发展阶段

回顾收益管理的发展进程，大致经历了三个阶段。

（一）利用“剩余座位”增加航班收益阶段

所谓“剩余座位”，是指在正常票价下无法出售的座位，也称空座位。播音飞机制造公司早在1970年就对“剩余座位”管理问题进行了研究。结果表明，由于旅客需求内在固有的变化规律，航空公司不可能将特定的航班的全部座位恰巧都销售给全票价的旅客。空座位，即“剩余座位”是不可避免的。因此，必须对他们进行管理。

为了管理“剩余座位”，航空公司的经营实践涉及了以下两个方面。

第一，利用超订技术增加航班收益。航空公司为了减少“剩余座位”，提高客座的利用率，进行座位超订无疑是增加航班收益的有效手段。从1996年至1975年这十年间，各航空公司普遍使用计算机订座系统，根据旅客的订座、登机、取消订座等情况，预测“剩余座位”座位数，发展不同的超订方法。在此阶段，超订技术在那些十分繁忙的航线上成效显著。但在要求低迷的航线上，却难以奏效。

第二，利用折扣票增加航班收益。如果购买正常票价的旅客能分摊航班的固定成本，折扣票的价格只要高于多载运一个旅客所增加的变动成本，航空公司就能获得经济收益。这种理论为航空公司利用折扣票增加航班收益提供了理论依据。1940年4月1日，折扣票的第一次实践发生在美国加州旧金山——洛杉矶航线。此后，还发生了许多次折扣票实践，都取得了极大的成功。但低价格的前提依然是使用高密度座位飞机和向旅客提供较少的服务，且所有的折扣价均需获得航空运输委员会的批准。在经济舱基础上的自由价格竞争是不允许的。

从20世纪70年代中期至后期，由于低成本包机公司进入市场，迫使经营定期航班的承运人向市场提供更多的折扣票以吸引旅客。美利坚航空公司利用“剩余座位”理论，向市场推出“超级节省”两级票价结构——即向商务旅客销售正常票价的同时，向自费旅客提供较低的折扣票，获得了极大的成功。许多航空公司争相效仿。这种做法很快在美国航空市场上得以普及，它促进了自费旅客运量增长，提高了航班收益。

（二）利用多级票价结构增加航班收益阶段

由于旅客行为和需求特性的变化，航空运输市场的划分变得越来越细，特别是低成本、价格策略灵活的航空公司参与竞争，使得波音飞机制造公司提出简单两级旅客市场分割模式变得越来越不合理。有资料表明，1986年，在美国只有10%的旅客购买全价机票。1979年，加拿大运输委员会的一项调查发现，在加拿大高达45%的商务旅行和带有旅游性质的商务旅行对价格敏感，而有39%的非商务旅行却是服务敏感型的。这种结果说明，只根据旅行目的将旅客划分成商务旅客和自费旅客，商务旅客就一定对服务敏感、对价格不明感；自费旅客就一定对价格敏感、对服务不敏感的假设变得越来越不合理。其实，在很多情况下，旅客对价格和服务的敏感程度是他对票价的高低、旅行的灵活性、服务的舒适性以及旅行目的等因素综合权衡的结果。

在对“剩余座位”管理的过程中，许多航空公司已经认识到，两级票价结构比单一票带给航空公司的收益更多。进一步的分析表明，采用的价格级别越多，航空公司满足各类旅客细分市场需求的程度就越高，航空公司获得的收益也就越多。

多级票价结构对航空公司和旅客都是有益的，因而被航空公司广泛采用。但它也存在一定风险，比如由于有较低的票价等级，原本购买高票价的拉比克有可能购买较低票价的座位，享受到给低票价旅客的优惠。为促使多级票价结构的形成，一方面，航空公司对低价票的购买和使用提出相应的限制条件；另一方面，对购买头等舱、公务舱和全价经济舱的旅客提供多种形式的奖励和优质服务。

（三）利用流量控制使航线网络收益优化阶段

以往，航空公司在进行航班经济性分析时，常常是以航节（即空中对运市场）为基础的。通过对某一航节历史数据的统计和分析，推测和估计这一航节中不同舱位当年国际对应的旅客需求量，然后再根据旅客的需求特性和市场竞争状况，确定价格策略，进行座位分配，力求使收益最大化。然而，航节收益的最大化并不等于航段收益的最大化，更不等于航线网络收益的最大化。

在航节上正确的结论，在航段上就有可能是错误的。同样，在航段上正确的结论，在杭航程上也可能是错误的。美国放松管制以后，市场环境的主要变化之一，是航线结构从城市对市场转变为轮服式航线网络结构。这种航线结构在大大降低航空公司运营成本的同时，也使旅客转机成为家常便饭。大量的联程航班使航空公司的航线结构变成错综复杂的航线网，加之多等级票价的推出，使航空公司的收益管理变得日趋复杂。尽管如此，收益管理的最高目标就是要使航线网络全航程收益最大化。目前，只有德国汉莎和美国大陆等极少数航空公司在实行全航程管理。

二、收益管理的方法和途径

现代收益管理主要通过超售、舱位座位分配、流量控制和团体管理来实现航班收益的优化。

（一）超售

接受的旅客数超过相应的票价舱位座位数或飞机所能提供的座位数。

航空公司之所以要进行超售，是因为航空公司允许旅客取消订座，而不用交纳任何罚款，甚至在购买机票后，退票或误机也只交纳少量的赔偿金。在美国市场上平均大约有 50% 的订座会因为各种原因而取消，或在航班起飞前来不及取消而成为误机旅客。据美利坚航空公司的统计，大约有 15% 的座位在销售一空的航班上未被利用。因而，航空公司通过采用所销售的座位数超过允许的座位数，以补偿旅客取消订座、误机以及重复订座造成的空位损失。

超售能为航空公司带来额外收益，已成为航空公司收益管理不可或缺的方法。但超售也具有一定的风险。通常超售是根据旅客取消订座和旅客的误机概率进行的。因而，就有可能超售不足，形成空位损失，也有可能超售过度，发生实超，使一些旅客不能登记，给航空公司造成赔偿费和操作费的增加，更重要的事实超可能会损害航空公司的信誉。因此，在对实超旅客的处理程序和方法没有被公众接收之前，航空公司在确定超售数额时，还是要慎之又慎。

目前，由于大多数国家已接收超售的做法，航空公司在超售时主要考虑两个因素：空位损失和持票旅客拒绝登机所造成的损失。从理论上讲，超售越多，拒绝登机的可能性就小，空位的可能性就越大。为了尽量减少损失，航空公司利用计算机决策支持系统，根据航班的频率、飞机的载量、当前的订座情况、订座取消的比例、误机比例、旅客对超订的态度以及公司对超售旅客的处理等因素，计算和确定超订数额，通过尽可能利用飞机座位，增加航班收益。总体来讲，补偿费与超售给航空公司带来的巨大额外收益相比，可谓微不足道。

（二）舱位座位分配

将航班的座位分配给各票价舱位。舱位座位分配的目的是确保把座位留给后订座的高收益旅客，限制低票价座位的数量。这种做法主要基于以下认识：旅客对低价格座位的需求量经常会超过航班的实际运力，如不加以限制，他们就会挤占高收益旅客的座位；低收益旅客的订座时间比高收益旅客早。

为了进行舱位座位分配，保证高收益旅客的订座要求，首先要根据历史数据，预测各舱位登机的旅客需求，然后再结合特定日期和特定航班的运力、当前的订座状况、旅客购票行为方式以及竞争对手的价格策略等因素，从高到低一次确定高票价舱位的座位保护水平。但水平过高，就有可能出现过多的空座位，降低航班的收益水平，而保护水平过低，就有可能拒绝高收益旅客的需求，同样也会造成收益损失。因此，航空公司必须运用恰当的方法，确定适当的高收益旅客的座位保护水平。目前，进行收益管理的航空公司，大多采用由美国麻省理工学院航空运输实验室的 Peter Belobaba 在 1987 年的博士论文中提出的 EMSR 模型，来确定各舱位等级的应分配座位数。

（三）流量控制

根据旅客流量流向有选择地接收或者拒绝旅客订座的过程，使航线网的收益最大化。

（四）团体管理

根据航班的情况，有选择地接收或拒绝团体订座的过程。

团体的票价一般有较大折扣，团体订座通常早于个人订座，团体订座在预订之后，甚至在飞机起飞之前会取消部分或全部订座。通常，在考虑是否接受团体时，要根据飞机的大小、需求和订座的状况预测飞机离港时的空座位数，再结合团体的规模、旅行路线，以及竞争对手的反映等因素，确定是否接受团体订座。航空公司团体管理的原则是，尽量把团体安排到最空的航班上，以避免挤占散客的座位。由于团体的种类较多，且特性各有不同、变化极大，因此，一些航空公司设专门的部门或派专人管理团体。团体得以妥善安置的同时，不排挤散客的要求，确保航班收益优化。

以上是收益管理优化航班收益的四种途径，每一种途径都从不同角度促使航班收益提高。对每一途径来说，有需要航空公司预测旅客行为，采取适当的步骤和方法，去捕捉最大化收益的机会。事实上，为了优化航班收益，也为了使旅客满意，每一项工作都是在困难的权衡中进行的：超售是“空座位”和“拒绝登机”的权衡；舱位座位分配是迟订票、高收益和早订票、低收益的权衡；流量控制是短航程、大量需求和长航程、高收益的权衡；团体管理是大量低收益旅客和少量不确定、高收益旅客的权衡。

三、如何提高收益管理系统的水平

（一）增强收益管理的系统性

收益管理工作涉及航空公司的市场、计划、财务、运输、计算机、营业部、办事处等多个部门，增强收益管理的整体意识就是指从航空公司的角度统一考虑收益管理问题。在以上各个部门考虑问题、处理业务时应照顾到收益管理工作的需要。如为了加强市场竞争能力，市场部门往往采取灵活多变的价格以及和多个航空公司签订联运协议的策略。但收益的确认是从收益管理部门反映出来的，市场部门的灵活可能就会增加收益管理部门工作的难度。为了便于收益管理人员对双边联运协议的理解，签订协议时最好事先征求收益管理人员的意见，以便于他们对协议中结算条款的实施的可行性提出建议。

对于收益管理系统来说，实现其功效是由对各个方统一进行管理而实现的，只有对整个收益管理过程实行综合管理，才能取得较好的管理效果；只有各个方面的管理工作同步进行，协调发展和彼此适应，收益管理系统的功能效用才能实现最佳。

（二）增强收益管理的系统性

收益管理的系统性，是指收益管理系统是由若干个具有不同功能而又相互联系与制约的子系统所组成的有机整体；木系统的功能和效用受制于各个子系统；只有各个子系统地功能发挥正常，收益管理木系统才能发挥最佳效能。

（三）增强收益系统的最有效办法

增强收益管理系统性的最有效办法就是切实地贯彻实施 ISO 9002 质量管理和质量办证系列标准，按照标准的要求并紧密地结合收益管理过程实际情况，建立、健全、完善质量体系并使之有效运行。通过质量体系的建立和运行，使整个收益管理活动中影响收益管理水平的各种因素都处于系统的管理和控制之中，从而达到提供满意的收益管理产品的目的。目前，中国航空结算中心正在进行 ISO 9002 质量标准的认证工作，就是希望通过质量体系的建立，来增强收益管理的系统性。

（四）改变运作方式，使用电子通信手段来加快系统接收数据的频率

改变传递销售数据的方式和方法，加快系统接收数据的频率；由于销售数据的取得和进入系统是系统计算净收益的前提，因此，改变传递销售数据的方式和方法，加快系统接收数据的频率就成为十分必要的了。可以通过接收电子票务数据和接收数据盘等方式来加速对销售数据的取得。同时从航空公司的离港系统或货运系统中提取承运所需要的航班、载重、机型、距离等信息，通过电子邮件接收航空公司商务部门发布的运价和联运协议等相关信息，接收 IATA 提供的公共信息更新公布运价、分摊系统等。

（五）提高人员素质，培养高素质的收益管理人员

众所周知，航空运输是一个高科技行业，对人员素质有很高的要求。可以说，民航收益管理水平的提高以及持续、快速、健康发展的关键在于有一支高素质的人才队伍。而且民航收益管理自有一套独特的核算方法，如销售承运配比发、抽样法、运价审核法、联运分摊法、联运账款清算法等。一般会计人员不经过培训是难以胜任民航收益会计工作的。通常收益管理人员应具备运价、商务、会计、运输经济、国际结算、外语、计算机等多种专业知识，知识密集程度较高。近几年来，虽然加大了教育和培

训力度，取得了显著效果，但由于民航收益管理发展日新月异，人员缺乏的程度还相当大，高层次的人才更是十分短缺。特别是在当前航空市场竞争激烈的情况下，急需高素质的收益管理人才。这些人员不仅需要熟悉本公司飞行、机务、管理、收益等方面的只是，而且要十分了解所在地区航空市场需求情况和旅客分布特点，还要对相关航空公司的经营战略和联运协议了如指掌，此外还要有对市场进行预测、分析、判断和向公司决策层及时提出建议的能力。

（六）增强收益管理系统工作的有序性和规范性

"不定规矩，不成方圆"。"规矩"，即规律、规范、秩序，它是科学性的体现和象征。任何工作只有遵循客观规律，按照规范去做，建立起正常的工作秩序，才有可能获得最佳的效果。收益管理系统工作也不例外，一般来说，凡是秩序井然、有条不紊的企业，其收益管理工作的开展就顺利、正常发展、成效显著；凡是处于混乱无序状态的企业，其收益管理工作的开展就举步维艰、成效甚微。

增强收益管理系统工作的有序性和规范性，可以从以下两个方面入手：

1. 建立、健全、完善收益管理体制

应从保证系统正常运行、有序运转的客观需要出发，理顺关系，完善收益管理体制，使之符合科学、合理、有效和可行的要求。一般来说，在进行收益管理系统的管理时，应确立"同意领导，分级管理和分工负责"的领导原则，客服政出多门、各自为政和报班代替以及孤军作战两种倾向，"统一领导"是指应指定专门的部门或个人负责对整个收益管理系统进行统一管理，实行统一方针、统一政策、统一规划、统一目标、统一要求、统一部署和统一考核；"分级管理和分工负责"是指首先将受益管理工作划分为销售、运输、对内开账接收、联运结算、受益报表信息统计与分析、受益账务核算、配比报表分析及其他业务等业务大类，然后将大类业务按不同层次细分，在"统一领导"的前提下，由部门或指定专人分别负责管理不同大类业务已经不同层次业务的收益管理工作，并明确各个部门，个人的职责与权限，使之各司其职、各负其责。这样，就能上下拧成一股"绳"，合成一股"力"，做到齐抓共管。

2. 健全、完善运行机制

完善运行机制的要求是使收益管理工作的运行与操作实现程序化、规范化。为此，收益管理部门应针对收益管理系统的设置，分别制定出科学、合理、可行的运行程序与操作标准，使实际操作人员根据工作流程和标准完成实际运作。例如，可以将收益管理系统的过程控制划分为联运开账控制程序、运输收益过程控制程序、销售审核过程控制程序、统计分析报表审核控制程序、配比过程控制程序、计算机系统数据维护过程控制程序、计算机管理控制程序七大类，对每类程序分别制定工作流程，确定每类控制程序的工作内容，与其他类业务的关系，该内容的负责部门以及负责岗位、完成时间，并要求实际操作人员根据运行情况填写相应的质量记录记载运行的过程。只有这样，才能使收益管理工作有章可循，才能做到事事有人负责。为了促进和保证各项标准顺利，有效地贯彻实施，收益管理部门还应建立起相应的约束机制和激励机制，如制定出质量检查办法和绩效考核办法，即制定出监督、检查、考核制度和奖惩制度。

以上六个方面都是从宏观角度进行考虑的，是提高我国民航整体收益管理管理水平的思路。要想实现这些思路需要我国民航行业上上下下共同努力、提高认识、转变观念，才可能达到管理水平的逐步提高。

四、开展收益管理的前提条件及在中国的前景展望

收益管理从产生到发展已有二十多年的历史，它的出现并不是偶然的巧合，它是航空运输业竞争和发展的产物，是航空公司外部环境和内部条件综合作用的必然结果。

首先，只有在政府对航空运价放松管制的前提下，航空公司才有可能按照收益管理中多级票价结构的要求，根据市场中旅客和竞争对手的状况，制定和调整不同舱位等级的票价，灵活运用价格策略，以高价、优质、灵活的服务满足高收益旅客的需要，以有限条件的低租购价格刺激市场的需求。只有这样，才能将价格的杠杆作用发挥得淋漓尽致，促使航班收益优化。

其次，只有当航空运输市场中的旅客需求总量与航空公司的运力供给总量相当且关系变化不大，同时旅客的需求特性呈现多样化形态，收益管理才有市场基础。航空公司才有可能根据旅客的旅行目的、服务要求以及对价格敏感性等因素，制定价格并提出相应的机票购买和使用限制条件，以便对航空运输市场进行细分。否则，收益管理就难以奏效。

再次，为了进行有效的收益管理，航空公司应具备以下计算机系统：订座系统、离港系统、结算系统，用于数据收集、订座、监控等工作；决策支持系统，用于建立旅客需求预测模型，确定数据收集方法以及建立收益管理来优化模型等工作，监督和控制系统，用于监控、衡量和报告收益管理的工作。

最后，开展收益管理的航空公司，还应建立一种“收益管理学”，即在全公司内建立并保持收益管理的意识。因为收益管理是有选择地接收或拒绝订座，以捕捉收益最大化机会的过程。在整个过程中，由于所采取的方法是建立在概率的基础上的，其实际结果有可能与设想的发生偏差，这是需要公司全体上下携手同心、保持一致。比如，为了增加收益，可能提前关闭低等级舱位或减少对低等级舱位的座位分配或拒绝团体订座，但这些做法都可能冒风险，都可能减低航班收益。因此，收益管理需要全体人员的理解和认同。

从以上分析可以看到，收益管理对于中国的航空公司，特别是中小航空公司而言，并不是不久的将来的事。他们缺乏必要的资金以建立高级计算机决策支持系统，缺乏

灵活的价格机制以调节市场需求，更缺乏用以反映、分析市场需求的准确和恰当的信息和数据。但所有这些，并不意味着收益管理对我国的航空公司是“天方夜谭”，无可借鉴。如果说，要全面应用收益管理的技术和决策方法还需假以时日，还缺乏一些必备的主客观条件的话，那么，收益管理的基本原理和思想对促进我国航空公司经营管理水平的提高将提供有益的帮助和启发。

因此，航空公司的经营管理者们，特别是从事国际航空运输的航空公司的经营管理者们从现在起就应开始学习和研究收益管理，吸取它有用的思想精华为我所用。因为外国的航空公司的实践证明，它对增加航空公司后劲，增强企业的竞争力有无可替代的巨大作用。随着我国航空事业的发展，势必会有更多的国内航空公司参与国际航空运输竞争，他们很快就会感受和面对来自于收益管理的严峻挑战。谁提前做好准备，现在就开始转变思想、培养人员、积累数据，谁就将会在未来的市场竞争中处于有利地位。

案例分析

“剪不断，理还乱”——民航的价格管制与前景

过去几十年里，民航机票价格几经周折。先是1998年“乍暖还寒”，市场价匆匆渡过“短暂的春秋”。接着是民航总局重念“禁折咒”后的“东边日出西边雨”，机票销售在明码标价下“暗度陈仓”，航空公司的收益依然低迷。2003年夏天，最终下了“12道金牌”：五部委联合打击暗折暗扣。在严格管制票价的紧锣密鼓声中，要求放松价格管制的呼声仍不绝于耳。机票价究竟是该管还是该放，这是一个重大的宏观经济决策，需要周密的科学论证。古语云：“前车之辙，后车之鉴”，航空运价管制与否，取决于民航政府当局的宏观经济目标。1938年美国国会通过《国内航空法》时，飞机事故接连不断，许多航空公司濒临倒闭。由此，美国国会相信航空安全有赖于航空公司财务状况的稳定，民航业管制的目标就应当是保证航空公司财务状况的稳定和公众的安全。如今，中国民航总局管制政策的目标与此如出一辙。40年后的1978年，美国国会批准了《航空公司放松管制法》，虽然保持稳定与公众安全的管制目标并未放弃，但航空运输市场已发生了动态的变化。

航空运输业自诞生起的多年内，一直是专为商人和富人服务的奢侈品，需求的低弹性使价格竞争只能降低航空公司的收入，损害航空公司的盈利能力，却不会刺激需求的增长。随着越来越多航空休闲旅客进入航空市场，管制的负面效果（较高的价格和较低的成本效率）凸显，管制下缺乏竞争成为航空公司实现其盈利增长和挖掘潜力的障碍。1977年的一项研究发现，不受管制的美国州内航空公司，如西南航空公司、太平洋西南航空公司以及加利福尼亚航空公司的航班频率更高，而价格大约只有管制下大型航空公司的一半。

美国放松管制的另一个驱动力是竞争环境的改变。1938 年，当《国内航空法》生效时，铁路、公路和水陆的承运人已经在政府的管制之下，因此，此项法案的出台为所有的运输方式创造了一个公平的竞争平台。但 20 世纪 70 年代后，美国大型航空公司不得不与美国航空运输委员会（CAB）管辖之外的包机和州内航空承运人展开竞争。结果是本欲保护美国航空公司的管制政策，后来却使航空公司处于竞争的劣势。

与此类似，中国民航的管制政策既是对航空公司的保护，也使航空公司失去了应对替代品竞争的灵活性，铁路和公路运输在过去几年中对中国航空公司造成的巨大威胁，已证明了这一点。

其实，美国航空运输业放松管制最主要的驱动力，是从较狭隘的行业视角向更宽泛的宏观经济目标的转变。当美国国会就是否改革航空运输业的管制政策进行辩论时，来自于航空公司的代表，除美联航外，都坚决反对放松管制，因为管制确保了一个相对稳定的航空运输业发展环境。

然而，管制下航空运输业的稳定是以高昂的社会成本为代价的。由于航空公司不能在价格和航线上竞争，他们必然会另辟蹊径吸引顾客，服务自然成为竞争的焦点。为此，航空公司不断提高服务水准：好酒好饭、热诚相待。虽然经营成本随之不断攀升，航空公司却并不会刻意控制其成本，因为管制价格将把上涨的成本包含在其中。事实上，航空公司不会在乎成本的高低，因为成本再低也不允许通过低价让利于消费者，试问：有愿意以同样的价格得到低水平服务的旅客吗？

价格管制下非价格竞争的破坏性极大。为了提供差别化的服务，美国航空公司购买更大、更昂贵的飞机吸引顾客。对大飞机的渴望在使成本上升的同时，也造成了运力过剩。20 世纪 70 年代初，波音 747 投放于美国国内航线上，空座位之多，以至于有的航空公司将三角钢琴置放在波音 747 的头等舱内（1971 年至 1972 年期间，波音 747 的载运率是 33%）。而在中国，宽体机的高比例也从一个侧面反映出价格管制下国内航空公司类似的竞争行为。

航空公司成本是载运率的函数。载运率越低，旅客的单位成本越高。在管制下，这将导致价格更高，并进一步降低航班载运率。在已离港航班上的每一个空座位都是社会资源的浪费，虽然管制对航空公司是有利的，但从增进消费者福利（低价格和更多的选择）、提高经济效益、促进国家经济发展等更广泛的宏观经济目标来看，管制给行业带来的好处可能被对整个经济造成的负面效应所抵消。

思考题

请对 1998 年放松票价管制失败进行反思。

习题

1. 航空货物运价的种类有哪些？
2. 公布直达运价、比例运价和分段相加运价分别适用于哪些情况？
3. 简述各种运价的使用顺序。
4. 为了管理“剩余座位”，航空公司采取的措施有哪些？

第八章

>>> 民用航空安全管理

本章要点

1. 民用航空相关基本概念
2. 航空安全管理理念的变革
3. 安全管理组织机构及职能
4. 风险分析及管理
5. 突发事件与应急救援管理

学习目的

民航安全管理是一项长期任务，通过本章的学习，要求学生了解“民用航空安全管理体系”（SMS）建设与管理的基本内容和基本方法，并对民航安全管理基础、民航事故致因分析方法、风险管理、民航突发事件应急处置、搜寻与救援等方面的基础知识、基础理论及相关法规有一定的了解。

导入案例

到底是谁“制造”了这场空难

俄罗斯西伯利亚，天寒地冻。搜索人员在搜寻俄罗斯航空593航班的残骸。这一天是1994年3月23日。此前一天晚上，客机高空坠落，机上75人全部遇难。媒体报道称，事故令人费解，因为失事客机是俄罗斯航空采购的新机型——空客A310。新客机刚刚启用不久，性能良好；仅仅搭载75人，不存在超载问题；没有遇到极端天气；飞行员经验丰富……在一切可能的原因都被排除后，唯有客机“黑匣子”才可能揭开空难事发前的一些真相。驾驶舱通话录音显示，驾驶舱内传出两个孩子的声音，一名小男孩充当了飞行员。

3月22日傍晚，俄航593航班按计划从莫斯科飞往中国香港。起飞几个小时后，客机改为自动驾驶巡航。机上自动驾驶仪可操控包括方向舵在内的所有部件。设定为自动驾驶模式后，如果没有特殊情况，飞行员可以放手不管。

在飞行途中，机长亚洛斯拉夫·库德林斯基的女儿亚娜和儿子艾德加来到驾驶舱。两个孩子是第一次出国，对父亲的工作很好奇，于是，在一位家庭成员的带领下，来到父亲所在的驾驶舱。机长库德林斯基让自己的儿子坐在驾驶位上，而一旁的副驾驶、飞行员皮斯卡雷夫对此并未表示异议。当艾德加坐上驾驶位之后，无意中碰到了操控面板，部分自动驾驶仪器被关闭，飞机副翼改成手动方式操控。机长和飞行员都没有发现这一突发情况。很快，客机慢慢倾斜。机身转弯的力量将所有人压向了椅背，无法侧身。机舱内增加的压力已使机长无法回到驾驶位上，小男孩艾德加成为唯一可以双手操纵控制面板的人。然而，年幼的他，在飞机倾斜产生的压力下，力量太小却无力扳回操纵杆。客机以每秒两百多米的速度开始向地面俯冲，机上乘客都如同坐在失速下坠的电梯中，舱内一片尖叫。此时，机长终于回到驾驶位，用力扳回操纵杆，然而为时已晚。

谈及这场空难，拥有40年飞行经验的航空专家约翰·考克斯曾表示："不管是此前还是之后，我都没有听说过这种事。机长太不专业了，我很难想象居然有飞行员会让没有资质的人驾驶商用飞机。而副驾驶也有责任，因为他没有及时提出反对意见。"

第一节　概　述

安全是一个永恒的话题。自2001年9·11事件之后，世界航空安全形式越来越复杂，不仅有伴随民航运输量增加而产生的航空安全问题，还有越来越恶化的国际政治环境和不断滋生的恐怖活动给民航带来的新威胁。为此，世界各国为航空安全在法规、组织、管理、技术和资金等方面，都已经付出并且还将付出更大的代价。

一、安全

《国际民用航空公约》附件13认为：安全是一种状态，即通过持续的危险识别和风险管理过程，将人员伤害或财产损失的风险降低至并保持在可以接受的水平或其以下。因为，人们很难做到没有任何风险的安全，只要风险在可控范围之内并降低到不危及人体伤害与财产损失的程度，就是一种可以接受的、处于安全的状态。

（一）航空安全

航空安全通常是指运用民用航空器从事航空运输所涉及的与安全相关的所有活动，包括航空器安全、航空公司运行安全、空中交通及航行服务安全、机场运行安全、航空安全立法与管理、航空事故调查及相关安全培训等，通过这些活动的共同努力，为航空旅客或者货物运输提供一个平安无忧的出行和运输环境。

（二）系统安全

系统安全概念最早是在 1962 年美国空军的弹道导弹计划中提出的。该计划认为，核系统和复杂的武器系统是“差错零容忍”，传统的“飞行—维修—飞行”或者“试错”等安全管理模式已经不能适应安全要求日益提高的复杂武器系统、航空和航天工业发展，因此制定了“MIL—STD—882”系统安全标准，并一直作为美国国防部系统安全管理的理论基础，其思想已经被广泛运用于航空和民航等领域的安全管理。“MIL—STD—882”认为，系统安全是运用系统工程管理思想、标准和技术，以使系统生命周期内所有阶段可能出现的任何意外风险都必须控制在可接受水平之内，都在系统运行效果、系统适应性、时间和成本的限制范围之内。换言之，系统安全是指一个系统在其生命周期内它的所有组成部件的安全。

（三）安全绩效

根据管理学的观点，绩效是指组织、企业或个人在一定时期通过努力所产生的结果，用以反映该组织、企业或个人的综合能力。2002 年 1 月 1 日开始实施的国家质量监督检验检疫总局关于《职业健康安全管理体系—规范》（GB/T 28001—2001）中对绩效的描述是：基于职业健康安全管理体系的可测量结果。可见，绩效是一种结果。因此，绩效可以视同为业绩或成效。安全绩效则用于评价一个国家、组织或民航运输系统的安全综合保障能力（即通常所说的安全水平）。根据 ICAO 的管理手册，衡量一个民航组织的安全绩效主要通过两大方面，安全绩效指标和安全绩效目标。

1. 安全绩效指标

安全绩效指标是用于衡量一个民航组织安全绩效的量化内容和具体要求，即从哪些方面衡量其安全水平及需要安全达到的何种程度。

2. 安全绩效目标

安全绩效目标是一个民航组织经过所有员工努力后应该实现的阶段性安全效果，是衡量一个民航组织安全水平的阶段性标准。

二、风险

风险是指某一特定危险情况发生的可能性和危及安全的严重性，用于评价或评估发生危险的概率和危害程度。FAA 认为，风险是可预见严重后果或潜在危险程度的综合状况。任何与安全相关的事情都与风险有关，风险是安全的对立面。换言之，风险涉及两方面的问题，一是出现不安全后果的可能性或概率，二是出现不安全事件后其后果的严重程度。因此，风险不仅仅需要定性描述，而且还需要量化评估。

（一）可以接受的安全水平

如前所述，由于没有绝对的安全，安全只是把风险或事故率降到一个可以容忍或能够接受的程度，即可以接受的安全水平之内。

可以接受的安全水平有两种计量标准或者表示方法，即安全绩效指标和安全绩效目标。

安全要求则是为了实现安全绩效指标和安全绩效目标所必须满足的基本条件和必须施行的保障行为或措施，包括运行程序、技术、方法、系统和方案。

（二）危险

FAA 认为，危险是一种现实或潜在的不安全的因素，可能导致伤害、疾病、人员死亡、财产损失或系统损害、对环境的不良影响或者破坏，是导致事故的起因。

（三）不安全事件

不安全事件是指与民用航空有关的空中飞行事故、地面事故、飞行事故征候，以及虽未构成飞行事故、事故征候，但影响或可能影响飞行安全的行为和结果。

（四）事故征候

《国际民用航空公约》附件 13 中认为，事故症候并不是事故本身，而是与航空器的操作或使用有关，是一些会影响或可能会影响飞行安全的事件。“国际民航组是”发布的《安全管理手册》中认为，事故征候是事故的前兆。

（五）严重事故征候

《国际民用航空公约》附件 13 中认为，严重事故征候是指那些表明几乎要发生事故的现象。事故和事故征候之间的区别仅仅在于后者还没有产生结果，但是已经出现可能导致事故的征兆。因此，通过预防或提前发现事故征候，是减少和避免事故发生的重要措施。

三、事故

根据《国际民用航空公约》附件 13 的定义，航空飞行事故是指从有人在飞机上试图飞行开始，到飞机上所有人离开飞机为止，此间任何与飞机相关的运行行为所产生的人员伤亡或重大财产损失。

中国民航对民航事故的界定更为明晰，分为三类：

1. 民用航空器飞行事故

民用航空器飞行事故是指在公共航空运输过程中任何人自登上航空器准备飞行时起，直至到达目的地点离开航空器时为止的期间内，任何发生的与该航空器运行有关并导致人员受伤死亡的事故。

2. 民用航空地面事故

民用航空地面事故指的是在机场活动区域内发生航空器、车辆、设备、设施损坏，造成直接经济损失人民币30万元（含）以上或导致人员重伤、死亡的事件。

3. 其他不安全事件

其他不安全事件指的是航空器在运行过程中发生的影响或者可能影响航空安全，但其程度尚未构成航空器飞行事故征候和民航地面事故的事件。

根据以上关于安全的几个基本概念，在图8-1中给出了它们之间的关系。其中，风险危害程度可以分为三个层次：可忽略的风险；可容忍的风险和不可容忍的风险。

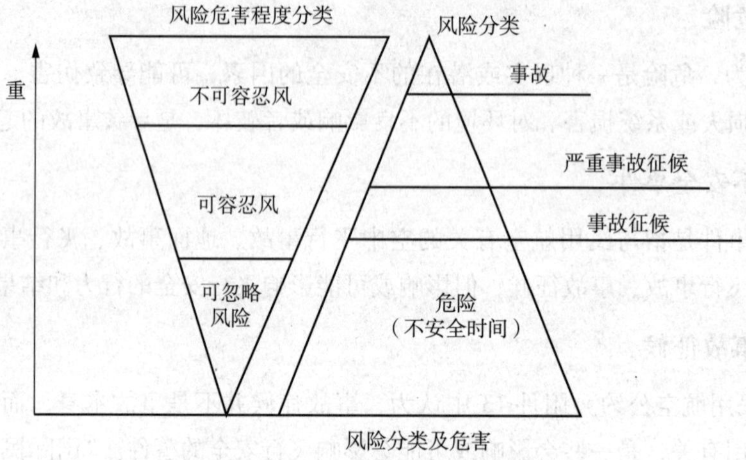

图8-1 风险分类及其危害程度

四、航空安全保卫

航空安全保卫，亦称安保，属于航空安全的一个方面，但是产生危险的致因则不同于一般意义上的航空安全。当涉及人为攻击或蓄意实施破坏等可能危害生命或财产安全时，通常使用“security”一词，属于“安全保卫”范畴。

第二节 安全管理组织结构及职能

建立健全民航的安全保障体系，是民航运输生产安全的重要保证。根据《中国民航飞行规则》，安全生产是民航运输企业各级领导和全体员工的重要职责。通过严密组织，有效地实施各项安全生产规章制度，确保运输生产安全。

中国民航系统安全生产管理，实行部门一把手负责制，并按照行政管理关系建立中国民航安全委员会。安全委员会由民航总局、地区管理局、省市区管理局、航空公司、机场当局、航务管理公机构、油料公司等单位的主管安全领导和安全机构的相关负责人组成，对民航各运输部门执行安全法规的情况进行监督和检查，并对违反安全生产法规的行为、危机生产安全的人员和设备具有使用暂停权。

（一）安全监察与管理机构职责

民航各级安全监察管理机构的主要职责是：

（1）监督检查各生产部门执行有关飞行安全的各项规章制度情况，落实安全保障措施；

（2）及时掌握各单位的安全生产形势，监督检查生产事故的调查和处理，并提出安全指导意见；

（3）制定有关民航安全生产的规章制度；

（4）组织飞行事故的调查；

（5）组织新航线、新机场、新机型的安全检查。

（二）安全监察管理机构的权力

根据民航当局有关安全生产的政策法规和规章制度，民航生产安全监察管理机构具有以下职权：

（1）有权立即停止使用危及安全生产的设备和人员；

（2）有权要求有关部门对形象安全生产的问题进行处理，采取措施，限期解决；

（3）有权要求有关部门报告安全情况，提供相关资料；

（4）有权要求有关部门对违章、失职的当事人和事故责任人进行处理。

第三节　民航“安全管理体系”

一般概念下的民航安全管理体系与近几年来 ICAO 推行实施的民航“安全管理体系”（Safety Management System，SMS）是两个完全不同的概念。本节将重点介绍民航“安全管理体系”的概念和实施方法。

（一）航空安全管理理念的变革

自从人类能够在空中飞翔以来，人们一直就以“预防为主”的理念寻求航空安全。随着人们对客观世界发展规律认识的不断提高，预防风险的视野、手段和方法经历了从低级向先进、从设备致因到人为致因，从局部安全到系统安全的发展过程。

（二）“设备致因”驱动的安全管理观念

在航空工业发展初期，人类对于“天上的事情”知之甚少，在付出了生命和财产等巨大代价以后，人们不断总结和探索，不断地加大了对航空领域奥秘地研究，并运用所认识的和已经掌握的知识、理论、技术和方法，不断对飞机和发动机的设计、制造、材料、控制、维修、操作及管理等技术和思想进行改进，不断地提高飞机的飞行安全性能、飞行操作技能及飞机维修改进。20 世纪 60 年代之前，人们在“设备致因”

观念的主导下，通过反复实验不断总结和改进的方法，从保障设备安全入手提高航空安全性。因此，为了提高航空安全性，航空工业总是把人类最为安全的、最为可靠的和最为先进的材料与技术首先应用于飞机的设计和制造，为人类提供最先进、更安全的交通工具。

（三）“人为致因”驱动的安全管理观念

20 世纪 70 年代初期，在不断改进飞机和设备性能的以提高飞行安全的同时，航空安全专家从大量的航空事故原因中发现，人为因素在事故致因中占有很大的比例。统计表明大约 80% 的事故属于人为差错所致，便产生了“人为致因”观念，直至 90 年代末。根据“人为致因”的观念，人们不得不制定更为严格的管理规定和规则，编写更为详细的操作手册和操作程序，加强一线人员的严格选拔和专业技能的培训，试图通过避免一线人员的操作差错降低或消除安全风险，以提高航空安全性。另一方面，为了弥补人为差错，人们在设备方面采用更为先进的自动化或者智能化技术，以弥补人为差错。这也是民航运输业的规章和手册最多、要求持证上岗的岗位最多、培训和学习的频次最多、国际交流人数最多的原因。

（四）“组织致因”驱动的安全管理观念

时有发生的事故终于让人们清醒地意识到，人不是神，因此人难免要发生差错。既然人们已经充分认识到要彻底消除人为差错又根本没有可能，那么，提高航空安全的关键就在于“防患于未然”。尽管人们一直在努力降低风险，提高航空安全性，并且事故率也确实明显降低，但是全球地航空事故总数并未明显减少的事实，依然在人们心里产生了挥之不去的恐惧。因此，人类必须不断创新安全管理方法，预防和减少不可避免的差错，控制可能发生的差错或者阻止差错演变成事故。人们运用组织管理机制和集体智慧与力量，加强安管管理力度，扩大对风险和不安全因素的防控范围，更深层次地关注潜在的不安全因素，加强国际、国家、组织或部门之间的沟通和协调。有些不安全因素是管理者的决策造成的：决策者们认识到存在安全风险，但是由于运输繁忙、资源短缺、资金投入或经济效益等压力需要优先考虑，因而忽略了发展航空必须坚持“安全第一”的基本前提，而一线人员又无法改变这种决策下的工作方式、工作环境或管理模式。虽然管理者的决策并没有直接导致事故或产生风险或不利后果，但是他们的这些忽视安全的组织行为实质上为风险的产生或已经存在的风险诱发成事故创造了条件，客观上导致了事故的发生。这就是在 20 世纪 80 年代到 90 年代中期占主导地位的事故“组织致因说”。

（五）以“系统安全”为基础的安全管理理念

20 世纪 50 年代末 60 年代初，基于“设备致因”观念的安全管理理念对出现的航天系统、核武器系统和反弹道导弹系统等等这些非常复杂、安全性要求极高的系统而言显得不适用，便产生了“系统安全”理念。

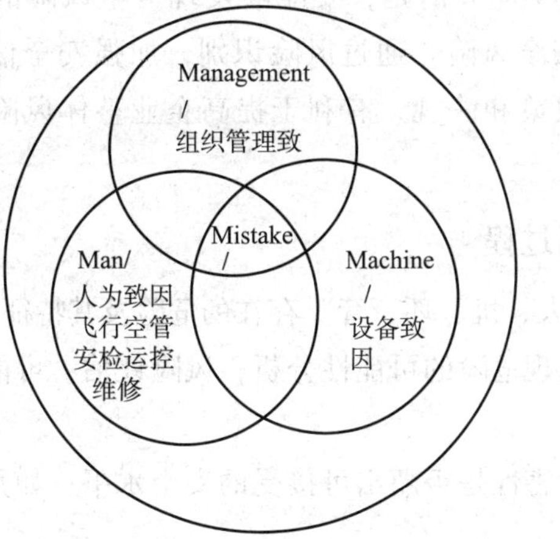

图8－2　事故致因与“系统安全”概念—5M模型

在民航领域，人们从过去的灾难中总结教训，对已知风险做出正确的防范和应对措施，确实有效地避免了一些事件的发生。这种反应式安全管理方法确实行之有效。到了20世纪70年代末，全球航空事故率降低到每百万次飞行发生一次的历史最好水平。随着航班量的增加和运行环境更加复杂化，这种传统的反应式安全管理模式难以继续使民航运输业达到一个更好的可接受的安全水平。风险或事故必然会攻击“安全管理”之不备，看上去似乎具有偶然性，最终风险酿变成事故，实际上，这是透过诸多因素中的某个薄弱环节演变而成的。

第四节　民航风险分析及管理

风险有不同的定义。第一，它可以被定义为在特定的时期内危险事件发生的概率。第二，它可以被视为个人或团体被一些特定行为以更多或更少的随机方式被削弱的可能性。第三，风险可以得到统计上的损失期望值相关的统计概率。

风险可能自愿或非自愿的。自愿的风险和非自愿风险不同，它是个体选择的可能会发生的风险。乘飞机旅行是自愿暴露于受伤或死亡的风险，而生活在核电站附近或机场，一些无法控制的辐射或飞机事故的发生，是非自愿的风险暴露。风险可能涉及与空间、人口和时间依赖性有关的客观或主观的、已知或假定的接触概率。

一、风险的识别与分析

全风险管理使对民航企业生产和管理的每一环节进行风险识别、风险危险性分析和制定排除风险或将风险危险性降低至可接受程度的风险防范过程。通过风险识别与分析，提出风险处置方案。风险识别不仅需要能够预先发现危险，而且要能够分析和掌握风险特征，更重要的是，要能够发现产生风险的根源即危险源，并予以消除，从根本上预防安全风险。通过风险识别，加强安全信息交换，以便及时调整与完善企业安全管理政策和法规，有利于提高企业整体风险防范能力，推进企业持久安全建设。

（一）风险的防范过程

（1）风险识别："人、机、环、管"存在的危险及其特征分析；

（2）风险评估：出现危险的可能性分析；风险评估：可能出现的危险及其危害程度分析；

（3）风险评估：危害性是否超出可接受的安全水平；如是，则必须采取措施将危险降至可接受水平之内；

（4）安全信息管理：安全信息收集、分析、交换与共享；

（5）安全规章管理：调整安全管理政策、规章或操作手册，归档。

（二）风险识别

风险识别的目的在于了解什么是危险，出现危险的可能性有多大，危害程度有多严重以及产生危险的根源在那里，最终消除具有安全威胁的危险。

对民航安全构成威胁的危险按其来源可以分为四大类：自然危险、技术危险、经济危险和政治危险。

1. 自然危险

这一类危险主要来自于自然灾害，主要包括气象灾害、地震灾害、地质灾害、海洋灾害、水旱灾害等。不容忽视的生物侵犯如飞鸟和昆虫，也引起过重大飞行事故。

2. 技术危险

技术危险主要来自于技术原因，如由于设计缺陷、技术不过关或者材料缺陷等原因，导致诸如飞机结构、零部件、功能模块或软件系统或保障设施设备等的功能或性能问题，也有来自管理流程或操纵方法的设计不科学或不合理或失误等原因。

3. 经济危险

这一类危险与经济或者企业效益有关，例如，由于客货运输需求量增长过快，导致航班量增加，导致飞行、机务维修和航班运控等关键岗位人员工作量过大而疲劳因而可能对一些特殊情况处理缺乏敏捷的思维反应和决断能力等。这些危险对飞行安全都可能会带来危险。

4. 政治危险

政治危险主要来源于政治、意识、宗教、文化等思想意识因素产生的敌对行为。比如，1988 年的"洛克比"空难事件和 2001 年的"9·11"事件就是两起背景复杂的典型政治事件，它不仅与国家政治、思想意识有关，而且和宗教文化有关，是一个多种矛盾激化的总爆发。有的政治危险出于个人的恶意等。尤其是在当今矛盾四起的国际环境中，恐怖活动给民航安全增添了更多的安全隐患。

根据对历史上发生过的飞行事故致因分析，危险源主要来自于六大方面：

（1）设计过程，如飞机及设施设备设计、管理流程、操作程序等；

（2）交流过程，如对术语、标准、规范、语言等含义的理解，如文档材料编写规范性，术语定义的准确性、统一性、可读性及可操作性；

（3）人力资源管理，如员工招聘标准、培训程度、激励机制等方面的政策；

（4）生产组织管理，如安全报告程序、安全措施和安全目标的一致性，资源分配、运力、企业安全文化、决策机制等；

（5）环境保障过程，如环境噪声和震动、温度、灯光、防护设备等；

（6）外部因素，如国际政治、国家政策、行业管理、宗教文化和社会矛盾等因素。

当然，能够导致危险的原因多种多样。通过对危险因素的分析，加强对危险源及其危害性的了解和认识，提高风险识别能力，以加强防范，降低风险危害性。

（三）风险评估

风险评估是一种识别潜在危险和控制风险危害性的主动预防机制，它针对危险特征、危险源分布范围、危险致因等特点，分析这些危险产生的可能性和危害程度（表8－1），评估结果可以采用如下式所示的风险度表示：

$$风险度=出现危险的可能性\times危害严重程度$$

表8－1　机场风险度量化指标

风险度	应对措施
1－4	低风险，在考虑风险的各种因素后，机场能够正常运行
5－9	中等风险，机场可以继续运行，但必须采取风险控制措施
≥10	高风险，不能接受，机场需要采取应对措施，直至风险降低至可接受范围才能恢复工作

（四）风险对策

对于风险评估结果中认定为对安全影响超过限度的危险因素和危险源，必须采取应对措施，甚至需要对安全管理政策、规章或操作手册进行系统性调整和完善。例如，在表机场风险度量化指标中，把机场风险分为三个层次，对应每一层次列出了相应的应对措施。风险对策通常包括避免或消除风险、转移风险、缓解风险、回避风险和暂时接受风险等策略，需要针对具体风险危害性及风险源特征制定具体的应对措施。

（五）安全审计机制

安全审计机制分为内部审计和外部审计。内部审计是由企业内部组织的定期安全检查与评估，也是企业安全监督的重要措施之一，根据各职能部门各个岗位职责和安全要求、安全目标及安全绩效等指标进行审查，并落实限期整改措施。外部审计通常是由行业主管部门或者国际性民航组织（ICAO、IATA 或 ACI）通过专门机构进行审计。

我国民航局从2006年起开始对航空公司、机场和空管等单位进行安全审计，审计周期目前设定为五年。

二、风险分析方法

（一）故障模式及其影响分析法

故障模式及其影响分析法是美国国防部和 NASA 等部门用于产品设计阶段进行产品质量可靠性分析和安全性分析的一种方法，以分析产品设计过程中每一环节可能出现的问题及其可能产生的不良后果，并提出整改或预防措施。这是一种自上而下的系统分析法，它可以用于分析单个环节或多个环节、不同层次或不同类型的安全风险，因此也被应用于民航“安全管理体系”的风险分析过程。

故障模式及其影响分析法的基本操作方法是首先将一个系统根据其组成结构分成若干个子系统；然后，根据每一个子系统的生产流程分析每一个操作可能产生的结果和可能出现的安全风险，并分析发生这种风险的可能性大小与危害性程度；最后，根据危害性提出规避或降低风险的对策。实际上，民航“民航安全管理体系”所遵循的风险分析过程正是基于这种思想。

（二）Reason 模型分析法

早在1931年，美国安全工程师海因里希（Herbert William Heinrich）从大量的统计分析和研究中发现，事故的发生不是一件孤立的事件，尽管事故可能在某一瞬间突然发生，但它是一系列具有某些因果关系的事件连锁发生的结果。海因里希这一安全理论及 Reason 模型的意义在于，安全管理工作就是要对每一个生产环节的安全进行持续管理，切断潜在风险的连锁反应链。

（三）故障树分析法

故障树分析法是20世纪60年代初美国贝尔实验室提出的。故障数是一种倒立的树状逻辑因果关系图，它能够直观形象、富有逻辑地描述故障的因果关系，体现了以系统工程方法论研究安全问题的科学性，已被广泛运用工程或产品设计阶段的质量可靠性分析和系统安全性分析。故障树分析法采用关系代数中的逻辑关系描述系统中各种事件之间的因果关联性。

（四）事故借鉴分析法

事故借鉴分析法的指导思想是，根据已经发生过的事故、事件或危险等案例、经验或教训，针对类似的运行环节或者操作步骤，事先分析可能存在的危险，并采取对策和预案，预防类似事件的发生。事实上，在整个航空发展史上出现的诸多技术革新、新型设备、先进技术或安全管理方法等，都是借鉴过去的经验甚至是血的教训，不断提高和发展的，这就是中国的古训，“吃一堑，长一智”和“前车之鉴，后事之师”。

（五）运行阶段分析法

根据统计分析，航空运输飞行在从起飞到降落的整个飞行过程中，在不同的飞行阶段，发生飞行事故的概率不同。安全专家们分析认为，飞行安全应该根据飞行过程的不同阶段来分析风险，并制定相应的有效措施进行针对性预防。

实际上，运行阶段分析法就是运用了事故借鉴分析法的思想，根据以往在不同飞行阶段出现的事故和已经查明的事故原因，针对不同飞行阶段提前采取对策进行风险防范。

（六）分类统计法

分类分析法也是用于分析事故或安全风险的常用方法之一。该方法已经查明的事故或者事故征候原因数据进行分类统计，能够从致因比例中发现主要原因作为风险防范重点。

除了以上几种方法外，用于安全分析统计的还有概率统计法、数据挖掘分析法等方法。

三、风险控制方法：人为因素控制方法

尽管现代航空安全管理中强调“系统安全”，但不可否认的是，能否实现系统安全，关键还在于人。人在生产和管理中的自主性可变作用使得人能够创造性地控制风险，与此同时，因为人自身的可变性和不确定性也可能会产生差错而导致风险。因此，人为因素仍然是第一重要因素。

（一）人为差错因素分析

从人为差错的本质来看，是人从意识、视觉、听觉、精神、心理到行为的一个演变过程。如果这个过程中的任何一个环节出现扰动，就可能产生行为差错。导致人产生差错的原因很多，但可以从两大方面进行分析：

1. 人的自身原因

从人的自身原因分析，产生差错主要因为：

（1）身体因素。人的身体因素主要包括执行时所承工作的身体能力，如智力、体力、身高、语言表达能力、视力和听力等器质性健康状况。

（2）生理因素。人的生理因素主要影响人体内在机能地正常发挥和对外界事物感知的能力，如肺活量、对颜色的分辨能力、对疾病的抵抗力、对烟草或酒精敏感度、耐力等。

（3）心理因素。人的心理因素主要是指人对客观物质世界的主观反应，是人在社会活动中通过各种感官对外部世界的认识而产生的一种精神效果，如喜怒哀乐或者心

理准备等。通过学习或者培训、知识积累与工作经历等，可以提高人对事物的认识能力、判断能力、适应能力、态度和信心等。

(3) 社会心理因素。人是社会中的一员，当受到来自社会的某种影响而产生的心理反应，如人际关系、雇佣关系、婚姻关系以及岗位变动、职务关系等对人的精神和行为所产生的影响作用。

(4) 技术因素。由于缺乏足够的技术和技能培训，操作技能或技术水平没有满足岗位资质要求而产生的差错。

2. 人的外在原因

人的行为差错除了来自人自身的原因之外，也可能来自诸多影响因素：

(1) 组织因素。在安排人员实施某项具体工作过程中，管理者或组织者对执行任务的人员安排、设备设施安排、计划安排、时间安排或者分工等存在不当、不合理、不规范或不科学，因此，在实际执行中有可能诱发差错。

(2) 计划因素。由于计划不周或不当引起的差错。如航班计划安排过密，导致机组加班过多而疲劳，可能会诱发飞行安全问题；编写的规章、规则或者手册描述含糊不清、不规范、不周到，导致执行者理解有歧义或者不理解，引起执行差错。

(3) 理解因素。由于交流或规则的表达不够直接、不简明扼要、不清晰、用语或计量单位不规范等，引起执行者对交流内容或规则的理解产生错误或者歧义，故而产生执行错误。

(4) 执行因素。执行差错有两种，一种情况是正确的规则执行错，可能是由于技术能力、注意力不集中、操作不熟练不果断、没有经验、记忆不清或感知判断等方面的原因，没有正确执行规则或操作而产生差错；第二种情况是错误的规则被完全执行了，这可能是由于执行者没有操作经验、对规则没有真正理解、规则记忆不清晰，或对正确与错误的细微差异不能正确分辨或者察觉，或绝对地不假思索执行规则等原因，导致对错误的规则不能正确分辨，并继续执行而产生差错。

(5) 环境因素。由于外部其他因素，如设备或者信息差错，导致执行者产生错误判断而执行出现差错。

3. 差错与违规

差错不同于违规，虽然都属于人为因素而产生的不安全行为，但其致因动机不同。产生差错的行为通常是无意中产生了意外结果，而违规则是明知故犯，有意偏离程序、标准或规章，存在主观因素。事实上，违规比差错对安全更有害，是一种目无法规或规章的主观蓄意行为。

(二) 人为因素控制措施

1. 人员选择与培训

飞行员、空中交通管制员、签派员等与航班运行直接相关的岗位人员选拔、使用和培养，以及生产和管理岗位人员的任用和培训，是民航安全生产的重要基础工作，直接关系能否实现岗位安全目标和企业安全目标。

2. 年龄与健康要求

人的年龄和健康对生产安全有着一定的影响。随着年龄的增长，技能越来越熟练，积累的知识和经验越来越丰富，有利于提高安全水平生产。但是在人的生命周期中，随着年龄的老化，人的体能和反应敏捷度会逐渐下降，对安全生产又可能产生负面影响。

3. 技能与经验

人的技能和经验可以通过不断学习和实践获得积累得到逐步提高，有益于减少操作风险提高安全生产水平。

4. 资质管理

加强对民航运输生产岗位人员资质管理，特别是与安全生产直接相关的岗位，是提高民航安全高水平的一个重要环节。资质代表着具备的岗位基本技术、技能和能力等必备条件，是胜任岗位工作的基本要求。

（三）对人为过失的补偿

为了减少因为人的因素而产生的差错，除了上述一些基本措施之外，人类一直致力于研究和开发更为先进的飞机、导航和控制设备、辅助机务维修的故障检测和诊断设备，以及其他智能化或自动化辅助设备，力图尽可能减少和避免出现人为操纵失误的概率。例如，飞机驾驶自动化、空中交通指挥自动化、空地通讯现代化、机场航班运行指挥调度系统及安全信息管理自动化等，其目的就是要通过智能化或自动化技术，弥补人的操作或判断过程中可能产生的差错。

第五节　突发事件与应急救援管理

根据《中华人民共和国突发事件应对法》，突发事件是指那些突然发生并造成或可能造成重大人员伤亡、财产损失、生态环境破坏和严重社会危害、危及公共安全的紧急事件，也称为突发公共事件。

一、突发事件分类及其特点

根据《国家突发公共事件总体应急预案》，按照事件发生的机理和原因突发事件可以分为四大类：

1. 自然灾害

由于自然界地质、气象、气候、生物等人类无法抗拒的灾害，并造成或可能造成人员伤亡和经济财产损失等危害，如“5·12”汶川地震、“3·11”日本地震海啸以及森困草原火灾、洪涝灾害等。

2. 社会安全事件

由于政治、经济、宗教、意识形态、社会矛盾等因素引起的恐怖袭击、非法聚集扰乱社会治安、经济安全或涉外突发事件等，造成或可能造成影响社会稳定、人员伤亡或财产损失、影响社会正常秩序等危害，如美国的“9·11”事件。

3. 事故灾难事件

由于生产、经营、运行或生活过程中的操作过失或处置不当等因素引起的各类安全事故、交通运输事故、公共设施和设备事故、环境污染和生态破坏等事件，并造成或可能造成人员伤亡与财产损失，如“8·24”伊春空难事件，“7·23”甬温高铁等交通事故。

4. 公共卫生事件

由于疾病传染流行、群体性不明原因疾病、食品安全和职业危害、动物疫情以及其他严重影响公众健康和生命安全的事件。如SARS、“三鹿奶粉”、上海“染色馒头”等事件。

突发事件具有以下几方面的共同特点：

（1）突然性，没有先兆，发生突然，措手不及；

（2）不确定性，突发事件、地点、规模和危害程度事先难以预测和预警；

（3）社会性，社会影响面大，设计人员多；

（4）危害性，影响国家安全、社会稳定和社会秩序、公众身体健康和生命安全、国家和民众财产利益等。

按照社会危害程度、影响范围等因素，各类突发事件分为特别重大、重大、较大和一般四个等级，其分级标准由国家政府主管部门制定。

二、航空器飞行事故应急管理

根据航空器性质和影响程度，《国家处置民用航空器飞行事故应急预案》将航空器在飞行过程中的事故分为以下几类：

（1）民用航空器特别重大飞行事故；

（2）民用航空器执行专机任务发生飞行事故；

（3）民用航空器飞行事故死亡人员中有国际、国内重要旅客；

（4）军用航空器与民用航空器发生空中相撞；

（5）外国民用航空器在中国境内发生飞行事故，造成人员死亡；

（6）由中国运营人使用的民营航空器在中国境外发生飞行事故，并造成人员死亡；

（7）民用航空器发生爆炸、空中解体、坠机等，造成重要地面设施巨大损失，并对设施使用、环境保护、公众安全、社会稳定等造成巨大影响。

民航管理当局和地方政府，将航空飞行事故的分类和严重程度，开展相应的应急救援组织、指挥与实施工作。

三、航空器飞行事故的应急管理机制

（一）应急管理的组织体系及其职责

根据《中华人民共和国突发事件应对法》和《国家突发公共事件总体应急预案》，我国民用航空器飞行事故应急救援的组织分为三个层次：

（1）国家处置民用航空器飞行事故应急指挥部，为国家航空器飞行事故应急指挥部的常设执行办事机构，执行国家处置民用航空器飞行事故应急指挥部的指令和应急方案。

（2）国家处置飞行事故指挥办公室，为国家处置民用航空器飞行事故应急指挥部的常设执行办事机构，执行国家处置民用航空器飞行事故应急指挥部的指令和应急方案。

（3）事故所在地民航当局和人民政府应急救援组织，包括民用航空器搜救队伍、消防、医疗救护、环境保护及社会力量等。

（二）应急救援的响应程序

Ⅰ级应急响应：启动《国家处置民用航空器飞行事故应急预案》的“分级响应”原则，采取以下应急预案。

Ⅱ级应急响应：启动国务院民用航空主管部门应急预案和相关省级人民政府应急预案。

Ⅲ级应急响应：启动民用航空地区管理机构应急预案和相关市（地）级人民政府应急预案。

Ⅳ级应急响应：启动民用运输机场应急预案、民用航空相关企事业单位应急预案、民用航空地方安全监察办公室应急预案和相关市（地）级人民政府应急预案。

四、机场应急救援管理

（一）机场应急救援的组织及其职责

机场管理机构设立了机场应急救援指挥管理机构，即机场应急救援指挥中心作为机场应急救援领导小组的常设办事机构，同时，也是机场应急救援工作的管理机构和发生突发事件时的应急指挥机构。其具体职责包括：

（1）组织制定、汇总、修订和管理机场突发事件应急救援预案。

（2）定期检查有关各部门、单位的突发事件应急救援预案、人员培训、演练、物资储备、设备保养等工作的保障落实请款；定期修订突发事件应急救援团中各有关部门和单位的负责人、联系人名单即电话。

(3) 按照本规则的要求制定年度应急救援演练计划并组织或者参与实施。

(4) 机场发生突发事件时，根据总指挥的指挥以及预案要求，发布应急救援指令并组织实施救援工作。

(5) 根据残损航空器搬移协议，组织或参与残损航空器的搬移工作。

(6) 定期或不定期总结、汇总机场应急救援管理工作，向机场应急救援工作领导小组汇报。

(二) 机场应急救援预案

为了有效地做好机场突发事件应急处理工作，机场管理机关应当根据《民用运输机长突发事件应急救援管理规则》对不同类别的突发事件分别制定应急救援预案，并将预案纳入地方人民政府突发事件应急救援预案体系，以便实行统一协调。

1. 机场突发事件分类

机场突发事件主要分为航空器突发事件和非航空器突发事事件。

(1) 航空器突发事件主要是与航空器直接相关的危险事件，包括：航空器失事、航空器空中故障、航空器受到非法干扰等。

(2) 非航空器突发事事件是指与航空器没有直接关系的危险事件，主要包括：对机场设施的爆炸物威胁、机场设施失火、机场危险化学品泄漏、不涉及航空器的其他突发事件等。

2. 机场突发事件响应等级

航空器突发事件的应急救援响应分为三个等级：

(1) 原地待命：航空器在空中发生故障等突发事件，对航空器安全着陆造成困难，各救援单位应当做好紧急出动准备；

(2) 集结待命：航空器在空中发生故障等紧急情况，随时有可能发生航空器坠毁、爆炸、起火、严重损坏，或者航空器受到非法干扰等紧急情况，各救援单位应当按照指令在指定地点集合；

(3) 紧急出动：已经发生航空器失事、爆炸、起火、严重损坏等紧急情况，各救援单位应当按照应急中心指令和救援预案立即出动，以最快速度赶赴事故现场。

对于非航空器突发事件的应急救援响应则不分等级，按照响应预案实施处置或救援。

案例分析

欧美航空公司航班延误的处理措施

一、美国航空业处理航班延误和取消

美国航空业处理航班延误和取消，有一些经验值得我国航空公司借鉴。

首先是航空公司各种规章比较完备，执行严格，旅客对自己的权利和义务的知晓度也比较高。遇到航班延误或者取消，航空公司会严格按照规定处理和补偿，旅客不去交涉也可以得到。如果航空公司不需要承担责任的，或者旅客的要求超出规定范围，再争吵也没有用。

其次是信息及时透明。航班延误后，航空公司会力争第一时间通知旅客，并尽量告知预计延误多少时间。延误旅客候补改签其他航班的操作也很透明，不少航空公司会用屏幕公布排序名单，普遍是按照购买机票的价格高低排序，本航空公司常旅客金卡或执行卡会员优先，确实有特殊原因的旅客经与工作人员商量也会得到优先安排。

再就是相关配套安排比较周到。旅客在网上订票时系统就会自动安排两个航班的衔接预留一个小时左右。一旦前一航班延误，工作人员会尽量为旅客安排妥当。

二、欧洲航空公司处理航班延误和取消

欧洲各大航空公司都把提高航班的正点率作为自身生存的必要条件之一。但与世界各地一样，航班延误、旅客投诉也是各航空公司经常遇到的问题。欧洲各航空公司本着“以人为本”的原则，根据各自情况，制订了有关处理航班延误的解决办法，使承运人和旅客都能比较满意。

为尽可能避免及合理地化解有关纠纷，欧盟出台了关于航班延误和取消条例。根据这一条例，如果航班延误 2 至 4 小时，承运人应当向乘客提供餐饮、住宿、免费电话、文传或电子邮件等方面的帮助；如果延误 5 小时以上，承运人应当向旅客支付一定数额的现金赔偿；如果航班取消，承运人则应向旅客支付 250 至 600 欧元的现金赔偿。

但欧盟的这项条例只是对欧洲各航空公司的一种指导性意见，并非是强制性规定。因此，欧洲各航空公司也都在这个指导性意见的原则基础上制定了自己的处理办法。

德国汉莎航空公司驻布鲁塞尔办事处代表约翰·皮尔在接受新华社记者采访时说，汉莎航空公司的做法是：因航空公司自身原因导致航班延误的，公司会负责安排转机，提供餐饮或发放免费电话卡，但不会按小时进行经济赔偿。如果旅客必须过夜，公司会提供住宿或给予一定的经济补偿。但如果是不可抗拒的原因导致航班延误或取消，汉莎航空公司一律不承担责任。

英国航空公司驻布鲁塞尔办事处的一位工作人员告诉记者，英航对航班延误采取国际上通用的作法，如向旅客提供餐饮、免费电话卡等。有关经济赔偿的问题，这位工作人员表示，世界上各航空公司一般都不会公布现金赔偿标准，而是由航空公司内部掌握。这是因为，公布明确的赔偿标准会造成攀比现象，这对民航业的健康发展不利。

此外，各航空公司还会充分利用欧洲航空运输业高度发达、各公司飞机多、航班密集等特点缓解本公司因航班延误或被取消所受到的压力。如果出现航班延误，各航空公司都会很快将延误的旅客分流到其他航班，使旅客尽快抵达目的地。在进行赔偿方面，只要航空公司能够承受，一般也都会很痛快地向旅客提供适当的补偿。对航空公司而言，信誉最重要；而对旅客来说，只要旅行安全，没有误事，一般也不会为赔偿问题纠缠不清。

其实，在绝大多数情况下，航班延误或被取消引起旅客强烈不满的并不是延误本身，而是他们不知道发生了什么事，不知道还要等多久，也不知道是何种原因引起了延误。旅客们最不能容忍的是，发生航班延误时，有关工作人员一问三不知，甚至对旅客的询问不理不睬。这不但会使旅客感到自己的知情权被剥夺，甚至会产生被蒙骗的感觉。

针对这一情况，欧洲各航空公司非常重视信息透明，加强与旅客的沟通。在发生航班延误后，各航空公司都会在第一时间将有关情况通知旅客，并尽量告知预计会延误多少时间。如果延误时间过长，相应的补偿措施也会很快跟上。因此，在欧洲各国机场遇到航班延误或被取消时，虽然也会有人抱怨，但很少见到旅客与航空公司争吵的现象，大家通常都会安静地等待，毕竟争吵解决不了问题，而且还会被看作没有修养。

思考

如何向欧美航空公司学习航班延误处理？

习题

1. 什么是航空安全？
2. 航空安全管理理念的变革过程是什么？
3. 对民航安全构成威胁的危险有哪些？
4. 描述我国民航飞行事故等级是如何划分的？什么是事故征候？给出 3 个运输飞行严重事故征候。

第九章

>>> 民航运输质量管理

本章要点

1. 质量管理的相关概念
2. ISO 9000 质量管理标准系列
3. 民航运输服务的质量管理
4. 质量管理、分析及控制基础

学习目的

通过本章的学习，掌握什么是产品质量，能够明白无形产品的质量及其标准的特点，并与有形产品作比较。了解民用航空运输质量分析的基本方法。

导入案例

一块锂电池引发的投诉

某日，旅客在某机场办理托运行李时，行李中夹带锂电池（危险品），而旅客对此不知情。行检岗位发现旅客托运行李中夹带危险品，随即拦截该行李，但由于系统问题未能将信息及时传递至旅检岗位，因对讲机频率不一致也无法通知航空公司的地服部门处理。旅客未能从上述岗位和部门得知托运行李存在问题，无法及时配合安检机构重新检查行李后进行托运。航空公司地面服务部门在旅客办理托运行李后未能与行检岗位及时主动沟通行李检查情况，仅在行李装机结束后核对托运行李件数和已装机件数是否一致，未能提前发现和通知旅客处理问题行李。因为舱门已临近关闭时间，问题行李已经无法在会同旅客处理后同机运输。待旅客到达目的站，当所有托运行李被取走之后，该旅客才得知自己的行李被前方站扣留。随后，经旅客授权，航空公司将处理完毕的问题行李由后续航班运输到目的站，而航空公司要求旅客到机场自提，不能运至旅客要求的地方，由此产生了旅客打车到机场自提行李相关费用 320 元。

旅客对航空公司、机场的做法不满，进行投诉。航空公司总部称，此事件是因旅客自身和安检信息传递问题所导致的，航空公司没有过错，不予承担经济损失。旅客随后投诉到安检部门，安检部门承认事实经过，当日值班领导愿意以个人名义补偿旅客200元经济损失。旅客对双方的处理意见均不满意见，认为航空公司具有不可推卸的责任，并且投诉的对象为航空公司和安检岗位，而非针对某一具体的工作人员，不予接受安检员工个人的200元补偿，随后投诉到管理局。

第一节　基本概念

在经济全球化、市场竞争越来越激烈的今天，人们已经深刻地认识到产品质量的重要性。推行以“全面质量管理”为核心的生产质量管理，一直是企业竞争的重要战略措施，民航以“客户满意”为中心的运输服务质量管理成为民航运输企业的核心竞争力之一。

如同企业生产产品一样，民航运输是一种服务过程，其服务质量、质量管理等基本概念及基本理论与企业的有型产品质量管理具有许多共同之处。本章首先根据ISO 9000质量管理标准系列的思想，对质量管理中涉及的一些基本概念进行阐述。

一、质量与质量管理

（一）过程、产品与质量

1. 过程

何为“过程”？根据ISO 9000：2005，“过程是将输入转化为输出的相关互联或相互作用的一组活动”。其输入，是指客户需求及为实现客户需求而提供的相关材料、技术或规范与标准等；输出，即特定目标，是指开展的一系列活动所要实现的结果，即产品。换言之，“产品是过程的结果”。可以是有形的，也可以是无形的。产品质量则是产品所具有的永久特性能够满足客户需求的程度。

众所周知，评判产品质量的优劣，从不同的角度审视，会有不同的标准和不同的评判结果。生产者看产品质量，主要检查产品是否符合预先设计的各项功能指标、技术参数和产品特性，包括产品包装要求。消费者看质量，则看产品是否满足他（她）的功能需求和产品性能需求，是否具有他（她）认可的价值等所期望的内容。

2. 产品

产品有两种形态：有形产品和无形产品。有形产品是一种最终形成产品，客户无法接触产品的生产过程。因此，有形产品的质量，通常指产品的功能、性能、可靠性、安全性、经济性和耐用性等一系列具体的量化硬指标。如果提及产品的售后“服务”

质量，则指提供维护保修的内容、保修期限、客户对维修质量和维修过程的满意程度等要求。

无形产品是一种服务过程，客户接触无形产品是一种过程体验。因此，无形产品的质量，就是服务过程的质量，一般是指提供能够满足客户需要的服务内容、服务态度、服务技能、服务效果、服务周到和及时程度以及价格等需求的特性。衡量无形产品的质量，不仅取决于提供的服务本身所应该具备的作用和特性，而且由于这类产品难以通过完全量化的指标进行评估，因此，很大程度上还取决于客户的认同程度和感知满意度。

3. 质量

那些不具备市场特性的行政性工作的质量，主要是指工作技能、工作效果、工作效率、工作态度，以及实施工作规范的熟练程度等。

不管从何种角度或以何种方式评判一个产品的质量，其关键在于它在该产品价值链上的位置及对产品价值的认同与取向。决定它对产品所具有的功能、性能及特点等的接受与认可程度。换言之，产品质量是产品或服务满足明确或隐含需要能力、特征和特性的总体反映。简而言之，产品质量反映了实际生产的结果与产品设计要求的符合性以及与消费者期望值的符合性，这种符合性越好，反映产品质量越高。

（1）质量管理

质量管理（Quality Management）是产品寿命周期的质量保障过程和保障措施，包括质量目标设定、质量标准设定、质量控制、质量评价机制等，并通过质量保障体系实现产品各环节的质量指标。质量管理是质量保障和质量持续改进的组织性过程管理。

（2）质量管理体系

质量管理体系（Quality Management System，QMS）是企业以“客户满意”为中心从产品设计、研制、生产、检验、销售到售后服务，为企业全寿命周期的质量保障所建立的管理组织、管理规范、质量标准、质量保障措施等一系列制度化、标准化、文档化、系统化的全过程质量管理。质量管理体系是一个组织性活动，以持续改进产品质量为目标，有一整套标准化的管理组织、管理规范和管理文档，成为企业生产过程中保障产品质量的基本管理模式。

（3）质量认证

产品质量认证（Conformity Certification），又称产品合格评定，是由政府或特定组织授权的第三方独立机构，依据产品质量标准和相应技术规范要求，对产品品质、生产过程或服务过程等进行检验或检测，对确认符合质量标准和相关技术要求的产品颁发认证证书和认证标志，以证明该产品质量合格，这一系列的评价活动称为质量认证，根据“国际质量标准组织”（International Standard Organization，ISO）的定义，产品质量认证是指由具有公信力的第三方机构证实某一产品或服务符合特定标准或相关技术规范的活动。

根据《中华人民共和国标准化法》，企业对有国家标准或行业标准的产业，可以向国务院标准化行政主管部门或国务院标准化行政主管部门授权的部门申请产品质量认证，认证合格的，由认证部门授予认证证书，准许在产品或者其包装上使用规定的认证标志。已经取得认证证书的产品布特和国家标准或者行业标准的以及产品未经认证或者认证不合格的，则不得使用认证标志出场销售。企业研制新产品，改进产品，进行技术改造，应当符标准化要求。不言而喻，产品质量认证是产品进入市场的必要程序，也是改善产品质量提高市场竞争力的重要措施。

①产品认证分类

根据《中华人民共和国标准化法》，我国国家标准或行业标准分为强制性标准和推荐性标准。保障人体健康，人身、财产安全的标准和法律、行政法规规定强制执行的标准属于强制性标准，其他标准则是推荐性标准。强制性标准，必须执行，不符合强制性标准的产品，禁止生产、销售和进口。推荐性标准，国家鼓励企业自愿采用。因此，产品质量认证分为强制认证和自愿认证两类。对必须按照强制性标准生产的产品，其质量认证称为强制性认证（Compulsory Certification），是产品市场准入的必要条件，如电器产品、医药产品等。其他如衣服、食品、粮食等产品则实行自愿认证。通过质量认证的产品，不仅能够获准进入某一特定市场，而且能够提高市场竞争力。例如，出口到发达国家的电子产品，必须通过 ISO 质量认证，航空产品必须通过 FAA 认证或欧洲航空产品标准认证。

根据《中华人民共和国标准化法》，产品的质量认证按其作用又分为安全认证和合格认证。凡根据安全标准进行认证或只对商品标准中有关安全的项目认证，称为安全认证。安全认证主要针对产品在储运或使用过程中必须具备保证人身安全与避免环境诱发危害等基本性能的认证，属于强制性认证范畴，如电器产品、航空设备等。所有申请质量认证的产品，必须符合《中华人民共和国标准化法》要求。

②质量管理体系认证

产品质量认证是针对某一种或某一类产品质量的合格性评价。质量管理体系认证是保障产品质量稳定的一种检验措施，由第三方认证机构对申请方的产品质量管理体系进行审核和评定，其目的在于通过对产品全寿命周期中的生产管理组织、生产过程、质量标准、管理规范、保障措施、资源、文档等的审核和评定，以证实该产品的质量管理体系符合某一类产品质量保证标准，具备对该产品质量进行保障的管理水平与生产能力。通过产品质量管理体系认证，可以在规定的一段期间内免除对该产品的抽样检查，体现产品质量的稳定性和可靠性。例如，我国的“三鹿”奶粉，在 2008 年 7 月“三聚氰胺”时间曝光之前，属于通过了国家质量管理体系认证的免检疫乳制品，无需对它的每一批产品进行质量抽查，但实际上，该厂家后来并没有一直坚持通过认证的质量保证标准对产品质量进行管理。

二、民航运输产品及质量

我国民航运输业一直以“安全第一，飞行正常，优质服务”为质量总方针。民航运输业属于第三产业，它的产品是服务，是一种无形产品，具有市场特性和质量标准。

（一）民航运输产品

民航运输业和其他运输方式一样，它并不生产具有实物形态的物质产品，而是提供一种使旅客和货物在一定时间内发生空间位移的服务。提供这种服务的过程就是民航运输生产产品的过程，也是客户对产品的消费或体验过程。在乘客到达终点站并提取了行李或货主提取了货物离开机场之后，这种服务（即生产）过程也就随之结束。因此，民航运输产品是无形的，既不能储存，也不能转让，而是一个服务过程。这个服务过程从客户咨询、订座、购票（或货运客户的咨询、订舱、交付运费）开始，到旅客或货物最终到达的目的地机场，旅客离开机场或客户提货后离开机场为止，这个过程包括地面和空中的全程服务。

（二）民航运输产品质量

根据我国《公共航空运输服务质量标准》（GB/T 16177—2007），民航运输产品质量主要包括安全性、仪表仪容、服务语言、服务态度、业务技能、职业道德、设施设备、售票服务、机场地面旅客服务、飞机客舱服务、货物运输服务等基本内容以及质量要求。在《公共航空运输服务质量评定标准》（GB/T 18360—2007）中给出了相应的评价指标。针对机场，民航局制定了《民用机场服务质量标准》（MH/5104－2006），设定了不同吞吐量等级的机场在通用服务质量、旅客服务质量、行李服务质量、货邮服务质量和航空器服务质量等方面的基本要求。通过行业服务质量标准的设定，为建立行业服务规范化管理提供了依据。

有关民航运输服务质量的国家和行业法规还有《航空法》《中华人民共和国民用航空安全保卫条例》《中国民用航空安全检查规则》《航空运输服务质量不正常航班承运人服务和补偿规范（试行）》《民航航班正常统计办法》《民用运输机场应急救援规则》《民用机场环境卫生标准》等。

有关民航运输服务质量的国际标准，在《国际民用航空公约》及其附件中对航行服务、机场规划与设计等方面都提出了基本要求。ACI 制定了有关机场服务质量的标准和测评机制，IATA 和 ACI 等国际组织通过民航旅客服务质量调查、机场设计参考手册、机场运行手册、地面服务协议标准等方式对航空公司和机场等民航服务组织的民航旅客服务质量提出了基本要求。

第二节 ISO 9000 质量管理标准体系

“国际标准化组织”（International Organization for Standardization，ISO）成立于1947年2月23日，它是联合国经济社会理事会（Economic and Social Council，ECOSCO）的甲级咨询组织和贸易发展理事会综合级咨询组织，其主要活动为组织全球专家制定国际标准，协调世界范围的标准化工作，组织各成员国和技术委员会进行信息交流，组织国际合作共同研究有关标准化问题。截至2010年底，ISO有158个成员国，制订了17800多个标准文件。IOS的目的和宗旨是：“在全世界范围内促进标准化工作发展，以便于国际物资交流和服务，并在扩大知识、科学、技术和经济方面的合作”。我国于1978年9月1日以中国标准化协会（CAS）名义加入ISO，现为“中国国家标准化管理局”（SAC）代表中国参加ISO的所有活动。

一、ISO 9000 质量管理标准系列

1987年3月，ISO陆续正式颁布了以ISO 9000、ISO 9001、ISO 9002、ISO 9003、ISO 9004为基础的质量管理标准，这一系列被认为形成了“质量管理和质量保证”的质量管理标准体系，标志着质量管理和质量保证进入了规范化、程序化和国际化新时代。

图9-1 ISO 9000

ISO 9000质量管理标准系列经过20多年的推行和修订，现在已经成为评估和认证产品质量的国际标准体系，通过ISO 9000质量标准认证的产品称为进入世界市场的重要条件之一。因此，ISO 9000标准系列便成为国际上许多国家制定本国产品质量管理标准的基础。

根据ISO公布的ISO 9000质量管理标准系列，当前版本主要包括以下标准：

1. SIO 9000：2005《质量管理体系—基础和术语》，对 ISO 9000 标准系列中所涉及的相关术语进行规范化定义和解释，并对质量管理的相关基础只是进行介绍。

2. ISO 9001：2008《质量管理体系—要求》，针对组织（即具有职责、权利及能够协调和安排关系的一组人员与机构，如企业、单位、院校、社团等）建立质量管理体系应该满足的基本要求，以证实组织具有能够满足客户要求和法规要求的产品质量保障能力，目的在于提高产品质量和客户满意度。

3. ISO 9004：2009《可持续管理—质量管理方法》，对组织提高质量管理体系有效性和管理效率的指南，以促进组织保障产品质量持续改进，提高客户及相关方的满意度。

4. ISO 190011：2002《质量和环境管理体系审核指南》，对组织根据 ISO 9001 建立的质量管理体系进行内部和外部审计的审计程序建议，以帮助审计者进行审计。

需要特别说明的是，新版 ISO 9000 质量管理标准系列不仅关注产品质量要求，更突出关注客户满意度，注重客户对产品质量的评价和产品质量的持续性改进。

二、ISO 9000 标准系列的质量原则

ISO 9000 质量管理标准系列给出的不仅是一种产品或服务的质量管理规范，而且是构建质量管理体系的基本指南，以知道组织进行产品全寿命周期的质量管理。组织根据质量管理标准或质量管理体系。ISO 9000 质量管理标准系列唱到的质量管理基本原理主要有以下几点：

1. 以客户为中心。组织必须关注客户的需求与满意度，作为质量检验的首要标准，在制定质量方针、质量目标、质量管理组织及其职责、餐品涉及与生产等过程中，都应充分体现如何满足客户需求并力图超越客户期望。

2. 领导作用。领导是质量管理的关键，也是质量管理中的标杆和典范，强有力的领导能够确保将组织发展的愿景和使命与发展方向和内部环境紧密结合，并落实在相关政策和措施中，为员工充分参与实现组织目标调动自愿和创造环境，提供组织、技术和资金等全方位的保障。

3. 全员参与。质量管理必须全员参与，只有全体员工的充分参与，才能使他们在实现质量管理目标的过程中发挥主动积极作用和实现全面质量管理。

4. 过程管理。对质量管理中涉及的各项和活动，对其过程进行管理。通过对全过程的质量管理和控制，才能够高效地实现预期的质量目标。

5. 系统管理。针对设定的质量目标，将产品涉及的各阶段和各相关部分的活动作为一个整体进行综合的统一管理，有助于各阶段、各部分、各部门、各环节之间的紧密衔接，充分理解和统一协调，有助于提高组织管理的效率和效果。

6. 持续改进。保持产品质量的不断改进和提高，作为组织质量管理的永恒目标。这种持续改进原则涉及组织的发展战略和发展目标、政策和机制、资源和技术等保障措施。

7. 基于事实的决策方法。基于客观的第一手资料和客户反馈信息，在科学统计和客观分析基础上，作为组织的管理层和决策层的决策依据，以改进产品生产工艺、技术和质量。

8. 与供方互利互惠。组织需要与合作方加强互利互惠的合作关系，共同提高产品质量，共同创造和共同提升发展能力。

三、GB/T 19000 质量管理标准系列

我国是 ISO 的签约成员国，我国等同采用 ISO 9000 标准系列，由“全国质量管理和质量保证标准化技术委员会”（SAC/TC）提出，“国家质量监督检验检疫总局”和“国家标准化管理委员会”联合颁布与推荐施行。因此，我国的 GB/T 19000 标准系列中的术语和各项条款内容，完全对应等同于 ISO 9000 标准系列。

四、ISO 9001 质量管理体系要求

如前所述，质量管理体系是一个组织为保障质量可持续改进和提高的战略性措施，在 ISO 9000 质量管理标准体系中，ISO 9001 重点对组织如何构建质量管理体系给出了基本要求和建议。

（一）ISO 9001 的总体要求

在 ISO 9000 质量管理标准系列中，ISO 9001：2008 对如何建立质量管理体系给出了框架性要求：

（1）确定质量管理体系所需要的过程及其在整个组织中的作用；

（2）确定这些过程的实施顺序和相互作用；

（3）确定为确保这些过程能够有效实施和控制所需的准则和方法；

（4）确保可以获得必要的资源和信息，以支持这些过程的实施和监控；

（5）确保能够对这些过程的实施情况进行监视、评价和分析；

（6）采取必要措施，以保障实现过程的预期效果及对这些过程的持续改进。

（二）构建质量管理体系的基本过程

按照 ISO 9001：2008 要求，建立质量管理体系需要进行以下七大步骤的工作：

1. 管理者们的共识

虽然 ISO 9001 关于构建质量管理体系的思想和指南适用于任何希望改进和提高产品或服务质量的组织，但是作为组织的管理者们，特别是组织的决策者，需要统一认识，必须清醒地认识采用 ISO 9001 标准构建质量管理体系的目的和意义，需要组织以“客户满意”为中心，有明确的发展愿景和使命以及质量管理目标和产品质量目标，有保障质量管理体系有效实施的机构、政策与机制，并且需要明确与组织有关的股东、供应商及员工的职责。

2. 明确关键过程

ISO 9000 标准系列的管理方法是重点加强产品或服务的过程管理，以防范为主根据 ISO 9001 标准需求，构建质量管理体系需要对产品或服务的关键过程进行辨识和明确，并分析其特点及质量风险，以制定相应的质量保障措施，作为过程管理中的关注重点、监控重点和审计重点。

3. 过程管理方法选择

产品生产过程管理是 ISO 9000 标准系列的核心思想，将产品质量控制从传统的结构（即成品）质量检验前移至从产品设计开始直至产品售后客户停止使用为止的全寿命周期每一个环节的质量控制，将质量问题控制在产品每一个环节的生产之前，缩小质量问题的影响范围和影响程度，避免或尽可能降低质量问题的负面影响，尽可能降低产品生产成本和质量问题的维护成本。

4. 构建质量管理体系

当一个组织准备采用 ISO 9000 标准体系构建质量管理体系时，需要了解 ISO 9001 对质量管理体系的基本要求，对照需要构建的质量管理体系，分析组织已经具备的基础条件，以及根据要求有待实现和改进的内容。组织还应该按照 ISO 9001 的要求，对建立质量管理体系应该进行的各项工作进行规划和设计，并形成文字性文档，作为实施质量管理体系的依据和进行持续改进的基础，组织将按照文档予以实施。换言之，在准备采用 ISO 9000 标准构建组织的质量管理体系过程中，从准备工作开始就需要按照 ISO 9000 标准系列的要求进行各项工作准备，特别是文档材料的标准化。

5. 员工培训

有计划的员工培训是组织构建质量管理体系的重要内容之一，包括管理人员培训和一线人员培训。培训可以根据组织性质和岗位分工，分期分层次进行。例如，决策层领导培训、质量管理专职人员培训、岗位培训；新标准、新政策、新方法、新技术、新知识培训；审计培训、认证培训等。

6. 管理与维护

组织必须加强对质量管理体系进行管理和维护，以保障体系运行的有效性和高效率，真正能够促进提高产品或服务质量，提升客户满意度。这种管理体现在组织落实、责任落实、资源落实、措施落实；计划明确、目标明确、分工明确。更为重要的是，在实施质量管理体系过程中，根据客户反馈信息，在统计分析基础上不断总结和提高，对产品和服务质量进行监控，并保证持续改进。

7. 督查与审计

根据 ISO 9001 要求，实施质量管理体系，组织必须建立督查与审计机制，进行定期的质量管理体系审计，以确保质量管理体系的有效性、适宜性和持续性。审计分为内部审计和外部审计。审计内容主要一方面包括依据现行的质量方针、质量目标、质量标准等对各个环节的执行情况进行审查和评估。另一方面，对组织制定的质量方针、质量目标和质量标准以及相关政策和措施进行评估，以进一步提高质量管理体系的效果和效率，持续提升客户满意度。

构建质量管理体系，是一个组织内的系统工程，也是一个持续改进不断提升组织发展能力和竞争力的长期战略。

从 ISO 9001 关于构建质量管理体系的各项要求可以看出，ISO 9001 推荐的是一种质量管理思想、管理方法和基本管理步骤，通过加强对产品或服务全寿命周期中各阶段、各环节的全过程有组织、有计划、有目标、有措施的管理，实现质量目标。特别是 ISO 9004：2009，着重强调了组织及客户和相关方在推进产品质量持续改进中的重要作用。

五、ISO 9004：2009——组织的持续成功管理

ISO 9004：2009 为组织的持续成功提供了一种先进的管理思想和方法。与之前版本不同的是，为了保持组织的持续成功，ISO 9004：2009 更注重组织在管理过程中的重要作用和管理方法的有效性，从更宽的视角关注客户和利益相关方的需求与期望，更强调组织持续成功和成熟度的内涵建设。

（一）组织持续成功的内涵

ISO 9004：2009 认为，所谓组织的持续成功，是组织长期能够满足客户和利益相关方需求与期望的持久能力，并能够在变化的环境中保持核心价值观和核心目标，合理平衡组织与客户和利益相关方的需求与期望、环境变化与反战目标、近期效益与长远规划、风险与战略、规划与资源等方面协调关系。因此，ISO 9004：2009 建议组织需要持续评估和定期分析运行与发展的环境，保持与利益相关方的紧密沟通，即使了解和识别客户及利益相关方的需求与期望，分析评估其潜在影响力，并以一种平衡方式满足其要求和期望；与供方、合作伙伴及其他利益相关方建立互利关系；识别组织发展的有效过程和方法，定期评估当前计划、程序和过程的效果；建立保证组织内部成员不断学习的机制，保持组织不断创新和持续改进的活力与动力。

（二）持续成功的组织成熟度

为了组织的持续成功，ISO 9004：2009 不仅强调对组织的质量管理体系进行审计，更强调组织的经常性自我评价，通过组织的自我评审，不断完善和提升管理水平与管理质量，为此，ISO 9004：2009 给出了用于组织自我评价的组织成熟度标准。ISO 9004：2009 认为，一个能够保证持续成功的成熟组织，应该具备以下能力：

（1）理解和满足客户与利益相关方的需求及期望；

（2）洞察组织环境变化；

（3）识别改进和创新的可行领域；

（4）确定和部署发展战略与持续改进方针；

（5）科学设定和实施相关目标；

（6）有效管理过程和资源；

（7）激励员工信心和参与；

（8）建立与合作伙伴的持久互利互惠关系。

第三节 民航运输产品及其质量

一、民航运输生产产品

民航运输和其他运输方式一样，它并不生产具有实物形态的物质产品，而是提供一种使旅客和货物在一定时间内发生空间位移的服务。提供这种服务的过程就是民航运输生产产品的过程，也就是顾客的消费过程。在乘客到达终点站并提取了行李或货主提取了货物后，这种服务（或生产、或产品的消费）过程也就随之结束。因此，航空运输产品是无形的，既不能储存，也不能转让，是一个过程。这个过程是从顾客咨询、订座、购票开始，到最终目的地机场并离开机场为止的全过程。

航空运输企业生产的产品如果从侠义的角度考虑，航空运输的运输产品就是空间位移，如果从广义的角度考虑，航空运输企业生产的产品还应该包括“服务产品”。从旅客的角度考虑问题，尤其是航空客运，直接感觉是要选择服务产品好的航空公司。服务产品是航空公司的生命线。

无论空间位移还是航空服务这类都不具有实体形态的产品。它们具有以下特征：

1. 不具实物形态

2. 不可储存性（Perishability）

3. 不可感知性（Intangibility）

所谓不可感知性，是与有形产品相比较而言的，这种非实体性产品的特征及组成服务的要素，很多时候是无形无质的，让人不能触摸。不仅如此，顾客对享用服务后的利益不一定能立刻察觉到，甚至要等待一段时间，才能感觉到“利益”的存在。当然，真正百分百具有完全不可感知性的特点很少。反之，很多服务需要有关人员利用有形的实物，才能正式生产，才能真正提供及完成服务程序。

4. 不可分离性（Inseparability）

所谓不可分离性，是指服务的生产过程和消费过程同时进行，也就是说服务人员提供服务于顾客时，也正是顾客消费服务的时刻，两者在时间上不可分离。此外，顾客只有而且必须加入到服务的生产的过程中才能最终消费到服务，顾客的直接参与生产过程以及在此过程中同服务人员的沟通和互动行为是不可分离性的重要反面。企业的营销人员必须研究顾客参与所带来的各方面问题。

5. 差异性（Heterogeneity）

差异性是指服务的构成成分及其质量水平经常发生变化，很难统一界定。服务行业是以“人”为中心的产业，由于人类个性的存在，使得对服务质量的检验很难采用统一的标准。一方面，由于服务人员自身的因素，在不同的时候、不同的环境会提供不同水准的服务。另一方面，由于顾客自身的因素会影响服务质量和效果，或者影响服务的生产过程，或者不同旅客具有不同的感受。

6. 缺乏所有权（Absence Ownership）

缺乏所有权是指在服务的生产和消费过程中不涉及任何东西的所有权转移。既然服务是无形的又不可储存，服务在交易完成后便消失了，消费者并没有“实质性”的拥有服务。

二、民航运输生产产品质量

由于民航运输产品的生产和消费的特殊性，其产品质量的衡量标准与其他有形物质产品不同。民航运输生产的产品质量，是“以安全为中心的优质服务”。具体来说，民航运输产品的质量具备以下几个标准。

1. 安全性（Safety）

民航运输是一种特殊的运输方式，它借助于飞机这种现代交通工具，将旅客和货物在一定时间内从空中运送到目的地。整个运送过程必须保障旅客安全、货物无损。这是民航运输产品的第一个重要质量要求。要衡量这一质量的优劣，通常采用旅客安全运输率、货运损失赔偿金额率和飞机安全率等几个指标。

具体计算方法如下：

旅客安全运输率 =（年客运总人数 - 年客运伤亡总人数）/年客运总人数 ×100%

安全飞行率 =［周期内安全飞行（起落）架次/周期内实际飞行（起落）架次］×100%

2. 正点率（Punctuality）

航空运输最主要的特点就是速度快。因此，旅客运输正点始发和货物按期运达，是民航运输产品质量的另一个重要指标。对于旅客运输来说，就是正点始发和正点到达、中专等候时间以及飞机调配的即使程度等。影响民航旅客运输正点率的因素很多，目前只要考核始发正点率指标：

单位时间按期运达率 = 单位时间实际超期率/规定单位时间允许超期率 ×100%

单位时间运达超期率 = 单位时间超期货吨数/单位时间运输货物总吨数 ×100%

3. 舒适性（Performance）

民航旅客运输的舒适性，主要反映在两方面。第一方面是环境的舒适性，包括地面的购票环境、机场候机环境以及空中的乘坐环境等；第二方面是服务，如态度、便利、周到、及时等。

对于民航货物运输，主要质量指标就是货物或行李运输的完好率，如货物在仓储、装卸和运输过程中完好无损，以及货物交运和提取时的服务态度、便利程度等。

由于一般无法使用量化指标来直接衡量旅客运输舒适性的程度，航空运输企业通常通过旅客或顾客的投诉情况来反映。货物运输可以通过货物吨位或差率来考核。

货损率 = 货物损坏吨（件）数/货物运输总吨（件）数 ×100%

或差率 = 货物差错吨（件）数/货物运输总吨（件）数 ×100%

4. 便利性（Convenience）

便利性是指旅客购票、进港、登机、中转、离港和货物交运、提取时的方便程度。

5. 经济性（Economy）

民航运输产品的质量还反映在运输价格上，就是物美之时要廉。以上四项用于考核产品是否“物美”，而经济性则考核“价廉”程度。与其他产品一样，要价格好，才有市场竞争性。在生产过程中，必须充分合理利用资源，运量多，速度快，质量好，费用省，才能降低生产成本，提高经济效益。

民航运输企业提高经济性，一是要降低生产成本，减少消耗，二是要提高生产效率。反映这两方面的部分主要指标有：

（1）生产量

运输总周转量（吨公里） = 旅客换算周转量 + 货邮行李周转量

旅客换算周转量（吨公里） = 旅客人数 × 规定体重 × 运输距离

货邮行李周转量（吨公里） = 货物（邮件、行李）重量 × 运输距离

（2）运载率

航线运载率 = 实际周转量/最大周转量 ×100%

最大生产率 = 机型最大业载 × 机型航速 × 运载率（吨公里/时）

吨公里 = 运输收入/运输周转量

（3）生产率

全员劳动生产率 = 换算周转量/职工人数 ×100%

职工平均生产量 = 总运力吨公里/职工总数

（4）生产成本

机型小时成本 = 机型直接成本总额/生产飞行小时

机型保本运载率 = 机型小时成本/（最大生产率 × 吨公里收入） ×100%

吨公里成本 = 运输成本总额/运输总周转量

事实上，考核生产效率和生产成本还有许多其他指标，也必须考核非生产性成本等。

第四节 质量管理、分析及控制基础

一、质量管理基础

进行质量管理的目的，是改善和提高产品品质，生产出符合设计指标和使用需求的优质产品。为达到这一目标，在航空运输生产的全过程中，都必须依据产品的质量标准进行组织、管理和生产。然而，要保证按照质量的标注内进行生产，生产者和生产工具两方面都必须具备能够生产出符合产品质量标准的条件和手段。就像生产其他产品一样，首先强调的是要保障产品合格率，售后服务只是对产品质量的弥补。这样，通过提高质量，才能降低成本，赢得市场信誉。

（一）质量意识

人是保证产品质量的第一重要因素，尤其是在民航运输生产服务过程之中，人的作用更为突出。

在民航运输生产的每一个环节，无论是否直接面对乘客或货物，每一项工作都关系到服务的质量。在航空运输市场激烈竞争的今天，生产质量或服务质量，关系到企业的存亡大计。因此，每一个员工必须清醒地意识到“质量就是企业的生命线”，建立起牢固的质量意识。只有在牢固而广泛的“质量意识”基础上，产品的质量才能得到真正的保证。

（二）质量信息管理

质量信息管理是生产质量的反映或反馈，如旅客对购票、候机、乘机、行李托运等的意见和建议，以及机务维修过程中的易发生故障和不见损坏等数据。通过对质量信息的收集、分析和处理，总结出规律和经验，对企业的全面质量管理，改进和提高运输生产质量，降低生产成本，提供可靠的指导依据或借鉴经验。

民航运输生产质量信息内容有：

（1）市场反馈的产品质量信息，如航线设置、航班安排、机型选择、服务要求、货物托运、吨位分配、运价等；

（2）生产过程中的质量信息，如候机、行李交运或提取、登机、机上服务、问讯、异常情况的处理、工序流程、设备维修等；

（3）管理工作实物造成的差错、事故等信息；

（4）其他原因引起质量波动的关键信息。

（三）质量责任制

对运输生产过程中的每一道工序，建立岗位责任制，严明每一道工序的质量责任，形成严密的质量控制网络体系。建立质量责任制，不仅对生产人员有明确的生产任务和质量指标，而且有明确赋予的责任和职责。通过严格的规章制度，有效地保障质量责任制的贯彻实施。

二、质量分析基本方法

在民航运输生产服务中，旅客或货主给予的评价是对产品进行的最终评判，已经没有可能对这次的产品进行“维修”，没有可能改变他（她）对这一产品的印象，除非在下次。如同前面强调的那样，进行质量管理的目的，就是要保证产品生产一次性成功，具有符合要求的质量。

但是，对于已经生产出的产品，我们要对它符合或者不符合质量要求的因素进行统计，按照生产过程中决策、操作、设备、材料、方法和环境等几大方面因素进行深入分析，找出具体原因，提出对策，采取措施，避免再次发生。

下面将分别介绍调查表法、排列图法、PDCA 循环法和对策表法。

（一）调查表法

调查表又称检查表。是一种调查、统计、分析的工具表格。它主要用来进行质量情况调查和质量数据收集，也可以用于数据整理和粗略分析。例如，调查旅客满意率时，调查表可以有许多不同的格式。调查表最为常用，其格式可归纳分为两大类：数字式调查表和示意图式调查表。数字式调查表制作方法简单，明了易懂，回答直接。示意图式调查表，不仅使用符号，还绘制有图形，非常形象直观，回答起来方便。使用那种形式的调查表，可根据调查目的和要求不同，进行选择。在栏目内容设置上，依据需要设定。表格设计不拘形式，但有共性基本要求：一是应该简明，让被调查对象一看就懂；二是应该注明调查表的名称、调查目的、调查单位、调查人名、调查日期等；三是应该在反馈后编号、存档。

（二）排列图法（Perato）

排列图法，又称帕累特（Perato）图或主次因素分析图，是指用来找出影响产品质量主要问题（或主要因素，或主要项目）的一种有效方法。排列图的格式如图 9－1 所示。

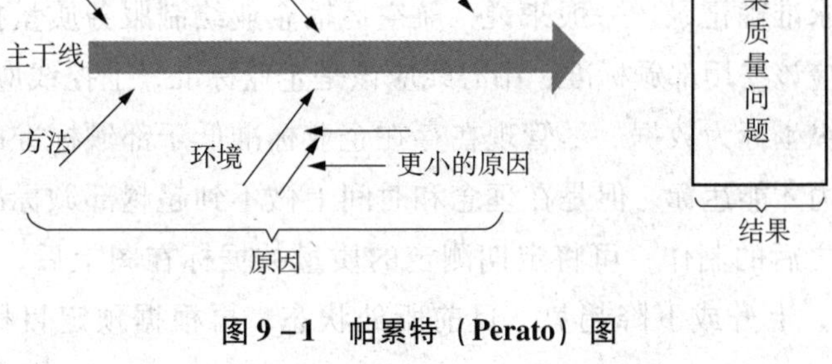

图 9－1　帕累特（Perato）图

排列图中有两个纵坐标，一个横坐标，几个直方形和一条曲线。左边的纵坐标表示频数（件数、金额等），右边的纵坐标表示频率（以百分比表示），有时也可以把两个纵坐标都画在左边。横坐标表示影响产品质量的各个问题（项目）按其影响程度的大小从左至右顺序排列，而直方形的高度表示着某个问题的影响程度，途中的曲线有的称它为帕累特曲线，或洛伦茨（Lorenz）曲线。通常把这条曲线所对应的累计百分数划分为三个区域：从0%～80%左右为A类区，相对于A类区的问题一般称之为主要问题；累计百分数从80%～90%左右为B类区，相对于B类区的问题为次要问题；从90%～100%为C类区，对应的问题为更次要的问题。

（三）因果图法

因果图（又称鱼骨图）是根据因果主次关系，描绘出质量原因关系图形，供细致分析造成质量的原因，是一种有效地分析质量问题原因的工具，在制造业的质量管理中使用了许多年，后被推广应用到服务质量管理中。

（四）控制图法

控制图又称管理图或监控图，是企业掌控质量动态趋势的工具，是一种判断和预报生产制造或服务过程中质量状况是否发生异常波动的有效方法。它的主要作用有：工序控制，工序质量分析，为评定质量提供依据，用于改进检验、调整设备、工具等。对于航空客运来说，工序控制也十分重要，可以用它来反映生产过程（服务过程）是否处于稳定状态，是上升还是下滑。

控制图的纵坐标是质量特性值，横坐标为子样组号或取样时间。图中三条水平线，中间的叫分布中心线，用实线表示；上面的虚线叫上控制线，即控制上限；下面的虚线叫下控制线，即控制下限。两控制线之间的距离，根据正态分布的特性，通常规定为6倍标准差。预先制图时也可使用颜色，从上向下依次用红、黄、蓝分为四色区，显得醒目，并具有提示性象征。在生产过程中，按照规定时间（如日）定期抽样，测量个样本的质量特性，并将测得的数据按其大小在图上点上电子。如果点落在控制界限内，表明生产过程正常，即服务质量稳定。电子被描在控制线外，就出现了服务质量问题。所以，此图可用来预警和预防。

控制图的种类较多，不同专业有不同的选择。对于检测客运服务质量来说，始于绘制单值控制图。这是因为旅客运输取得一组数据往往需要较长时间，用周、旬、月、季、年反映，要求准确记录。一般来说，航空运输企业绘制服务质量控制图，下控线是必须达到的，应该采用部颁标准，中心线应该是企业标准，上控线应该是创优标准；横坐标为时间，纵坐标为数据。尽管现在存在企业标准低于部颁标准的现象，仍然需要做出极大的努力才能达标，但是在理念和时间上做不到超越部颁标准，便没有创新和突破性发展。之后的制作，可将定期测定的质量数据标在图上后，观察波动情况，包括周期性变动、上升或下降趋势、目前所处状态，再根据预定目标，采取相应的措施。

（五）PDCA 工作循环

PDCA 是英语 Plan（计划）、Do（执行）、Check（检查）、Action（总结、处理）四个词的第一个字母的组合。PDCA 工作循环，就是按照计划、执行、检查、总结这样四个阶段的顺序来进行管理工作。它是开展质量管理活动运转的基本方式，是一种科学性的工作程序。

在质量管理活动中，要求把各项工作按照计划，经过实践再检验其结果，将成功的方案纳入标准，将不成功的方案留待下一个循环去解决。这种工作程序反映了开展管理活动的一般规律性。在国外，有人把它成为戴明环，因为这个工作循环最先是由美国人戴明提出来的。

1. 计划阶段

在我们要进行的每一项工作的开始，首先就是要进行认真的计划。这里的计划就是制定目标，设计实现目标的实施方法和技术路线。

在进行民航运输生产质量管理的过程中，首先就是要确定解决什么质量问题，要达到什么质量标准或目标。在分析现状、找出存在问题的基础上，提出解决方案。这就是我们常说的“5W1H”计划：

A. What——准备做什么；

B. Why——为什么要做；

C. Who——谁来解决这个问题；

D. When——什么时候开始解决，什么时候完成；

E. Where——哪个部门负责实施计划；

F. How——采用什么方法、手段、技术来解决。

2. 实施阶段

这一阶段的任务就是执行解决问题的方案、措施或计划，按照生产要求，按质按量按期完成制定的任务。

3. 检查结果阶段

检查结果阶段的目的是，按照制定的生产计划和产品的各项指标，对生产情况进行考核，并对存在的问题进行分析，找出问题的原因。

4. 处理阶段

根据对生产情况的检查结果，总结经验，接受教训。对于成功的经验，要应用到新的生产过程中去。对于存在的问题，通过找出原因，提出解决的方法，修改生产计划，以利于改善和提高生产质量。

三、质量控制基础

（一）质量体系

良好的质量体系可为用户提供一种可信的质量保证。质量保证就是企业为了使人们确信其产品或服务的质量，能够满足规定的质量要求所必需的有计划、有系统的活动。它的核心是企业在质量管理方面所提供的客观证据使人们可信。日本质量管理专家石川馨曾认为，质量保证就是使消费者能满意、安心地购买商品，使用时能得到安心感和满足感，并且经久耐用。美国质量管理专家朱兰认为，质量保证就是向有关的人出示“证据”，表明产品（或活动）是在严格的质量管理中完成的。

质量保证，也是随着生产力的发展和市场的扩大而不断丰富起来的。在早期手工业生产条件下，产品比较简单，质量保证的内容也比较简单，往往买卖双方在交易时，可以根据自己的经验和知识对产品做出判断。随着生产力的发展，劳工分工越来越细，人们所使用的技术越来越复杂，表现为产品也呈现出越来越复杂的趋势，对产品质量的要求也越来越严格。因此，生产企业为了使顾客确信自己的产品质量符合规定的要求，必须进行一系列的有计划、有系统的活动，向顾客提供“证据”；同时，企业也要求供应商和协作单位提供可靠的“证据”，以证明他们所提供的产品材料、零件、部件、协作件等符合规定的质量要求，以确保本企业产品的质量。

质量体系，可以理解为企业为了保证产品质量满足顾客的需要，由组织机构、职责、程序、活动、能力和资源等构成的有机整体。它是解决现代质量保证问题的一种系统方法。它使得在最经济的水平制造产品和获得顾客对产品质量的充分满意，这两方面看起来似乎互不相容的要求，得以同时实现。它有以下几个主要特点：

（1）它是企业解决现代质量问题的一种思想方法。

它从最经济地满足顾客对质量的要求出发，把产品质量产生、形成和实现过程中的全部活动综合地系统地协调起来。它不仅强调每个部门、每个人、每台机器各自所发挥的作用，而且还强调它们共同工作时的协同作用。

（2）它表现为一整套深入细致的质量体系文件。

通过这些文件来识别、规定沟通和维持企业的全部质量活动。通过这些文件，使每个人都可以清楚地了解到自己在质量工作中应承担的任务、责任和所具有的权限。当发生质量问题时，它可以使人们能及时地了解何地、何人、何事、何时以及为何而发生了这一问题。

（3）它使得产品质量产生、形成和实现的所有质量活动，都能得到充分而有效的控制。

（4）它有利于确定企业各种质量活动的优先顺序。在产品质量产生、形成和时间的过程中，任何一项关键的质量工作的改变，都会对其他工作以及全部活动总体效果，产生或好或坏的影响。根据质量体系，就可以按照个别工作对总体活动效果的影响，来实际确定各项工作的优先顺序。

这些特点就可使得质量体系在提高产品质量的同时，降低质量成本和产品成本。工业发展的实际经验也表明，质量差、成本高的产品几乎都是在同样差的质量体系下的结果。

（二）质量控制方法

在民航旅客运输过程中，常用的质量控制基本方法有以下几种。

1. 前置控制

在民航运输生产过程中，影响生产质量有时会具有某些征兆。根据这些征兆提前采取措施，有可能避免或减少对生产质量的影响。

①加强气象情报工作，即使报告气象动态和航班动态；

②做好航班延误的旅客安置准备；

③协助旅客做好航班延误引起的其他事项。

这种以预防为主、主动采取措施的质量控制策略，在民航货运、机务维修等生产过程中尤为重要。

2. 实时控制

实时控制，又称为动态控制，是对具体作业过程的质量进行现场控制和监督。采用的方法有岗位自检、专人抽检、现场巡检、设备监控等，以保证作业标准的贯彻，使质量在作业过程中就得到有效的控制。后置控制对已经发生的生产质量问题，采取相应的补救措施，以减少损失。

3. 跟踪控制

对于已经完成的运输生产，通过设立意见箱、意见本、旅客意见征询表、旅客或货主座谈会等方法，主动征询旅客、货主的评价和质量改进或建议；广泛听取生产人员对生产计划、生产管理、生产设备等方面的意见和建议。综合分析反馈意见，针对重点，采取措施以改进和提高生产质量。

4. 工序分级控制

对生产工序的质量按影响（如安全、社会影响等）程度实行分级控制。

A 类工序。这一类工序与飞行安全密切相关，如案件、机务维修等工作。采取作业生产人员自控、相关工序联控、专门控制和特殊条件严格控制等方法。

B 类工序。B 类工序采取作业者自控、相关工序联控、上级抽样控制等手段。

C 类工序。这一类生产工序对生产质量没有直接影响，采取作业者自控和相关工序联控两种手段。

由于航空运输生产线长，生产点分布面广，因此，需要针对生产特性和质量要求采取相应的有效措施和方法，强化管理，使生产处于良好的控制状态之中。

案例分析

一张特价机票引发的投诉

姚先生购买了一张2月20日13：40从兰州起飞18：10到达深圳的机票，以及一张21：40从深圳飞往吉隆坡的特价机票。

2月20日姚先生通过机场安检后准备登机，此时工作人员通知飞机晚点，大约16：10左右起飞。

姚先生第一时间找到机场值班工作人员，讲明了自己要搭乘21：40从深圳飞往吉隆坡的航班，害怕因前一航班晚点而影响后面法登机。工作人员答应帮助协调开通绿色通道，让其放心并开具了无机场晚点证明，并承诺有专人接送安排登机。

飞机于20：20降落在深圳机场后，没有专人接送也没有开通绿色通道，导致姚先生后段航班未能成行。

由于姚先生买的是特价机票，不能改签，所以，姚先生只得重新买了一张机票。事后，旅客对工作人员玩忽职守、服务承诺不落实、管理混乱等行为进行投诉。

习题

1. 什么是产品质量？
2. 试阐述有形产品和无形产品的区别。
3. ISO 9000质量标准系列的内涵是什么？阐述它与ISO 9000质量标准体系的关系。
4. 试说明调查表法的基本要求。
5. “5W1H”计划包括哪些内容？

第十章

>>> 国际航空运输管理

本章要点

1. 国际航空运输管理过程中的基础知识
2. 国际航空运输市场的准入管理
3. 国际航权

学习目的

通过本章的学习，要求学生明白在进行国际间的航空运输业务来往时，不仅要遵守《国际民用航空公约》，还要尊重国家主权。要秉持平等互惠、公平互利原则，经国家政府之间协商并达成协议后，再开展一系列的国际航空运输业务。

导入案例

国际航空运输自由化

民航资源网2007年4月3日消息："国际航空运输自由化主要是指改革国际航空运输的管理体制和方法，从政府对空运企业国际航空运输经营活动的详尽管理过渡到更多地依靠市场力量予以调节，给予空运企业更多的经营权利和灵活性。"

某些国家（如美国）称国际航空运输自由化为放松管制，国际民航组织（ICAO）则采用"自由化"这个提法：同上解释，ICAO建议各国政府对像民航运输业这样高度管制的产业，应尽可能减少限制，给予航空公司、机场及相关服务业更多的自由度。需要注意的是，这些"自由"仅限于经济意义上的行为而绝非安全与保安方面的放任。

国际航空运输自由化包括以下几个方面：

1. 航空承运人所有权和控制权（包括指定和授权、确定有关权力、内部投资、经营、租赁、联盟、代码共享和特许经营权、特殊安全问题等。）是一个比较复杂的问题，影响到自由化未来的发展及财务方面的顺畅。国际化的直接的、简单的和透明的所有权、控制权制度可以为安全和经济提供“便利之旗”，使其不受束缚和“倾销”的影响。全球对所有权和控制权的理解还能为更敏感、更复杂的国内航空运输权提供参考，减少对安全问题的顾虑和最惠国准入的忧虑。

2. 市场准入（包括航权，以及第三第四业务权，航线灵活性，运力及航班密度，机场准入，时刻等.）考虑到空域越来越拥挤的情况及机场容量的限制，机场准入问题已引起特别的关注。加强国际航空服务协议的对标和执行，对航空运输和飞越权的第一、第二业务权的自由化非常重要。

3. 产品分销（包括销售网络准入、电子商务、电脑订座系统等）。1996 年 ICAO 修改了有关规则和电脑订座系统运行的行动守则，ICAO 意识到修改的守则可以应用到国际运输电子网络上，但是，此后由于网络和电脑订座系统的发展，使得守则很难在实际操作中实现。

4. 公平竞争及保障（包括所适用竞争法的集中整合，国家援助，社会政策的协调，航空公司和保险公司服务的可持续发展，避免掠夺性降价和倾销，对发展中国家的优惠措施和有效参与等）。对发展中国家来说，公平竞争及保障在日益解除管制的环境中日趋显得特别重要。

5. 运输条件和乘客保障。解除管制带来的乘客服务质量下降导致了美国和欧盟的乘客保障提议，由拉美民航委员会提出的解决方案，并由美国航协，亚太航协和国际航协（IATA）优先推荐操作。

6. 不受管辖的摩擦。目前，有许多不受管辖的项目正不断发生并造成航空公司面对如拒绝登机、残疾人、吸烟旅客以及跨国兼并或联盟所引发冲突时的困难。ICAO 曾于 1989 年发布了关于使用竞争法对冲突的处理指导，但目前仍然在探讨问题阶段。

7. 争议解决。与 WTO 相比，目前国际航空运输在制度上明显不足，争议通常旷日持久、花费昂贵而又不是能够得到实际的解决。ICAO 于 1997 年开发了新的争议解决机制并制定一份航空专家名单负责争论的处理，这项发展更强化了争议解决机制，特别是对于区域航空服务协议来讲更为适用。

8. 航空服务协议限制和透明度。这是国际航空运输与 WTO 相比的又一个缺陷。根据芝加哥公约的第 81、83 章，所有协议都应在 ICAO 归档，ICAO 正着手 WTO 扩充航空服务双边协议数据库，使区域协议及协议原文更方便获得。

对航空运输自由化的提议还包括：经济合作与发展组织（OECD）开发的航空运输货运双边及多边协议自由化模型，WTO 向服务贸易总协定（GATS）和联合国贸易与发展会议（UNCTAD）提议的由世界旅游组织支持的旅游附件，以及亚太经合组织（APEC）成员签订的多边“天空开放”协议。

随着航班数量的不断增长，关于航空运输活动的竞争法也会应运而生。考虑到机场容量和空域越来越制约航空运输的持续发展，民航所产生的市场买卖权，如收费、税收以及环境问题越来越引起政府等相关部门的重视。

第一节 国际民航基本概念及公约

一、基本概念

国际航空运输管理首先涉及两个重要的基本概念：国家主权和领空主权。

（一）国家主权

在国际事务中，尊重国家主权是一个至关重要的、最基本的原则性问题，是任何一个国家从事所有国际事务包括民用航空运输活动的必要前提。1946 年 12 月 6 日，联合国大会通过的《国家权利义务宣言起草案》第一条明确指出，“各国有独立权，因而有权自由行使一切合法权利，包括其政治之选择，不接受其他任何国家之命令。”1970 年 10 月 24 日联合国大会通过的《关于各国依联合国宪章建立友好关系及合作之国际法原则之宣言》中强调，“各国一律享有主权平等，包括各国法律地位平等，每一国均享有自由选择并发展其政治、社会、经济及文化制度等。”因此，一个国家行使它的独立主权，对在本国领土和领空范围内从事航空活动的所有航空器、人员和组织依法进行管理，并对本国航空运输企业在国外从事航空运输事务进行管理。我国政府一直奉行《中华人民共和国宪法》中的确立“坚持互相尊重主权和领土完整”等基本原则，开展各项国际事务。

（二）领空主权

1919 年 10 月通过的《巴黎国际航空公约》（又称《巴黎公约》）确立了国际领空主权原则。1944 年 12 月在美国芝加哥修订的《国际民用航空公约》（又称《芝加哥公约》）中，进一步明确了领空主权原则，强调国家领空主权是“缔结各国承认每一个国家对其领土之上的空气空间具有完全的排他性的主权”“依缔约国的国家航空器，未经特别协定火其他方式的许可并遵照其中的规定，不得在另一缔约国领土上空飞行或在此领土上降落”“并在该国领土上空飞行或进入该国领土。”我国是一个独立主权的国家，《航空法》第二条明确指出，“中华人民共和国的领陆和领水之上的空域为中华人民共和国的领空。中华人民共和国对领空享有完全的、排他的主权。

国际民航的重要公约自 1919 年年以来，在 ICAO 个成员国政府的共同努力下，先后制定和通过了一系列国际性民航公约，并随着国际政治、国际经济和国际运输业的发展不断完善和丰富，为世界航空运输业的安全、公平、有序发展，提供了法律保障。ICAO 组织制定并经成员国签约生效的公约，主要分为三大类：①基本法公约；②关于国际航空运输业务类公约；③国际航空运输安全类公约。

二、国际航空基本公约

1919 年 10 月 23 日在法国巴黎和平会议最高理事会上通过了国际航空领域的第一步法典《巴黎公约》。这是国际航空史上第一部大法，也是世界航空运输业的基本法，对国际航空运输业健康发展产生了重要影响。它第一次确立了领空主权原则，明确了无害通过航空的权力和限制及国际航行的规则和条件。《巴黎公约》对航空器的分类、国籍登记、适航性、出入境、机组人员执照及禁运物品管理等做出了具体规定。由于第二次世界大战对航空技术发展的刺激，国际航空运输随之得到快速发展，也随之产生了一系列亟待国际社会共同协商解决的问题。因此，在 1944 年 11 月 1 日至 12 月 27 日期间来自世界上的 52 个国家的代表参加了在美国芝加哥召开的国际民航会议，通过并签署了包括《国际民用航空公约》、《国际航班过境协定》和《国际航空运输协定》在内的三个历史性重要文件，为国际航空运输发展奠定了法律基础。

1944 年 12 月 27 日通过的《国际民用航空公约》，是对 1919 年《巴黎公约》的修订，对国家领空主权和保证国际航行安全等做了进一步明确的规定，对航空技术、行政管理、运输经营等国际性问题做了进一步详细阐述，成为一个更为广泛接受的航空法典。我国是《国际民用航空公约》的签约国，1946 年 2 月 20 日批准，1947 年 4 月 4 日该公约开始对中国生效。1971 年 11 月 19 日 ICAO 第 74 届理事会通过决议，承认中华人民共和国政府为中国唯一合法政府，1974 年 2 月，我国政府决定承认《国际民用航空公约》并自该日起参加该组织的活动。

（一）国际航空运输业务类公约

ICAO 的宗旨之一，就是推进国际航空运输业的公平发展。自 ICAO 成立以来通过的有关国际航空运输业务类的主要公约有：

1. 《国际航空运输协定》

1944 年 12 月 27 日在签署《国际民用航空公约》的同时，通过了《国际航空运输协定》。该协定提出了“空中航行自由”概念（即现在所称的“航权”），并明确了五项“国际航权”，为开展国际航空运输业务、规范国际航空运输管理提供了法律依据。

2. 《商业航空公约》

1928 年 2 月在古巴哈瓦那通过，故又称《哈瓦那公约》，对国际性商业航空运输和造成的地面损害赔偿问题达成共识，为其后国际航空运输发展中的商业纠纷提供了协商解决的法律依据。1944 年 12 月 27 日通过的《国际民用航空公约》取代了《巴黎公约》和《哈瓦那公约》。

3. 《统一国际航空运输某些规则的公约》

1929 年 9 月 12 日在波兰华沙通过的《统一国际航空运输某些规则的公约》，又称

《华沙公约》，对航空运输范围、合同、运输凭证、承运人的责任和管辖权、损害赔偿认定及标准等进行了规定，我国于1957年7月加入《华沙公约》。该公约适用于所有以航空器运送旅客、行李或货物而收取报酬的国际运输，并且该公约同样适用于航空运输企业以航空器办理的免费运输。

4.《国际承认航空器权力的公约》

《国际承认航空器权利公约》于1948年6月在瑞士日内瓦通过，故又称《日内瓦公约》。该公约对航空器的拥有权、转让权、租赁权、抵押权、典当权等权利给予了界定和规定，为国际航空运输业中的航空器管理提供了法律依据。中国政府于1999年10月31日宣布加入《国际承认航空器权利公约》。

（二）国际航空安全类公约

为了维护国际航空运输安全，打击任何针对民用航空器的犯罪行为，ICAO先后制订并通过了多项关于保障国际航空运输安全的公约，最具有历史影响性的主要有：《在航空器内犯罪和犯有某些其他行为的公约》《制止非法劫持航空器的公约》《制止危害民用航空安全的非法行为的公约》。

第二节　国际航空运输市场的准入管理

对我国而言，市场准入（Market Access）是一个外来的新兴词汇。“市场准入”一词的出现，是因为我国在加入关税与贸易总协定（GATT）的过程中，需要对相关的法律文件以及其他国家的相关制度进行翻译和介绍，就引入了“Market Access”的概念，并将其翻译为“市场准入”。学界对市场准入概念界定的角度各不相同，主要包括了贸易准入、外资准入、企业准入、产业准入、资本准入、产品准入、技术准入、环境准入、安全准入、民营企业准入、非公有制经济准入等。

一、市场准入问题

（一）投资设立公共航空运输企业资格准入

公共航空运输企业，是指以营利为目的，使用民用航空器运送旅客、行李、邮件或者货物的企业法人。

投资设立公共航空运输企业资格准入是设立航空运输企业的一项重要内容，其指的是某些主体由于其自身的性质的特殊性，法律禁止这些主体进行以营利为目的的经营活动，或者对这一行为进行限制。在公共航空运输企业设立的过程中，也存在这种禁止性规定。公共航空运输企业设立中的这类禁止规定除了将具有公共服务职能组织（如公益性组织等）排除投资主体之外，主要是针对民用机场、航空燃油销售储运加注企业、计算机订座系统服务企业以及关联企业（《国内投资民用航空业规定（试行）》第8条第1款规定），即作为公共航空运输企业上游与下游市场中的企业。对这类主体投资行为的禁止，主要是以航空运输市场中竞争秩序的稳定为出发点，防止航空运输市场出现纵向联合的现象，进而达到维护正常市场秩序的目的。

上述投资主体禁止性规定的适用范围仅限于既从事航空旅客运输又从事航空货物运输服务的公共航空企业。如果设立仅从事航空货物运输的公共航空企业，民用机场、航空燃油销售储运加注企业、计算机订座系统服务企业以及关联企业可以进行投资，在投资比例上也有限制性的规定，投资比例不能超过25%，同时，也不能在新成立的公共航空运输企业中相对控股。

（二）航空运输企业从业人员资格准入

民航运输企业设立时，法律要求应当具备符合民用航空规章要求的专业技术人员。航空运输企业中所指专业技术人员的范围，法律并没有进行明确规定。《国际民用航空公约》附件一《人员执照》中将执照分为两类，第一类是飞行组人员，其中包括了私用飞机驾驶员、私用直升机驾驶员、商用直升机驾驶员、航班运输直升机驾驶员、飞行领航员、飞行工程师、飞行无线电报员；第二类是其他人员，这包括了航空器维护人员（技术员、工程师或机械师）、空中交通管制员、航务管理员、航空电台报务员。

航空运输企业中的从业人员是自然人要从事某些特定领域的职业活动应当以取得相应的执业资格为前提。上述从业人员应当取得相应的执照，执照是从业人员履行职责的依据，从业人员必须持有与其职责相适应的执照。具备业务执照是航空人员所应当具备的最基本条件。对航空运输企业中从业人员来说，除了具备执照外，还应获得体格检查合格证书。

（三）民用航空运输企业资格准入

航空运输企业是航空运输市场中的主要主体，是航空运输承运人。航空运输企业不同于设立航空运输企业投资人。从航空运输企业的现实状态看，投资主体与市场营业主体的关系主要表现为出资人不直接参与或者不以出资人名义参与企业的营业行为。在法律关系层面，由航空运输企业在运输市场中直接从事经营活动。此时，航空运输企业以自己的财产承担相应的责任，投资人人格与航空运输企业完全分离。

鉴于我国航空运输业在国民经济中的重要地位，对民用航空运输企业的设立适用特殊主体准入制度。民用航空运输企业的市场准入又被分为两部分，首先是对筹建民用航空运输企业的许可，申请筹建民用航空运输企业的申请人应当在两年内完成筹建工作，筹建工作完成后申请人才可以申请民用航空运输企业的经营许可。获得经营许可证后，民用航空运输企业方可展开营业活动。

二、业务经营管理

国际航空运输市场准入许可的内容之一是业务经营权，是一国政府授予另一个国家指定航空公司在授权国的业务经营范围，即规定的指定承运人、每周航班次数、航班机型、航班经营方式等事项，并在相关的航空运输协定中加以明确说明。通过对业务经营权的管理，一方面体现双方平等互惠的原则，另一方面对本国民航运输市场和民航运输企业保护。

业务经营权利还包括飞越权、技术性经停权、加班飞行权等一系列问题。获得、保护、保留或撤销这些权力两国政府需要通过平等协商并在相关的航空运输协定中具体阐明。

三、运力管理

运力是航空运输企业运营能力的体现。在国际航空运输市场准入管理中，准入运力标志着授权国允许开放本国航空运输市场的程度。换言之，在两国的航空运输协定中，将说明准入航班在指定的授权运营航线上的机型和座位数或者业载吨位。这种运力协定可以是对等的，也可以有差额而通过其他途径进行补偿，也可以选择放弃自己的权利。

第三节　国际航权

在国际航空运输事务中，虽然两国政府双方商定同意有条件或无条件向对方开放航空运输市场，并向指定航空公司授予市场准入许可权，但是就业务经营权而言，还有许多细节需要商定，即准许对方航空公司采用什么方式经营指定的航线，这就涉及航行权问题。航行权，又称航权，是“每一缔约国给予其他缔约国定期国际航班的空中自由”，是ICAO制定的一种国家性质的航空运输许可证。

一、第一航权——领空飞越权

第一航权，又名“飞越权”，是一种“不降停而飞越其领土的权力”。国际航空运输市场准入中的业务经营权力涉及领空飞越权（又称过境权），授予另一国家的定期航班或不定期航班不降停地飞越授权国领空地特许权。

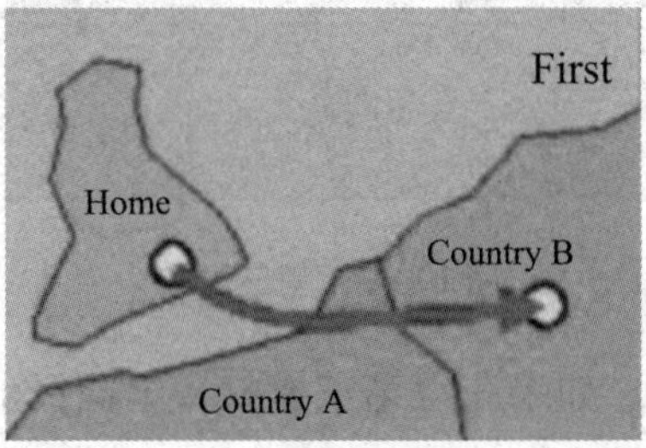

图10-1　第一航权

二、第二航权——技术经停权

第二航权，又名“技术经停权”。指的是本国航机可以因技术需要（如添加燃料、飞机故障或气象原因备降）在协议国降落、经停，但不得作任何业务性工作如上下客、货、邮。

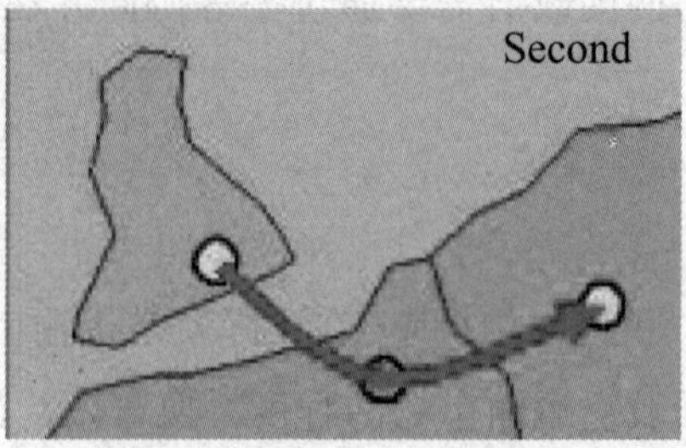

图 10－2 第二航权

航空公司飞远程航线，由于距离太远无法从始发地直接的飞到目的地，需要选择一个地方中途加油或者清洁客舱等技术工作，那么在这个地方的起降就叫作技术经停。技术经停权，仅允许用于做非商业的技术处理，也就是不允许在当地上下客货。

比如，从北京飞往美国纽约，如果由于某飞机机型的原因，不能直接飞抵，中间需要在日本降落并加油，但不允许在该机场上下旅客和货物。此时就要和日本签订技术经停权。

三、第三航权——目的地下客权

第三航权，又名“目的地下客权”。是指本国航机可以在协议国境内卸下乘客、邮件或货物。

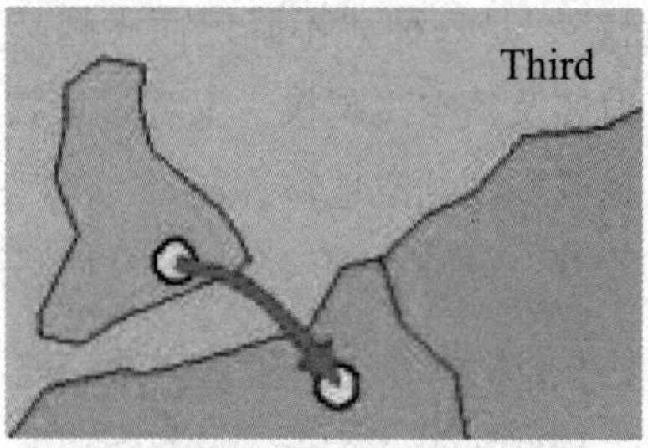

图 10－3 第三航权

比如，从北京飞往东京，如果获得第三航权，中国民航飞机承运的旅客、货物就可以在东京进港，但是只能空机返回。

四、第四航权——目的地上客权

第四航权，又名“目的地上客权”。指的是本国航机可以在协议国境内载运乘客，邮件或货物返回。

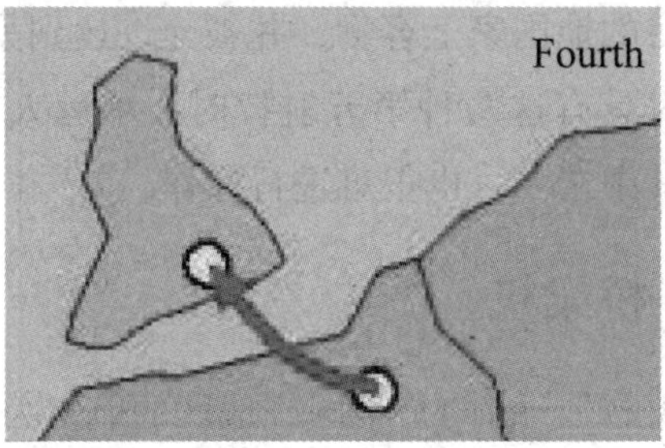

图 10-4　第四航权

比如，从北京飞往日本东京，如果获得第四航权，中国民航飞机能载运旅客、邮件或货物搭乘原机返回北京。

在这里需要注意的是，第三、四种航权，这是一对孪生兄弟。航空公司要飞国际航线，就是要进行国际客、货运输，将本国的客货运到其他国家，将其他国家的客货运到本国，这种最基本的商业活动权利就是第三、四航权。

五、第五航权——中间点权或延远权

第五航权，又名“中间点权或延远权”。是指可以先在第三国的地点作为中转站上下客货，第五航权是要和两个或两个以上的国家进行谈判。

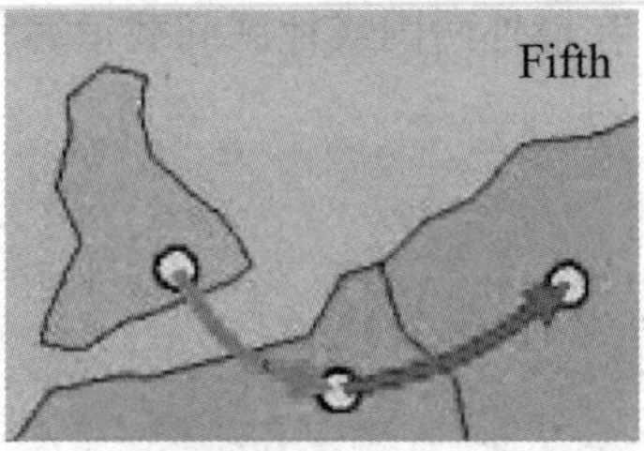

图 10-5　第五航权

比如，在进行从新加坡一厦门一芝加哥飞行过程中，如若新加坡航空获得第五航权，可以在新加坡一芝加哥航线上在厦门经停，上下客货。

第五种权利（第三国运输权）：承运人前往获得准许的国家，并将从第三国载运的客货卸到该国，或者从该国载运客货前往第三国。

（一）承运人本国（第一国始发地）——中途经停第三国——目的地国（第二国）

承运人从本国运输客货到另一国家时中途经过第三国（也就是始发地国家和目的

地国家以外的其他国家），并被允许将途经第三国拉的客货卸到目的地国。这种权利是第五航权的一种。

（二）承运人本国（第一国始发地）——目的地国（第二国）——以远点第三国

第五航权的第二种是以远点国家的运输，承运人将自己国家始发的客货运到目的地国家，同时又被允许从目的地国家上客货，并被允许运到另一国家。

可以看出，只有在同时具有这两种第五航权时，承运人就可以完整的使用这些权利了，否则，即便获得了其中之一，也很难进行操作。

六、第六航权——桥梁权

第六航权，又名“桥梁权”。指的是某国或地区的航空公司在境外两国或地区间载运客货且中经其登记国或地区（此为第三及第四自由的结合）的权利。

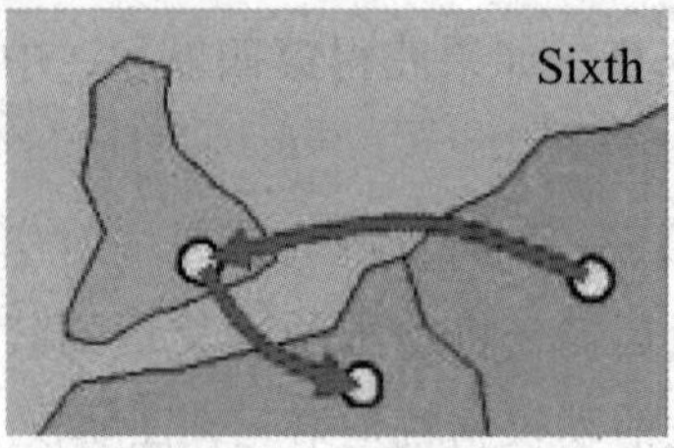

图 10－6　第六航权

七、第七航权——完全第三国运输权

第七航权，又名“完全第三国运输权”。某国或地区的航空公司完全在其本国或地区领域以外经营独立的航线，在境外两国或地区间载运客货的权利。

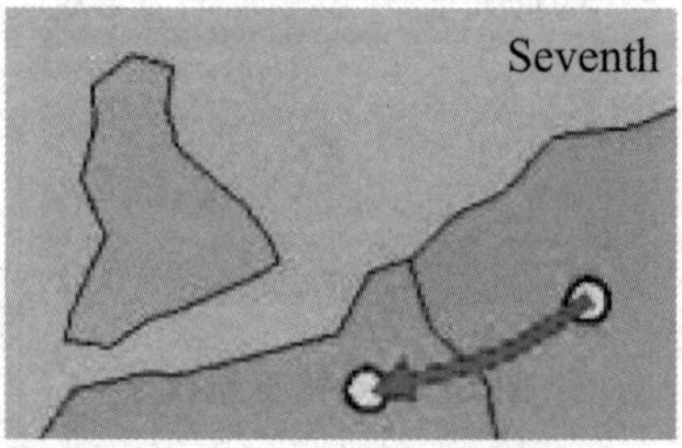

图 10－7　第七航权

八、第八航权——国内运输权

第八航权是指某国或地区的航空公司在他国或地区领域内两地间载运客货的权利（境内经营权）。

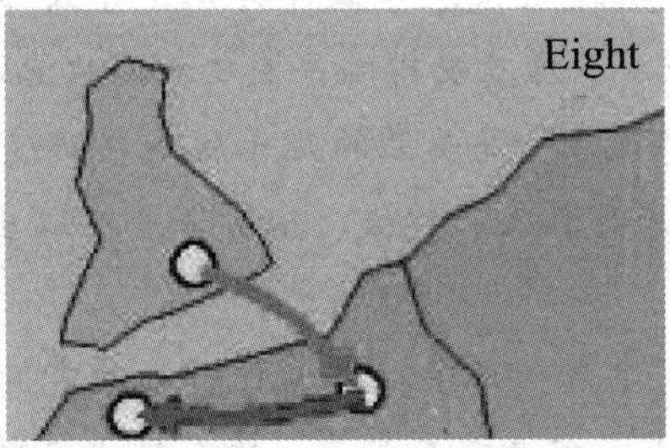

图 10-8　第八航权

九、第九航权——国内运输权

第九航权，指的是本国航机可以到协议国作国内航线运营。

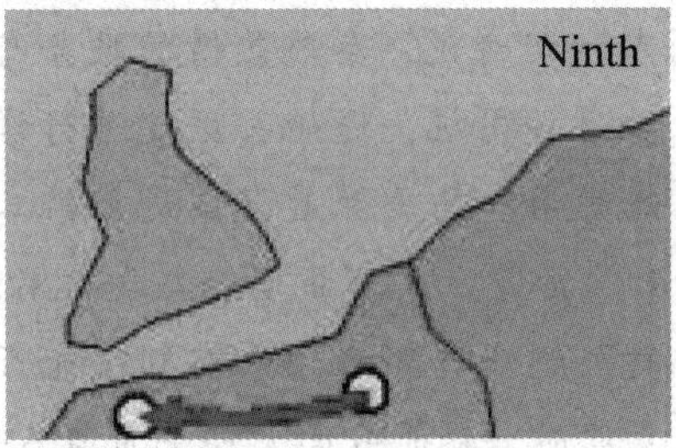

图 10-9　第九航权

所谓第九航权，是指上述第八航权分为连续的和非连续的两种，如果是“非连续的国内载运权”即为第九航权。值得留意的是，第八航权和第九航权的区别，虽然两者都是关于在另外一个国家内运输客货，但是，第八航权所谓“cabotage”，只能是从自己国家的一条航线在别国的延长。但是第九航权，所谓的“full cabotage”，可以是完全在另外一个国家开设的航线。

案例分析

“蒙特利尔公约”中国适用“第一案”搁浅

2009 年 6 月，年逾花甲的北京老人马美兰起诉泰国国际航空大众有限公司，要求其赔偿手术费、诊疗费、精神抚慰金等 54 万余元，北京市东城区法院于当月 27 日立案。

马美兰的律师张起淮告诉《法治周末》记者，自法院立案以来，已开庭 3 次。因为泰航方面提出书面管辖权异议等材料，法院还在对相关的问题进行研究，案件已陷入僵局。

《法治周末》记者了解到，2008 年 3 月 29 日，与家人一同乘坐泰航飞机，由北京飞往泰国曼谷的马美兰因飞机遭遇紧急事故而摔倒，导致右脚踝处骨折，不得不在泰国住院，进行手术治疗。一家人原本安排的异国之旅因此泡汤。

“那次事故把老人家吓坏了。”马美兰的儿子脱琨在接受《法治周末》记者采访时说，“现在，我母亲脚上因治疗打入的钢板、钢钉还没有取出，走动不方便，天气不好的时候尤其难受。”

脱琨告诉《法治周末》记者，母亲在泰国住院治疗期间，泰航方面的态度一度让他感动：“有位客服人员白天已经看望我母亲一次，晚上还特意来到医院问我是否需要帮忙。”除此之外，在事故发生后，泰航承担了当时的医疗费用、机票费用、住宿费用等，共计人民币6万余元。

2008年4月4日，马美兰手术结束后，经医生批准，与家人返回北京。此时，她虽然经过手术治疗，但仍需进行相应的功能锻炼和物理治疗。再根据恢复情况通过手术将右脚踝里外侧的钢板、钢钉取出。

不过，脱琨对《法治周末》记者说，泰航热情的服务态度也在此时悄然变化。泰航北京办事处只是给马美兰派来了司机，送她去医院进行诊疗，而泰航的工作人员却没有再出面，也拒绝承担其他费用和马美兰赴泰国进行第二次手术的费用。双方经过多次协商，仍然不能达成一致。于是，脱琨希望能与泰航对簿公堂，把问题彻底解决。可他没有预料到的是，问题的关键还并不在于法院判决能否支持母亲的诉讼请求。在东城区法院立案后的第一次开庭时，泰航方面无相关负责人到庭，亦无代理律师出席，但送来了一纸“管辖权异议申请书”。

就是这份“管辖权异议申请书”，让法院面临是否应该驳回马美兰起诉的难题。

《法治周末》记者在上述申请书中看到，泰航认为，根据中国民事诉讼法等法律法规，因侵权行为提起的诉讼，由侵权行为地、侵权结果发生地或被告住所地人民法院管辖。而因为马美兰在飞机起飞四个小时后才发生事故，当时已在泰国境内。也就是说，侵权行为地和结果发生地均在泰国境内。另外，泰航的所在地也在泰国曼谷。因此，只有泰国的有关法院对本案才有管辖权，中国法院无权管辖。

《法治周末》记者从中国民用航空局的网站上了解到，在蒙特利尔公约以前，国际上已经存在若干个关于国际航空运输赔偿的规则，其中就包括华沙公约。我国于1958年批准华沙公约。网站标明“为了使华沙公约及其相关文件现代化和一体化，ICAO（International Civil Aviation Organization，国际民用航空组织）又起草定稿了蒙特利尔公约”。蒙特利尔公约的生效将为权利请求人在国际航空运输出现死亡或受伤的情况下，提供更多的权利。其中就包括，“承运人对旅客伤亡承担不高于10万特别提款权的严格责任”。而华沙公约也对旅客在航空运输中受到的伤害，设定了一个最高限额，即125000金法郎（1975年，蒙特利尔第一号附加议定书将其修改为8300特别提款权）。

如此看来，适用不同公约造成的结果孰轻孰重一目了然。

思考

根据以上案例，说明公约适用困难将给当事人带来的损失有哪些。

习题

1. 什么是领空主权？
2. 试说明第三、第四航权的区别和联系。

参考文献

[1] 高雷. 浅谈市场营销调研在民航企业的应用 [J]. 空运商务，2009.

[2] 陈碧程. 机场营销策略研究 [D]. 南京：南京航空航天大学，2010.

[3] 李伟. 飞机维修计划的重要性 [J]. 科技信息，2011.

[4] 周舰. 基于多 Agent 的机组排班系统设计与实现 [D]. 南京：南京航空航天大学，2013.

[5] 陆东银. 基于多 Agent 的勤务编排系统设计与实现 [D]. 南京：南京航空航天大学，2010.

[6] 周琨. 航空公司航班运行调度模型与算法研究 [D]. 南京：南京航空航天大学，2012.

[7] 金永利. 我国航班时刻管理机制及其改革方案研究 [J]. 中国民用航空，2008 (94)：107 -109.

[8] 王小艳. 航班时刻规则——欧盟国家时刻管理政策的演变 [J]. 航空运输，2005 (58)：45 -47.

[9] 魏阳. 航班计划中机型指派问题研究 [D]. 成都：西南交通大学，2014.

[10] 李福娟. 基于航线决策的航班计划优化研究 [D]. 上海：同济大学，2007.

[11] 刘光才. 美国航班时刻抽签分配机制研究及启示 [J]. 交通企业管理，2008 (6)：62 -63.

[12] 朱星辉. 航空公司航班计划优化设计研究 [D]. 南京：南京航空航天大学，2007.

[13] 刘振. 枢纽机场航班波优化研究 [J]. 交通企业管理，2015 (7)：69 -71.

[14] 葛伟. 蛛网式航线网络结构研究 [D]. 南京：南京航空航天大学，2008.

[15] 陈修颖. 区域空间结构重组：理论基础、动力机制及其实现 [J]. 经济地理，2003 (4)：446 -448.

[16] 曹允春. 临空产业的集聚模式研究 [J]. 区域经济评论，2013 (3)：30 -34.

[17] 赵杨. 国内机场非航业务提升 2 机场非航空业务规划启示之丹佛机场 [J]. 空运商务，2007 (7)：50 -52.

[18] 王红. 国外临空经济发展的现状与启示 [J]. 空运商务，2013 (336)：43 -44.

[19] 中国国际货运代理协会. 国际航空货运代理理论与实务 [M]. 北京：中国对外经济贸易出版社，2005.

[20] 顾丽亚. 航空货运业务 [M]. 上海：华东师范大学出版社，2007.

[21] 谢春讯. 航空货运管理概论 [M]. 南京：东南大学出版社，2006.

［22］李伟民．民用机场经济特性及其对社会发展的贡献［J］．科技致富向导，2011（18）：135－136.

［23］肖林玲．我国航空货运业面临的问题［J］．综合运输，2002，（5）：33－35.

［24］秦岩，马天山，吴群琪．航空快递业特征分析及其在中国发展的设想［J］．长安大学学报（社会科学版），2005，（3）：27－29.

［25］郑州机场中转服务联盟今日正式成立［EB/OL］．http：//news. sina. com. 2013－04－26.

［26］任金玲．促进河南省承接产业转移研究—基于生产性服务业视角［J］．时代经贸，2014（6）：156－157.

［27］郑州航空港建设“热力”十足［EB/OL］http：//henan. sina. com. 2014－05－18.

［28］欧阳杰．关于我国西部国际枢纽机场布局的思考［J］．国际航空，2006（7）：31－33.

［29］河南省人民政府办公厅．郑州航空港经济综合实验区“十三五”发展规划，2013－03－17.

［30］郑州市政府．关于郑州市加快推进国际物流中心建设的意见［R］．2011－06－11.

［31］国家发改委．关于印发促进综合交通枢纽发展的指导意见的通知．2013－04－02.

［32］郑州新郑综合保税区招商引资．http：//hn. ifeng. com. 2013－04－18.

［33］吴颂华．电商时代航空货运的变革与发展［J］．中国民用航空，2013（7）：9－10.

［34］文雅．中国航空物流业发展机制研究［J］．改革与战略，2013（5）：101－105.

［35］跨境贸易成电商蓝海［EB/OL］．http：//tech. sina. com. 2013－10－17.

［36］张泽一．产业政策的影响因素及其作用机制［J］．生产力研究，2009（10）：116－117.

［37］河南省人民政府办公厅．关于支持郑州航空港经济综合实验区发展的意见［R］．2013－11－12.

［38］河南省人民政府办公厅．关于加快电子口岸建设的通知［R］．2014－01－07.

［39］Milan Janice. Air Transport System Analysis and Modeling［M］．Gordon and Breach Science Publishers，2000.

［40］Richard deNewville，Amedeo R Oden. Air System：Planing，Design and Management［M］．McGraw－Hill Companies，Inc.，2003.

［41］李江民译．国际民航运输管理手册［M］．北京：中国民航出版社，1997.

［42］夏洪山．现代航空运输管理［M］．北京：科学出版社，2012.

［43］王俭廷．航空物流运营实务［M］．北京：中国物资出版社，2009.

[44] 刘元洪．航空物流管理［M］．北京：北京大学出版社，2012.

[45] 金真，王小丽，王永刚．河南省航空物流产业发展研究报告［M］．北京：经济管理出版社，2015.

[46] 郑秀峰，仝新顺，鞠红．临空产业生态建设与健康管理研究：以郑州航空经济综合实验区为例［M］．北京：社会科学文献出版社，2016.

[47] 董红信．浅析连云港建设区域性国际物流中心的 SWOT 分析及对策研究［J］．连云港职业技术学院学报，2008（21）：44－47.

[48] 航班延误海外调查：日本适当补偿，欧洲统一管制．http：//finance. qq. com. 2010. 08. 03.

[49] 中华人民共和国国务院．民用机场管理条例［Z］．2009－04－01.

[50] 中国民用航空局行政体制沿革．http：//www. caac. gov. cn/G1/G2. 2010.

[51] 中国民用航空局主要职责．http：//www. caac. gov. cn/G1/G2. 2012.

[52] 中国民用航空局的主要职能部门．http：//www. caac. gov. cn/G1/G4. 2012.

[53] 领空定义．维基百科，2001.

[54] 第八届全国人民代表大会常务委员会第十六次会议．中华人民共和国民用航空法［S］．1995－10－30.

[55] 中国民用航空局．民用航空使用空域办法［S］．2004－05－26.

[56] 中华人民共和国国务院，中华人民共和国中央军事委员会．中华人民共和国飞行基本规则［S］．2007－10－18.

[57] 中国民用航空局．中国民用航空局空中交通管理规则（CCAR－93TM－R2）．1997－07－05.

[58] 中国民用航空局．中美民用航空国内航线经营许可规定［S］．2006－01－16.

[59] 李大立．中国支线航空市场调查与分析［M］．北京：中国民航出版社，2001.

[60] 中国民用航空总局．民用航空支线机场建设标准（MH5023－2006）［S］．2006－04－30.

[61] 中国民用航空局，中华人民共和国国家发展和改革委员会．民用机场收费改革实施方案［R］．2007－12－28.

[62] 中国民用航空局规划司，中国民航大学．航空运输市场管理政策与法规（美国部分－下册）［M］．北京：中国民航出版社，2009.

[63] 中国民航局．从统计看民航［M］．北京：中国民航出版社，2001.

[64] 中国民用航空局．民航航班时刻管理暂行办法［S］．2007－08－07.

[65] Massoud Bazargan. Airline Operations and Economics［M］．London：Ashgate，2004.

[66] 中国民航局政策法规司，中国民航大学．民航航班时刻管理的理论与实践［M］．北京：中国民航出版社，2009.

[67] 中国民用航空局．大型飞机公共航空运输承运人运行合格审定规则（CCAR－

121 - R4)［R］. 2010 - 01 - 04.

［68］中国民用航空局. 小型航空器商业运输运营人运行合格审定规则（CCAR - 135）［R］. 2005 - 05 - 20.

［69］吴念祖. 浦东国际机场总体规划［M］. 上海：上海科学技术出版社，2008.

［70］AntoninKazda，Robert E Caves. Airport Design and Operation［M］. London：Elsevier Ltd，2007.

［71］孙宏，文军. 航天公司生产组织与计划［M］. 成都：西南交通大学出版社，2008.

［72］中国民用航空总局. 民用航空预先飞行计划管理办法［R］. 2006 - 04 - 03.

［73］中国民用航空总局. 中国民用航空飞行签派工作细则［R］. 1990 - 02 - 03.

［74］中国民用航空总局. 民用机场运行安全管理规定［R］. 2007 - 12 - 17.

［75］中国民用航空总局. 民用机场服务质量标准（MH/5104 - 2006）［S］. 2006 - 10 - 16.

［76］中国民用航空局. 民航航班正常统计办法［S］. 2007 - 11 - 27.

［77］中国民用航空局. 民用机场飞行区技术标准［S］. 2006 - 03 - 28.

［78］SubramanianS，Sherali H D. An Effective Deflected Sub - gradient Optimization Scheme for Implementing Column Generation for Large - scale Airline Crew Scheduling Problems［J］. Informs Journal on Computing. 2008，20（4）.

［79］Schebalov S，Klabjan D. Robust Airline Crew Pairing：Move - up Crews［J］. Transportation Science，2006，40（3）.

［80］FAA. Federal Regulations Title 14：Aeronautics and Space，PART 234 - Airline Service Quality Performance Reports. http：//ecfr. gpoaccess. gov. us. 2011 - 09 - 28.

［81］European Control Center. Regulation（EC）No. 261/2004 of European Parliament And of The Council of 11 February 2004. http：//eur - lex. europa. Eu. 2011. 09. 28.

［82］PhilipKotler，Gary Armstrong. Principles of Marketing［M］. 12th Edition. 北京：清华大学出版社，2009.

［83］Alexander TWells. Air Transportation Management［M］. Wadsworth Publishing Co. 1994.

［84］ICAO. History of ICAO. http：//www. icao. int/icao/en/m_ about. html. 2010，2.

［85］The Mission ofIATA. http：//www. iata. org/about/mission. htm. 2010，2.

［86］AboutACI. http：//www. airports. org. 2010，2.

［87］彭本红，吴桂平. 航空公司运营管理［M］. 武汉：武汉理工大学出版社，2016，1.

［88］赵影. 民航货物运输［M］. 北京：人民交通出版社，2014.

［89］徐公达. 石丽娜. 航空旅客运输管理［M］. 北京：航空工业出版社，2003.

